Siegfried Großmann · Hoffnung gewinnen

Siegfried Großmann

Hoffnung gewinnen

Glauben und Leben in der Jahrtausendkrise

ONCKEN VERLAG WUPPERTAL UND KASSEL

ABCteam

ABCteam-Bücher erscheinen in folgenden Verlagen:
Aussaat- und Schriftenmissions-Verlag Neukirchen-Vluyn
R. Brockhaus Verlag Wuppertal / Brunnen Verlag Gießen
Christliches Verlagshaus Stuttgart / Oncken Verlag Wuppertal und Kassel

Umschlaggestaltung: Carsten Buschke, Leichlingen 2
Umschlagfoto: Kalt – ZEFA, Düsseldorf
Gesamtherstellung: Breklumer Druckerei Manfred Siegel KG
ISBN 3-7893-3291-7

INHALT

Erstes Kapitel

Lieber Leser ...

Wir haben die Erde nicht von unseren Vätern geerbt – wir haben sie von unseren Kindern geliehen.

Anschaulicher als mit diesem Sprichwort der amerikanischen Amish-Leute[1] kann man unsere Verantwortung für die Zukunft kaum beschreiben. Wie reagieren Sie auf diesen Satz? Fasziniert er Sie – oder sind Sie darüber erschrocken? Oder entdecken Sie beide Reaktionen nebeneinander? Weil die Unausweichlichkeit dieses Satzes stimmt, müssen wir uns ihr stellen: Unsere Kinder werden ernten, was wir Vorfahren gesät haben. Wir können es auch positiver ausdrücken: Alles, was wir von unserer Erde retten, kommt unseren Kindern zugute. Dies ist ein wesentliches Motiv, Verantwortung für die Erde und das Leben auf ihr zu übernehmen. Und dies ist eines meiner Motive, das vorliegende Buch zu schreiben.

Wir können dieses Sprichwort auch theologisch noch ein wenig weiterdenken: Wir haben die Erde nicht von unseren Vätern geerbt – Gott hat sie uns für unsere Kinder geliehen. Dies steht in Übereinstimmung mit dem Schöpfungsauftrag Gottes, die Erde »verantwortlich in Besitz zu nehmen«. Somit ergibt sich ein zweites, vielleicht noch entscheidenderes Motiv, Verantwortung für die Erde und das Leben zu übernehmen: Es ist Gottes Wille, daß wir verantwortlich mit seiner Schöpfung umgehen.

Wollen Sie diese Verantwortung mit übernehmen, lieber Leser? Wenn ja, dann möchte Ihnen dieses Buch helfen, zwei wesentliche Voraussetzungen zu gewinnen: verläßliche Informationen über die Zukunft – und dazu eine mutmachende Perspektive.

Können Informationen zum Thema Zukunft verläßlich sein? Ja, wenn damit keine exakten Voraussagen gemeint sind, sondern eine möglichst vorurteilsfreie Beschreibung der Gegenwart mit Angaben über denkbare Folgen für die Zukunft. Dabei will ich nicht einzelne Informationen in den Vordergrund stellen, die beim Erscheinen des Buches schon überholt sind, sondern versuchen, einen Überblick zu schaffen, der dem Verständnis der Zusammenhänge dient. Zusammenhänge aber werden nur erkennbar, wenn wir das umfassende Thema »Zukunft« in den Blick bekommen. Damit dies trotz der unübersehbaren Menge an Informationen möglich wird, beschränke ich mich auf wesentliche Schwerpunkte. Trotzdem mute ich Ihnen, lieber Leser, die Arbeit einer umfassenden Information zu. Aber ich hoffe, daß sie sich lohnt.

Ich habe die Informationen im einzelnen so sorgfältig geprüft, wie mir das möglich war. Trotzdem kommt der Autor nicht umhin, oft persönlich zu entscheiden, welcher Quelle und welcher Tendenz er mehr vertraut. Ich hoffe, nicht einseitig entschieden zu haben – aus dem Ansatz heraus, daß nur aus einem ehrlichen Ringen zwischen den traditionellen und den alternativen Positionen eine überlebensfähige neue Gesellschaft entstehen kann.

Gibt es denn überhaupt eine mutmachende Perspektive für die Zukunft? Ist es heute für eine Rettung der Erde nicht endgültig zu spät, wie viele Autoren mit offensichtlich ernstzunehmenden Argumenten behaupten?[2] Hoffnung kann sicher nicht gewonnen werden, wenn wir die Realität verdrängen. Aber gerade aus meiner Kenntnis der Fakten heraus möchte ich Robert Jungk rechtgeben, der »gegen die Mode der Verzweiflung« anschreibt und gute Gründe dafür angibt, daß wir die Hoffnung noch nicht aufzugeben brauchen:

»Eine aus Irrtümern lernende Zukunftsforschung muß konstatieren, daß Fehlurteile vor allem aus drei Unterlassungen der Prognostiker zu erklären sind.

Erstens: dem Überhören neuartiger und daher ungewohnter ›leiser Signale‹, die sich im Denken und Handeln von Personen und Gruppen ankündigen, welche mit dem herrschenden Zeitgeist nicht konform gehen.

Zweitens: der Annahme, daß ›der Mensch sich nicht ändert‹, die vielleicht bei kurzfristiger Betrachtungsweise zutrifft, langfristig jedoch nicht voll aufrechterhalten werden kann.

Drittens: der Unterschätzung der menschlichen Phantasie, die immer wieder unerwartete und unvorhersagbare Problemlösungen in scheinbar ausweglosen Lagen findet.«[3]

Die Situation der Gegenwart läßt Hoffnung zu, aber die »Tür der Hoffnung« ist nur noch einen Spalt offen. Hoffnung gewinnen ist keine bequeme Seilbahnfahrt auf einen Gipfel, bei der wir mühelos über die schwierigen Felsen schweben, sondern eine mühsame und gefährliche Gratwanderung, bei der wir den Felsen jeden Schritt abgewinnen müssen. Schritte der Hoffnung bestehen in der Hauptsache aus einer konsequenten Arbeit am eigenen Lebensstil, damit er »zukunftsfördernd« und »schöpfungsgemäß« werden kann. Sonst schlägt der kleine Spalt der »Hoffnungstür« zu. Dieser Weg ist nicht ohne Mühe, aber auch nicht ohne Verheißung. Deshalb nenne ich mein Buch bewußt »Hoffnung gewinnen«.

Für mich ist eine Perspektive der Hoffnung ohne den christlichen Glauben undenkbar. Ich meine damit nicht, daß Christen bessere und überzeugendere Antworten auf die drängenden Zeitfragen haben – im Gegenteil, oft hinken sie hinterher. Aber der christliche Glaube kennt eben eine andere Motivation, die Gemeinschaft des Geschöpfes mit dem Schöpfer, und eine andere Basis, die der Versöhnung des Menschen mit Gott und seiner gesamten Schöpfung, und eine andere Bindung an die Schöpfung, die Liebe zu Christus als dem »Erstgeborenen der Schöpfung« – zumindest könnte und sollte er sie kennen. Deshalb ist die einzig angemessene Reaktion des glaubenden Christen auf die Zerstörung der Erde durch den Menschen eine konsequente Buße als grundlegende Änderung des Lebensstils nach den Maßstäben Jesu. Das Zusammenwirken einer änderungswilligen Gesellschaft und einer zur Buße fähigen Christenheit könnte wohl auch dann noch eine hoffnungsvolle Wende einleiten, wenn es schon fast zu spät ist.

Wenn wir diese konkrete Hoffnung nicht aufgeben wollen, dann brauchen wir *heute* Menschen, die beginnen, Schritte der Hoffnung zu gehen, die Erkenntnisse gewinnen, Erfahrungen machen, Perspektiven entwickeln, wie diese Schritte aussehen können – und die sich zusammen mit Gleichgesinnten aufmachen, ihre Hoffnung in die Tat umzusetzen, gleichgültig, wie stark die Gegentrends und die Widerstände sind. Diese Aufgabe ist anspruchsvoll – und wir brauchen dafür einen ganz besonderen Durchblick, etwa in der Art, wie es Friedrich Christoph Oetinger gebetet hat: »Gott gebe mir die Gelassenheit, Dinge hinzunehmen, die ich nicht ändern kann; den Mut, Dinge zu ändern, die ich ändern kann; und die Weisheit, das eine vom anderen zu unterscheiden.«[4]

Ich lade Sie ein, mit mir zusammen gedanklich (und vielleicht auch konkret) Schritte auf einem Weg zu gehen, auf dem wir Hoffnung gewinnen können. Für jede Rückäußerung zu diesem Buch bin ich dankbar, sei sie kritisch, zustimmend oder weiterführend. Meine Anschrift lautet:

Siegfried Großmann
Stauffenburg
D-3370 Seesen 16

ERSTER TEIL

JAHRTAUSENDKRISE

Jahrtausendkrise – ist dies nicht ein zu großes Wort? Überschätzen wir vielleicht den geschichtlichen Einschnitt, in dem wir uns heute befinden? Endgültig wird erst die Geschichte darüber befinden können – falls der Mensch die Zerstörung der Erde aufhalten kann, so daß es überhaupt noch eine Geschichte gibt! Daß wir heute einen solchen Nachsatz schreiben können, ja, wie ich glaube, schreiben müssen, ist ein Zeichen dafür, daß wir die Bedeutung dieses Einschnitts, den ich Jahrtausendkrise nenne, kaum überschätzen können.

U Thant, der frühere Generalsekretär der UNO, schrieb 1969 aus der Perspektive des Politikers: »Ich will die Zustände nicht dramatisieren. Aber nach den Informationen, die mir als Generalsekretär der Vereinten Nationen zugehen, haben nach meiner Schätzung die Mitglieder dieses Gremiums noch etwa ein Jahrzehnt zur Verfügung, ihre alten Streitigkeiten zu vergessen und eine weltweite Zusammenarbeit zu beginnen, um das Wettrüsten zu stoppen, den menschlichen Lebensraum zu verbessern, die Bevölkerungsexplosion niedrig zu halten und den notwendigen Impuls zur Entwicklung zu geben. Wenn eine solche weltweite Partnerschaft innerhalb der nächsten Jahre nicht zustande kommt, so werden, fürchte ich, die erwähnten Probleme derartige Ausmaße erreicht haben, daß ihre Bewältigung menschliche Fähigkeiten übersteigt.«[5]

Das Jahrzehnt, von dem U Thant spricht, ist nur wenig zur Lösung der Weltprobleme genützt worden. So zieht Jürgen Moltmann aus seiner theologischen Prespektive 1985 ein dramatisches Fazit: »Die sogenannte ›Umweltkrise‹ ist nicht nur eine Krise der natürlichen Umwelt des Menschen, sondern nichts weniger als eine Krise des Menschen selbst. Sie ist eine umfassende, irreversible und darum nicht zu Unrecht apokalyptisch genannte Krise des Lebens auf diesem Planeten. Sie ist keine vorübergehende Krise, sondern aller Voraussicht nach der Anfang des Kampfes um Leben und Tod der Schöpfung auf dieser Erde.«[6]

Für diese Situation ist das Wort »Jahrtausendkrise« nicht zu groß gewählt – es untertreibt eher, weil es nicht aussagt, daß unsere Krise heute die erste totale Krise des Lebens auf der Erde überhaupt ist.

Der Begriff »Jahrtausendkrise« beschreibt nicht nur die Einmaligkeit unserer heutigen Situation, sondern auch ihre Offenheit nach beiden Seiten. Denn das Wort »Krise« bezeichnet nicht die »Zeit einer Katastrophe«, sondern die »Zeit der Entscheidung«. Wenn eine lebensgefährliche Krankheit in ihre Krise kommt, dann entscheidet es sich, ob der Patient gesund wird oder ob er stirbt. Ich nenne die Jahre um die Jahrtausendwende bewußt Krise, weil ich davon überzeugt bin, daß die Würfel noch nicht gefallen sind. Die Menschheit muß sich noch nicht in ein unvermeidliches Ende fügen, wie manche Zeitgenossen behaupten, sie kann aber auch nicht so weiterleben wie bisher – obwohl dies immer noch die meisten Menschen zum Ausgangspunkt ihres Handelns machen. Gott hat das Leben auf unserer Erde noch nicht abgeschrieben – aber sein Geist ist der Urheber eines umfassenden Bußrufes, eines Aufrufes zu einem neuen Lebensstil. Wenn somit noch Hoffnung vorhanden ist, dann gibt es neben der Jahrtausendkrise auch noch die Jahrtausendchance, dann kann unter dem Druck des drohenden Endes eine Umkehr der Menschheit einsetzen, die zwar nicht das Paradies zurückholen wird, aber doch zum Überleben der Menschheit führt.

Alle Beschreibungen der Zukunft der nächsten Jahrzehnte bleiben daher, wenn sie solide sein wollen, innerhalb dieses Spannungsfeldes zwischen Untergang und Neubeginn, zwischen Krankheit und Gesundheit, zwischen Tod und Leben.

Für meine Beschreibung möglicher Zukünfte in den kommenden Jahrzehnten verwende ich die Methode des Szenarios, weil sie Differenziertheit und Anschaulichkeit verbindet. Bei einem Szenario wird die vermutete Zukunftsentwicklung, die wie bei allen anderen Prognosen auf der Verarbeitung und Hochrechnung von Fakten der Gegenwart beruht, nicht durch abstrakte Zahlen und Sachaussagen vermittelt, sondern erzählt, als sei sie bereits geschehen. Wie ein Dramatiker bestimmte Zuspitzungen seiner Handlung hervorhebt und dafür Details, die für ihn weniger wichtig sind, wegläßt, so verfährt auch ein Zukunftsforscher beim Schreiben eines Szenarios. Die Ereignisse, die für die Entwicklung der Zukunft als entscheidend angesehen werden, erfahren eine Hervorhebung, viele Details werden weggelassen. So kann ein Szenario nicht nur recht spannend sein, es wird eine vermutete Zukunftsentwicklung auch besonders anschaulich machen.

Die Zukunftsforschung kann allerdings keine Zukunft vorhersagen, sondern nur Vermutungen und Berechnungen anstellen, was geschieht, wenn bestimmte Voraussetzungen gegeben sind – oder was sich verändern würde, wenn sich bestimmte Gegebenheiten verändern. Ich habe für dieses Buch zwei Szenarios geschrieben, die beide die Gesamtentwicklung der Zukunft, vor allem in Mitteleuropa, für die Zeit von 1990 bis nach 2030 beschreiben. Bei gleicher Ausgangsposition entwickeln sich die beiden »Zukünfte« unterschiedlich, entsprechend dem Spannungsfeld zwischen denkbarem Untergang und denkbarem Neubeginn. Beim Szenario »Weltuntergang« habe ich angenommen, daß trotz vieler gutgemeinter Ansätze die meisten Reaktionen auf die Jahrtausendkrise zu spät kommen oder nicht konsequent genug ausfallen. Keinesfalls habe ich dabei immer die denkbar schlechteste Möglichkeit gewählt – zusammengenommen ergibt sich aus dieser Annahme aber eine Entwicklung, bei der die Menschheit den Wettlauf zur Rettung des Lebens verliert. »Weltuntergang« ist also die Fortschreibung der gegenwärtigen Situation, allerdings unter der Voraussetzung, daß sich die zaghaften positiven Ansätze der Gegenwart auf Dauer nicht durchsetzen. Beim Szenario »Wir sind noch einmal davongekommen« rechne ich damit, daß – wenn auch oft im letzten Augenblick – zukunftsfördernde Entscheidungen getroffen werden, und daß es dabei gelingt, einen so großen Teil der Bevölkerung für die Anliegen von Umweltschutz, Friedenssicherung und alternativem Lebensstil zu gewinnen, daß es zu Veränderungen kommt, die so weitgehend sind, daß sie das Überleben der Menschheit sichern können.

Beide Szenarios verarbeiten eine Fülle von einzelnen Informationen und bestimmten Voraussagen, die in den nächsten Kapiteln meines Buches umfassender dargestellt sind. Weil es zwei Szenarios gibt, wird deutlich, daß ich nicht sagen will: So wird die Zukunft kommen! – sondern: So negativ oder so positiv kann die Zukunft sein! Die wahrscheinliche Zukunftsentwicklung muß sich dabei nicht unbedingt in der Mitte dieser beiden auseinanderstrebenden Zukunftsentwürfe abspielen – es sprechen gute Gründe dafür, daß sie so negativ ablaufen wird wie in »Weltuntergang« beschrieben. Noch gibt es aber auch genügend realistische Hoffnungen für eine Entwicklung, an deren Ende wir sagen können: »Wir sind noch einmal davongekommen.«

Zweites Kapitel

Jahrtausendkrise und Jahrtausendchance

Die Jahrtausendkrise ist keine deutliche, einheitliche Zäsur, sondern setzt sich aus verschiedenen Krisen zusammen, die sich überlagern und gegenseitig verstärken. Diese unterschiedlichen Ebenen möchte ich skizzieren und auf ihren »Krisencharakter« wie auf ihren »Hoffnungscharakter« befragen.

1. *Wir stehen am Ende der Nachkriegszeit*

Die Industrienationen, vor allem des Westens, haben die Zerstörungen des Zweiten Weltkriegs überwunden und aus den Trümmern Staaten mit auffälligem Wirtschaftswachstum aufgebaut. Wachstum und Wohlstand sind fast zu austauschbaren Begriffen geworden. Die Grenzen des Wachstums aber scheinen erreicht. Den Gesellschaften der Industrienationen – im Westen wie im Osten – stehen durchgreifende Änderungen bevor, begleitet von sozialen Spannungen und alternativen Strömungen. Die Länder der Dritten Welt sind aus dem Traum erwacht, schnellen Anschluß an die Industrienationen zu finden – im Gegenteil, der Abstand wird von Jahr zu Jahr größer. Die Vision einer entwickelten Erde ohne Hunger und Krieg ist weitgehend zerbrochen. Die optimistischen Prognosen der Nachkriegszeit ernten heute nur noch ein müdes Lächeln. Angst und Resignation machen sich breit. Die Nachkriegszeit ist »am Ende«.

2. *Wir stehen am Ende der Neuzeit*

Eigentlich beginnt die Neuzeit mit der Erkenntnis, der Mensch sei das »Maß aller Dinge«. Diese »Mutation des Bewußtseins« schafft einen Schub in der Entwicklung, der sich in der Entdekkung und Erschließung der ganzen Erde und heute auch des Weltalls äußert, begleitet von einer atemberaubenden wissenschaftlichen und technischen Entfaltung. Heute leben wir auf einem für vergangene Generationen undenkbaren Niveau des Lebensstandards, des Wissens, der Mobilität, der Information und der persönlichen Entfaltung. Das jetzt erreichte Maß der Entwicklung markiert aber zugleich seine Grenze – oder besser: Die Grenze ist bereits überschritten. Das ökologische Gleichgewicht ist zerstört, in der Umwelt wie in der menschlichen Psyche und in den gesellschaftlichen Strukturen. Die Entwicklung der Neuzeit kann so nicht mehr weitergehen – sie ist bereits zu weit gegangen. Die Neuzeit ist »am Ende«.

3. Wir stehen am Ende des christlich-abendländischen Zeitalters

Die christliche Gesellschaft des Abendlandes ist in Auflösung begriffen. Das konstantinische Zeitalter der Partnerschaft und der Komplizenschaft von »Thron und Altar« geht zuende. Die Volkskirche ist in westeuropäischen Staaten keine Kirche des Volkes mehr, sondern nur noch eine staatlich geförderte Weltanschauungsgemeinschaft, die in Konkurrenz zu zahlreichen anderen religiösen Strömungen steht. Mühsam hält der Staat an gesellschaftlichen Grundmustern fest, die aus dem christlich-abendländischen Denken kommen, aber zahlreiche Auflösungserscheinungen zeigen. Eine Übereinkunft über die Grundbedingungen des Lebens besteht in unserer Gesellschaft nicht mehr, die alte, christlich-abendländische, ist am Verschwinden, eine neue ist noch nicht in Sicht. Das christlich-abendländische Zeitalter ist »am Ende«.

4. Wir stehen am Ende des Zeitalters der Unzerstörbarkeit der Erde

Bisher konnte der Mensch das Leben und die Erde nur in Teilen zerstören, das Leben insgesamt war seinem Zugriff nicht preisgegeben. Dies ist nun anders geworden. Der Mensch kann die gesamte Erde als Lebensraum vernichten – auf einmal durch einen umfassenden Atomkrieg oder schleichend durch Umweltzerstörung. Von allen Krisen ist dies die tiefgreifendste – das Wort Jahrtausendkrise untertreibt noch, denn die möglich gewordene Zerstörbarkeit der Erde ist eine Gesamtkrise des Planeten Erde – sie hängt wie ein Damoklesschwert über unserer Generation und auch über unseren Nachkommen. Selbst bei Abschaffung aller Atomwaffen könnte das Wissen um den Bau der Atomwaffen nie mehr abgeschafft werden – und selbst bei einer Trendwende im Umgang mit der Natur bleiben die technischen Möglichkeiten zu ihrer Zerstörung erhalten. Die Sicherheit der Erde als Lebensraum ist »am Ende«.

Die Jahrtausendkrise ist ernst, »Tod-ernst«. Aber die Erde und das Leben sind noch nicht gestorben, sondern an dem Punkt angekommen, wo sich die Entscheidung über Tod und Leben vollzieht. In der Jahrtausendkrise entscheidet sich, ob das Leben auf der Erde durch einen Atomkrieg zerstört wird, oder ob Entspannung und Frieden ein neues Miteinander der Völker möglich machen. In der Jahrtausendkrise entscheidet sich, ob der Mensch die Natur solange ausbeuten wird, bis beide daran zugrundegehen, oder ob ein neues Denken und ein neuer Lebensstil der Natur ihren Platz als Partner des Menschen zurückgibt. Die Menschheit wird sich entweder ändern, oder sie wird untergehen. So ist die Jahrtausendkrise auch eine Jahrtausendchance.

1. Chancen am Ende der Nachkriegszeit

Das Ende der Nachkriegszeit mit seinen sozialen Spannungen und einer wachsenden Unruhe vieler Bürger führt zu neuen politischen Kräfteverhältnissen. Viele Menschen entdecken ihre persönliche Verantwortung für die Gesellschaft – Bürgerinitiativen und die Öffnung vieler Kirchen für gesellschaftspolitische Verantwortung sind Beispiele dafür. Dies ist für den Staat unangenehm, weil er Autorität und Kompetenz verliert. Es kann aber heilsam sein, wenn immer mehr Bürger durch das Versagen des Staates herausgefordert werden, selbst Kompetenz zu entwickeln – und Zusammenschlüsse solcher Bürger neue Autorität entwickeln. Das Zusammenleben im Staat wird zwar komplizierter, eine änderungsfähigere Gesellschaft würde die Chance in der Krise aber beträchtlich verbessern. Die alternativen Gruppen und Zellen sind aus der heutigen Gesellschaft nicht mehr wegzudenken. Dies ist eine große Chance.

2. Chancen am Ende der Neuzeit

Am Ende der Neuzeit sind jahrhundertealte Grundüberzeugungen ins Wanken gekommen. Wir lernen heute durch leidvolle Erfahrungen, daß der Mensch eben nicht das Maß aller Dinge ist, und daß die überschnelle Entwicklung von Naturwissenschaft und Technik die Menschheit an den Rand des Zusammenbruchs gebracht hat. Der Mensch beginnt, seine Überheblichkeit gegenüber der Natur zu erkennen und erhält dadurch die Chance, sie abzubauen. Wir brauchen einen neuen Maßstab, der abgeleitet ist von den Strukturen der Schöpfung Gottes. Vielleicht können wir jetzt lernen, mit der Natur in Frieden zu leben, weil wir sonst nicht überleben. Dies ist eine große Chance.

3. Chancen am Ende des christlich-abendländischen Zeitalters

Am Ende des christlich-abendländischen Zeitalters ist die Komplizenschaft zwischen Staat und Kirche zerbrochen. Jetzt kann der christliche Glaube leichter aus seiner Abhängigkeit von Zeitströmungen befreit werden. Jetzt kann er vielleicht eher die Armen gegen die Reichen und die Machtlosen gegen die Mächtigen verteidigen. Die Kirche wird den Anbruch des Reiches Gottes überzeugender verkündigen, wenn sie den irdischen Reichen nicht mehr verpflichtet ist. Und kann damit nicht auch leichter eine wirklich christliche Moral entwickelt werden, die nicht mehr in Abhängigkeit zu menschlichen Mächten steht, sondern nur noch in Abhängigkeit zu Gott? Dies ist eine große Chance.

4. Chancen am Ende des Zeitalters der Unzerstörbarkeit der Erde

Weil der Mensch nun die Erde zerstören kann, weil politische und technische Macht von jetzt an tödlich sein können, muß es zu einem neuen, kontrollierten und begrenzten Umgang mit der Macht kommen, um die Überlebenschancen zu erhalten. Ein neuer Umgang mit der Macht ist wohl die größte Herausforderung der Jahrtausendkrise an die Menschheit, aber auch die wohltätigste, wenn sie bestanden wird. Gleichzeitig ist diese Herausforderung auch eine besondere Chance für die Christenheit, denn noch nie ist so deutlich geworden, daß die Menschheit für ihr Überleben eine Rückbesinnung auf das Leben Jesu braucht, daß der Lebensstil Jesu und sein Ruf zur Nachfolge genau die Fragen trifft, welche die Jahrtausendkrise ausgelöst hat. Allerdings wird die Christenheit nur dann zum Partner der bedrohten Menschheit werden, wenn sie alle Überheblichkeit aufgibt und sich zunächst der Machtfrage in ihrem eigenen Bereich stellt. Wenn aber eine Bußbewegung in der Christenheit zu einer neuen Qualität der menschlichen Beziehung und zu einer neuen Moral dem Machbaren gegenüber führt, dann wird der christliche Glaube eine neue Chance gewinnen, in der Jahrtausendkrise auch die Krise des Glaubens zu überwinden. Viele Menschen werden dann zu einem lebensfähigen Glauben zurückfinden.

Ein Wort Jesu aus den Seligpreisungen[7] ist für mich eine Quintessenz alles dessen, was die Jahrtausendchance ausmacht:

> Selig sind,
> die den Mut haben,
> sanft zu sein.
> Denn unter ihrer Hand
> wird die Erde gedeihen.
> (Mt 5,5)

Drittes Kapitel

Weltuntergang – ein Szenario

1990–2000

Nur noch 15% des Waldes in der Bundesrepublik Deutschland zeigen keine sichtbaren Schäden. In den Hochlagen von Harz und Schwarzwald ist der Wald fast völlig verschwunden. Wegen der fortschreitenden Bodenerosion und der Empfindlichkeit der Jungbäume gegenüber der Umweltverschmutzung gelingt eine Aufforstung der geschädigten Flächen nur teilweise. In der Schweiz müssen die ersten Bergdörfer aufgegeben werden, weil der vor den Lawinen schützende Wald verschwunden ist.

Erst 15% aller zugelassenen PKW besitzen Katalysatoren, andere Systeme, die weniger Giftstoffe zurückhalten, sind zugelassen. Daher ist die Belastung der Luft durch Stickoxide immer noch am Steigen, wenn auch langsamer, denn das Verkehrsaufkommen vergrößert sich weiter. Ab 1992 ergibt sich ein Stillstand, aber erst am Ende des Jahrzehnts nimmt die Luftbelastung durch Stickoxide langsam ab. Die Werte für Schwefeldioxid sind günstiger, hier ergibt sich ein Rückgang um 25% – der positive Trend der Achtzigerjahre setzt sich also fort.

Zum ersten Mal seit Jahrzehnten gehen die landwirtschaftlichen Erträge deutlich zurück – neue Schädlinge und die zunehmende Bodenbelastung durch Umweltgifte werden dafür verantwortlich gemacht. Es werden weitere Schädlingsbekämpfungsmittel verboten, was die Erträge zusätzlich reduziert – nach Protesten der Bauernverbände werden die Verbote teilweise wieder aufgehoben. Mehr als 50% der Obstbäume zeigen ähnliche Schädigungen wie der Wald. Die Lebensmittelpreise steigen überdurchschnittlich.

Die Bevölkerung gewöhnt sich zunehmend an die ständigen Negativmeldungen aus dem Umweltbereich. Nach großen Auseinandersetzungen in den Fernsehräten scheiden verschiedene gesellschaftliche Gruppen unter Protest aus – so Teile der Kirchen und der Gewerkschaften. Es werden »Fernseh-Ombudsmänner« ernannt, die in Umkehrung der bisherigen Funktion eines Ombudsmannes entscheiden, welche Nachrichten unterdrückt werden sollen, weil sie die Bevölkerung beunruhigen könnten.

Krebserkrankungen nehmen weiterhin stark zu. Immer häufiger kann nachgewiesen werden, daß regionale Umweltbelastungen dabei eine entscheidende Rolle spielen. Noch rascher nehmen Allergien zu, vor allem bei Kindern. Bei vielen Krankheiten besteht der begründete Verdacht, daß sie durch Umweltschadstoffe verursacht oder verschlimmert werden - obwohl es sehr schwerfällt, dies im einzelnen nachzuweisen.

Das Bruttosozialprodukt ist von 100% im Jahre 1985 auf 90% im Jahre 1996 gesunken. Im Durchschnitt des ganzen Jahrzehnts beträgt die Arbeitslosigkeit mehr als 20%, obwohl viele Gastarbeiter das Land verlassen haben - bei Jugendlichen steigt die Quote branchenbedingt auf teilweise über 50%. Demonstrationen von arbeitslosen Jugendlichen, die an der Tagesordnung sind, verlaufen immer häufiger gewalttätig - zunehmend schließen sich ihnen auch die Rentner an, die durch neue Rentengesetze teilweise unter die Armutsschwelle gedrückt werden. Das soziale Netz ist viel weitmaschiger geworden, etwa 20% der Bevölkerung leben unter der staatlich festgelegten Armutsschwelle, in Wirklichkeit sind es wohl viel mehr. 1996 wird der Notstand ausgerufen - im Zuge der sich zuspitzenden Auseinandersetzungen gibt es viele Tote und Verletzte. Die Gerichte verhängen harte Urteile gegen Demonstranten, was weitere Menschen auf die Straße treibt. Viele Bürger gehen in den Untergrund.

Trotz des »Schocks von Tschernobyl«, der 1986 große Teile der Bevölkerung für den Ausstieg aus der Kernenergie eintreten ließ, werden inzwischen wieder neue Kernkraftwerke geplant und gebaut. Es kam so, wie es führende Leute der »Atomindustrie« vorhergesagt hatten: Nach dem Schock wurden einige als unsicher geltende Kernkraftwerke abgeschaltet, die mit einer Ausnahme später wieder ans Netz gingen, und der Bau und die Planung neuer Kernkraftwerke stagnierte für wenige Jahre. 1989 war der Schnelle Brüter von Kalkar trotz aller Proteste ans Netz gegangen, und auch die Wiederaufbereitungsanlage von Wackersdorf wurde nach der entsprechenden Verzögerung wieder weitergebaut. Das Ausmaß der gesundheitlichen Schäden durch die Reaktorkatastrophe bleibt im Dunkeln - denn es gibt in den wesentlichen ersten beiden Jahrzehnten nach dem

Unglück keine vergleichende Krebsstatistik in den belasteten Gebieten.

Die zunehmende Ausrüstung der Industriebetriebe mit Robotern, die »flächendeckende« Anwendung elektronischer Datenverarbeitung und der Rückgang der Kaufkraft vernichten weitere Arbeitsplätze. Obwohl Staat und Industrie große Anstrengungen unternehmen, um neue Arbeitsplätze zu schaffen, kann die Arbeitslosenquote nicht unter 20% gesenkt werden. Die durchschnittliche Arbeitszeit beträgt nur noch 35 Stunden in der Woche, allerdings erhalten die Mehrzahl der Arbeitsnehmer dafür keinen oder keinen vollen Lohnausgleich.

Grundnahrungsmittel und Gegenstände des täglichen Lebens haben sich verteuert – alles, was mit Elektronik zusammenhängt, ist sehr viel billiger geworden. Fast jeder Bürger besitzt einen persönlichen Computer, die elektronische Datenverarbeitung beherrscht die Verwaltung, auch bei Kleinbetrieben, Handwerkern und Ärzten.

Abrüstungsverhandlungen sind 1989 und wiederum 1995 gescheitert. Die Rüstungsausgaben steigen weiter an, obwohl das die Volkswirtschaften aller hochgerüsteten Länder zunehmend überfordert. Die Sowjetunion stationiert entlang des »Eisernen Vorhangs« eine neue Generation von Kurzstreckenraketen und erhöht die Schlagkraft ihrer konventionellen Waffen. Die USA installieren an der Grenze zwischen der Bundesrepublik und der DDR einen Sperrgürtel aus Atomminen, mit Zustimmung der Bundesregierung, aber gegen den erbitterten Widerstand eines Teils der Bevölkerung. Die USA arbeiten mit Hochdruck am Aufbau ihres Raketenabwehrsystems im Weltraum, obwohl noch nicht entschieden ist, ob es zufriedenstellend funktionieren wird. Auch die UdSSR verfolgt ähnliche Pläne – mit offensichtlich noch größeren Rückschlägen.

In Frankreich und Großbritannien werden, ähnlich wie einige Jahre vorher in der Bundesrepublik, schärfere Umweltgesetze erlassen. Dies geschieht aber erst, als eine Gruppe von Nobelpreisträgern im »Pariser Appell« 1994 den totalen Zusammenbruch des Lebens als Folge der Umweltbelastungen voraussagt und Massenbewegungen gegen die Regierungen entstehen. Wie auch in der Bundesrepublik investiert die Industrie in durchaus nennenswertem Umfang im Umweltschutz, die Maßnahmen sind aber offensichtlich nicht konsequent genug und häufig auch weniger auf die Belange des Umweltschutzes, sondern eher auf kommende Umsatzerwartungen der beteiligten Firmen gerichtet.

Der Lebensstil der Bevölkerung ist individueller geworden. Es gibt kaum noch ethische Überzeugungen, die von einer Mehrheit der Bevölkerung getragen werden. Die Ehescheidungen steigen weiter an, die durchschnittliche Kinderzahl sinkt, bei den unter Dreißigjährigen hat die Zahl der eheähnlichen Partnerschaften, meist ohne Kinder, die Zahl der Ehen überflügelt. Die Orientierungskonflikte in der Gesellschaft werden ausgeprägter, psychische Krankheiten, Alkoholismus und Drogenabhängigkeit steigen. Angst und Unruhe breitet sich weiter aus, vor allem auch unter Kindern, Jugendlichen und Senioren. Viele Bürger reagieren aggressiv auf die zunehmenden Probleme, sie engagieren sich bei neuen regierungs- und industriekritischen Massenbewegungen – andere reagieren eher depressiv, im politischen Bereich etwa durch Wahlverweigerung.

Nach einer kurzen Phase einer Koalition der SPD und der Grünen im Bundestag, die aber an den ständigen Reibereien der Koalitionspartner scheitert, gibt es für längere Zeit konservative Regierungen, einmal als Koalition der CDU/CSU mit der FDP, dann als Alleinregierung der Unionsparteien. Die Flügelbildung in der SPD hat weiter zugenommen, so daß sich diese Partei immer schwerer tut, eine einheitliche Politik zu machen.

Auch in den Kirchen nimmt die Flügelbildung zu. Sowohl in der evangelischen wie in der katholischen Kirche brechen die konservativen und die progressiven Gruppen den gegenseitigen Kontakt zueinander praktisch ab. Die Spannungen zwischen dem Evangelischen Kirchentag und dem Katholikentag zu ihren kirchlichen Institutionen nehmen stark zu. 1993 gibt es gegen den Widerstand der Kirchenleitungen einen gemeinsamen ökumenischen Kirchentag. Darauf beschließt die evangelische Kirche, keine Kirchentage mehr abzuhalten, in der katholischen Kirche gibt es einen neuen Katholikentag, der nur noch von der Deutschen Bischofskonferenz verantwortet wird. Der »Gemeindetag unter dem Wort«, von den evangelikalen Gruppen im evangelischen Bereich verantwortet, wird zur größten kirchlichen Veranstaltung in der Bundesrepublik. Großevangelisationen finden immer stärkeren Widerhall – viele Menschen suchen eine neue starke Geborgenheit in der Kirche, die durchaus autoritäre Züge tragen darf. Im progressiven Bereich gibt es eine immer größere Fülle einzelner Gruppen, die bei den ökumenischen Kirchentagen ein buntes und lebendiges Bild zeigen, wegen ihrer Individualität und der mangelnden Geschlossenheit als Gesamtbewegung aber stark an Einfluß verlieren.

Neue religiöse Strömungen, solche okkulter Natur oder in Verbindung mit östlichen Religionen, andere auf religiös-psychologischer Grundlage, überflügeln in manchen Regionen bereits den Einfluß der traditonellen Kirchen. Bewegungen wie die »Schwarze Magie« errichten eigene Zentren und haben massenhaften Zulauf.

Die Entwicklungshilfe der Industrienationen stagniert auf dem Niveau von 1990. In vielen Staaten der Dritten Welt zerbricht die staatliche Struktur – so entstehen in Afrika neue kleine Stammesstaaten, die untereinander ständig im Kriegszustand sind. Dem Hunger fallen jährlich Millionen von Menschen zum Opfer. Die Bevölkerung der Industriestaaten ist kaum noch bereit, in größerem Maß für die Problembereiche in der Dritten Welt zu spenden – nur kirchliche Programme machen hier eine Ausnahme. Staatliche Entwicklungshilfe wird immer unpopulärer, das Hauptargument ihrer Gegner lautet: Wir haben in unserem eigenen Bereich so viele Probleme, daß wir uns nicht auch noch um die Länder der Dritten Welt kümmern können.

2000–2010

Die Jahrtausendwende wird mit riesigen Feuerwerken und anderen Großveranstaltungen gefeiert. Der Ton der Reden ist optimistisch – als gäbe es keine Anzeichen für eine rapide Verschlechterung der Lebenssituation. Ein neues Buch »Die Zukunft gehört uns«, in dem die Angst vor der Zukunft und die Argumente der Umweltschutzbewegung und der Friedensbewegung als »kommunistische Propaganda« bezeichnet werden, entwickelt sich zum Superbestseller.

Das kommerzielle Fernsehen, das inzwischen etwa 50 % des Marktes erobert hat, ist ebenfalls ganz auf diesen Ton eingestellt. Außerdem steht die Werbung im Vordergrund, staatlich unterstützt, denn man will die großen wirtschaftlichen Probleme über eine starke Konsumsteigerung lösen. »Kauft, dann können wir die Umwelt sanieren!« ist ein Schlagwort der Jahrtausendwende. Auch im staatlichen Fernsehen nimmt der Trend, die Probleme »wegzuinformieren«, weiter zu.

Die Grünen sind wieder zu einer Splitterpartei geworden, auf Kosten einer neuen radikalen Linkspartei. Den größten Zulauf aber haben wieder die beiden großen Parteien, die nahezu gleich stark sind. 2001 wird eine große Koalition aus SPD und Unionsparteien gebildet, die verschärfte Umweltgesetze erläßt und einen Teil der als gefährlich eingeschätzten synthetischen chemischen Substanzen verbietet. Nicht entgiftete Autos werden jetzt endgültig verboten. Die neue Devise heißt daher: Wachstum durch Umweltschutz. Langsam gehen die gesamten Schadstoffmengen zurück – sie liegen im Jahre 2002 um 10% niedriger als 1995, aber immer noch höher als 1985. Der Energieverbrauch steigt wieder an, die Mehrheit der Bürger ist nicht bereit, Umweltschutz zu praktizieren, der zu persönlichen Einschränkungen führt – es sei denn, daß der Staat es durch Gesetze festlegt.

Gleichzeitig ist die Bevölkerung aber beunruhigt, daß immer neue, bisher nicht beobachtete oder beachtete Umweltprobleme auftauchen. Sie ahnt, daß schon viel zu viel zerstört ist, als daß halbherzige Maßnahmen etwas ausrichten könnten. Aber eine radikale Veränderung der wirtschaftlichen Strukturen, des Lebensstils und des Umgangs mit der Natur scheint bei der vorhandenen politischen Konstellation nicht mehrheitsfähig. So nehmen Angst und Resignation zu.

Die Verbindungen zwischen Ost und West sind schwächer geworden. Der Westen hat genug mit seinen eigenen Problemen zu tun, der Osten scheint sich mehr abschotten zu wollen. In der UdSSR haben sich offensichtlich große Umweltkatastrophen ereignet, über die es aber im Westen nur Gerüchte gibt. Die Umweltbedingungen sind in der DDR jedenfalls schlechter als in Westeuropa – vor allem haben umweltbedingte Krankheiten zugenommen. Durch das weitgehende Verschwinden des Waldes sind klimatische Probleme entstanden, und die ehemals bewaldeten Mittelgebirge sind versteppt. Weil die Unruhe der Bevölkerung vor allem durch die Umweltsituation hervorgerufen wird, nimmt sie ständig zu – und mit ihr der diktatorische Druck des Staates.

2004 zerbricht die große Koalition in der Bundesrepublik Deutschland – eine »Mitte-rechts-Regierung« nimmt einen Teil der Verbote chemischer Substanzen wieder zurück, mit der Begründung, die Umweltschäden hätten nicht in dem Maße zugenommen, wie von den Alternativen behauptet.

2004 gibt es nach einer mehr als zehnjährigen Unterbrechung wieder Olympische Spiele. Die USA veranstalten sie als eine große Unterhaltungssendung mit nationalistischem Gepräge. Jede gewonnene Medaille wird in den beteiligten Ländern nationalistisch-enthusiastisch gefeiert.

Die Produktivität der Landwirtschaft sinkt weiter, sie erreicht 2005 nur noch 75% der Werte von 1985. Ständig werden neue Pflanzenkrankheiten bekannt, bisher unbekannte Schädlinge breiten sich seuchenartig aus. Verbotene Schädlingsbekämpfungsmittel werden wieder zugelassen, um die landwirtschaftliche Produktion überhaupt noch zu retten. Dies aber vergrößert die Probleme des Bodens. Biologischer Landbau ist wegen der Bodenverseuchung und des drastischen Rückgangs der Artenvielfalt im eigentlichen Sinne nicht mehr möglich.

Gerüchte, die sich später bestätigen, lösen große Unruhe bei der Bevölkerung aus: Die Intensivstationen der staatlichen Krankenhäuser behandeln nur noch Patienten, die jünger als 60 Jahre sind - ähnliches gilt von Organtransplantationen und anderen aufwendigen Operationen. Begründet werden die Einschränkungen mit der desolaten Finanzlage der Krankenkassen. Die Pflege in den Intensivstationen und aufwendige Operationen für Ältere sind nur noch möglich, wenn sie privat bezahlt werden - diese Kosten aber sind für den Normalverdiener untragbar.

Das Leben in den großen Städten wird immer unattraktiver - denn die hygienischen, verkehrstechnischen, ökologischen und sozialen Probleme nehmen überhand. Das Autofahren und die öffentlichen Verkehrsmittel sind für die inzwischen zumeist ärmeren Innenstadtbewohner kaum mehr erschwinglich - so entstehen Innenstadtgettos, die schon Slum-Charakter haben.

Es gibt eine große Auswanderungswelle, vor allem nach Australien und Kanada, die allerdings ab 2006 durch rigorose Beschränkungen der Einwanderungsländer gestoppt wird.

Nachdem ein Teil der progressiven Gruppen die kirchlichen Institutionen schon länger verlassen haben, folgen jetzt in großer Zahl die Kirchensteuerflüchtlinge. Die Zahl der Mitglieder in der evangelischen Kirche hat sich seit 1985 halbiert. Viele kirchliche Sozialarbeiten müssen eingestellt werden, kleinere Gemeinden verlieren ihre Pfarrer. Es entstehen neue, sehr unterschiedlich geprägte Freiwilligkeitsgemeinden, weniger in der Art der traditionellen Freikirchen, sondern eher im Stil der Basisgemeindebewegung.

Die Entwicklungshilfe der Industrienationen sinkt drastisch. In Afrika und Asien nimmt die Zahl der Unruhen zu – viele der Länder in diesen Erdteilen können ihre Bevölkerung nur noch unvollständig ernähren. In Südafrika, wo es zwar einen schrittweisen Abbau der Apartheid gegeben hatte, aber keine vollständige Gleichberechtigung der Rassen, werden bei einer »Schwarzen Revolution« Hunderttausende von Weißen getötet. Die mit Südafrika verbündete USA unterstützt die weiße Regierung mit taktischen Atomwaffen. Dies erhöht zwar die Zahl der schwarzen Opfer auf ein mehrfaches der weißen, kann aber den Bürgerkrieg nicht beenden. Schließlich ziehen sich die USA zurück. Im Jahr 2008 verlassen alle Weißen, die überlebt haben, Südafrika.

Im gleichen Jahr erleidet die Armee der UdSSR einen schweren Unfall mit bakteriologischen Waffen. Die dadurch ausgelösten Krankheiten kosten Hunderttausenden von Menschen das Leben. Die Kontakte zwischen Ost und West werden vollständig unterbrochen. Die westlichen Industrienationen können rechtzeitig Gegenmaßnahmen ergreifen, so daß der Schaden bei ihnen gering bleibt.

Während die europäische Bevölkerung noch in großer Angst vor den neuen Krankheiten lebt, gibt es die nächste Katastrophenmeldung. Denn im Jahre 2009 gibt es bei einem Schnellen Brüter in der Bundesrepublik einen schweren Unfall, der mit der totalen Zerstörung des Reaktors endet. Dieser GAU (größter anzunehmender Unfall) fordert etwa 1400 Soforttote und etwa 100000 Todesopfer, die an den Folgen der freigesetzten Radioaktivität sterben. 3 Millionen Menschen müssen kurzfristig umgesiedelt werden, davon 500000 auf Dauer. Eine große landwirtschaftliche Fläche wird aufgegeben. In der Bundesrepublik und in den meisten europäischen Ländern sowie in Nordamerika und Japan werden alle Kernkraftwerke stillgelegt.

Jetzt muß Energie rationiert werden, denn der Anteil der Kernenergie am Gesamtbedarf kann kurzfristig nicht aus anderen Quellen ersetzt werden. Zu lange war kaum etwas für die

Nutzung alternativer Energien getan worden – jetzt, wo man sie dringend braucht, stehen sie nicht zur Verfügung. Die plötzliche Energiekrise führt zu einer großen Wirtschaftskrise, die nach kurzer Zeit die gesamte Weltwirtschaft erfaßt. Daraufhin werden die Kernkraftwerke in der Bundesrepublik und teilweise auch in anderen Ländern wieder in Gang gesetzt. Es kommt zu bürgerkriegsähnlichen Auseinandersetzungen zwischen Kernkraftgegnern und -befürwortern, die in einem Attentat auf die Bundesregierung gipfeln. Der Bundeskanzler und sechs seiner Minister werden getötet. Wiederum wird der Notstand ausgerufen. Die Niederschlagung dieses »Kernkraft-Aufstandes« fordert viele Tote. Der aktive Widerstand der Bevölkerung gegen die weitere Nutzung der Kernkraft wird gebrochen – der passive Widerstand bleibt. Es gelingt nicht, das politische und wirtschaftliche Klima zu normalisieren.

Ende des Jahres 2009 bildet sich in Bonn eine Allparteienregierung als eine »Regierung des nationalen Notstands«. In der Kernenergiefrage kommt ein Kompromiß zustande. Die Schnellen Brüter werden aufgegeben und nur noch – allerdings über lange Zeit – gewartet. Es gibt keine neuen Kernkraftwerke und Übergangszeiten bis max. 10 Jahren zur Stillegung der vorhandenen Kernkraftwerke. In der Übergangszeit sollen alternative Energiegewinnungsmethoden entwickelt werden, damit sie das Energieloch durch den Ausfall der Kernenergie stopfen können. Alle Bürger, die im Zusammenhang mit den Unruhen verurteilt worden sind – mit Ausnahme von Tötungsdelikten, werden durch eine Amnestie auf freien Fuß gesetzt. Die Allparteienregierung ruft alle Bürger auf, unbeschadet der politischen Anschauungen am Aufbau neuer staatlicher und wirtschaftlicher Strukturen mitzuhelfen.

2010–2020

In ganz Westeuropa gibt es neue Umweltgesetze. 3000 chemische Substanzen werden verboten – es gibt ein europäisches Wiederaufforstungsprogramm und ein Programm zur Rettung des Bodens. Allerdings nimmt der Anteil der Wissenschaftler zu, die davon überzeugt sind, daß diese Maßnahmen zu spät kommen. Die Klimaveränderungen, ausgelöst durch den Rückgang der Waldfläche, und die Erhöhung des Kohlendioxidgehaltes der

Luft in Verbindung mit all den anderen Umweltschädigungen senken die landwirtschaftliche Produktion weiter, beschleunigen das Aussterben von Pflanzen und Tieren und verstärken die krankheitsbedingten Belastungen der Bevölkerung. Zum ersten Mal seit vielen Jahrzehnten geht die Lebenserwartung des Menschen wieder deutlich zurück.

Alle noch verbliebenen Pflanzen und Tiere werden unter strengen Naturschutz gestellt, um das weitere Aussterben der Arten wenigstens zu verlangsamen. Auch in den Staaten des Ostblocks kommt es zu intensiven Umweltschutzmaßnahmen, die allerdings durch eine noch ungünstigere Ausgangsbasis belastet sind.

Der Wald ist fast ganz verschwunden. Typische Waldgebiete sind zu Steppen geworden, die Bodenerosion ist weit fortgeschritten. Eine Aufforstung gelingt nur in manchen Bereichen – und auch da nur unter großen Mühen. Mehr als 50% der Ortschaften in den Alpentälern sind aufgegeben worden, weil ohne die inzwischen verschwundenen Wälder der Lawinenschutz fehlt. An vielen Stellen kann er nicht durch Lawinenverbauungen wiederhergestellt werden. Der alpine Fremdenverkehr ist im Sommer stark zurückgegangen und im Winter praktisch zum Erliegen gekommen.

Es gelingt nur zum Teil, den Boden zu entgiften, obwohl der Verbrauch synthetischer chemischer Mittel stark nachgelassen hat. Große Flächen ehemals fruchtbaren Landes müssen brachliegen, weil sie zu stark verseucht sind. Auch in Deutschland beginnen nun die Schwierigkeiten mit der ausreichenden Versorgung der Bevölkerung mit Lebensmitteln.

Die Lebenssituation für den Durchschnitt der Bevölkerung hat sich stark verändert: Die Arbeitszeit beträgt zumeist weniger als 30 Stunden, allerdings ohne Lohnausgleich. Die Arbeitslosigkeit trifft ungefähr ein Viertel der arbeitsfähigen Bevölkerung. Der Lebensstandard beträgt im Durchschnitt weniger als 60% des Niveaus von 1985. Vor den Läden gibt es oft lange Schlangen von Wartenden. Viele Bürger haben sich Nutzgärten eingerichtet – Zierrasen im Garten gilt inzwischen als Zeichen des Reichtums. Wer kann, hält sich ein Schwein, eine Kuh oder Hühner. Benzin, Energie und Wasser sind rationiert. Der private Autoverkehr ist stark zurückgegangen.

2013 zerbricht die Allparteienregierung, die Grünen und die

neue Linkspartei scheiden aus. Sie werfen den großen Parteien vor, die Bundesrepublik Deutschland zu einem Polizeistaat gemacht zu haben. Im Trend wird dies von CDU und SPD nicht bestritten, sondern gerechtfertigt, denn angesichts der riesigen Probleme und der vielen Überwachungsaufgaben des Staates sei eine Demokratie bisheriger Prägung nicht mehr möglich – das neue System wird von den Parteien, die es eingeführt haben, »gelenkte Demokratie« genannt. Die Überwachung des einzelnen Bürgers ist inzwischen nahezu lückenlos geworden, Datenschutz kann der einzelne nur noch in der Beziehung zu seinen Mitbürgern erwarten, aber nicht mehr in der Beziehung zum Staat. Für die Presse ist es sehr schwierig geworden, von der Regierungspolitik abweichende Meinungen zu publizieren, das »öffentlich-rechtliche Fernsehen« wird vom Staat gelenkt, das private von der Wirtschaft. Die Einschränkung der Meinungsfreiheit wird mit der Situation begründet, daß es inzwischen nur noch ums Überleben der Bürger und ihres Staates ginge. Die Bundesregierung wird wieder von einer großen Koalition gebildet – inzwischen haben sich die politischen Überzeugungen von CDU und SPD weitgehend angenähert.

Eine neue Welle aufstandsähnlicher Demonstrationen erschüttert die Bundesrepublik. Es gibt inzwischen eine neue Oberschicht aus Funktionären des Staates, der Parteien, der Gewerkschaften und der Staatskirchen, aus den Kapitalseignern der Unternehmen und deren Spitzenmanagern, eine neue Mittelschicht, die sich aus allen zusammensetzt, die einen sicheren Arbeitsplatz oder genug anbaufähiges Land haben und eine neue Unterschicht derjenigen, die ums nackte Überleben kämpfen müssen. Zu ihr gehören vor allem die Arbeitslosen, viele Rentner, auch aus der ehemaligen Mittelschicht, Bewohner der unwirtlichen Innenstädte und viele der Bürger, die mit der herrschenden politischen Linie nicht übereinstimmen. Aus dieser Unterschicht kommt der deutlichste Widerstand, offen innerhalb der stark eingeschränkten Möglichkeiten der »gelenkten Demokratie« oder im Untergrund. Es gibt einen gewalttätigen und einen gewaltfreien Flügel, zu dem vor allem die christlichen Gruppen gehören. Diese haben viele von den gewaltfreien alternativen Gruppen aufgesogen, so daß man inzwischen von einer ökumenischen Alternativkirche sprechen kann, als europäische Form der Basisgemeindebewegung. Denn auch in Europa sind die Notsituationen so offensichtlich geworden – wie früher schon in Lateinamerika –, daß Kirchen ohne konkrete Formen gemeinsamen Lebens keine Anziehungskraft mehr haben. Die Basisgemeinden gewähren politisch Verfolgten Unterschlupf, decken Überwachungspraktiken des Staates auf und prangern ungerechte Urteile an. Sie haben sich im Sinn eines Netzes zusammengeschlossen und können vom Staat nicht so leicht angegriffen werden, weil sie keine institutionelle Struktur besitzen. Auch im evangelikalen Bereich nehmen die Gemeinden zu, die im konkreten gemeinsamen Leben ihre wirkungsvollste Struktur sehen. Sie leisten weniger politischen Widerstand, helfen dafür Notleidenden ebenso effektiv wie die Basisgemeinden und übernehmen vielfältige soziale Dienste. Allerdings leben diese beiden Gruppierungen ohne wesentliche Kontakte nebeneinander her.

In der Mitte des Jahrzehnts stellen die Industrienationen jede Art von Entwicklungshilfe ein. Obwohl die Nachrichtenverbindungen zwischen den Industrienationen und den Ländern der Dritten Welt immer schlechter werden, weiß jeder informierte Zeitgenosse, daß sich in den armen Ländern unvorstellbare Hungerkatastrophen ereignen.

Aber der Hunger dringt auch in die ehemals reichen Nationen ein. Während in West- und Mitteleuropa zunächst nur einzelne Regionen und die »neuen Armen« betroffen sind, gibt es in den USA eine früher undenkbare Wirtschafts- und Ernährungskrise, denn immer noch wird der Rüstung Vorrang vor der Ernährung der eigenen Bevölkerung eingeräumt. Noch verheerender sind die Verhältnisse in der UdSSR, denn beide Großmächte stehen sich waffenstarrend gegenüber und bedrohen sich intensiver als je zuvor.

2017 scheitern neue Abrüstungsverhandlungen. Die UdSSR macht daraufhin mobil. Es kommt zu Kämpfen in der Karibik, deren Staaten inzwischen fast alle unter sowjetischem Einfluß stehen. Beide Großmächte setzen taktische Atomwaffen ein. 4 Millionen Menschen kommen bei den direkten Kampfhandlungen um, vor allem durch die Atomwaffen. Sowjetische Truppen überschreiten die Grenze zur Bundesrepublik. Die USA zünden einen Teil der an der Grenze zwischen der Bundesrepublik und der DDR installierten Atomminen. Der sowjetische Angriff kommt ins Stocken. Die USA drohen mit einem begrenzten

Atomschlag gegen die UdSSR. Die Sowjets ziehen ihre Truppen in der Bundesrepublik nicht zurück. Im Vertrauen auf ihr Raketenabwehrsystem im Weltraum wird die Sowjetunion angegriffen – die Städte Kiew und Leningrad werden zerstört, außerdem eine Anzahl militärischer Einrichtungen – insgesamt kommen Atomwaffen mit einer Sprengkraft von mehr als 30 Megatonnen zur Explosion. Die Sowjets schlagen zurück, mit einem viel massierteren Angriff – es kommen Waffen mit einer Sprengkraft von mehr als 100 Megatonnen zum Einsatz. Das Raketenabwehrsystem erweist sich als störanfälliger als erwartet – eine Anzahl von Raketen können nicht abgewehrt werden, San Franzisco und verschiedene Militärbasen werden zerstört, fast 20 Megatonnen beträgt die Zerstörungskraft der tatsächlich explodierten Atomwaffen. In beiden Ländern gibt es zusammen mindestens 5 Millionen Soforttote und unzählige Folgeopfer.

Am 24. November 2017 verkündet der amerikanische Präsident ein neues Ultimatum mit der Drohung eines totalen Atomangriffs auf die Sowjetunion. Militärexperten hatten dem Präsidenten gesagt, daß ihr Raketenabwehrsystem nach den ersten Erfahrungen umgestellt worden sei und jetzt fast hundertprozentig funktionieren müsse. Aber bei der Verkündigung dieses Ultimatums wird der Präsident von einem Journalisten erschossen. In fast allen westlichen Staaten brechen Unruhen aus. Da lädt Neuseeland alle kriegführenden Staaten zu einer Waffenstillstandskonferenz ein. Tatsächlich gelingt es, unter dem Eindruck der Zerstörungen bei den bisherigen Kriegshandlungen, einen Waffenstillstand zu erreichen. In Mittelamerika und in Mitteleuropa werden die Truppen auf ihre Ausgangsbasis zurückgezogen. 2018 soll eine internationale »Versöhnungskonferenz« folgen.

Zunächst aber gibt es ganz andere Probleme. Viele Bewohner in den vom Krieg berührten Gebieten, vor allem in der Bundesrepublik und der DDR, in der europäischen Sowjetunion, im Westen der USA und in Mittelamerika, fliehen vor der Radioaktivität. Etwa 200 Millionen Menschen befinden sich auf der Flucht. Die staatliche Gewalt in den betroffenen Ländern bricht zusammen – Militärs übernehmen die Macht. Flüchtlinge in unvorstellbarer Menge, Plünderungen, Hungersnot, Zusammenbruch der gesamten Infrastruktur, Millionen von radioaktiv Verseuchten und sonstigen Kranken, die ohne ärztliche Hilfe sterben, Überlebenskämpfe von Flüchtlingsgruppen gegeneinander und mit der einheimischen Bevölkerung – das ist die Situation zum Jahreswechsel 2017/2018.

Mitte 2018 ist die tödliche Radioaktivität in Mitteleuropa soweit zurückgegangen, daß viele Flüchtlinge zurückkehren. In der Bundesrepublik werden mehrere Millionen Kriegstote gezählt, die Zahlen aus der DDR sind nicht bekannt. Das Krankenhauswesen ist weithin zusammengebrochen, viele Verletzte können nur von Hausärzten und Familienangehörigen behandelt werden.

Durch die bei den Atomexplosionen aufgewirbelten Staubmengen kommt es zu einer Abkühlung des Klimas. Der Sommer 2018 hat in Europa Temperaturen wie sonst der Herbst – und im darauffolgenden Winter liegen die Temperaturen von Dezember bis März meist unter minus 20 Grad. Die Heizungsmöglichkeiten reichen bei weitem nicht aus. Die Strahlenkrankheit und der Hunger schwächen viele Einwohner so stark, daß Infektionskrankheiten mehrere Millionen Opfer fordern. Erst im Sommer 2019 bessern sich die Verhältnisse etwas. Zur Jahreswende 2019/2020 wird in der Bundesrepublik ein Präsident gewählt. Die Militärs behalten allerdings einen Teil ihrer Macht.

2020–2030

Die Versöhnungskonferenz in Neuseeland führt zu einem als sensationell empfundenen Ergebnis: Alle atomaren, bakteriologischen und chemischen Waffen werden vernichtet. Die konventionellen Armeen werden bis zu einer gemeinsam festgelegten Verteidigungsstärke abgerüstet. Die Großmächte garantieren sich gegenseitig ihre Einflußbereiche. Es wird ein gemeinsamer Plan zur Wiedergewinnung der Lebensqualität auf der Erde verabschiedet.

Manche Menschen schöpfen wieder Hoffnung. Doch die Situation ist äußerst ernst. In der Bundesrepublik Deutschland zum Beispiel sind durch den Atomkrieg und seine Folgen inzwischen mehr als 25% der Bevölkerung umgekommen. Weitere Millionen sind in ihrer Konstitution stark geschwächt. Viele Überlebende müssen mit Krebs und anderen Folgekrankheiten rechnen. Der Lebensstandard ist soweit abgesunken, daß für viele die Überlebensgrenze unterschritten ist. Nur wenige Industriebetriebe können arbeiten. Große landwirtschaftliche Flächen sind durch den Atomkrieg für längere Zeit unbebaubar geworden, dazu kommen die vor dem Atomkrieg angehäuften Umweltschäden. In der Bevölkerung herrscht Angst und Apathie, etwa 40% der Überlebenden sind krank – oder aus psychischen Gründen arbeitsunfähig. Die Sterberate ist durch Radioaktivität, Hunger, Umweltschäden und den weitgehenden Ausfall der medizinischen Versorgung vervielfacht. Die Kriminalität ist stark angestiegen, es überwiegen allerdings die »Überlebensdelikte«. In der Bevölkerung herrschen Feindschaft und Absicherungsmentalität – oft durch Gewalttätigkeit. Das Überleben gelingt am besten in Sozialstrukturen, die der Großfamilie ähnlich sind.

In den anderen Teilen der Welt sieht es kaum besser aus. Radioaktivität, Umweltschäden, das Zerbrechen der Sozialstrukturen, die Zerstörung der Sozialfähigkeit der Gesellschaft und alle Probleme, die es vor dem Atomkrieg bereits gegeben hatte, lassen an vielen Stellen der Erde die Landwirtschaft, die gesellschaftliche und politische Struktur und auch die psychische und gesundheitliche Überlebensfähigkeit zusammenbrechen.

Niemand weiß, ob die Umwelt schon vor dem Atomkrieg unheilbar zerstört war – wenn nicht, so scheint sie durch die neuen Schädigungen »den Rest bekommen« zu haben. Informierte Zeitgenossen ahnen, daß die Versöhnungskonferenz zu spät gekommen ist. Pflanzen und Bäume sterben plötzlich ab, auf ganzen Landstrichen wächst nichts mehr, Arten verschwinden innerhalb weniger Jahre, Menschen sterben innerhalb weniger Tage an unbekannten Krankheiten. Wo noch etwas wächst, bauen Kleingärtner das an, was sie zum Überleben brauchen.

Religiöse Betätigung findet sich nur bei einer Minderheit. Die Not scheint nicht »fromm« zu machen. Nur solche, die vor der großen Katastrophe in einem persönlichen Glauben gelebt haben, sind dabei geblieben. Die christlichen Konfessionen spielen keine Rolle mehr, der Unterschied zwischen »progressiv« und »konservativ« ist in den Flammen des Krieges untergegangen. Die überlebenden Christen haben sich in Wohngemeinschaften und oft auch in Berufsgemeinschaften zusammengeschlossen – sie leben in Basisgemeinden und oft, weil ihre Zahl klein ist, in Hausgemeinden. Hier findet man noch Ausprägungen von Nächstenliebe und Solidarität – eine Verantwortung für andere über das eigene Überleben hinaus. Solche christlichen

Lebensgemeinschaften werden von ihrer Umwelt häufig ausgenützt oder direkt bedroht.

Die einst am besten befestigte Grenze der Welt zwischen den beiden deutschen Staaten ist praktisch verschwunden. Die immer noch radioaktiv strahlenden Krater der Atomminen und ihre Umgebung können nicht betreten werden – an jeder anderen Stelle der ehemaligen Grenze könnte jeder von Deutschland-West nach Deutschland-Ost oder umgekehrt gehen. Aber kaum jemand tut es, denn auf beiden Seiten der Grenze herrscht die gleiche Not.

nach 2030

Die Menschheit hat sich von der großen Katastrophe nicht mehr erholt. Zuviel kam zusammen: die jahrzehntelange Umweltkrise, die zunehmende Resignation der Menschheit an der geistigen Überlebensfähigkeit des Menschen, die Auflösung jahrhundertealter sozialer Lebensstrukturen, für die sich keine neuen Formen aufbauen ließen – und schließlich der Atomkrieg, der weithin die gesellschaftlichen, politischen und sozialen Strukturen zerbrach, auch wenn er überhaupt nicht flächendeckend geführt worden war.

Langsam bricht das Leben auf der Erde zusammen. Jeder zweite Überlebende des Katastrophen-Jahrzehnts stirbt an Krebs, harmlose Krankheiten fordern Millionen von Opfern, weil die Menschen keine Abwehrkräfte mehr besitzen. Die Lebenserwartung in Deutschland sinkt auf 35 Jahre – nur noch die Hälfte aller Kinder werden ohne sichtbare Behinderungen geboren.

Es gibt keine staatliche Ordnung mehr. Die großen Städte sind verlassen, kleine Gruppen in ihnen überleben nur da, wo es gelingt, den Boden zu bebauen. Ganze Landstriche sind tot – es wächst dort nichts mehr, denn der Boden ist wie verbrannt; niemand kann hier mehr leben. In Gegenden, in denen der Boden noch etwas hergibt, leben die Menschen in neuen sozialen Gruppen. Sie sind bewaffnet und versuchen, sich gegen Überfälle von außen zu schützen. Hunderttausende von Hungernden ziehen in Gruppen durch das Land und reißen alles an sich, was sie bekommen können. So wohnen die Menschen in den Überlebensgruppen wie in befestigten kleinen Burgen. Gewaltfrei lebende Gruppen sind meistens aufgerieben worden – oder sie haben sich angepaßt und praktizieren die Gewaltfreiheit nur noch im Innenverhältnis ihrer Gruppe.

Der Tod wird ein immer häufigerer Gast. Plötzlich ist nachts jemand gestorben - an Schwäche oder an einer Infektion. Viele leiden an Krebs oder an der Strahlenkrankheit und leben, so gut und so lange es geht, weiter, denn eine medizinische Versorgung gibt es nicht mehr.

Es werden nur noch wenige Kinder geboren. Selten überlebt eines von ihnen. Die Erträge des Bodens nehmen immer mehr ab, Tiere und Pflanzen sterben aus - langsam, aber unaufhaltsam, stirbt das Leben.

Viertes Kapitel

Wir sind noch einmal davongekommen – ein Szenario

1990–2000

Nur noch 15% der Wälder in der Bundesrepublik Deutschland zeigen keine sichtbaren Schäden. Die zunehmende Umweltbelastung und die ständigen Berichte in den Medien über Umweltkatastrophen haben ein Umdenken weiter Bevölkerungskreise bewirkt. Viele Umweltbestimmungen waren bereits vor 1990 verschärft worden. Die Entgiftung der Kraftfahrzeuge, ein strenges Tempolimit für noch nicht entgiftete Autos sowie Entschwefelungs- und Entstickungsanlagen haben zu einem deutlichen Rückgang der Belastung der Luft durch Schwefeldioxid und Stickoxide geführt.

Nachdem 1988 die Bundesrepublik, Dänemark und die Niederlande den EG-Abgaskompromiß von 1985 gekündigt hatten, um schärfere Bestimmungen einzuführen, kann die Bundesrepublik 1990 nach dem Vorbild Japans ein völlig neues Umweltrecht einführen, das strikt dem Verursacherprinzip folgt. Umweltschädliche Verfahren und Produkte werden dadurch so stark verteuert, daß umweltschonende Produktions- und Verhaltensweisen billiger werden als umweltbelastende.

Unter dem Schock der Kernkraftkatastrophe 1986 von Tschernobyl waren alle Kernkraftwerke, die in der Bundesrepublik nicht den neuesten Sicherheitsstandards entsprachen, abgeschaltet worden. Alle Neuplanungen und Neubauten waren gestoppt worden, der Schnelle Brüter in Kalkar war nicht ans Netz gegangen und die Wiederaufarbeitungsanlage in Wakkersdorf nicht gebaut worden. Nach hartem Widerstand weiter Bevölkerungskreise und verschiedenen Gerichtsurteilen gegen den Betrieb von Kernkraftwerken ging der Anteil der Kernenergie an der Stromproduktion schon bis 1990 auf 20% zurück. 1992 beschließt eine Koalitionsregierung aus SPD und Grünen, auch die noch produzierenden Kernkraftwerke stillzulegen. Ein weitgespanntes Programm zum beschleunigten Einstieg in erneuerbare Energien wird beschlossen, nachdem schon in den

Jahren davor viele Forschungsprogramme und Pilotprojekte in Gang gekommen waren. Weiter wird beschlossen, den Bau neuer Autobahnen und Straßen weitgehend einzustellen und die zukünftigen Verkehrsinvestitionen auf den öffentlichen Verkehr zu konzentrieren.

Die meisten mitteleuropäischen Staaten schließen sich dem bundesrepublikanischen Ausstieg aus der Kernenergie nicht an, vor allem Frankreich und Großbritannien. Allerdings werden dort inzwischen keine neuen Kernkraftwerke mehr gebaut – und die Beschäftigung mit erneuerbaren Energieträgern kommt zögernd in Gang.

1994 kommt es zu einer schweren Wirtschaftskrise, ausgelöst durch Absatzprobleme der Autoindustrie. Die strengen Auflagen für den Umweltschutz und die Anpassungsprobleme an das neue Umweltrecht sowie die immer noch praktisch zweigeteilte EG fördern die Krise. Die Wirtschaft kommt mit dem fehlenden Wachstum nicht zurecht, und von der sozialalternativen Koalition gehen wenig Impulse zur Förderung der Wirtschaft aus. Beide Koalitionspartner befürworten zwar im Prinzip die Förderung einer neuen, umweltverträglichen Wirtschaftsstruktur, sie können sich aber nicht auf eine gemeinsame Wirtschaftspolitik einigen.

Die Arbeitslosigkeit hat inzwischen ein Niveau von 18% erreicht. Es gibt zunehmende soziale Spannungen, die auch das Bild der häufigen Demonstrationen prägen. Fachleute haben ausgerechnet, daß die Arbeitslosigkeit eigentlich noch weit höher sein müßte, gäbe es das »alternative Netz« nicht. Hier haben sich viele neuentstandene Kleinbetriebe in regionalen Gruppen zusammengeschlossen – Reparaturwerkstätten, Kleinfirmen, die umweltverträgliche Konsumartikel herstellen, Selbstversorgerkommunen, Arbeitsloseninitiativen, neue Formen der sozialen Fürsorge, ein Netz freier Schulen, vorwiegend mit ehemals arbeitslosen Lehrern besetzt, Kleinverlage, Betriebe aus dem Bereich des biologischen Landbaus und viele andere. Dieses »Netz« ist stark mit alternativen und kirchlichen Gruppen verflochten.

Die Besucherzahlen des Evangelischen Kirchentages steigen weiter, gesellschaftliche Programme setzen starke Akzente, allerdings in deutlicherer Verbindung zur persönlichen Frömmigkeit. Mehr als früher wird versucht, ideologische Zuspitzungen zu vermeiden. So entsteht ein Arbeitskreis »Alternatives Management« und ein vom Kirchentag gefördertes Institut »Technik und Umwelt«. Der »Gemeindetag unter dem Wort« hat sich stark unter das Anliegen des Gemeindewachstums gestellt. Aber auch hier gibt es mehr alternative Gruppen als früher: Sie propagieren Umweltschutz und Friedensarbeit als »Nachfolge Jesu« und betonen die gesellschaftliche und politische Verantwortung der Christen. Der »Katholikentag von unten« prägt den Katholikentag stärker als früher, allerdings bleiben die Strömungen innerhalb der katholischen Kirche weit mehr im Zugriff der kirchlichen Institution als im evangelischen Bereich. Kirchenaustritte mehren sich, die Institution Kirche verliert weiter an Anziehungskraft, Gruppen mit alternativen Konzepten oder im Sinn der Basisgemeindebewegung werden attraktiver.

1995 gibt es in der Schweiz und in Österreich bei besonders ungünstiger Witterung einige große Lawinenkatastrophen mit mehreren hundert Todesopfern. Sie hängen eindeutig mit dem Absterben des vor Lawinen schützenden Bergwaldes zusammen. Eine Anzahl von Bergdörfern müssen aufgegeben werden. Die medienwirksame Umsiedlung von Tausenden von Umweltopfern bewirkt eine Wende in der öffentlichen Meinung: Es kommt in den folgenden Jahren vor allem in der Schweiz zu einer deutlichen Verschärfung des Umweltrechts. Ein großes Programm zum erneuten Waldaufbau und zur Entgiftung des Bodens wird beschlossen. Autos ohne wirksame Abgasentgiftung werden total verboten, der Privatverkehr wird stärker reglementiert, Motor- und Flugsport stark eingeschränkt und der private Flugverkehr fast völlig verboten.

Die jahrelangen Verhandlungen zur Rüstungsbegrenzung scheitern 1996 offensichtlich endgültig. Die UdSSR stationiert eine neue Generation von Kurzstreckenraketen entlang der innerdeutschen Grenze, die USA wollen an der Ostgrenze der Bundesrepublik Atomminen installieren. Die sozialalternative Koalition stellt sich gegen diesen Plan – die USA wollen ihn unter Hinweis auf ihre alliierten Rechte durchsetzen. 5 Millionen Bundesbürger gehen auf die Straße und demonstrieren für einen Austritt aus der NATO. Da lenken die USA ein und bieten der Bundesregierung neue Verhandlungen an. Als Ergebnis werden die Atomminen zwar installiert, ihre Zündung aber an die Zustimmung der Bundesregierung gebunden.

Die industrielle Entwicklung hat sich stark auf den Ausbau der elektronischen Datenverarbeitung, auf immer genauer arbeitende Industrieroboter und auf neue weltumspannende Informationstechniken konzentriert. Das Image dieser Art von Neuentwicklungen wird zwar in der Öffentlichkeit immer schlechter, weil man ihnen die wachsende Arbeitslosigkeit und die zunehmende Anonymisierung des Lebens anlastet – es sind aber kaum durchgreifende Neuorientierungen in Sicht. Immer deutlicher schälen sich zwei entgegengesetzte Arbeits- und Lebenswelten heraus, auf der einen Seite die arbeitsteilige, hochtechnisierte Wirtschaft, auf der anderen Seite das alternative »Netz«, das auf Kleingruppen und ganzheitlicher Lebens- und Arbeitsweise aufgebaut ist und sich in Marktlücken ansiedelt. Kompromisse sind nicht in Sicht, jeder Bürger muß sich für eine von diesen beiden Welten entscheiden. Es wird aber auch deutlich, daß nicht alle Bürger in der Lebensweise des »Netzes« leben könnten, ohne daß es große wirtschaftliche Probleme gäbe. Umgekehrt könnte auch die hochspezialisierte Wirtschaft viele Bedürfnisse nicht mehr abdecken, die jetzt das »Netz« befriedigt.

Die Entwicklungshilfe stagniert seit etwa 10 Jahren. Die Hungerkatastrophen in der Dritten Welt nehmen in einer Weise zu, die eine wirksame Hilfe sinnlos erscheinen läßt. Die Bundesregierung versucht, gezielte Einzelhilfen zu fördern und arbeitet zunehmend mit kirchlichen Entwicklungsgruppen und Dritte-Welt-Initiativen zusammen, in denen kleine Gruppen von engagierten Bürgern die Verantwortung tragen. Trotzdem bleiben diese Bemühungen, obwohl im Einzelfall oft erfolgreicher als die früheren Großprojekte, wie »ein Tropfen auf den heißen Stein«.

Kurz vor der Jahrtausendwende ist die Gesamtsituation sehr unübersichtlich. Die Schadstoffbelastungen sind auf vielen Gebieten deutlich zurückgegangen, allerdings in sehr unterschiedlicher Geschwindigkeit. Auf der anderen Seite nehmen die sichtbaren Schäden weiter zu. So geht auch das Waldsterben weiter, wenn auch verlangsamt, Krankheiten mit umweltbedingten Teilursachen wie Krebs und Allergien nehmen überdurchschnittlich zu, immer neue Schädigungen durch synthetische chemische Substanzen werden bekannt, die Gesundheit des Bodens hat sich rapide verschlechtert und das Tempo des Aussterbens von Pflanzen und Tieren beschleunigt sich. Die Umweltbelastungen nehmen ab, die Umweltschäden nehmen trotzdem zu – haben wir die Natur schon unwiderruflich geschädigt?

2000–2010

Trotz der zunehmenden Probleme wird die Jahrtausendwende mit großem Aufwand gefeiert. Viele Kommentatoren verweisen auf die großen Fortschritte beim Umweltschutz und geben ihrer Zuversicht Ausdruck, daß die sichtbaren Ergebnisse eben etwas mehr Zeit brauchten. Die wirtschaftlichen Probleme werden überwiegend der Politik der sozialalternativen Koalition angelastet und damit als vorübergehend und nicht grundsätzlich klassifiziert. So erreichen CDU und CSU bei den nächsten Bundestagswahlen wieder die absolute Mehrheit. Einzelne Umweltreformen werden rückgängig gemacht, die Umweltgesetzgebung insgesamt industriefreundlicher gestaltet – allerdings sind dies mehr »kosmetische« Korrekturen, denn den Kern der sozialalternativen Umweltgesetzgebung läßt die Unionsregierung unangetastet.

Die Produktivität der Landwirtschaft geht deutlich zurück, denn die Vergiftung des Bodens und der Rückgang der Arten haben einen kritischen Punkt erreicht. Der katastrophale Rückgang der Waldfläche und die globale Luftverschmutzung haben eine Klimaveränderung mit einer zunehmenden Austrocknung der Böden zur Folge, die Bodenerosion nimmt stark zu, die Aufforstung mißlingt zum Teil. Das Trinkwasser wird knapp und muß rationiert werden – neue wassersparende industrielle Verfahren und die Entwicklung entsprechender Haushaltsgeräte werden staatlich gefördert. Der Anteil der Bevölkerung, der umweltbewußt leben will, steigt weiter an.

Es ist inzwischen nicht mehr übertrieben, von zwei deutlich unterscheidbaren Bevölkerungsgruppen zu sprechen, den »Konservativen« und den »Progressiven«, die beide etwa gleich stark sind – obwohl diese grobe Grenzziehung in einzelnen Fragen überhaupt nicht stimmt. Beide Gruppen haben »ihre« Zeitungen, ihr Fernsehen, ihre Parteien und ihre kirchlichen Gruppen. Es gibt viele Demonstrationen, die aber zumeist friedlich bleiben. Neben den klassischen Themen wie Umweltschutz, Abrüstung und Frieden und Entwicklungshilfe stehen jetzt gleichberechtigt soziale Themen, wie die Arbeitslosigkeit, das stark durchlöcherte soziale Netz des Staates, die neue Armut im eigenen Land und die Probleme der Jugend und der alten Menschen.

Die ständigen Neuentwicklungen auf technischem Gebiet, vor allem im Bereich der Computertechnik, nehmen ab, weil sich in der Bevölkerung und auch zunehmend in der Wirtschaft die Meinung durchsetzt, daß es heute nicht mehr um noch größeren Komfort und weiter gesteigerte Schnelligkeit gehen dürfe, sondern nur noch um das Überleben. Die Wirtschaft hat mit diesen neuen Prioritäten große Probleme, aber langsam wächst ein neues Bewußtsein, verbunden mit einem veränderten Konsumverhalten. Gefragt ist zunehmend, was weniger entfremdete Lebensformen fördert, umweltfreundlich und sozialverträglich ist. Dank dem neuen Umweltrecht werden die umweltfreundlichen Produkte immer billiger im Verhältnis zu denen, die in Produktion und Anwendung der Umwelt schaden. Angesichts des langsamen, aber stetigen Meinungsumschwungs in der Bevölkerung zugunsten alternativer Positionen werden die Unterschiede zwischen den Parteien immer geringer. Niemand kann es sich mehr leisten, umweltfeindlich zu sein, und ebenso wenig, den umweltfreundlichen Worten keine Taten folgen zu lassen.

2008 gibt es in der UdSSR einen schweren Unfall mit bakteriologischen Waffen, der im eigenen Land etwa 1 Million Opfer fordert. Als die neuen Krankheiten den Westen und die Dritte Welt erreichen, erhöhen sich die Spannungen zwischen Ost und West – denn die westlichen Staaten fordern Schadensersatz. Der Osten macht mobil, als die USA Truppenverstärkungen nach Europa bringen. In der Bundesrepublik wird der Notstand ausgerufen, weil die Demonstrationen gegen die Kriegsvorbereitungen ein Ausmaß erreichen, dem die Polizei nicht mehr Herr wird. Ein Gipfeltreffen zwischen dem Präsidenten der USA und dem sowjetischen Parteichef beseitigt den unmittelbaren Druck. Als der Notstand in der Bundesrepublik trotz der allgemeinen Erwartung der Bevölkerung nicht zurückgenommen wird, kommt es zu starken Unruhen, vor allem dann, als bekannt wird, daß alternative und kirchliche Gruppen unter dem Schutz des Notstands verboten worden sind. Es kommt zu einer Spaltung der CDU/CSU, als etwa die Hälfte ihrer Abgeordneten zusammen mit den Oppositionsparteien die Aufhebung des Notstands beschließen.

Der rechte Flügel der CDU geht in die Opposition, während die anderen Parteien eine »Mitte-links-Koalition« bilden. Unter ihrem Druck gibt es neue Verhandlungen zwischen Ost und West. Die amerikanischen Truppen in Europa werden auf ihre Stärke vor der Krise reduziert, der Osten zieht seine Truppen wieder zurück, und beiderseits der innerdeutschen Grenze wird eine 200 Kilometer breite atomwaffenfreie Zone geschaffen, die durch Verhandlungen vergrößert werden soll, damit die Destabilisierung des Ost-West-Verhältnisses durch Kurzstreckenraketen mit minimaler Vorwarnzeit zurückgeht.

Während die unmittelbare Kriegsgefahr damit zunächst einmal aufgehoben ist, bleibt der innere Notstand. Arbeitslosigkeit und Wirtschaftskrise, neue Armut und die Unsicherheit der Renten sind deutliche Zeichen. Trotzdem unterstützt die Mehrheit der Bevölkerung die neue Regierung, obwohl diese unpopuläre Maßnahmen ankündigt. Die Arbeitszeit wird stark reduziert, allerdings ohne Lohnausgleich, es gibt neue Richtlinien für den Energieverbrauch und die Anwendung synthetischer chemischer Stoffe, alle Kraftfahrzeuge ohne die nach den Möglichkeiten der Technik intensivste Form der Entgiftung werden verboten, der individuelle Personen- und Güterverkehr wird stärker besteuert und der öffentliche Verkehr zusätzlich subventioniert.

2009 kommt es nach langen, schleichenden Auseinandersetzungen zu einer Spaltung der Europäischen Gemeinschaft. Die Bundesrepublik, die Beneluxstaaten und Dänemark schließen sich zu einer »Mitteleuropagruppe« zusammen, denen sich später auch Österreich und die Schweiz als assoziierte Mitglieder anschließen. Die anderen EG-Staaten bilden eine »Westeuropagruppe«. Die ständigen Spannungen zwischen den beiden Blöcken entzündeten sich vor allem an der Frage des Umweltschutzes und des Wunsches der Mitteleuropagruppe, sich von einer aggressiveren Rüstungspolitik der NATO und vor allem der USA abzukoppeln.

2010–2020

Die NATO-Staaten innerhalb der Mitteleuropagruppe verlangen eine Änderung der Basis dieses Militärbündnisses, besonders die volle Souveränität über alle Waffen, die im eigenen Land stationiert sind. Vor allem die USA lehnt solche Verhandlungen rundweg ab. Da beschließen die mitteleuropäischen NATO-Staaten und Norwegen, ihre Mitgliedschaft zunächst ruhen zu lassen. Die USA und die übrigen europäischen NATO-Staaten werden aufgefordert, innerhalb eines Jahres entweder alle Waffen und Truppen abzuziehen oder neuen Verhandlungen zuzustimmen. Die USA drohen gegenüber der Bundesrepublik, ihre bisherigen »Besatzungsrechte« mit Gewalt durchzusetzen. Alle deutschen Parteien lehnen dies eindeutig ab. Die Bundesregierung entschließt sich zu einem ungewöhnlichen Schritt: Unter Aufsicht der UNO läßt sie eine Volksabstimmung über ihr Angebot an die NATO durchführen. 72% der Bevölkerung unterstützen die Haltung der Bundesregierung, also die Forderung »Abzug oder Neuverhandlung«. Daraufhin erklären sich die USA und die mit ihren Vorstellungen einigen NATO-Staaten zu neuen Verhandlungen bereit.

2012 ist ein Jahr der Verträge. Die NATO-Mitglieder der Mitteleuropagruppe treten aus der NATO aus und schließen dafür mit den übrigen NATO-Ländern und Frankreich gegenseitige Beistandspakte ab. Die bisherigen Truppen und Waffen bleiben im Prinzip stationiert, allerdings in verminderter Stärke und unter voller Souveränität der Länder, in denen sie sich befinden. Sie können also nur im gegenseitigen Einvernehmen an Kriegshandlungen beteiligt werden. Ende des Jahres schließt der Mitteleuropablock zusammen mit seinen assoziierten Mitgliedern einen Nichtangriffspakt mit der UdSSR ab. Die Ost-West-Kontakte, die nach dem bakteriologischen Unfall in der UdSSR praktisch zum Erliegen gekommen waren und sich seitdem nur langsam wieder entwickelt haben, erhalten nun einen neuen Schub. Es dauert nur wenige Jahre, bis sie sich weitgehend normalisiert haben.

2013 kommt es zu einem Kernschmelzunfall in einem französischen Kernkraftwerk mit Hunderten von Soforttoten und riesigen Folgeschäden, von denen auch die europäischen Nachbarländer betroffen sind. Der Druck der eigenen Bevölkerung und der besonders betroffenen Mitteleuropagruppe erzwingt nun auch in Frankreich den Ausstieg aus der Kernenergie, der sich angesichts der hohen Abhängigkeit Frankreichs vom Atomstrom sehr schwierig gestaltet. Ende des Jahres kommt es in Bonn zu einer »europäischen Energiekonferenz«. Die Staaten der Mitteleuropagruppe bieten an, alle Länder, die auf Kernenergie verzichten, an ihren erfolgreichen Forschungen und Projekten zur Entwicklung erneuerbarer Energien partizipieren zu lassen. Frankreich, Italien, später auch Großbritannien und schließlich – im Verlauf der nächsten Jahre – auch die sozialistischen Staaten schließen sich dem europäischen »Energiebündnis« an.

Es gibt große Energieprobleme in Europa, aber nirgends »gehen die Lichter aus«. Die Arbeitslosigkeit steigt wieder an, aber durch die Umschichtung der Energieproduktion, die vor allem für Kleinbetriebe günstig ist, kommt es zu neuen Entwicklungen von »alternativen Netzen« auch im europäischen Bereich, ganz zögernd auch in den sozialistischen Staaten. Nachdem schon seit langem auch in den USA keine neuen Kernkraftwerke mehr gebaut worden waren, schließen sich die USA dem europäischen Verzicht auf Kernenergie an.

In der Bundesrepublik gibt es neue staatliche Kredite zur Existenzgründung von Kleinbetrieben und Genossenschaften, Investitionen für den öffentlichen Verkehr, die Bodenentgiftung, den Aufbau von landwirtschaftlichen Betrieben nach den Grundsätzen des biologischen Landbaus und die Entwicklung von neuen, partnerschaftlich angelegten Dritte-Welt-Projekten. Obwohl der Lebensstandard weit unter dem Niveau von 1985 liegt, kann in der Bundesrepublik wie in Europa die Wirtschaftskrise weitgehend aufgefangen werden. Niemand braucht Hunger zu leiden, und langsam sinkt auch die Arbeitslosigkeit.

Die Bedeutung der institutionellen Kirchen geht weiter zurück, immer mehr Menschen treten aus ihnen aus. Die großen Kirchen haben zwar ihre Bedeutung als Volkskirche eingebüßt, im Rahmen der verschiedenen gesellschaftlichen Kräfte behalten sie aber ihren geachteten Platz, überwiegend allerdings durch die Gestaltung des traditionellen Sonntagsgottesdienstes. Gestalterische Kraft findet sich eher bei den vielen kleinen Gruppen, den Bewegungen und den unabhängigen Basisgemeinden, sowohl konservativ-evangelikaler wie progressiv-gesellschaftspolitischer Prägung. Christenräte in den Städten und ein neuer ökumenischer »Kirchentag von unten« verbessern die christliche Präsenz an der Basis. Die christlichen Gruppen bilden einen wesentlichen Faktor im »Netz«, in dem sich in regionalen Bereichen kirchliche, soziale, umwelt- und friedensorientierte Gruppen sowie alternative Kleinbetriebe zusammengeschlossen haben. In der sozialen Hilfe, im Umweltschutz, in der Lebensberatung und im alternativen kirchlichen Leben ist das »Netz« zur wichtigsten gesellschaftlichen Kraft geworden. Auch in der Kommunalpolitik spielt es eine immer größere Rolle.

Erstmals steigt in der Bevölkerung wieder die Bereitschaft, Entwicklungshilfe zu leisten. Es ist zwar frustrierend, zu sehen, daß die eigenen Möglichkeiten das große Hungern und Sterben in den Entwicklungsländern nicht umkehren können; für konkrete, sinnvoll aufgebaute Projekte beginnen die Bundesbürger aber wieder zu spenden. So entstehen im »riesigen Ozean der Not« kleine Inseln, die Hilfe zur Selbsthilfe anbieten, auf denen ein neues, Hoffnung signalisierendes Leben beginnen kann.

In der zweiten Hälfte des Jahrzehnts entwickelt sich wieder ein bescheidener Optimismus, allerdings gepaart mit einer gefährlichen Ungeduld weiter Bevölkerungskreise, die viele Einschränkungen auf sich genommen haben, ohne daß sie schon den erwarteten Fortschritt sehen können. Denn die Umweltkrise ist immer noch sehr ausgeprägt – die umweltbedingten Krankheiten stehen an der Spitze der Todesfälle, die Ertragslage der Landwirtschaft ist ungünstig, es werden viele behinderte Kinder geboren, die Wirtschaftskrise ist nicht überwunden, sondern nur abgemildert, der Lebensstandard ist niedrig, der größere Teil des Waldes ist vernichtet, der Bestand der Arten ist halbiert, vieles, was früher dem freien Markt anvertraut worden war, ist reglementiert.

Politiker, Wissenschaftler, engagierte Bürger, aktive Christen und Menschen aus dem alternativen Netz, die diese Gefahr erkennen, gründen im Jahr 2019 ein »Konzil zur Rettung der Erde«. Hier will man an der Entwicklung einer neuen natur- und menschengerechten Lebensweise arbeiten. Dem Konzil gelingt es, die Bürger zum Durchhalten zu motivieren und das Bewußtsein für die beginnende Aufwärtsentwicklung zu schärfen: Die Luftverschmutzung ist stark zurückgegangen, die Wälder beginnen teilweise, sich zu regenerieren, das Umweltbewußtsein der Bevölkerung ist hochentwickelt. Die neue europäische Entspannungspolitik zeigt erste Früchte, die Verteidigungsetats sind reduziert. In dieser Situation ruft das Konzil dazu auf, mit neuem Mut an den konkreten Aufbau neuer Lebensformen zu gehen, um die Krise endgültig zu überwinden.

2020–2030

Es kommt bei der nächsten Bundestagswahl zu einem neuen Parteiengefüge mit nur noch zwei Parteien, die man als rechts- und linksliberal bezeichnen könnte. Alle radikalen Parteien scheitern an der Fünfprozenthürde. In Europa herrscht relative Ruhe. Die Beziehungen zwischen den beiden deutschen Staaten sind intensiv entwickelt. Es sieht so aus, als ob erstmals auch ein Nachlassen der Folgeerscheinungen der Umweltverschmutzung zu beobachten wäre. Denn bereits verlorengeglaubte Arten finden sich plötzlich in den neuentstandenen Naturreservaten wieder, manche Krankheiten gehen zurück, obwohl die Krebssterblichkeit schon länger nachläßt, weil es bessere Behandlungsmethoden gibt, scheint die Krankheit nun auch nicht mehr so oft auszubrechen. Allerdings wird auch deutlich, daß es Folgen der Umweltverschmutzung gibt, die unumkehrbar sind, etwa die Bodenbelastung mit Schwermetallen und die weitflächige Bodenerosion als Folge des Waldsterbens.

2027 kommt es in Mittelamerika zu einem schweren Konflikt zwischen der Sowjetunion, die ihren Einfluß in diesem Bereich massiv ausweiten konnte, und den USA, die sich bedroht fühlen. Nachdem sich der Konflikt in mehreren Stufen eskaliert hat, drohen beide Weltmächte mit dem großen Atomschlag. Die Gerüchte überschlagen sich, überall in der Welt kommt es zu großen Unruhen. Da entsendet das »Konzil zur Rettung der Erde«, das inzwischen einen internationalen Status gewonnen hat, Abgesandte nach Washington und Moskau, die dort zumindest mit dem Präsidenten und dem Parteichef sprechen können. Überall in den Kirchen finden Gebete für den Frieden statt, die Bevölkerung vieler Staaten, auch in den USA und in der UdSSR, geht millionenfach zu Schweigemärschen und Fackelzügen auf die Straße. »Wir wollen keinen Krieg!« ist der einhellige Ruf der Weltbevölkerung. Nach zwei Tagen kommt die erste positive Nachricht aus den beiden Hauptstädten: beide Weltmächte reduzieren die höchste Alarmstufe für ihre atomar ausgerüsteten Truppenteile. Nach einer Woche treffen sich der amerikanische Präsident und der sowjetische Parteichef zu Gesprächen in Genf. Nach dreitägigen Verhandlungen wird der »Atomalarm« beendet. Für das Frühjahr 2028 wird eine Versöhnungskonferenz einberufen, die vom »Konzil zur Rettung der Erde« vorbereitet werden soll, damit eine Basis für eine weltweite Entspannung entwickelt werden kann.

Die Versöhnungskonferenz, die in Genf tagt, einigt sich im Herbst 2028 auf folgendes, von den meisten nicht erwartetes, Entspannungskonzept: Alle atomaren, bakteriologischen und chemischen Waffen werden abgeschafft. Die Großmächte garantieren sich gegenseitig ihre Einflußbereiche. Über Mittelamerika soll in einer weiteren Konferenz speziell verhandelt werden. Die an der Versöhnungskonferenz beteiligten westeuropäischen Staaten einigen sich darauf, einen neuen Versuch zur Bildung der »Vereinigten Staaten von Europa« zu machen und das Ergebnis der Versöhnungskonferenz als neutraler dritter Block anzunehmen. Sämtliche Staaten behalten eine konventionell gerüstete Verteidigungsarmee, deren Größe, Bewaffnung und Verteidigungsstrategie von einer gemischten Kontrollgruppe überwacht werden soll. Das »Konzil zur Rettung der Erde« schlägt vor, nach intensiven Vorbereitungen im Jahr 2030 eine weitere Versöhnungskonferenz abzuhalten, die eine Strategie zur Versöhnung zwischen »Nord und Süd«, zwischen den immer noch erheblich reicheren Staaten der »Ersten Welt« und denen der »Dritten Welt« entwickeln soll.

In den westlichen Industrienationen wachsen langsam wieder neue Konturen eines zwar bescheideneren, aber dafür umweltverträglicheren Lebensstils, der Schritt für Schritt auch die ihm gemäße Wirtschaftsstruktur findet. Demgegenüber leiden die sozialistischen Staaten unter schweren Umweltkatastrophen, weil die umweltschädlichen Produktionsmethoden, die Energieverschwendung und falsches Umweltverhalten fast unverändert aus dem vergangenen Jahrhundert übernommen worden sind. In der Dritten Welt herrscht Hunger und weithin ein völliger Zusammenbruch der Infrastruktur, denn die neu geschaffenen »westlichen« Strukturen sind unter dem Ansturm der Bevölkerungsexplosion und der Umweltkatastrophe zerbrochen. Inzwischen sind die Bevölkerungszahlen durch die Hungerkatastrophen wieder stark gesunken – aber zu welchem Preis!

nach 2030

Die Verhandlungen der weltweiten Versöhnungskonferenz erweisen sich als äußerst schwierig. Sie ziehen sich fünf Jahre hin und enden 2035 nur durch die unermüdliche Hilfe und Kreativität des »Konzils zur Rettung der Erde« mit einem Erfolg. Es ist ein kompliziertes System, allerdings auf einleuchtenden, einfachen Grundgedanken aufgebaut, das erreichen will, daß trotz der großen eigenen Probleme der Industrienationen der Lebensstandard bei ihnen langsamer steigt, als er steigen könnte, damit auch die Länder der Dritten Welt eine neue Chance erhalten, menschenwürdige Lebensbedingungen aufzubauen. Die westlichen und östlichen Industrienationen verpflichten sich, ihre Verteidigungsetats durch die Abschaffung der ABC-Waffen nach einer Übergangszeit auf ein Drittel des Volumens von 2028 zu begrenzen. Die Hälfte dieser eingesparten Gelder soll das Überleben der Hungernden in der Dritten Welt finanzieren und darüber hinaus neue Strukturen schaffen helfen, um dort das langfristige Überleben zu sichern. Die sozialistischen Staaten beteiligen sich an dieser Nord-Süd-Hilfe zunächst mit kleineren Beträgen, die sich in einer festgelegten Weise steigern, damit als erstes die besonderen Umweltprobleme im eigenen Bereich angegangen werden können. Alle drei Jahre sollen die Ergebnisse dieses Abkommens geprüft und eventuelle Korrekturen beschlossen werden.

Als die Bundesrepublik Deutschland die Ergebnisse der weltweiten Versöhnungskonferenz annimmt, kommt es zu Protesten eines Teils der Bevölkerung und zur Bildung einer neuen Partei, die sich »Wachstumspartei« nennt und die Ergebnisse der Konferenz ablehnt. Die Mehrheit der Bevölkerung billigt aber das Verhandlungsergebnis. Die »Wachstumspartei« kann zunächst Erfolge erringen, aber längerfristig gewinnt sie keinen entscheidenden Einfluß in der Politik der Bundesrepublik.

Die Bildung der »Vereinigten Staaten von Europa« bereitet große Schwierigkeiten und gelingt nur ganz langsam – aber unter dem Druck der Verhältnisse scheinen die Ausgangsbedingungen besser als in den Sechziger- und Siebzigerjahren des letzten Jahrhunderts. Aus der Problematik der alten EG hat man gelernt, daß es zunächst einen echten Bundesstaat Europa geben muß, ehe eine wirtschaftliche Einheit zu ereichen ist – besonders in einer Zeit, die so anfällig für wirtschaftliche Krisen ist wie das dritte Jahrzehnt im neuen Jahrtausend.

Die Lebensgewohnheiten ändern sich. Der Wohnort und die engere Nachbarschaft erhält einen höheren Stellenwert. Reisen nehmen ab, die Supermärkte am Rande der Städte haben die große Wirtschaftskrise nicht überstanden, die Innenstädte werden wieder zum eigentlichen Zentrum im Sinne eines Marktes. Hier gibt es viele kleinere Geschäfte, hier kauft und verkauft man, hier werden Stadtteilzeitungen angeboten, Lebenshilfe avisiert, hier wird diskutiert und gefeiert. Die kommunale Politik hat gegenüber der Politik des Gesamtstaates an Bedeutung gewonnen. Volkskirchen im früheren Sinn bestehen nicht mehr, aber es gibt weiterhin Zusammenschlüsse von ähnlich strukturierten und denkenden Ortsgemeinden – in der Tendenz der alten Konfessionen. Die natürliche und allgemein akzeptierte Präsenz christlicher Gemeinden und Gruppen in den Wohngebieten und auf dem Markt nimmt zu. Insgesamt ist in den letzten Jahrzehnten die Mitgliederzahl der christlichen Kirchen stark zurückgegangen, die der praktizierenden Christen aber eher gestiegen.

Es gibt nach wie vor viele Gefährdungen – das labile Gleichgewicht zwischen Ost und West ebenso wie das zwischen Nord und Süd, die Umweltverschmutzung mit ihren gravierenden Folgen und die ausbeuterische Weise des Umgangs mit der Natur. Aber langsam nehmen die Bodenerträge wieder zu, die Arbeitslosigkeit geht weiter zurück, in den neuen Lebensformen entsteht allmählich eine neue und mehrheitlich akzeptierte veränderte Art von Lebensqualität.

Sind wir »noch einmal davongekommen«?

ZWEITER TEIL
Zusammenhänge

Voraussagen erscheinen oft als einfache Fortschreibungen oder Hochrechnungen der Gegenwart in die Zukunft hinein. In Wirklichkeit sind die Zusammenhänge viel komplizierter. Unsere Gegenwart ist eine Folge der Vergangenheit – und unsere Zukunft ist eine Folge der Gegenwart. Dabei gibt es lineare Fortschreibungen, bei denen eine Entwicklung, die angefangen hat, einfach in die Zukunft hinein fortgesetzt wird. Oft aber entstehen Brüche: Menschen, die Einfluß besitzen, treffen eine bestimmte Entscheidung, welche die Zukunft nachhaltig verändert, etwa durch einen Krieg oder eine wichtige Erfindung oder eine neue Weltanschauung. Allerdings wurzeln solche Entscheidungen ebenfalls in der Vergangenheit. Gerade weil jemand aus der Entwicklung der Vergangenheit zur Gegenwart seine Schlüsse zieht, trifft er eine Entscheidung, um die Entwicklung in die Zukunft hinein zu verändern, und um damit die Fortschreibung zu unterbrechen. Diese Zusammenhänge sind für Zukunftsaussagen sehr wichtig, und deshalb spreche ich im folgenden Kapitel den Zusammenhang zwischen Vergangenheit, Gegenwart und Zukunft an: »Aus der Vergangenheit für die Zukunft lernen«.

Neben den geschichtlichen sind besonders die ökologischen Zusammenhänge für die Zukunft unserer Welt bedeutsam. Denn die Ökologie ist ja gerade die Wissenschaft, welche die Zusammenhänge in der Natur beschreibt. Und die Krise, in der wir uns heute befinden, hat ihre tiefste Ursache darin, daß wir die ökologischen Zusammenhänge zu stark vernachlässigt haben. Wer aus dieser Krise herausfinden will, muß lernen, die ökologischen Gesetzmäßigkeiten zu achten. Hier stehen wir erst ganz am Anfang, denn Ökologie stand in der Vergangenheit nicht auf dem Stundenplan einer guten Allgemeinbildung. So wollen wir im nächsten Kapitel mit der Ökologie lernen, die Natur unter dem Gesichtspunkt der »Haushalterschaft« zu sehen und unser Verhältnis zu ihr entsprechend zu gestalten.

Ich habe am Anfang meines Buches gesagt, daß für mich Hoffnung ohne den christlichen Glauben undenkbar ist. Also müssen wir uns mit dem Zusammenhang zwischen biblischer Zukunftsschau und Jahrtausendkrise beschäftigen. Es hat sich immer schon als schwierig erwiesen, einen sowohl biblisch fundierten wie weltzuge-

wandten Zusammenhang zwischen den biblischen Aussagen über die Zukunft und den menschlichen Zukunftserwartungen herzustellen, zwischen Eschatologie und Futurologie. Menschen, die stark jenseitsorientiert leben, stellen nur den Zusammenhang zwischen den apokalyptischen Aussagen der Bibel und den Krisensituationen her, seien es bekannte der Vergangenheit oder vermutete der Zukunft – mit der Konsequenz einer totalen Weltflucht und der Ablehnung jeder gesellschaftspolitischen Verantwortung. Menschen, die stark diesseitsorientiert leben, stellen nur einen Zusammenhang mit solchen biblischen Zukunftsaussagen her, die zum aktuellen Handeln auffordern – mit der Konsequenz einer Flucht aus allen Vorstellungen von Gott als Gegenüber des Menschen und den damit verbundenen Gottesbeziehungen. Durch diese Einseitigkeiten geht der große Zusammenhang biblischer Zukunftsschau ebenso verloren wie die Chance einer intensiven Verbindung zwischen Weltverantwortung und Glaubensgewißheit. Das 7. Kapitel versucht daher, einen solchen Zusammenhang herzustellen. Ich setze mich dabei der Gefahr aus, zwischen alle Stühle zu geraten. Allerdings meine ich, daß manche wesentlichen Antworten nur »zwischen den Stühlen« zu finden sind.

Fünftes Kapitel

Aus der Vergangenheit für die Zukunft lernen

Die vorgeschichtliche Zeit und die frühen Hochkulturen sind durch eine ganzheitliche Sicht des Menschen von der Natur geprägt. Erde und Luft, Wasser und Feuer, Sonne, Mond und Sterne, Pflanzen und Tiere – das sind für den Menschen keine Dinge, sondern sie begegnen ihm wie Personen – oder wie Götter. Der Mensch versteht sich als Teil der Natur, und nicht als ihr Herrscher oder ihr Partner. Aber er lebt von ihr, er nimmt sich, was er zum Leben braucht, allerdings nicht mehr. Weil er mitten in ihr lebt, braucht er sie auch nicht genauer zu erforschen, und deshalb schafft er sich jahrtausendelang keine technischen Hilfsmittel, mit denen er die Erde ausbeuten kann.

Durch die griechische Philosophie wird zum ersten Mal Distanz zur Natur geschaffen. Protagoras erklärt den Menschen zum »Maß aller Dinge« und stellt ihn damit über die Natur. Aus dieser Distanz heraus ist auch zum ersten Mal Naturwissenschaft möglich. Sie bleibt allerdings bei der Betrachtung der Natur stehen und versucht nur selten, sie zu manipulieren. Handarbeit ist Sklavensache, kaum jemand macht sich Gedanken, sie zu erleichtern – somit fehlt ein wesentliches Motiv zur Entwicklung der Technik.

Diesen Schritt gehen erst die Römer, denn sie entkleiden die Natur völlig ihrem göttlichen Nimbus und überantworten sie damit der Ausbeutung durch den Menschen. Cicero erklärt, daß die Natur zum Nutzen des Menschen ersonnen worden ist, also steht sie ihm auch total zur Verfügung. Die Römer beginnen folgerichtig, im größeren Maßstab die Natur durch Technik zu verändern, wie ihre Aquädukte und Straßen zeigen. Und sie erlebten auch schon, daß hemmungslose Ausbeutung der Natur zu Umweltschäden führen kann.

Einen ganz anderen Ansatz zeigt die jüdisch-christliche Tradition. Nach der Aussage des Alten Testaments ist nicht die Natur das Ursprüngliche, sondern Gott. Natur ist nur vorhanden, weil Gott sie geschaffen hat. Die Natur selbst ist nicht göttlich, aber sie ist göttlichen Ursprungs. Der Mensch, zwar aus Erde geschaffen, aber nach dem Bild Gottes, steht dazwischen: Er gehört zur Natur, gleichzeitig steht er aber auch über ihr. Seine Überlegenheit über die Natur ist begrenzt, denn über ihm steht Gott. Und Gott hat den Menschen nicht zum Herrschen im Sinn einer schrankenlosen Verfügbarmachung berufen, sondern zu einem verantwortlichen Umgang – zur Haushalterschaft.

In 1. Mose 1 ist beschrieben, wie Gott dem Menschen ein Haus baut, das zu einem vollkommenen Lebensraum gestaltet ist, für ihn wie für die gesamte Schöpfung. Er soll der Hausherr sein. Claus Westermann macht darauf aufmerksam, daß das Wort »herrschen« in 1. Mose 1,28 aus der Sprache des höfischen Lebens stammt: »Das Beherrschen der Erde ist in einem königlichen Sinn gemeint. Das heißt aber vom Verständnis des Königtums in der Antike her: Als Herr seines Reiches ist der König nicht nur für sein Reich verantwortlich; er ist auch der Segensträger und Segensvermittler für dieses sein ihm anvertrautes Reich.

Der Mensch würde also sein königliches Amt der Herrschaft über die Erde darin gerade verfehlen, daß er die Kräfte der Erde ausbeutet zum Schaden des Ackerlandes, zum Schaden der Pflanzen und der Tiere, zum Schaden der Flüsse und der Meere.«[8]

Die Schöpfungserzählung in 1. Mose 2 sagt dies noch deutlicher. Gott hat den Menschen in den Garten Eden hineingestellt, in dem alles vorhanden ist, was das Leben zum Leben braucht – der Mensch soll den Garten »bebauen und bewahren« (1. Mose 2,15). Er ist Teil der Natur, aber er hat in ihr einen besonderen Auftrag – die Schöpfung zu bewahren und zum Leben zu nutzen, nicht aber, eine neue Natur zu schaffen.

Die Erzählung vom Sündenfall in 1. Mose 3 zeigt den Menschen, der seine Rolle in der Schöpfung mißversteht. Aus Habsucht und Überheblichkeit will er auch das haben, was Gott aus gutem Grund unter seinen persönlichen Schutz gestellt hat. Er will nicht mehr unter dem Schöpfer stehen, sondern selber Schöpfer sein. Er will sein wie Gott. Hier beginnt die Entwicklung, die schließlich zur größten Krise in der Geschichte der Menschheit geführt hat.

Neben dieser sehr differenzierten Betrachtung des Verhältnisses des Menschen zur Natur gibt es im Alten Testament auch ein ganz einmaliges Verhältnis des Menschen zur Arbeit: »Sechs Tage darfst du schaffen und jede Arbeit tun. Der siebte Tag ist ein Ruhetag, dem Herrn, deinem Gott geweiht« (2. Mose 20,9–10). Arbeit ist nichts Untergeordnetes, etwa nur für Sklaven, sie gehört schöpfungsgemäß zum Leben: Schon Gott arbeitete – und auch die Natur soll arbeiten. Aber auch die Ruhe gehört schöpfungsgemäß zum Leben: Schon Gott ruhte – und auch die Natur soll ruhen. Dabei wird eines ganz deutlich: Die Grundordnung der Schöpfung ist nicht die Arbeit, ebensowenig die Ruhe, sondern das ausgewogene Miteinander von Arbeit und Ruhe. Es entspricht nicht Gottes Schöpfungsentwurf vom Leben, wenn der eine so viel arbeiten muß, daß der andere sich ganz der Ruhe hingeben kann. Somit ist jede Ausbeutung des Menschen durch den Menschen – auch auf der Ebene der Arbeit – schöpfungswidrig. Das gilt ebenso für die Natur. Es widerspricht Gottes Schöpfung, wenn der Mensch die Natur so viel arbeiten läßt, daß er auf ihre Kosten reich wird.

Aus dem Zusammentreffen von griechisch-römischer Kultur und jüdisch-christlichem Denken ist das »christliche Abendland« entstanden, zu dessen Kulturkreis wir auch heute noch gehören. Was ist dabei aus den unterschiedlichen Traditionen des Umgangs mit der Natur geworden?

Im Naturverständnis setzt sich ziemlich rasch das griechisch-römische Denken durch. Aus dem Herrschen im Sinn von Haushalterschaft wird sehr schnell ein Herrschen im Sinn von schrankenloser Nutzung und – sobald die technischen Möglichkeiten gegeben sind – von Ausbeutung. Das christliche Arbeitsethos löst sich vom Schöpfungsauftrag. Aus der Arbeit als einem der Pole des Lebens wird die Arbeit zum eigentlichen Sinn des Lebens. Das leistet der Ausbeutung des Menschen durch andere Menschen, aber auch der Selbstausbeutung, Vorschub. Die warnende Stimme der Erzählung vom Sündenfall wird umgedeutet und nur noch ausschließlich auf die persönlich-ethische Ebene bezogen. So wächst die Überzeugung, die Natur sei »gefallen«, und der Mensch müsse die Schöpfung Gottes durch sein Eingreifen verbessern.

Schon im Mittelalter werden – noch unmerklich – die Voraussetzungen für den »Siegeszug der Technik« in der Neuzeit geschaffen, so zum Beispiel durch die Verbesserung des Pfluges, die Einführung des Pferdes als Zugtier, die Nutzung der Wind- und Wasserkraft sowie die Entwicklung von neuen Techniken der Kraftübertragung. Neben dem regierenden Adel entwickelt sich so eine neue Oberschicht: diejenigen, die durch technische Verfahren und abhängig Arbeitende mehr produzieren, als sie für ihren Eigenbedarf brauchen.

Die Reformation begünstigt die Entwicklung zum eigenen, persönlichen Glauben, zu Selbstverantwortung und Selbstreflexion. Damit schafft sie die Voraussetzung, daß die Wissenschaft der Begrenzung durch ein von der Kirche festgeschriebenes traditionelles Weltbild entfliehen kann – jetzt erst beginnt die rasche Entwicklung der Naturwissenschaft. Besonders im Calvinismus entsteht ein übersteigertes Arbeitsethos, das Erfolg mit Segen Gottes und daher Arbeit mit Gottesdienst gleichsetzt. So werden die protestantischen Länder Europas und Amerikas zu Keimzellen der industriell-technischen und naturwissenschaftlichen Entwicklung.

Zu Beginn der Neuzeit zeigt sich folgendes Bild: Die Kirche und mit ihr das geistig-kulturelle und wissenschaftlich-technische Bewußtsein hat die Berufung des Menschen zum Haushalter der Schöpfung verdrängt und kennt eigentlich nur noch einen Satz aus den Schöpfungserzählungen: »Macht euch die Erde untertan.« Noch aber ist das Bewußtsein von Gott als dem »Vater aller Dinge« vorhanden, das sich als Ehrfurcht vor Gott und Scheu vor dem Schöpfer ausdrückt. Eine totale Emanzipation von Gott und eine ungehemmte Manipulation der Schöpfung wird dadurch zurückgehalten. Der spätere Beschleunigungsschub in der naturwissenschaftlich-technischen Entwicklung ist geistig bereits angelegt, bleibt aber gebremst.

Nicht die Reformation löst diesen Beschleunigungsschub aus, sondern die ihr folgende Philosophie, die ihren wirksamsten Vertreter in Descartes hat. Die Natur ist für ihn die »res extensa«, das Ausgedehnte, das, was vorhanden ist, unabhängig von irgendwelchen Theorien ihrer Herkunft – auch unabhängig von einem Schöpfer. Der Mensch ist eine »res cogitans«, ein »denkendes Ding«. Er kann seine Existenz beweisen, ohne daß er Gott dazu braucht. Im Gegenteil – weil der Mensch denkt, kann er aus eigener Kraft die Realität Gottes beweisen. Damit ist der Ansatz der griechischen Philosophie vom Menschen als dem Maß aller Dinge konsequent zu Ende gedacht. Alle Hemmungen, die Natur zu erforschen und sie dem Menschen ohne Grenzen nutzbar zu machen und sie nach eigenem Gutdünken zu verändern, sind damit gefallen. Weil Geist und Natur jetzt zwei völlig selbständige Bereiche sind, gehen Geistes- und Naturwissenschaften von nun an getrennte Wege.

Es dauert nur noch eine kurze Zeit, bis die Voraussetzungen für die »technische Revolution« gegeben sind. 1776 baut James Watt die erste Dampfmaschine. Mit ihr kann er 100 PS erzeugen. Schon 1850 sind daraus 10000 PS geworden, 1930 kann ein Wasserkraftwerk 100000 PS erzeugen, 1955 erreicht eine Rakete 1 Million PS.[9] Der Beschleunigungsschub in der technischen Entwicklung kommt in diesen 100 Jahren auf volle Touren und erreicht in kurzer Zeit Dimensionen, die vorher undenkbar waren.

Damit diese Entwicklung in Gang gehalten werden kann, müssen die Rohstoffe der Erde, die in Jahrmillionen entstanden sind, in immer rascherem Tempo ausgebeutet werden, so daß sie in wenigen hundert Jahren verbraucht sind. Was – um in einem Bild zu sprechen – im Laufe eines Tages entstanden ist, wird in wenigen Minuten unwiederbringlich »verheizt«. Die Folgen dieses Raubbaus und die drohende Totalgefährdung unseres Lebens sind die Grundlage der gegenwärtigen Krise.

Ist die heutige Situation eine unmittelbare Folge des Christentums? Udo Krolzik weist diesen Vorwurf, der oft erhoben wird, zurück: »Bei der Beantwortung der Frage, ob die Umweltkrise Folge des Christentums ist, zeigt sich, daß die Technikentwicklung des 12./13. Jahrhunderts zwar christlich motiviert und legitimiert, aber keineswegs durch ein ausbeuterisches Machtverhältnis bestimmt war. Erst durch die Auflösung der Gottbezogenheit von Mensch und Natur in der Renaissance entsteht ein Menschen- und Naturverständnis, das der Natur ihren Eigenwert nimmt und sie zum reinen Mittel herabwürdigt. Diese Auffassung wird jedoch bis zum Ende des 18. Jahrhunderts durch die vom abendländischen Mönchtum ausgehende Vorstellung begrenzt, daß der Mensch als Mitarbeiter Gottes die Werte und Schönheit der Natur durch seine Kultivierung gelungen zur Darstellung bringt. Die Vertreter dieser Vorstellung weisen die Betrachtung der Welt als Maschine scharf zurück. Erst die bürgerliche Ökonomie beginnt die Weltmaschine zu verwirklichen und die Natur auszubeuten. Da die Umweltkrise erst seit der industriellen Revolution entstanden ist, kann gesagt werden, daß sie nicht eigentlich Folge des Christentums, sondern der Säkularisierung und der mit ihr verbundenen Selbstbezogenheit des Menschen ist.«[10]

Die Jahrtausendkrise ist also entstanden, weil das Abendland das Natur- und Menschenbild der biblischen Schöpfungstheologie verlassen hat, auf der einen Seite durch die Loslösung vom christlichen Glauben überhaupt, auf der anderen Seite aber auch durch ein zunehmendes Mißverständnis der biblischen Aussagen – bis hin zu einer Perversion der Schöpfungstheologie, die meint, der Mensch müsse die göttliche Schöpfung verbessern. Sicher gibt auch das vorgeschichtliche Naturverständnis, wie wir es in den letzten Jahrhunderten z.B. noch bei den Indianern vorfanden, Leitlinien für einen schöpfungsgemäßen Umgang mit der Natur. Aber die Welt der Indianer ist von unserer zu weit entfernt, als daß sie zum Ausgangspunkt einer Reformation unseres Lebensstils werden könnte.

Ich ziehe folgendes Fazit aus dieser kurzen geschichtlichen Betrachtung: Die einzige heilsame Grundkonzeption des Lebens, der ich zutraue, die Menschheit aus der Sackgasse der Jahrtausendkrise herauszuführen, ist ein Neubeginn aus der Quelle des göttlichen Schöpfungsentwurfs, wie ihn uns die Bibel überliefert. Hier wird der Mensch so gesehen, daß er dauerhaft partnerschaftlich mit der Natur leben kann – aus Erde gemacht, aber nach dem Bilde Gottes, zur Natur gehörend, aber berufen, ihr Haushalter zu sein, verantwortlich, aber nicht autonom, weil über ihm der Schöpfer steht. Wir brauchen also, um die Jahrtausendkrise zu meistern, den christlichen Gott nicht zu verlassen, wie es heute viele fordern, sondern wir müssen ihn gerade wieder finden.

Es gibt allerdings für die Christenheit überhaupt keinen Anlaß, zu triumphieren oder im Brustton der Überzeugung zu sagen: Wir haben es ja schon! Denn zu oft ist die Christenheit Komplize der allgemeinen Entwicklung zur Ausbeutung der Natur gewesen – und nicht selten auch ihr Wegbereiter und Vorreiter. Auch heute sind die meisten Christen dem Weg ihrer Gesellschaft zur Perversion der Schöpfung Gottes total angepaßt. Das einzige, das sie (hoffentlich!) voraus haben, ist die Möglichkeit, den Bußruf Gottes zu hören und sich als erste aufzumachen, den Weg zum schöpfungsgemäßen Leben zu gehen.

Unsere Gegenwart ist von einer tiefgreifenden Orientierungsproblematik geprägt. Alvin Toffler nennt sie den »Zukunftsschock«: »Der Zukunftsschock – das ist die erdrückende Belastung und vollkommene Desorientierung von Menschen, die in zu kurzer Zeit zu viele Veränderungen durchmachen müssen.«[11] Desorientierung – das ist tatsächlich häufig das Ergebnis, wenn jemand versucht, unsere aktuelle Situation zu verstehen. Alles geht zu schnell. »Wer kann da noch mitkommen?« ist ein häufiger Stoßseufzer. Wer angemessen auf Probleme der Jahrtausendkrise reagieren will, spürt sehr schnell, daß er keine Zeit mehr dafür hat – die Entwicklung ist schon wieder weitergegangen. Es stimmt nicht nur: Alles geht zu schnell! Es ist noch schlimmer: Alles geht immer schneller! Das Problem einer Beschleunigung unserer Entwicklung und damit einer Beschleunigung des Wechsels erweckt den Eindruck, als gleiche die heutige Entwicklung einem immer schneller fahrenden Auto, bei dem die Person am

Steuer die Herrschaft über das Fahrzeug verloren hat. Wer das erlebt, bewußt oder unbewußt, erleidet häufig den Zukunftsschock, von dem Alvin Toffler spricht. Meist zieht er sich zurück, resigniert und läßt die Zukunft Zukunft sein.

Aber gerade in einer Zeit der Desorientierung brauchen wir die Orientierung besonders nötig. Jeder hat seine persönlichen Zukunftserwartungen, er stellt Vermutungen über die zukünftigen Entwicklungen an und plant für seine eigene Zukunft. Dazu kommt alles, was mit der Zukunft unserer Gesellschaft, unseres Staates, unserer Kirche und der gesamten Erde zu tun hat. Die Zukunftsforschung hat große Erwartungen geweckt. Kann sie diese erfüllen? Wo liegen ihre Grenzen, wo ihre Möglichkeiten? Dies zu wissen ist in unserer Zeit der Jahrtausendkrise besonders wichtig – angesichts der raschen Veränderungen in unserer Gesellschaft und der damit zusammenhängenden komplizierten Wechselwirkungen wohl aber auch besonders schwierig.

Zunächst gibt es bei jeder Voraussage ein grundsätzliches Problem. Eine »stabile« Entwicklung, die stetig verläuft und deren Einflußgrößen gut bekannt sind, ist leicht vorauszusagen. Bei einer stabilen Großwetterlage stimmen die Wetterberichte. Das Interesse an ihnen ist allerdings nicht sehr groß – denn man braucht sie kaum. Eine »instabile« Entwicklung, bei der wenig bekannte Einflußgrößen mit einer geringen Stetigkeit gekoppelt sind, ist sehr schwer vorauszusagen, obwohl gerade hier Voraussagen besonders erwünscht sind. Bei einer instabilen Großwetterlage hören viele Leute den Wetterbericht, gerade dann aber ist die Wahrscheinlichkeit, daß seine Voraussagen eintreffen, relativ gering. Ein realistisches Fazit lautet also: Je unübersichtlicher die Situation ist, je eher Desorientierung droht, desto schwieriger ist eine Voraussage und desto geringer ist ihre Zuverlässigkeit.

Es wäre nun aber ganz falsch, das Thema Zukunftsforschung beiseitezulegen. Begrenzte Entwicklungen können heute schon sehr genau vorausgesagt werden, deshalb ist die Zukunftsforschung in den vielen Teilbereichen, die sich in der Industrie, in der Verkehrsplanung und für begrenzte gesellschaftspolitische Entwicklungen ergeben, unentbehrlich geworden. Komplizierte, globale und langfristige Entwicklungen sind aber immer noch schwer vorauszusagen. Hier versucht man sich gewöhnlich dadurch zu helfen, daß man die Voraussagen immer wieder mit der Realität vergleicht und das zugrundeliegende mathematische

Modell oder das Berechnungsverfahren laufend korrigiert. Nach wie vor aber kann niemand die Gesamtentwicklung der Zukunft in dem Sinn voraussagen: So und nicht anders wird es kommen!

Leichter möglich sind »Wenn-dann-Voraussagen«, allerdings dürfen auch hier nicht zu viele unklare Einflußgrößen hineinspielen. Es ist z.B. möglich, relativ genau zu berechnen, wie sich die Belastung der Luft durch Schadstoffe entwickeln wird, wenn bestimmte Voraussetzungen angenommen werden: eine Geschwindigkeitsbeschränkung für Kraftfahrzeuge, neue, gesenkte Höchstwerte für den Ausstoß von Umweltschadstoffen oder das Verbot bestimmter Chemiegifte. Sehr viel schwieriger ist es dagegen, vorauszusagen, wie sich eine bestimmte Verbesserung der Luftqualität auf das Waldsterben auswirken wird, denn das »System Wald« – wie jedes Ökosystem – ist so komplex, daß genaue Voraussagen scheitern. Wir können uns hier nur mit dem Trick der »blackbox« behelfen. Das in seinen Wechselwirkungen weithin unbekannte Ökosystem »Wald« vergleichen wir mit einer schwarzen Schachtel, in die wir nicht hineinsehen können. Wir können das betrachten, was hineinkommt, also etwa die Schadstoffe durch Luft und Boden, und wir können beobachten, was herauskommt, in unserem Fall bestimmte Schädigungen eines Teils der Bäume. Auch wenn wir nicht wissen, was im Inneren der »blackbox« geschieht, welchen Einfluß also bestimmte Eingangsgrößen auf bestimmte Ausgangsgrößen haben, können wir eine grobe Wechselbeziehung zwischen dem, was hineingeht, und dem, was herauskommt, feststellen. Wir können z.B. sagen: Wenn sich die Qualität der Luft verbessert, wird sich das positiv auf den Wald auswirken. Nach einiger Beobachtungszeit lassen sich auch vorsichtige weitergehende Schlüsse ziehen: Stickoxide z.B., die sich unter intensiver Sonnenstrahlung in Ozon umwandeln, scheinen den Wald besonders aggressiv zu schädigen.

Meine beiden Szenarios folgen ebenfalls der Methode der »Wenn-dann-Voraussagen«, denn sie gehen von unterschiedlichen Annahmen aus und zeichnen deshalb eine unterschiedliche Entwicklung. Dadurch, daß zwei Szenarios gegenübergestellt werden, wird die Gefahr vermieden, wie Prophetie wirkende feste Behauptungen aufzustellen. Ich weiß, daß niemand die Zukunft der nächsten 50 Jahre sicher voraussagen kann. Hingegen ist es wichtig, vorstellbar zu machen, was »geschieht, wenn nichts geschieht«, oder unter welchen zwar mühevollen, aber noch möglichen Anstrengungen die Krise doch noch zu meistern ist.

Wenn die Zukunftsforschung aus weltanschaulichen und ideologischen Einflüssen herausgehalten werden kann, und wenn sie ihre Grenzen nicht überschreitet, indem sie größere Sicherheit vorgibt als sie zu geben vermag, kann sie einen wertvollen Beitrag für unsere Gesellschaft leisten. Indem sie verschiedene Zukünfte als Folge verschiedener gegenwärtiger Entscheidungen vorausberechnet, kann sie uns helfen, weitere Fehlentscheidungen – die wir uns angesichts der Krise nicht mehr leisten können – zu vermeiden.

Die Geschichte der Zukunftsforschung ist noch nicht lang, aber sie kann uns trotzdem helfen, den Standort gegenwärtiger Zukunftserwartungen besser zu bestimmen.

Im Bewußtsein der Öffentlichkeit im deutschen Sprachraum begann die Zukunftsforschung mit der Arbeit eines Journalisten, nämlich mit dem Buch »Die Zukunft hat schon begonnen«, das Robert Jungk 1952 schrieb.[12] Es ist in der Genauigkeit seiner Berichterstattung und in seinen – fast prophetisch wirkenden – Schlußfolgerungen bis heute nicht übertroffen worden, ein Zeichen dafür, daß Intuition und journalistischer Spürsinn durchaus neben den Computermodellen der Zukunftsforschung bestehen können. Am Beispiel der USA als Vorreiter der westlichen Welt beschrieb Jungk den Versuch, die Schöpfung Gottes durch einen menschengemachten Kosmos zu ersetzen. Er spürte die Faszination dieser technischen Entwicklung, markierte aber auch schonungslos ihre Gefahren. Obwohl das Buch viel gelesen und sein Titel zu einem Schlagwort wurde, ging die Entwicklung über die Warnungen Robert Jungks hinweg.

Immer stärker breitete sich die Faszination der »süßen Technik«[13] aus und mit ihr die Erwartung eines von Menschen geschaffenen (technischen) Paradieses. Ein typisches Beispiel dafür war der »Gordon-Helmer-Bericht«[14], in dem führende Zukunftsforscher mit Hilfe der »Delphi-Methode«, einer Methode des ständigen Feedbacks, die nächsten 50 Jahre Zukunft entwarfen. Die Studie überbot sich in der Annahme immer schneller zu realisierender technischer Spitzenleistungen, sie erwartete z.B. 1972 Ersatzorgane für den menschlichen Körper, wie etwa das künstliche Herz, schon 1980 Waffenwirkungen durch Laserstrahlen, 1985 die Landung eines bemannten Raumschiffs auf dem Mars, im gleichen Jahr Radar für Blinde, 1986 die kontrollierte thermonukleare Energie, 1994 allgemeine Immunisierung gegen Erkrankungen, 2007 Substanzen, die den Körper zum Nachwachsen neuer Organe anregen und 2012 chemische Stoffe zur dauernden Anhebung des menschlichen Intelligenzniveaus. Die Täuschungen hingen in erster Linie damit zusammen, daß es noch kein Bewußtsein dafür gab, daß mit jedem technischen Fortschritt Nebenwirkungen verbunden sind. Manche fehlgeschlagenen Voraussagen hätten eintreffen können, wenn die finanziellen Prioritäten anders gesetzt worden wären. Aber wir brauchen heute einen zu großen Teil unserer Finanzmittel, um die Nebenwirkungen des vergangenen Fortschritts zu finanzieren, so daß wir uns den künftigen der »süßen Technik« so nicht mehr leisten können. Fachleute hätten dies auch damals schon wissen können, aber niemand von den hochspezialisierten Zukunftsforschern hatte die Phantasie, diese Probleme zu berücksichtigen.

Nur fünf Jahre später, 1972, wandelte sich das Bild radikal durch eine einzige Veröffentlichung, den Bericht des Club of Rome, »Die Grenzen des Wachstums«.[15] Sie erregte weltweites Aufsehen. Ihre Hauptthese lautete, daß eine weitere Zunahme der Weltbevölkerung, der Nahrungsmittelproduktion und der Ausbeutung von Rohstoffen die Menschheit an die Grenzen des Wachstums brächte und die schädlichen Nebenwirkungen überhandnähmen. Wenn es der Menschheit nicht gelänge, einen Gleichgewichtszustand herzustellen, würde sich dieser durch Katastrophen gewaltsam einstellen. Kurz darauf veröffentlichte Herman Kahn, einer der bekanntesten amerikanischen Zukunftsforscher, sein Buch »Vor uns die guten Jahre«[16], in dem er die vom Club of Rome genannten Zukunftsprobleme »Wachstumsschmerzen des Erfolges« nannte.

Beide Tendenzen finden wir bis heute – und zwar oft unverbunden nebeneinander. Unser Bewußtsein von der Lage der Gegenwart und die Realität, die wir vorfinden, bestätigt überwiegend die Tendenzen des Club of Rome. Unser Verhalten entspricht dagegen den positiven Zukunftsentwürfen eines Herman Kahn oder seiner Nachfolger. Wir reden pessimistisch, als ob der Weltuntergang vor der Tür stünde und handeln so, als hätten wir gerade ein neues Paradies mit unerschöpflichen Rohstoffreserven, mit jungfräulicher Luft und reinem Boden entdeckt.

Der »Zukunftsklassiker« der letzten Jahre ist »Global 2000«[17] gewesen, der Bericht einer Expertenkommission an den amerikanischen Präsidenten Jimmy Carter. Er bestätigt in vielen Einzeluntersuchungen die Tendenzen des Club of Rome, allerdings mit sehr viel genauerem Zahlenmaterial und mit dem Versuch, die vermutete Entwicklung zeitlich genauer zu fassen. Sein Fazit lautet: »Die Zeit zum Handeln ... geht zu Ende. Wenn die Nationen der Erde nicht gemeinsam und jede für sich mutige und phantasievolle Maßnahmen zur Herstellung besserer sozialer und wirtschaftlicher Lebensbedingungen, zur Verringerung der Fruchtbarkeit, zum verbesserten Umgang mit den Ressourcen und zum Schutz der Umwelt ergreifen, wird dieser Welt der Schritt ins 21. Jahrhundert voraussichtlich nicht leicht werden.«[18]

Wie weit die Entwicklung bereits gegangen ist, wird an einem auf das persönliche Leben bezogenen Gedanken deutlich, den ich bei Pierre Bertaux gefunden habe: »Die zunehmende Dichte der Erdbevölkerung hat eine Verschiebung der Werte herbeigeführt. Was einst Allgemeingut war, wird für den modernen Menschen zum Gipfel des Luxus. Nichts kommt uns Stadtbewohnern so kostbar und köstlich vor wie reine Luft, Quellwasser, freier Raum, Stille, Muße. Dinge, die einst wertlos schienen, weil sie umsonst und reichlich vorhanden waren, erweisen sich auf einmal als kostbare Güter, von deren Besitz unser Schlaf, unser körperliches Wohlbefinden, unsere geistige Gesundheit – also ganz einfach das Fortbestehen der Menschheit – abhängen.«[19]

Die Arbeit an diesem Buch hat mich zur Frage, wie optimistisch oder pessimistisch wir die Frage der Zukunft sehen sollten, zu folgendem persönlichen Fazit gebracht: Ich glaube, daß der Club of Rome und »Global 2000« im Prinzip recht haben, daß wir in zunehmendem Tempo auf die Grenzen des Wachstums zusteuern, daß aber noch niemand halbwegs genau sagen kann, wann der »Punkt ohne Wiederkehr« erreicht ist. Ich glaube andererseits, daß die pessimistischen Nachfolger des Club of Rome, die schon heute den Weltuntergang ausrufen, wie z.B. Hoimar von Ditfurth[20], nicht recht haben, weil es immer noch gangbare Möglichkeiten der Umkehr gibt. Wer dabei allerdings nicht mehr an eine Umkehrfähigkeit der Menschheit glaubt, der muß in den Chor der totalen Pessimisten einfallen. Ich rechne damit, daß wir eine Chance haben, daß eine »qualifizierte Minderheit«, die noch rechtzeitig ein Umkehrbewußtsein schafft, die »unqualifizierte

Mehrheit«, die einfach so weiterleben will, mitreißen kann. Ob dies rechtzeitig genug geschehen wird, und ob dies überwiegend durch »Umdenken« als Folge einer Bewußtseinsveränderung geschieht oder mehr durch »Umzwingen« als Folge der zunehmenden Katastrophen – das scheint mir die entscheidende Frage zu sein.

Was können wir aus dieser Betrachtung der Möglichkeiten und Grenzen der Zukunftsforschung lernen? Zunächst fällt auf, wie stark Voraussagen vom jeweiligen geistigen Modetrend abhängig sind. Es gibt eben viele Lücken, in denen wir oft unbewußt exakte Berechnung durch Intuition ersetzen. So gut Intuition ist – wir sollten sie immer hinterfragen, wie weit sie von den Zeitströmungen abhängig ist. Es ist also wichtig, daß wir unabhängig bleiben. Robert Jungk, der zu den frühesten Warnern vor der technischen Überheblichkeit des Menschen und ihren verheerenden Folgen für die Zukunft gehörte, betont heute unermüdlich, daß wir nicht vorschnell resignieren dürfen, daß der Weltuntergang heute noch nicht ausgerufen werden muß. Jungk hat seine Weltsicht nicht wesentlich geändert, sondern er trifft auf unterschiedliche Modeströmungen, die früher übertrieben optimistisch waren und heute übertrieben pessimistisch sind.

Weiter scheint mir klargeworden, daß wir die Zukunft nicht allein den Voraussagen der Zukunftsforscher überlassen dürfen, auch wenn diese sorgfältig und weitgehend ideologiefrei sind. Die Jahrtausendkrise erfordert eine so weitgehende Umkehr, daß wir nicht nur wissen dürfen, was kommen *wird*, sondern überlegend und handelnd entwickeln sollten, was kommen *soll*. So ist es ideal, wenn Zukunftsforscher und engagierte Bürger, Menschen, die Zukunft voraussagen können und Menschen, die Zukunft vorausleben können, zusammenarbeiten.

Es fehlt dabei den Bürgern durchaus nicht an Sachverstand. Das wird durch eine Untersuchung deutlich, die Helmut Krauch[21] bereits 1967 durchführte. Er befragte einen repräsentativen Querschnitt der Bevölkerung, welche Bereiche Priorität in der Forschungsförderung des Staates haben sollten und verglich diese Aussagen mit der tatsächlichen Forschungsförderung des Wissenschaftsministeriums zur gleichen Zeit:

Bevölkerung	Wissenschaftsministerium
Medizin 22%	Verteidigung 42%
Ernährung 16%	Atomphysik 33%
Umwelt 11%	Raumfahrt 13%
Lehren und Lernen 7%	Computer 4%
Atomphysik 4%	Medizin 3%
Computer 3%	Ernährung 2%
Raumfahrt 3%	Umwelt 1%
Verteidigung 2%	Lehren und Lernen 1%

Man greift sich an den Kopf, wenn man sieht, in welchem Maße die Bevölkerung 1967 hellsichtiger war als der geballte Sachverstand der Spezialisten aus dem Wissenschaftsministerium. Oder ging es der Bundesregierung überhaupt nicht um den Menschen und seine Zukunft, sondern allein um die Interessen der Politik und bestimmter Wirtschaftskreise? Tröstlich an dieser Untersuchung ist andererseits, daß offensichtlich auch heute der »Bürger auf der Straße« nicht völlig verlernt hat, Überlebenskunst zu zeigen. Alle Entwicklungen, die der Phantasie und dem Sachverstand des betroffenen Bürgers mehr Raum zur Mitverantwortung und zur Gestaltung der Zukunft einräumen und dem Staat ein wenig die Macht nehmen, die Zukunft zu bestimmen, gehen in die richtige Richtung. Hier wird auch in Zukunft der alternativen Bewegung eine Bedeutung zukommen, die kaum überschätzt werden kann.

Sechstes Kapitel

Ökologie – die Haushaltslehre der Natur

Volksgruppen wie die Indianer in Nordamerika, die im Einklang mit der Natur lebten, waren entsetzt, wie gewalttätig die europäisch geprägten Menschen mit der Natur umgingen. Tief beeindruckend ist die Klage des Indianerhäuptlings Kenekuk: »Die Weißen verderben unser Land, sie machen die ganze Natur seufzen. Sie schneiden die Kräuter mit langen Messern, sie verderben die Kräuter, und die Kräuter weinen. Sie töten die Bäume mit mörderischen Eisen, sie tun den Bäumen Unrecht, und die Bäume weinen. Sie reißen die Eingeweide der Erde auf, sie tun der Erde weh, und die Erde weint. Sie vergiften das Wasser unserer klaren Flüsse und machen es trübe, die Fische sterben, und die Fische und die Flüsse weinen. So seht ihr: die Fische und die Flüsse weinen, die Bäume weinen, die Erde weint, die Wiesenkräuter weinen – ja, unsere ganze Natur machen die Weißen seufzen. Oh, die Undankbaren! Auch sie wird Strafe ereilen!«[22]

Ja – es stimmt, was dieser Indianerhäuptling vor einem Jahrhundert gesagt hat: Wir tun der Natur Unrecht, die Natur weint – und heute ereilt uns auch die Strafe! Gibt es einen Weg zurück? Es muß ihn geben, wenn wir überleben wollen, und ich glaube auch, daß es ihn geben kann. Allerdings werden wir nicht zu dem ganzheitlichen Leben mit der Natur zurückfinden können, das aus den Äußerungen der Indianer spricht. Das geht nicht, weil inzwischen für diese Lebensform viel zu viele Menschen auf der Erde leben. Das sollte auch nicht unser Ziel sein, denn nicht die Entwicklung zu einer zivilisatorischen Lebensweise war falsch, sondern ihr Tempo und ihre ausbeuterische Haltung der Natur gegenüber. Es geht also darum, innerhalb unserer Lebensweise zu einem partnerschaftlichen Umgang mit der Natur zurückzufinden – allerdings mit der Konsequenz, daß wir unsere Lebensweise an vielen Stellen radikal reformieren müssen, damit wir die Natur nicht weiter ausbeuten.

Während Völker wie die Indianer die Zusammenhänge in der Natur nicht rational kennen mußten, weil sie Erfahrungen im Umgang mit der Natur besaßen, ist es für uns lebenswichtig, solche Zusammenhänge zunächst einmal rational kennenzulernen, weil wir nicht mehr mit der Natur zusammenleben. Die Ökologie als Fachwissenschaft für diese Fragen bietet uns dafür gute Möglichkeiten – die Kenntnis ökologischer Grundprinzipien sollte heute zur Allgemeinbildung gehören. Mein Buch kann keine Einführung in die Ökologie leisten, ich möchte aber wenigstens einige Grundgedanken skizzieren, weil wir zumindest ein gewisses Verständnis für die ökologischen Zusammenhänge brauchen, wenn wir lernen wollen, die Natur nicht auszubeuten, sondern partnerschaftlich mit ihr zu leben.

Das Wort »Ökologie« ist von den beiden griechischen Begriffen »oikos« (Haus, Haushalt) und »logos« (Lehre, Wissenschaft) abgeleitet. Die Ökologie ist also eine Art »Haushaltslehre der Natur«. Es genügt nicht, wenn wir Einzelheiten aus der Natur kennen, erst die Zusammenhänge machen das eigentliche Geschehen deutlich. Karl Heinz Kreeb[23] zeigt dies an einem Beispiel: Mein Bankkonto ist ausgeglichen, wenn sich über einen längeren Zeitraum Einnahmen und Ausgaben die Waage halten. Dabei kommt es nicht in erster Linie auf die Höhe der Kontobewegungen an, sondern auf das Gleichgewicht. Eine hohe Abbuchung kann in Ordnung sein, wenn sie durch eine hohe Einzahlung gedeckt ist – eine geringe Abbuchung kann bereits zur Zahlungsunfähigkeit führen, wenn ihr nicht wenigstens geringe Einzahlungen gegenüber stehen. Die Natur ist so empfindlich wie mein Bankkonto, ich kann sie nicht beliebig »überziehen«.

Alles in der Natur ist ständig in Bewegung, das Aufnehmen und Abgeben von Stoffen, das Fressen und Gefressenwerden, anorganische Kreisläufe wie etwa der Wasserkreislauf – alles ist ständiges Werden und Vergehen. So können wir in der Ökologie viele Stoffkreisläufe beschreiben. Sobald sich der Mensch der Natur bedient, schaltet er sich in solche Stoffkreisläufe ein. Wenn er z.B. Erdöl, das in größeren Tiefen für lange Zeit ruhte, fördert, bringt er es wieder in einen Stoffkreislauf zurück, allerdings mit einem entscheidenden Unterschied: Natürliche Stoffkreisläufe gehen so vor sich, daß es keine schädlichen Rückstände gibt. »Dies kann zum Teil daraus erklärt werden, daß Auf- und Abbau von organischen Substanzen von denselben Enzymsystemen besorgt werden, bzw. sich im Laufe der Evolution für alle organischen Stoffe an Organismen gebundene Enzymsysteme entwickelt haben, die den Abbau im Sinne eines Kreislaufsystems besorgen.«[24] Der Mensch, der Erdöl in den Stoffkreislauf zurückgebracht hat, verbrennt es. Hierbei entstehen Rückstände, mit denen die Natur »keine Erfahrung« hat, für die sie nicht ausgerüstet ist – und die demnach als Schadstoffe in der Natur verbleiben. In einem gewissen Umfang ist dies immer schon durch den Menschen geschehen, aber nun haben sich die Schadstoffe in einem Maße vermehrt, daß die Natur nicht mehr mit ihnen fertig werden kann.

In der Ökologie spricht man von stabilen und instabilen Ökosystemen. Dies ist eine wichtige Unterscheidung, weil sich die stabilen Systeme nach Störungen leichter erholen und damit auch besser gegen schädigende Einflüsse des Menschen behaupten können. Das klassische ökologische Gesetz, nach dem artenreiche Systeme stabil und artenarme Systeme bzw. Monokulturen instabil seien, wird heute immer häufiger widerlegt. Es scheint nur in der Landwirtschaft zu stimmen, nach Fred Kurt allerdings aus ganz anderen Gründen: »Die riesigen Monokulturen unserer Produktionssteppen sind wesentlich instabiler als die Mischkulturen der Biobauern, und sie bestehen nur dank der intensiven Pflege durch den Menschen. Ohne ihn würden Mais, Kartoffeln oder Getreide sofort von Widersachern bedroht, von Ackerkräutern bedrängt und bald einmal verschwinden. Die Instabilität solcher künstlicher Monokulturen beruht aber wiederum, so läßt sich zumindest vermuten, nicht oder nicht nur auf ihrer geringen Artenvielfalt und bescheidenen Mannigfaltigkeit, sondern darauf, daß Agrarsysteme meist sehr jung sind, und sich keine Koevolution zwischen Nutzpflanzen einerseits, Schädlingen und Krankheitserregern andererseits abgespielt hat. Kurz, Nutzpflanzen und ihre Widersacher können (noch) nicht miteinander kooperieren. Eine Anzahl uralter, naturnaher ›Monokulturen‹ mit verhältnismäßig wenigen Arten erweist sich dagegen als äußerst robust, etwa Weidelandschaften wie die Heiden und die Almen.«[25] So ist es für die Überlebensfähigkeit unserer überkommenen »alten« Ökosysteme fatal, daß sie immer mehr zugunsten »junger« Systeme zurückgedrängt werden und damit viel instabiler und anfälliger für die industrielle und technische Schadstoffproduktion werden.

Es wird oft vom »ökologischen Gleichgewicht« gesprochen. Dies ist aber eine unzulässige Vereinfachung, denn ein solches vollständiges Gleichgewicht gibt es in Ökosystemen, die ja aus lebenden Individuen bestehen, nicht. Selbst sehr stabile Ökosysteme verändern sich, wenn sie ungestört bleiben, langsam auf eine noch größere Stabilität und einen höheren Ordnungsgrad hin. Denn ökologische Systeme sind offene Systeme. Man spricht daher von einem »ökologischen Fließgleichgewicht«.[26] Werden Ökosysteme häufig von starken menschlichen Eingriffen heimgesucht, dann müssen sie sozusagen immer wieder von vorn anfangen, um eine größere Stabilität und einen höheren Ordnungsgrad zu entwickeln. Weil sie dazu lange Zeiträume brauchten, entwickeln sie überhaupt keine Stabilität mehr. An vielen Stellen hat der Mensch die Natur bereits so gestört, daß keine Evolution mehr stattfinden kann, sondern das Gegenteil: der Rückgang der Arten.

Wenn er es richtig macht, kann der Mensch durchaus sehr viel rascher, als es durch Evolution geschehen würde, die Natur verändern, ohne daß sie Schaden leidet. Mitteleuropa war ursprünglich fast ganz von Wald bedeckt. Frühere Generationen haben den Wald gerodet, damit auf den freien Flächen Wiesen entstehen konnten. Wurden sie ein oder zweimal im Jahr gemäht, kam der Wald nicht wieder, sondern es entstand eine neue, artenreiche Lebensgemeinschaft mit einem neuen Fließgleichgewicht. Ökologisch gesehen ist diese Wiese ebenso wertvoll wie der frühere Wald. (Das gilt nicht für die meisten heutigen Weideflächen, die durch Unkrautvernichtung und Düngung zu sehr artenarmen Gemeinschaften gemacht worden sind.) Wir finden aber auch menschliche Eingriffe, die nicht wiedergutzumachen sind. »Mächtige Felsregionen in südlichen Gebieten des Mittelmeerraumes sollten wir nicht bewundern, da sie irreversible Relikte ehemals üppiger Waldlandschaften darstellen. Die Vegetationsvernichtung setzte all jene Mechanismen in Gang, die kurzschlußartig das Fließgleichgewicht . . . aufheben. Der Mensch wurde hier vom potentiell ordnenden Faktor zum ordnungszerstörenden.«[27]

Viele Menschen verwenden den Ausdruck »ökologisch« als »gut für die Natur«, alles nicht-ökologische ist dann schlecht. In der Natur gibt es aber nichts, was nicht ökologisch ist. Somit ist der Begriff »ökologisch« wertneutral, er beschreibt einfach die Zusammenhänge, die in der Natur vorhanden sind. Das können wir wiederum am Beispiel des Bankkontos erklären: Wenn ich mein Konto überziehe und meine Bank mir daraufhin alle weiteren Kredite streicht, geschieht dies nach den gleichen Prinzipien der Haushaltslehre wie ein Umgang mit meinem Konto, der sich am Gleichgewicht von Einnahmen und Ausgaben orientiert. Wenn die Bevölkerungsexplosion solange weitergeht, bis die Menschheit an ihrer eigenen Größe »erstickt« und durch Katastrophen soweit dezimiert wird, daß die Übriggebliebenen wieder leben können, dann ist dies ökologisch. Weil wir aber die hier wirksamen ökologischen Gesetzmäßigkeiten kennen, können wir versuchen, dieses Geschehen, daß wir aus ethischen Gründen nicht akzeptieren können, zu vermeiden. Wenn die Umweltvergiftung solange weitergeht, bis sie zum Erlöschen jeglichen Lebens führt, so hat sich dieser biologische Tod des Planeten Erde nach ökologischen Gesetzmäßigkeiten ereignet. Allerdings könnte eine solche »Über-Katastrophe« ohne Zutun des Menschen wohl nicht geschehen, denn in der Natur würden die Schädlinge so früh an den Folgen ihrer eigenen Schädigung sterben, daß die Katastrophe auf einen bestimmten Bereich beschränkt bliebe. Aus allen diesen Beispielen wird aber deutlich, daß der Mensch ökologisch gesehen zur Natur gehört und zumindest in seinen Beziehungen zu ihr den ökologischen Grundprinzipien untersteht.

Häufig werden heute ökologische Grundprinzipien auf den Menschen selbst und seine sozialen Lebensumstände angewandt. Dabei muß man vorsichtig sein, denn die ökologischen Grundprinzipien haben nur Modellcharakter, weil alle Wechselbeziehungen in der Natur streng genommen einmalig sind. Deshalb dürfen wir auch nicht von ökologischen Gesetzen sprechen. Somit gibt es keine so eindeutigen Aussagen in der Ökologie, daß sie auf den Menschen und sein Sozialgefüge im Sinne von Gesetzen anzuwenden wären. Ich meine allerdings, daß »ökologisches Denken« im Sinne von »Natur in ihren Zusammenhängen verstehen zu lernen« auf den Menschen anwendbar ist. Denn zwischen einem Ökosystem und einer Gruppe von Menschen gibt es ins Auge fallende Parallelen – allerdings auch wieder entscheidende Unterschiede, die mit der Möglichkeit des Menschen, bewußt zu handeln, zusammenhängen. Wenn wir ökologisches Denken auf den Menschen anwenden, werden wir zur Vorsicht ermahnt, weil sich das nur langsam veränderte Fließgleichgewicht von Ökosystemen nicht so bedenkenlos manipulieren läßt, wie es unsere Gegenwart versucht. Ist nicht das menschliche Entwicklungstempo – ökologisch gesehen – viel zu schnell? Wir wissen heute, daß es die Natur zerstört, wenn wir durch »fremde« Stoffe, die nicht zum gewachsenen Stoffkreislauf gehören, die Erträge in Landwirtschaft und Gartenbau gewaltsam steigern wollen. Langfristig nehmen wir uns die Basis, überhaupt Erträge zu erwirtschaften. Ist nicht unser überzogenes Leistungssystem dem gleichen Irrtum verfallen? Schließlich sollten uns die ungeheuer komplizierten und staunenswerten Zusammenhänge in ökologischen Systemen »Ehrfurcht vor der Natur« und damit auch Ehrfurcht vor dem Schöpfer lehren. Wir erkennen dann die Eingriffe der letzten Jahrhunderte in die Natur als das, was sie ökologisch gesehen sind: stümperhafte und unwissende Einbrüche in das ungeheuer fein und verletzlich gesponnene »Gesamtsystem Natur«. Wir haben uns verhalten wie »ein Elefant im Porzellanladen«. Sind denn unsere sozialen Strukturen und jeder Mensch als Individuum weniger fein gesponnen?

Die Ökologie mahnt uns in unserem Verhalten der Natur gegenüber zur Vorsicht, zur Selbstbegrenzung, zur Langsamkeit, zur Ehrfurcht, zum Ausreifenlassen – zur Grundhaltung, das, was unsicher ist, nicht zu tun. Diese Tugenden gelten in unserer Gesellschaft nicht viel. Aber an den unbestechlichen ökologischen Grundprinzipien, die eine Natur über Millionen von Jahren am Leben erhalten haben, können wir erkennen, wie vorläufig und insgesamt lebensfeindlich unsere Betonung von Tempo, Wachstum, Selbstbewußtsein, Stärke und Dynamik ist. Denn die menschlichen Systeme, wie unsere Städte und unsere Zivilisation, sind schon nach wenigen Jahrhunderten der technischen Überentwicklung am Ende. Vielleicht können wir, wenn wir nicht mehr gegen die Natur arbeiten, sondern lernen, wieder ihr Partner zu werden, auch neu lernen, wie man lebt. Das bedeutet nicht: »Wieder zurück zur Steinzeit!« Wir wollen nicht zum mittelalterlichen Leben mit seinen Seuchen, seinen Religionskriegen, seiner Kindersterblichkeit und seinen Hexenverfolgungen zurückkehren. Die Kunst des Überlebens könnte eine freiwillige Selbstbeschränkung bedeuten, die medizinische Sicherheit mit naturgemäßem Leben verbindet, differenziertes Wissen mit Toleranz, naturwissenschaftliche Erkenntnisse mit ganzheitlichem Leben, berechtigtes Selbstbewußtsein mit Ehrfurcht vor der Schöpfung und dem Schöpfer.

Siebentes Kapitel

Die Zukunft der Welt und das Kommen Christi

Immer, wenn es in der Welt krisenhaft zugeht, haben apokalyptische Vorstellungen Konjunktur. Viele erwarten gerade dann die Wiederkunft Christi, verbunden mit dem Ende der Welt als einer gewaltigen Katastrophe. So ist es auch heute – angesichts der Jahrtausendkrise. Das Problem ist kompliziert. Die Zukunft der

Welt und das Kommen Christi haben etwas miteinander zu tun – aber doch kaum so, daß die Menschen mit ihren Krisen bestimmen, wann dieses Ereignis stattfinden wird. Und wenn es so wäre – warum haben sich dann bis heute solche Erwartungen nicht erfüllt?

So einfach ist die Beziehung zwischen der Zukunft der Welt und dem Kommen Christi nicht. Beides gehört zunächst einmal zu ganz verschiedenen Ebenen: Die Zukunft der Welt ist auf der geschichtlichen Ebene angesiedelt, sie wird vom Handeln des Menschen bestimmt, denn die Zukunft ist eine Folge von Vergangenheit und Gegenwart. Das Kommen Christi ist auf der Ebene des souveränen Handelns Gottes angesiedelt, seine Zukunft kommt auf die Welt zu. Trotz ihrer unterschiedlichen Herkunft begegnen sich beide. Ihr Verhältnis zueinander empfinde ich als eine »spannungsvolle Zuordnung«.

Diese Spannung steckt bereits in dem griechischen Wort »parousia«, mit dem häufig im Neuen Testament die Wiederkunft Christi bezeichnet wird, denn dieses Wort heißt sowohl »Anwesenheit« als auch »Ankunft«, es berührt also sowohl die diesseitige, die geschichtliche Ebene, als auch die jenseitige, die Ebene Gottes. Was stimmt nun? Ist Christus anwesend, oder kommt er erst noch? Die biblischen Autoren wollen uns mit diesem »unscharfen« Sprachgebrauch nicht verwirren, sondern darauf hinweisen, daß beides stimmt. Christus ist anwesend – Kreuz, Auferstehung und Geistausgießung sind die biblischen Bezugspunkte dafür, und wer an Jesus glaubt, erlebt auch seine Anwesenheit. Gleichzeitig aber stimmt, daß er sichtbar kommen wird. Gott hält unsere Zukunft in dieser Spannung zwischen dem »Schon, aber noch nicht«, zwischen ihrer geschichtlichen Ebene, die heute schon erfahrbar ist, und der Ebene der Offenbarung Gottes, auf dessen »Enthüllung«, so heißt das griechische Wort »Apokalypse«, wir warten. Es ist schon etwas da, aber es ist noch nicht zum Durchbruch gekommen. Wir können die Anwesenheit Christi wahrnehmen, aber nur in der Vorläufigkeit. Sie geht mit uns, aber sie kommt auch auf uns zu. Paul Schütz nennt sie die »Gegenwart des auf uns Zukommenden«.[28]

Aus naturwissenschaftlicher Sicht ist das Ende der Welt vorhersehbar, entweder erst nach Jahrmilliarden durch die kosmischen Alterungsprozesse, oder jederzeit, vielleicht schon bald, durch das zerstörende Handeln des Menschen. Das Kommen

Christi ist nicht vorhersehbar, es wird überraschend sein, »wie ein Dieb in der Nacht« (Mt 24,43). Gott ist dabei so souverän, daß niemand den Tag oder die Stunde kennt, »nicht einmal der Sohn, sondern nur der Vater« (Mk 13,32). Wir können also nicht einfach die geschichtlichen Ereignisse so mit der Wiederkunft Christi in Verbindung bringen, daß wir sagen: Jetzt, auf Grund dieser oder jener Geschehnisse, ist es soweit! Gerade in diesem Zusammenhang warnt Mk 13 (und seine Parallelen) vor den falschen Propheten. Die vielen Täuschungen in der Kirchengeschichte unterstreichen das nachdrücklich.

Warum wird dann bis heute so gerne gerechnet? Ich glaube, daß da Prioritäten durcheinandergekommen sind. Viele Christen bewerten die Wiederkunft Jesu am Ende der Zeiten höher als seine Anwesenheit im Heute. Dies steigert sich in Krisenzeiten, weil da oft die Anwesenheit Christi verdeckter ist als in guten Zeiten. Die Anwesenheit Christi ist dabei die entscheidende Basiserfahrung, aus der heraus ich in einer persönlichen Beziehung zu Gott lebe. Weil ich Christus in seiner Anwesenheit erlebe, freue ich mich auch auf seine Wiederkunft, ich komme aber nicht in Schwierigkeiten, wenn sie sich verzögert. Das darf allerdings nicht dazu führen, daß ich die Wiederkunft Christi als konkretes Ereignis preisgebe, denn wie wollte ich dann mit der Begrenztheit der Gotteswirklichkeit in meinem Leben und in der Welt fertig werden? So spreche ich mit Paulus: »Denn Stückwerk ist unser Erkennen, Stückwerk unser prophetisches Reden; wenn aber das Vollendete kommt, vergeht alles Stückwerk. Jetzt schauen wir in einen Spiegel und sehen nur rätselhafte Umrisse, dann aber schauen wir von Angesicht zu Angesicht« (1Kor 13,10.12).

Es ist ziemlich gleichgültig, ob ich die Ankunft Christi, dieses »Schauen von Angesicht zu Angesicht«, durch meinen irdischen Tod erlebe oder durch die große Verwandlung am Ende der Zeiten, wenn aus der alten Erde und dem alten Himmel die neue Erde und der neue Himmel wird. Einst werde ich vor ihm stehen – und er ist mir heute schon nahe. So ist die Parusie der gewaltige Einbruch Gottes in unsere geschichtliche Welt, Parusie ist aber auch die Anwesenheit Christi, welche die Gegenwart im Namen Gottes verändert. Auch der Futurologe, der die Erde dem Untergang zutreiben sieht, ruft zur Umkehr, er kann aber die Ebene der (wahrscheinlich unerfüllbaren) Forderungen nicht verlassen.

Jesus ruft ebenfalls zur Umkehr, aber er kann sie mit einer befreienden Lossprechung verbinden, weil in ihm die Zukunft Gottes zur Zukunft der Welt geworden ist: »Tut Buße und glaubt an das Evangelium« (Mk 1,15).[29]

Die Urgemeinde erwartete die Wiederkunft Christi in naher Zukunft, noch zu Lebzeiten der Apostel. An einigen Stellen, etwa im 2. Petrusbrief, werden die Probleme deutlich, die durch die Parusieverzögerung entstanden. Zu einer großen Krise aber konnte es nicht kommen, weil die frühe Christenheit noch etwas von der Doppelbedeutung der Parusie wußte, weil sie nicht einseitig auf die Erwartung der Wiederkunft fixiert war, sondern die Gewißheit der Anwesenheit Christi durch einen verbindlichen, geistgewirkten und missionarischen Lebensstil ausdrückte. Als dieser urchristliche Lebensstil erstarrte und einer immer deutlicheren Ritualisierung und Institutionalisierung weichen mußte, erlahmte auch die Kraft, die andauernde Parusieverzögerung durch konsequente Nachfolge aufzufangen. Es begann die große Zeit der Erklärungen für die ausbleibende Wiederkunft Christi, die Bedeutung der »Wirklichkeit der letzten Dinge« ging zurück zugunsten der Eschatologie, der »Lehre von den letzten Dingen«.

Ich sehe die biblische Botschaft von der Zukunft als ein Mosaik von Aussagen, die wie in einer Ellipse mit zwei Brennpunkten angeordnet sind. Der eine Brennpunkt ist die Parusie als Ankunft Christi, der andere Brennpunkt ist die Parusie als Anwesenheit Christi. Der Tod und die Auferstehung Jesu, die Ausgießung des Heiligen Geistes und die Entstehung von christlichen Gemeinden sind die ersten Konkretionen der »letzten Dinge«, die Zeit, in der wir seit diesen ersten Zeichen leben, ist die »Endzeit«. In Mk 13 und den Parallelen wird sie als eine Art Schwangerschaft verstanden, die durch Wehen zur Geburt drängt. In dem Zeitalter, in dem wir seit Jesus Christus leben, sind die neue Erde und der neue Himmel also bereits gezeugt, aber noch nicht geboren. Wie eine Schwangere spüren wir das neue Leben schon, aber wir »schauen noch nicht von Angesicht zu Angesicht«. Dieses Bild macht die Spannung deutlich, die zwischen der Gegenwart Christi und der Zukunft Christi herrscht. Seit Pfingsten gilt es, das »Schon – aber noch nicht« auszuhalten.

Die Kirchengeschichte zeigt sich als ständiger Ausbruch aus dieser Spannung. Immer wieder ist es geschehen, daß aus der Ellipse mit den beiden Brennpunkten zwei Kreise mit je einem Mittelpunkt gemacht worden sind. Jeder Kreis ist nun in sich geschlossen, ohne die Spannung der Ellipse. Die Eindeutigkeit ist künstlich geschaffen worden, und mit der Spannung ist auch der große Bogen der Verheißung, die Zukunft Gottes als Vergegenwärtigung und als Hoffnung zu erleben, zerbrochen. Es ist eine trügerische Ruhe, die sich in diesen beiden Konzeptionen eingestellt hat.

Im Extrem sieht die eine Konzeption die Zukunft Gottes ganz transzendent, völlig auf das Handeln Gottes konzentriert. Alles wird von der Wiederkunft Christi erwartet, nichts von der begonnenen Gestaltung des Reiches Gottes in unserer gegenwärtigen Zeit und Gesellschaft. Gott ist so übermächtig, daß von einer Freiheit des Menschen nicht mehr die Rede sein kann. Das führt zu einem totalen Verzicht auf eine Mitgestaltung der Gegenwart. Treue, Durchhalten, Warten auf die Rettung durch das Eingreifen Gottes bei der Wiederkunft Christi sind die hervorstechendsten Tugenden, nur die individuelle »Heiligung« hat noch etwas mit dem gegenwärtigen Zeitalter zu tun, aber nur in der Trennung von allem, was »diese Welt« ausmacht.

Im Extrem sieht die andere Konzeption die Zukunft Gottes ganz immanent, völlig auf das Handeln des Menschen konzentriert. Die Wiederkunft Christi wird nicht mehr konkret erwartet, sie ist nur ein Bild für die ständige Ankunft Gottes durch das Handeln des Menschen. Der Mensch ist so übermächtig, daß dabei die Freiheit Gottes unterschlagen wird. Dies führt zu einem völligen Verzicht auf die Hoffnung auf ein zukünftiges Reich Gottes, das allein aus dem Handeln Gottes entsteht. Verantwortung, Aktivität und oft auch die Annahme der engen Grenzen der menschlichen Möglichkeiten als die einzige Realität sind die hervorstechendsten Tugenden, die biblischen Begriffe der Eschatologie sind nur noch Bilder für das ausschließliche Handeln des Menschen nach dem Vorbild Jesu.

Die Beschränkung der Eschatologie auf das Transzendente führt dazu, das biblische Zeugnis von der Zukunft Christi auf die Apokalyptik zu beschränken. Dies löst gefährliche Entwicklungen aus. Denn die vielen Versuche, aus den apokalyptischen Texten der Bibel (z.B. in Daniel, Markus 13 und Parallelen, 2. Thessalonicher, 2. Petrus, Offenbarung) einen festen, eindeutigen Ablauf der »letzten Dinge« zu ermitteln, haben nicht zu wachsender

Klarheit, sondern nur zur Aufstellung verschiedener, oft einander widersprechender »Endzeit-Fahrpläne« geführt. Offensichtlich erlauben es die biblischen Aussagen nicht, daraus einen sicheren »Ablaufsplan« zu machen. Ich ziehe daraus den Schluß, daß es nach Gottes Willen einen solchen Plan auch nicht geben soll. Er möchte uns im Gegenteil zur Gelassenheit im Vertrauen auf seine lenkende Hand führen, gerade immer dann, wenn eine neue »Wehe« die Geschichte ihrem Ende einen Schritt näherbringt. Das Ende ist nicht berechenbar, darum sollen wir auch nicht rechnen, denn wir haben Wichtigeres zu tun. Wir sollen wachsam sein (Mt 24 + 25), ganz aus der Anwesenheit Christi im Heute leben, beobachtend, aber nicht berechnend. Ich nenne diesen Lebensstil (siehe letztes Kapitel) »schöpferische Nachfolge«.

Es ist verständlich, daß in schweren Zeiten apokalyptische Vorstellungen oft im Vordergrund stehen, als Verheißungen des Endes in Zeiten, wo man sich das Ende wünscht. Darin kann ein wichtiger Trost liegen, und sicher erleben wir in diesen Zeiten auch die Erfüllung solcher Verheißungen, die wir in den apokalyptischen Texten finden, wie in Mk 13,20: »Und wenn der Herr diese Zeit nicht verkürzen würde, dann würde kein Mensch gerettet; aber um seiner Auserwählten willen hat er diese Zeit verkürzt.« Gerade heute, in der Jahrtausendkrise, können sich viele Christen die Parusie fast nur auf der Ebene der Wiederkunft Christi vorstellen – denn von seiner Anwesenheit und dem bereits angebrochenen Reich Gottes meinen sie zu wenig zu sehen. Genau hier ist aber auch die Gefahr angesiedelt, wenn sich Eschatologie auf Apokalyptik reduziert. Wäre es nicht heute besonders wichtig, die Spuren der Anwesenheit Christi und des Reiches Gottes zu sehen, damit uns Gott gebrauchen kann, mitzuhelfen, um die Krise zu wenden? Man kann süchtig werden nach dem Trost der Naherwartung, und dann gleichen unsere Zukunftshoffnungen einer »fata morgana«, auf die wir immer zugehen, die wir aber nie erreichen, weil sie sich uns immer wieder entzieht.

Schließlich schränkt die ausschließlich apokalyptische Sicht der Zukunft die christliche Hoffnung auf einen sehr kleinen Bereich ein, sie gilt fast nur noch für das Leben nach dem Tode – das Leben vor dem Tod ist nur ein Vorspann, der für sich genommen kaum Hoffnung besitzt. Das nimmt dem christlichen Glauben und seinem Lebensstil einen wesentlichen Teil seiner Glaubwürdigkeit und Überzeugungskraft. Es ist sicher eine Tragik, daß diejenigen Christen, die einen konkreten Auftrag zur Evangelisation und Mission haben, dazu neigen, wenig Hoffnung für das Leben vor dem Tod zu besitzen, und daß diejenigen, bei denen in der Erneuerung des Lebensstils der Kern ihrer Überzeugunskraft angesiedelt ist, oft kaum missionieren, weil sie keine Hoffnung für das Leben nach dem Tod anzubieten haben.

Die Beschränkung der Eschatologie auf das Immanente führt dazu, das biblische Zeugnis von der Zukunft Christi auf die Geschichte zu beschränken. Die Zukunft Gottes ist dann wie jede andere Zukunft nur eine Fortschreibung der Gegenwart, und erwartet nicht, daß etwas von einem transzendenten Gott auf uns zukommen könnte. Die Zukunft kann nur noch von der Gegenwart her beurteilt werden, wie es auch die Futurologie tut. Denn die Möglichkeit, die Gegenwart von der Zukunft Christi her zu beurteilen, und damit bestimmte ethische Maßstäbe zu gewinnen, fällt weg, obwohl dies ein wesentliches Element der biblischen Eschatologie ist. Es ist zwar die Gefahr der Terminspekulation gebannt, aber um den Preis, daß es überhaupt keine Erwartung einer realen Wiederkunft Christi mehr gibt. Es gibt keine Sucht auf die Naherwartung mehr, dafür müssen aber auch alle unsere Sehnsüchte auf eine neue Erde, auf einen Zustand, in dem alle »Tränen abgewischt« werden, auf den irdischen Lebensraum übertragen werden. Die biblischen Begriffe für die Parusie Christi werden zwar noch gebraucht, aber nur als Metaphern, deren Realität im Dunkel bleibt.

Dies löst ebenso gefährliche Entwicklungen aus wie eine rein transzendente Eschatologie. Jetzt wird das Leben nach dem Tod abgewertet, nicht mehr als real angesehen, oder nur noch als undeutliche Chiffre. Weil sich die gesamten Hoffnungen des Menschen, auch des Christen-Menschen, auf das Leben vor dem Tod konzentrieren, wird die Selbstverantwortung des Menschen so schwergewichtig, daß die Lebensfreude und der Trost eines Lebens angesichts der »guten Nachricht« vom angebrochenen Reich Gottes verschwindet. Der Mensch ist nur noch auf sich selbst angewiesen. Die Eschatologie wird zur Futurologie, sie ist eine Hochrechnung der Gegenwart auf die Zukunft, christlich nur noch in dem Sinn, daß sie mit der Vorbildfunktion Jesu rechnet. Gott der Schöpfer hat seine Schöpfung dem Menschen radikal übergeben, die Zukunft kann nur noch das sein, was der Mensch aus ihr macht. So ist der Mensch total alleingelassen – Gott kommt ihm nicht mehr entgegen. Das Reich Gottes ist ausschließlich das, was der Mensch von seiner Gottesvorstellung und von der historischen Überlieferung des Anfangs der »Jesusbewegung« her in konkretes Handeln und nachvollziehbare Lebensgestaltung übertragen kann.

Wie können wir »zukunftsfördernd« mit der Parusie Christi umgehen, wenn wir die beschriebenen Einseitigkeiten vermeiden wollen? Wenn es eine leichte Antwort auf diese Frage geben würde, dann wäre sie sicher schon gefunden. So möchte ich nur versuchen, Bausteine zu finden, die uns auf diesem Weg weiterhelfen.

Aus einer evangelikalen Grundeinstellung versucht Georg Braumann eine vorurteilsfreie Wertung des biblischen Befunds im »Theologischen Begriffslexikon zum Neuen Testament«: »Stellt man sich dem Ergebnis, daß sich die neutestamentlichen Parusieaussagen nicht in eine einheitliche, widerspruchslose Lehre pressen lassen, so scheint eine biblizistisch verstandene Verkündigung kaum möglich zu sein. Die landläufig vertretene Behauptung nämlich, nach dieser Zeit auf Erden komme nach oder ohne Zwischenstadien mit dem Gottesgericht und mit dem Jüngsten Tage das ersehnte Himmelreich, ist gerade nicht die volle biblische Wahrheit, sondern insofern nur ein Teilaspekt, als damit weder die Naherwartung noch das Schon-Jetzt der Zukunft zur Sprache kommen. Schon ein Blick in die Kirchen- und Dogmengeschichte zeigt, daß es niemals gelungen ist, sämtliche Aussagen des Neuen Testaments zugleich und gleichzeitig aufzunehmen.«[30] Demnach bleibt nur die Möglichkeit, in den verschiedenen Situationen unseres Lebens und den unterschiedlichen geschichtlichen Konstellationen nach dem jeweils hilfreichen Akzent der biblischen Verkündigung zu fragen, ohne eine Gesamtschau entwickeln zu wollen: »Die verschiedenen Zeugnisse der Parusieerwartung leiten uns an, unseren Herrn als den kommenden Herrn zu verkündigen, der auf uns zukommt, dessen Reich wir als das kommende Reich erwarten, den wir nicht ›haben‹ oder besitzen, sondern der uns ergreifen will, den wir nicht begreifen können, der aber schon dabei ist, auf uns zuzukommen.«[31]

Eine ganz andere Antwort auf unsere Frage hat Teilhard de Chardin, Theologe und Vorzeitforscher, gegeben. Er geht davon aus, daß die Anthropogenese, also die Entstehung und Entwicklung der Menschheit, im Sinn einer Höherentwicklung fortschreitet. Dies bringt er mit der Parusie in Verbindung: »Weshalb aber soll man nicht in voller Übereinstimmung mit den neuen wissenschaftlichen Anschauungen über eine gegenwärtig in Anthropogenese befindliche Menschheit lieber einräumen, daß der Funke der Parusie mit physischer und organischer Notwendigkeit nur zwischen dem Himmel und einer biologisch bis zu einem gewissen evolutiven kritischen Punkt der kollektiven Reifung gelangten Menschheit überspringen kann?«[32] Damit versucht Teilhard, eine Beziehung zwischen transzendenter und immanenter Eschatologie herzustellen. Sein »Punkt Omega«, an dem der Funke zwischen Gott und der sich entwickelten Menschheit überspringen soll, wird in kühner Weise christologisch gedeutet. Teilhard de Chardins Gedanken sind faszinierend und anregend. Aber sind sie nicht zu stark von der optimistischen Nachkriegszeit inspiriert? Kann man heute noch so deutlich mit einer sich höher entwickelnden Menschheit rechnen?

Der heute bekannteste Versuch, Transzendenz und Immanenz der Eschatologie zu verbinden, ist Jürgen Moltmanns »Theologie der Hoffnung«. Er sagt: Die Zukunft steht im Zentrum der biblischen Verkündigung. »Denn das, was uns in den biblischen Testamenten der Hoffnung begegnet als das Andere, als das, was wir uns nicht schon aus der gegebenen Welt und unseren schon gemachten Erfahrungen mit ihr ausdenken und ausmalen können, das begegnet uns als Verheißung eines Neuen und als Hoffnung auf eine Zukunft aus Gott. Der Gott, von dem hier geredet wird, ist kein innerweltlicher oder außerweltlicher Gott, sondern der ›Gott der Hoffnung‹ (Röm 15,13), ein Gott mit ›Futurum als Seinsbeschaffenheit‹ (E. Bloch), wie er aus dem Exodus und der Prophetie Israels bekannt wurde, und den man darum nicht in sich oder über sich, sondern eigentlich nur immer vor sich haben kann.«[33] Mit Kreuz und Auferstehung Christi ist das Reich Gottes angebrochen, das sich mit der Parusie Christi vollendet.

Von diesem Ansatz her kann nun Moltmann Transzendenz und Immanenz der Eschatologie verbinden: »Die befreiende Gottesherrschaft kann darum als die Immanenz des eschatologischen Reiches und das kommende Reich als die Transzendenz gegenwärtig geglaubter und erfahrener Gottesherrschaft verstanden werden. Dieses Verständnis verbietet es, die Gottesherrschaft in das Jenseits totaler Beziehungslosigkeit zum irdischen, geschichtlichen Leben zu verbannen. Es verbietet es aber auch, das Reich Gottes mit vorhandenen oder gewollten Zuständen der Geschichte zu identifizieren.«[34]

Jeder Christ persönlich und die gesamte Kirche sind in diesen Prozeß des Reiches Gottes gestellt. Wir befinden uns unterwegs, nicht im Getto christlicher Gemeinden, nicht in einer abgeschlossenen »heilen Welt«, sondern zusammen mit unserer Gesellschaft – denn wir sind gemeinsam mit ihr nicht aus der Geschichte entlassen. In diese »Exodus-Situation« hinein sind die Verheißungen des Evangeliums gegeben: »Ist das kommende Reich in der Geschichte als befreiende Herrschaft präsent, so ist diese befreiende Kraft Gottes in seinen Verheißungen und in der Verkündigung des Evangeliums offenbar. Die Verheißungen rufen Menschen aus der Umwelt, in der sie sich eingerichtet haben, heraus und stellen sie auf den Weg zur Erfüllung. Sie befreien Menschen aus irdischer Knechtschaft und rufen sie auf den Weg zur Freiheit. Das Evangelium Christi ruft Menschen aus der Knechtschaft der Sünde, des Gesetzes und des Todes heraus und stellt sie auf den Weg zur Gerechtigkeit und Freiheit des ewigen Lebens. Weil dieser Weg noch nicht das Ziel ist, führt er in Anfechtung, Widerstand, Leiden und Kampf... Das Reich Gottes ist in Glauben und neuem Gehorsam, in neuer Gemeinschaft und den Kräften des Geistes präsent. Die Gegenwart des Heiligen Geistes ist als Angeld und Anfang der neuen Schöpfung aller Dinge im Reich Gottes zu verstehen.«[35]

Warum hat sich die Parusie so verzögert und die »letzte Zeit« so gedehnt? Im Grunde kann niemand eine Antwort auf diese Frage geben – aber in der Tendenz wird auch heute das gelten, was der Zweite Petrusbrief dazu sagt: »Der Herr zögert nicht mit der Erfüllung der Verheißung, wie einige meinen, die von Verzögerung reden; er ist nur geduldig mit euch, weil er nicht will, daß jemand zugrundegeht, sondern daß alle sich bekehren« (2Petr 3,9). Wenn die lange Ausdehnung der letzten Zeit der Barmherzigkeit Gottes entspricht, dann offenbart uns Gott damit auch, daß es seine Barmherzigkeit ist, daß wir in der Gegenwart, so wie sie ist, leben und durch unser Leben zum Bau des Reiches Gottes beitragen können. Dies geschieht ebenso dadurch, daß wir Menschen den Zugang zum Reich Gottes öffnen, wie dadurch, daß wir nach den Prinzipien des Reiches Gottes leben – Gottes Schöpfung bewahren und den Lebensstil Jesu annehmen.

Ich denke: Vielleicht muß die große Verwandlung noch nicht sein! Andere werden denken: Warum kommt sie denn immer noch nicht? Liegt diese unterschiedliche Sicht nicht an der Situation, in der wir gerade leben? Ich liebe das Leben, das ich führe, auch wenn es dabei Einschränkungen und Grenzen gibt. Und ich freue mich, daß Gott es mir und der ganzen Menschheit noch läßt – trotz aller Probleme, die ja durchaus offensichtlich sind. Andere sind so stark vom eigenen Leid oder vom Leid in der Welt überwältigt, daß sie das Ende herbeisehnen. Ich freue mich, daß ich noch in der Zeit vor dem Ende leben kann – und es motiviert mich, etwas zur Verbesserung des Zustandes dieser Welt zu tun. So ist für mich das Ausbleiben der Parusie nicht nur eine Realität, die ich hinnehme, sondern ein Auftrag, meinen Beitrag zur Gestaltung der Erde im Sinne Gottes zu leisten. Denn weil die Wiederkunft Christi noch nicht geschieht, will Gott, daß wir alles tun, damit dieses Leben lebenswert bleibt. Dann kann Gott vielleicht noch lange eine »Verlängerung der Zeit der Gnade« ins Auge fassen. Obwohl sich heute der Untergang der Erde viel besser vorstellen läßt als jemals zuvor, gibt es nach wie vor zwei Möglichkeiten der Reaktion: Wir können sagen: Es ist zu spät. Und so warten wir auf das nahe Ende. Wir können aber auch sagen: Es ist erst dann zu spät, wenn das Ende hereingebrochen *ist.* An jedem Tag davor rechnet Gott damit, daß die »Mindestzahl der Gerechten« nicht wie in Sodom und Gomorrha unterschritten wird, sondern daß das Maß an Gerechtigkeit ausreicht, damit die Erde weiter bestehen kann.

Wenn es so weitergeht, muß wohl bald das Ende kommen. Aber es ist dann, vom Menschen »herbeigebombt« oder »herbeivergiftet«, ein Ende der Erde im Sinne des Teufels, bei dem die ganze Macht der Sünde und Finsternis zur Herrschaft kommt. Wenn wir jedoch die Erde »bebauen und bewahren«, wie es der Schöpfungsauftrag sagt, bleibt damit für den Menschen ein schöpfungsgemäßer Lebensraum erhalten, bis Gott selbst das Ende setzt. Gerade in den kommenden Jahrzehnten wird dies ein Ringen um das »Mindestmaß an Gerechtigkeit« im Sinne der Geschichte von Sodom und Gomorrha sein – aber es ist keineswegs entschieden, daß der Untergang der Erde durch eine menschengemachte Katastrophe, also das Ende im Sinne des Teufels, zwangsläufig ist.

Unser Beitrag als glaubende und hoffende Christen sollte nicht sein, daß wir den Untergang verkündigen und die Zukunft nur unter dem Blickwinkel der Apokalyptik sehen. Unser Beitrag kann ebenso wenig sein, daß wir sagen: Gott wird es schon gut machen – und unsere Hände in den Schoß legen. Aber unser Beitrag kann auch nicht darin bestehen, daß wir den verzweifelten Versuch unternehmen, das Reich Gottes in seiner Vollendung auf der Erde aufzurichten. Wenn wir die Spannung zwischen der Parusie als Wiederkunft Christi mit ihrer Erwartung des kommenden, vollendeten Reiches Gottes und der Parusie als Anwesenheit Christi mit ihrer Wahrnehmung des bereits angebrochenen Reich Gottes aushalten, kann uns unser Zukunftsbewußtsein zu einer eschatologischen Ethik führen: Aus der Erwartung der zukünftigen Vollendung heraus werden wir alles tun, damit in der Vorläufigkeit unserer irdischen Existenz die Zeichen der Vollendung im bereits angebrochenen Reich Gottes aufleuchten und im Namen Gottes den Menschen Gutes getan werden kann, damit unsere Erde ein Lebensraum bleibt, der lebens- und schöpfungsgemäß ist. Und vielleicht gesellt sich zu dieser Hoffnung, die in der Geschichte der Kirche nie ganz untergegangen ist, noch eine weitere, die mit unserer speziellen Situation der Jahrtausendkrise zu tun hat – daß angesichts der Alternative »Untergang oder Umkehr« neue, vom Geist Gottes inspirierte Kräfte der Erneuerung wachsen und daß somit aus der Jahrtausendkrise eine Jahrtausendchance wird.

Sicher ist die Vision von Teilhard de Chardin, daß »der Funke der Parusie überspringt«, utopisch. Aber könnten wir nicht unsere Verantwortung für die Erde im Sinne des Gleichnisses von den anvertrauten Pfunden sehen? Wenn wir mit unserem Pfund, der uns anvertrauten Schöpfung, im Sinne Gottes arbeiten, sie also »bebauen und bewahren«, könnten wir Gott am Ende der Zeit eine Erde zurückgeben, die etwas von der ursprünglichen Qualität und Schönheit der Schöpfung zeigt. Dann könnte Gott bei der großen Verwandlung der alten Erde zur neuen Erde und des alten Himmels zum neuen Himmel so viele Bausteine des Alten verwenden, daß es weniger um eine Zerstörung, sondern eher um eine Verwandlung ginge. Vielleicht hofft Gott darauf, daß die Menschen angesichts der drohenden Katastrophe so umkehrfähig werden und so viele bereit sind, zum Leben nach dem Willen Gottes zurückzukehren, daß sein Eingreifen bei dieser letzten Verwandlung mit dem großen Maß an Barmherzigkeit übereinstimmen kann, das zu seinen wesentlichsten Eigenschaften gehört. Vielleicht geschieht in dieser Zeit der Jahrtausendkrise das, was in Mk 13,10 ausgedrückt ist: »Vor dem Ende aber muß allen Völkern das Evangelium verkündet werden.« Vielleicht hat dann das Erlösungshandeln Christi eine Reichweite wie nie zuvor in der Geschichte. Sollten wir dafür nicht hoffen, beten und arbeiten?

DRITTER TEIL

REALITÄTEN

Wenn wir Hoffnung haben, so sind es oft Gefühle der Hoffnung. Wer aber angesichts der Jahrtausendkrise Hoffnung gewinnen will, sucht mehr als Gefühle: Er sucht eine begründete Hoffnung. Wir können heute nicht wissen, ob wir die Jahrtausendkrise überstehen werden. Aber wir möchten gern wissen, ob es überhaupt noch möglich ist.

Begründete Hoffnung ist eine Hoffnung, die sich mit der Realität eingelassen hat. Deshalb versuchen die nächsten Kapitel eine Zusammenschau der Situation Mitte der Achtzigerjahre. Die Bundesrepublik Deutschland und ihre gesellschaftliche Wirklichkeit steht dabei im Mittelpunkt dieser Zustandsbeschreibung. Aber überall da, wo es sinnvoll schien, habe ich den europäischen oder weltweiten Zusammenhang eingearbeitet. Bei der Fülle des Stoffes mußte ich häufig stark raffen – vieles ist nur skizzenhaft dargestellt. Außerdem sind manche Informationen, die ich weitergebe, umstritten. Ich habe nach bestem Wissen recherchiert – trotzdem ist das Problem der Informationsunsicherheit zur Zeit nicht zu lösen. Wollte man nur unumstrittene Informationen weitergeben, so dürfte man zu den hier genannten Themen überhaupt nichts sagen.

Das 8. Kapitel befaßt sich ausnahmsweise nur mit einem Thema, dem Waldsterben. Für mich hat dieses Phänomen zur Zeit eine Pilotfunktion zur Beschreibung der beginnenden Jahrtausendkrise. Das hat auch die Bevölkerung begriffen. Deshalb ist kein Thema aus dem großen Bereich der Zukunftsfragen bei der Bevölkerung so angekommen wie dieses. Am Waldsterben kann grundsätzlich dargestellt werden, wie tiefgreifend die Entwicklungen sind, die heute sichtbar werden – und wie schwer es gleichzeitig ist, die Zusammenhänge aufzuklären. Ebenso wird an diesem Beispiel deutlich, daß die großen Zukunftsfragen einen ungeheuren Handlungsbedarf freisetzen, daß aber nur sehr schwer in der zur Verfügung stehenden Zeit gesagt werden kann, wie gehandelt werden soll.

Im 9. bis 11. Kapitel werden viele Einzelbereiche angesprochen. Damit die Übersicht leichter fällt, gebe ich im folgenden eine stichwortartige Übersicht.

Das 9. Kapitel »Das schleichende Gift« berichtet über folgende Bereiche:

Schadstoffe in der Luft
Schadstoffe im Wasser
Schadstoffe im Boden
Auswirkungen der Schadstoffe auf den Menschen

Das 10. Kapitel »Eine künstliche Welt« beschäftigt sich mit folgenden Fragen:

Landwirtschaft und Nahrungsmittel
Das Problem der Verdichtung
Verkehrsfragen
Information und Computer
Fragen der Medizin
Die Zukunft der Energie
Brauchen wir Kernenergie?

Im 11. Kapitel »Auf der Suche nach Gerechtigkeit und Frieden« wird eine Übersicht über folgende Bereiche gegeben:

Freie Marktwirtschaft und alternative Herausforderungen
Gerechtigkeit zwischen reichen und armen Ländern
Abrüstung und Frieden

Achtes Kapitel

Waldsterben – Menetekel der Jahrtausendkrise

»Das Geschriebene lautet aber: Mene mene tekel u-parsin. Diese Worte bedeuten: Mene: Gezählt hat Gott die Tage deiner Herrschaft und macht ihr ein Ende. Tekel: Gewogen wurdest du auf der Waage und zu leicht befunden.« (Dan 5,25–27)

Ist das Waldsterben ein »Menetekel«, ein Warnruf, ein Unheilszeichen? Zumindest im Bewußtsein der Öffentlichkeit ist es der erste, weithin vernehmbare Warnruf vor den Gefahren der Umweltkrise gewesen. Und ökologisch gesehen ist es sicherlich ein Unheilszeichen, wenn ein über lange Zeit relativ stabiles Ökosystem wie der Wald so dramatische Veränderungen zeigt, die auf tiefgreifende Schädigungen hinweisen.

In der Geschichte von dem Gastmahl des Belsazar konnte niemand die Schrift an der Wand deuten – dazu mußte man den Propheten Daniel holen. Wenn man die vielen, einander widersprechenden Erklärungsversuche für das Waldsterben ansieht, ist man versucht, auch nach dem Propheten zu rufen, obwohl dieses Problem wohl nur durch die geduldige Arbeit vieler Forscher gelöst werden kann.

In einem dritten Sinn ist das Waldsterben ein Menetekel, sogar in direkter Beziehung zu unserem Text: Die Tage der Herrschaft unserer Zivilisation, welche die Natur ausbeutet und auf Kosten der kommenden Generationen lebt, sind gezählt. Und unser entfremdeter Lebensstil ist gewogen und zu leicht befunden worden. Vielleicht ist das Waldsterben nicht der gravierendste Teil der Umweltkrise, aber das zur Zeit deutlichste Zeichen.

Was ist geschehen? Nach den jährlichen Waldschadensberichten der Bundesregierung[36] waren 1985 weit mehr als 50% des Waldes in der Bundesrepublik geschädigt. Jeder kennt heute Bilder von großflächig abgestorbenen Wäldern, etwa im Erzgebirge oder im Harz, und wessen Augen etwas geschult sind, der wird bei fast jedem Waldspaziergang kranke Bäume entdecken.

Das deutlichste Zeichen bei Nadelbäumen ist die Kronenverlichtung. Der kranke Baum verliert so viele Nadeln, daß man den Verlauf jedes Astes im Kronenbereich sehen kann. Wer unter einer Tanne oder Fichte steht und den Himmel deutlich sehen kann, der steht unter einem kranken Baum. Fichten wirken von weitem wie zerzaust, oft sind die Kronen abgebrochen, Tannen zeigen das »Storchennest«, Nadel- und Astverlust zwei bis drei Meter unter dem Wipfel. Wie weit der Nadelverlust bereits fortgeschritten ist, kann man an den »Nadeljahrgängen« sehen. Weil jedes Jahr ein neuer Zweig wächst, kann man vom Ende des Astes her die Verzweigungen zählen, bis zum Punkt weiter innen, wo die Nadeln dünn werden und dann auch abfallen. Gesunde Tannen besitzen 10 bis 12, Fichten 6 bis 8, Kiefern 4 Nadeljahrgänge. Kranke Bäume verlieren meist die Hälfte bis zwei Drittel davon. Weitere Zeichen der Krankheit sind die gelbe oder fahlgrüne Verfärbung der Nadeln, starker Harzfluß im unteren Bereich der Stämme bei aufplatzender Rinde und zusätzliche »Angsttriebe« an der Oberseite der Äste, die der Baum treibt, weil seine Nadelmenge nicht mehr ausreicht – die aber zusätzlich seine Lebenskraft schwächen.

Laubbäume zeigen im Grunde ähnliche Schadbilder, abgestorbene Äste im oberen Drittel (inzwischen oft an den Autobahnen zu sehen) und Verlichtungserscheinungen. Oft verlieren die kranken Laubbäume die grünen Blätter vorzeitig, manchmal schon im Frühsommer, oder die Blätter rollen sich zusammen. Typisch sind auch Blätter, die wie verätzt aussehen. Gute Beobachter können heute in fast allen Wäldern die fortschreitenden Zeichen des Waldsterbens sehen.

Wir wollen uns an das Phänomen Waldsterben von verschiedenen Seiten herantasten – zunächst von der historischen. Fast ganz Mitteleuropa war früher von Wald bedeckt. Schon immer, besonders seit dem 8. Jahrhundert, wurden größere Waldflächen gerodet. Dieses früheste Waldsterben geschah auf mechanische Weise – es schadete aber dem Wald nicht, denn im dünnbesiedelten Mitteleuropa konnten die Bewohner mit ihrem einfachen Handwerkszeug kaum mehr Wald roden, als wieder nachwuchs.

Mit Beginn des 19. Jahrhunderts änderte sich die Lage. Der Holzbedarf stieg stark an und man konnte erstmals technische Geräte einsetzen, die unabhängig von der menschlichen Arbeitskraft waren. Jetzt wurde innerhalb kurzer Zeit so viel Wald gerodet, daß sein Bestand echt gefährdet war. Durch technisch-mechanische Behandlung war ein echtes Waldsterben möglich geworden, aber es konnte auch relativ leicht wieder behoben werden: durch Rodungsverbote und Aufforstung.

Um schnell wieder aufforsten zu können, und sicher auch, weil es im Trend der Zeit lag, Waldwirtschaft wie Ackerbau zu betreiben, legte man fast überall Monokulturen an, vor allem mit schnellwachsenden Fichten. 200 Jahre Fichtenmonokulturen führten nicht direkt zu einem Waldsterben, aber doch zu einem deutlichen Vitalitätsverlust des Waldes. Dadurch wurden die typischen Begleitprobleme einer solchen Monokultur wie erhöhter Schädlingsbefall, stärkere Bodenbelastung und größere Windbruchgefahr noch gefährlicher. Beim heutigen Waldsterben spielt der Vitalitätsverlust mit seinen Folgen sicher eine bedeutende Rolle.

Immer schon hatte der Mensch die Umwelt mit Schadstoffen belastet – aber erst die industrielle Revolution brachte das Problem in eine Größenordnung, die der Natur schädlich werden konnte. Jetzt hat die Schadstoffbelastung wohl eine Größenordnung erreicht, bei der die Schäden sichtbar werden. Dabei liegt das größte Problem in denjenigen Bereichen, in denen sich Schadstoffe anreichern können, im Boden, im Wasser, bei Nahrungsketten und auch bei so langlebigen Pflanzen wie den Bäumen. Es ist wohl zu einfach, wenn wir sagen, daß die Umweltschadstoffe das Waldsterben hervorrufen, aber sie haben sicher einen erheblichen Anteil daran, als auslösende Faktoren, durch Verstärkung des Vitalitätsverlustes, durch direkte Schädigung und in vielfältigen Kombinationen mit anderen Verursachern.

Es gibt eine Anzahl von Schadstoffen, deren Mitwirkung am Waldsterben als gesichert oder sehr wahrscheinlich gelten kann. Dies ist zunächst das Schwefeldioxid (SO_2), das vor allem für das Entstehen des »Sauren Regens« verantwortlich ist, Blätter und Nadeln direkt schädigen kann, vor allem aber langfristige Veränderungen des Bodens bewirkt (Bodenversauerung). Bereits Dauerbelastungen von 30 Mikrogramm SO_2 pro m^3 können Schäden hervorrufen[37], während in der Bundesrepublik noch 140 Mikrogramm erlaubt sind. Die Bodenbelastungen werden auch dann bleiben, wenn die Schadstoffkonzentration in der Luft zurückgeht. SO_2-Belastung erhöht den Wasserverbrauch der Bäume, macht sie also empfindlicher für Trockenheit und erhöht die Frostempfindlichkeit.

Stickoxide (NO_X) tragen ebenfalls zum Sauren Regen bei. Außerdem entwickeln Stickoxide und Kohlenwasserstoffe, überwiegend aus Autoabgasen stammend, unter dem Einfluß des Sonnenlichts Ozon in einer Konzentration, die die Gewebe der Blätter und Nadeln zerstört, das Wachstum verlangsamt und die Bildung von Feinwurzeln verhindert.

Schwermetalle wie Blei, Cadmium und Zink sind in ihrer Wirkung auf den Wald bisher nur wenig untersucht. Wahrscheinlich tragen sie bei bestimmten regionalen Konstellationen wesentlich zum Waldsterben bei. Der Saure Regen führt außerdem dazu, daß der Boden Aluminium- und Schwermetallionen freigibt. Dadurch wird aus dem Boden als Schadstoffspeicher sogar eine Schadstoffquelle. Überhaupt ist der Boden der empfindlichste Bereich bei der Schadstoffbelastung. Die Luft braucht nicht sehr lange, bis sie nach einem Rückgang der Schadstoffbelastung wieder sauberer wird. Im Boden jedoch bleiben alle bisherigen Schadstoffabgaben gespeichert. Vieles ist hier schon irreversibel geschädigt, anderes reicht schon nahe an die Grenze heran, bei der sich die Schädigung nicht mehr rückgängig machen läßt.

Von den immer neuen Schadstoffen, denen eine wesentliche Mitwirkung beim Waldsterben angelastet wird, stehen zur Zeit das Triäthylblei und Emissionen von Kernkraftwerken[38] im Vordergrund. Es ist wahrscheinlich, daß sich die Liste der Schadstoffverursacher des Waldsterbens weiter vergrößert, aber ich glaube nicht, daß man einen oder wenige allein verantwortliche Verursacher finden wird.

Immer wieder hat es die Öffentlichkeit verwirrt, daß das Waldsterben in »Reinluftgebieten« weiter fortgeschritten ist als z.B. in vielen Industriegebieten. Dies spricht nicht gegen eine Beteiligung von Umwelt-Schadstoffen. Horst Bannwarth[39] sagt dazu: »Gefährlich werden Schwefel- und Stickstoffoxide erst, wenn sie zu lange der energiereichen ultravioletten Strahlung der Sonne ausgesetzt werden und sich unter diesem Einfluß mit dem Sauerstoff der Luft zu solchen Verbindungen umsetzen, die für Pflanzen bereits in niedrigen Konzentrationen toxisch sind. Nicht die bei der Verbrennung fossiler Brennstoffe primär freigesetzten Gase, sondern ihre Sekundär- oder Folgeprodukte richten aller Wahrscheinlichkeit nach die Wälder zugrunde.« Somit würden die hohen Schornsteine, die den Schadstofftransport über große Entfernungen und damit die Bildung hochgiftiger Folgeprodukte stark ausgeweitet haben, zu den wichtigsten Verursachern des Waldsterbens zählen.

Schließlich müssen wir uns noch mit einer ganz anderen Art des Waldsterbens beschäftigen, die auch uns berührt, dem starken Rückgang der tropischen Regenwälder. »Global 2000«[40] geht davon aus, daß der Nutzholzbestand in den Ländern der Dritten Welt bis zum Jahr 2000 um 40% zurückgeht, und daß bis zum Jahr 2020 in diesem Bereich der gesamte zugängliche Wald abgeholzt sein wird. Zusammen mit den Waldverlusten in der gemäßigten Zone durch das Waldsterben könnte das einen Gesamtrückgang des Waldes um ca. 1 Milliarde Hektar bedeuten. Dieser unvorstellbare Waldverlust wird intensive globale Auswirkungen auf das Klima, die ökologischen Bedingungen, die Wirtschaft und die Lebensbedingungen der Menschheit haben.

Neben allen Unsicherheiten über die Hintergründe des Waldsterbens schälen sich einige Erkenntnisse heraus, die als weitgehend gesichert gelten können. Das Waldsterben ist eine »Komplexkrankheit« – es gibt viele Faktoren, die dazu beitragen und noch viel mehr denkbare Faktoren-Kombinationen, die vor allem regional sehr unterschiedlich ausfallen können. Man unterscheidet heute zwei Gruppen von solchen Faktoren. Zunächst gibt es »disponierende Faktoren«, also solche, die mehr langfristig, grundsätzlich wirken, wie der Boden, das allgemeine Klima, die Höhenlage und die Waldstruktur (Monokultur, Mischwald, Wald mit einer oder mehreren Generationen). Dazu gibt es »auslösende Faktoren«, also solche, die mehr kurzfristig wirken, wie extreme Klimaschwankungen (z.B. Trockenperioden), der Wildbestand (der die Wälder schädigt, wenn er zu hoch ist) und vor allem die Schadstoffbelastung der Luft.

Die Wirkung disponierender Faktoren kann durch auslösende Faktoren verändert werden, z.B. dadurch, daß Luftschadstoffe den Boden so belasten, daß er langfristig (und oft irreversibel) geschädigt wird. Die Wirkung auslösender Faktoren kann durch disponierende Faktoren verändert werden, z.B. dadurch, daß die sauren Niederschläge durch eine günstige Bodenbeschaffenheit erheblich länger abgepuffert werden können als anderswo. Daraus wird deutlich, daß man keine allgemeine Gewichtung der Schädlichkeit der für das Waldsterben verantwortlichen Faktoren vornehmen kann, denn dies wird in jeder Region, manchmal bei jedem einzelnen Baum, verschieden sein. Man kann nicht sagen, daß *die* Umweltschadstoffe für *das* Waldsterben verantwortlich sind – und trotzdem gäbe es ohne die heutige Schadstoffbelastung sicher kein Waldsterben. Man wird in Zukunft aber sicher feststellen können, daß *bestimmte* Wälder wegen *bestimmter* Schadstoffbelastungen sterben. Ähnliches gilt für die anderen Faktoren. Verantwortlich für das Waldsterben ist demnach, daß die Natur durch die zivilisatorischen Einwirkungen des Menschen so anfällig geworden ist, daß immer häufiger einzelne Schadstoffeinwirkungen in der Lage sind, umfassende Schädigungen auszulösen. Im Bild gesprochen: Das Faß ist inzwischen so voll, daß es jeder neue Tropfen zum Überlaufen bringt. In dieser Situation kommt den Umweltschadstoffen sicher eine auslösende Funktion für das Waldsterben zu.

Bei allen noch offenen Fragen der Forschung ist es heute denkbar, eine mögliche Wirkungskette für das Waldsterben zu beschreiben:

Eine grundlegende Veränderung der natürlichen Verhältnisse ergibt sich durch den Eintrag von Luftschadstoffen in den Boden, der zu einer zunehmenden Bodenversauerung führt. Das Tempo der Versauerung ist jedoch höchst unterschiedlich, denn viele Böden »puffern« die Versauerung durch ihre Zusammensetzung erst einmal ab, weil sie die sauer machenden Schadstoffe für eine Weile neutralisieren können. Dies ist allerdings nur eine Verzögerung der Bodenversauerung, wenn die Zufuhr der Schadstoffeinträge in den Boden andauert. Neben der Pufferwirkung bestimmter Böden ist die Unterschiedlichkeit der Bodenversauerung auch durch die Menge und die Intensität der Schadstoffeinträge beeinflußt.

Die schädlichste Folge der Bodenversauerung ist die Freisetzung von Aluminium und die dadurch bedingte Veränderung der Aluminium/Calcium und der Aluminium/Magnesium-Verhältnisse. Dadurch entstehen Schäden an den Zellstrukturen der Baumwurzeln mit erheblichen Beeinträchtigungen der Funktionsfähigkeit der Wasser- und Nährstoffaufnahme der Wurzeln. Es liegt auf der Hand, daß dadurch die Lebenskraft der Bäume stark geschwächt wird.

Zumeist gleichzeitig greifen Luftschadstoffe wie Stickoxide, Schwefeldioxid und Ozon die Blätter und Nadeln direkt an. Hohe Konzentrationen einzelner Schadstoffe oder die Vermischung mehrerer Luftschadstoffe in niedrigen und mittleren Konzentrationen führen zur Schädigung des Pflanzengewebes und zu Stoffwechselveränderungen.

Die Zerstörung von Blatt- und Nadelgewebe erhöht die Auswaschung von Nährstoffen aus den Blättern und Nadeln. Dies führt zu Mangelerscheinungen im Ernährungszustand der entsprechenden Bäume. Wie weit diese ausgeglichen werden können, hängt nun wiederum mit dem Zustand des Bodens und mit dem Ausmaß der Wurzelschädigung zusammen.

Die Nährstoffversorgung ist von der ausreichenden Wasseraufnahme abhängig. Trockenperioden, auch solche, die einem gesunden Wald nicht schaden würden, wirken sich beschleunigend auf das Waldsterben aus. Denn die geschädigten Wurzeln reichen oft nur noch in den oberen Bodenbereich. Dadurch ist die Wasseraufnahme stark behindert.

Die wachsende Zerstörung des Pflanzengewebes beeinträchtigt die Photosynthese. Das führt zu einer allgemeinen Vitalitätsschwäche der Bäume und erhöht deren Anfälligkeit für Streß-Situationen wie Wassermangel, Frost und Schädlinge.

Diese mögliche Wirkungskette für das Waldsterben erklärt viele einzelne Situationen noch nicht, aber sie zeigt, daß die »Komplexkrankheit« Waldsterben an vielen Stellen gleichzeitig einsetzt – durch einzelne Schädigungs-Abläufe, die sich gegenseitig überlagern und in ihren negativen Wirkungen potenzieren.

Das Waldsterben ist nicht nur ein »Menetekel« der Jahrtausendkrise, sondern es schädigt die Lebensbedingungen des Menschen in vielfältiger Weise. Der wirtschaftliche Schaden ist schon heute ganz beträchtlich und geht bereits jährlich in die Milliarden. Die ökologischen Folgen sind wohl noch weitreichender. Denn der Wald ist nicht nur eines der bedeutendsten Ökosysteme in unserer Natur, er ist zugleich der einzige größere Bereich in unseren übervölkerten Industrieländern, in dem viele wilde Pflanzen und Tiere noch ausreichenden Lebensraum vorfinden, dessen Artenreichtum noch nicht völlig unserer Zivilisation zum Opfer gefallen ist und der das größte genetische Reservoir in unserer Natur beherbergt. Der Wald schützt Felder und Wiesen vor Wind, Kälte und Schädlingen, er verbessert das Kleinklima, er ist ein unübertroffener Filter für Gifte und Staub, er reguliert den Abfluß von Niederschlägen und speichert Wasser für trockene Klimaperioden.

Der Wald ist der wichtigste Erholungsraum in unserem Land. Deshalb ist auch sein Stellenwert im Gefühlsleben so ausgeprägt. Für die Mehrzahl der Bürger ist er der einzige Raum, in dem sie noch ein Stück Ursprünglichkeit der Natur erleben können. Er ist im Sommer angenehm kühl, im Winter schützt er vor Wind und Nässe. Die Waldluft ist wegen der Filterwirkung gesünder als in den Ballungszentren. Weithin ist der Wald auch der einzige Bereich, der vor dem Lärm schützt, der unseren gesamten Lebensraum flächendeckend überzogen hat.

Lebensbedrohlich wird das Waldsterben schon in den nächsten Jahren für weite Bereiche des Alpenraumes: »Wenn der Waldverlust in den nächsten zehn Jahren wie bisher fortschreitet, sind die Hälfte aller Ortschaften des deutschen Alpenraumes und etwa 370 Kilometer des Straßennetzes unmittelbar durch

Steinschlag. Lawinen und Überschwemmungen bedroht. Das ist das Ergebnis einer Studie über die Entwicklung der Waldschäden in den Alpen, die der Deutsche Alpenverein in München vorgelegt hat.«[41]

Was können wir tun? Die disponierenden Faktoren sind kaum beeinflußbar – das Klima oder die Höhenlage können wir nicht ändern, die Möglichkeiten beim Boden sind äußerst begrenzt, die Waldstruktur kann nur in Zeiträumen von Jahrhunderten beeinflußt werden, obwohl man heute einen neuen Anfang machen sollte, zum »naturgemäßen Waldbau« zurückzufinden.[42] Bei den auslösenden Faktoren können wir extreme Klimaschwankungen nicht beeinflussen, wohl aber den Wildbestand und vor allem die Schadstoffbelastung. Von den Maßnahmen zur Rettung des Waldes her ist es richtig, daß sich die Diskussion weitgehend auf die Umwelt-Schadstoffe konzentriert.

Allerdings gibt es hier keine schnellen Erfolge. Denn wir müssen, um den Wald – und nicht nur ihn – zu retten, unsere industrielle Produktion auf schadstoffarme Verfahren umstellen, entgiftet und wohl auch langsamer Auto fahren, den Wildbestand deutlich senken, den Waldbau verändern, das persönliche Umweltverhalten der Bürger umstellen, von der Priorität der Energiegewinnung aus fossilen Brennstoffen abrücken, und anderes mehr. Das ist sehr viel auf einmal, denn wir haben viele Schädigungen zusammenkommen lassen. Es gibt hier keine schnellen Erfolge – aber wir brauchen schnelle Entscheidungen, sonst werden die Erfolge ganz ausbleiben.

Erst stirbt der Wald – und dann der Mensch!

Ich halte diesen Satz für zutreffend, denn das Waldsterben ist kein isoliertes Phänomen, sondern eines der deutlichsten und folgenschwersten Zeichen der Umweltkrise, und als solches wirklich ein »Menetekel der Jahrtausendkrise«.

Es sollte uns zu denken geben, daß da, wo das Waldsterben am weitesten fortgeschritten ist, auch mehr Umweltkrankheiten beim Menschen festgestellt werden als anderswo.[43]

Neuntes Kapitel

Das schleichende Gift

Der Mensch ist von Hunderten von *chemischen Stoffen* umgeben, die künstlich hergestellt sind: »Sein Tag beginnt mit einer Pampelmuse, deren Schale chemisch behandelt, und einer Scheibe Brot, die mit Haltbarkeitszusätzen gebacken ist; der Tag endet auf einer Matratze aus Schaumstoff und Kunstfasern. Dazwischen fährt er das Auto mit verbleitem Benzin, schluckt Vitamintabletten, ißt Nahrung, die mit synthetischem Dünger und Schädlingsbekämpfungsmitteln behandelt wurde, auch das Rasierwasser stammt aus der Retorte: unentrinnbar findet sich der Durchschnittsmensch der Industriegesellschaft einem schier unüberschaubaren Universum von Chemikalien ausgeliefert.«[44]

Dazu einige Zahlen: Bis heute sind etwa 6 Millionen verschiedene Chemikalien künstlich hergestellt worden, jede Woche gibt es 6 000 neue. Etwa 600 000 synthetische Stoffe sind dauerhaft in Gebrauch, nur 8 000 von ihnen sind auf ihre Wirkungen hin untersucht worden. Auch die Mengen haben sich drastisch gesteigert: 1960 wurden in den USA 50 Mill. Tonnen synthetische organische Chemikalien hergestellt, 1980 waren es bereits mehr als 150 Mill. Tonnen.[45] Alle diese Stoffe gelangen in riesigen Mengen in den Kreislauf der Natur zurück, dazu kommen die meist nur ungenau bekannten Produktionsabfälle. Über die Nebenwirkungen der vielen synthetischen Stoffe, mit denen wir täglich zu tun haben, beginnen wir erst heute nachzudenken und entsprechende Forschungsvorhaben einzuleiten. Es ist keine Übertreibung, wenn wir von einer »Chemisierung« unserer Umwelt und unseres Lebens sprechen.

Künstliche, also synthetisch erzeugte Stoffe, belasten die Umwelt im allgemeinen mehr als diejenigen, die ohne Zutun des Menschen in der Natur vorhanden sind. Denn die Natur hat es nicht »gelernt«, mit den künstlichen Stoffen so umzugehen, daß es keinen Schaden gibt. Weil alle natürlichen Veränderungen lange Zeiträume benötigen, hat die Natur auch keine Chance, sich auf die vielen künstlichen Stoffe »einzustellen«, die plötzlich – in einem Zeitraum von zwei oder drei Jahrhunderten – das über Jahrmillionen entwickelte und gesund erhaltene Fließgleichgewicht der Natur überfluten und zerstören. Wie ein Deich, auch wenn er zu schwach ist, die anbrandenden Wellen eine Zeitlang zurückhält, so hat auch die Natur zunächst viele menschliche Einflüsse ausgeglichen. Heute aber – und die zunehmend sichtbaren Umweltkatastrophen sind ein Zeichen dafür – ist der Deich am Brechen. Wir können die Bruchstellen noch mit Sandsäcken abdichten – aber wie lange noch?

Wenn die Natur die künstlichen Stoffe nicht abbauen und nicht umwandeln kann, werden sie angereichert. Ich will dies an einem Beispiel erklären: In unserer Luft befinden sich chlorierte Kohlenwasserstoffe, z.B. das Insektizid Lindan oder Dioxine. Sie werden über längere Zeiträume vom Boden und vom Wasser aufgenommen, schon dabei erhöht sich ihre Konzentration. Futterpflanzen nehmen die Schadstoffe aus dem Boden auf und speichern sie; jetzt ist ihre Konzentration schon etwa 100mal höher als ursprünglich in der Luft. Kühe fressen diese Futterpflanzen über längere Zeit, die Anreicherung der chlorierten Kohlenwasserstoffe erreicht bei ihnen schon den Faktor 1000. So geht es weiter: Weil Butter ein Konzentrat von Milch ist, werden die Schadstoffe weiter angereichert, in noch höherer Konzentration finden wir sie in der Muttermilch. Hier liegt der Anreicherungsfaktor gegenüber der ursprünglichen Konzentration in der Luft ungefähr bei 100000 (!). Das Baby, das die Muttermilch trinkt, steht am Ende dieser Nahrungskette – es trägt das größte gesundheitliche Risiko. Es gibt in der Natur viele solcher Nahrungsketten mit hohem Belastungsgrad. Stehen bestimmte Tiere am Ende einer Nahrungskette mit entspechender Anreicherung von Schadstoffen, so sind sie heute meist schon ausgestorben. Besonders oft steht nun der Mensch am Ende solcher Nahrungsketten – auch er ist nicht unbegrenzt belastbar. Trotz medizinischer Versorgung ist er durch angereicherte Schadstoffe in besonderem Maß gefährdet.

Fast die gesamte Diskussion über die Umweltprobleme beschäftigt sich mit den direkten Einwirkungen von Schadstoffen, etwa mit dem Schwefeldioxid in der Luft, den Schwermetallen im Boden oder den Nitraten im Wasser. So gefährlich diese direkten Schadstoffwirkungen teilweise sein können – die eigentlich lebensbedrohenden Einflüsse, die sich erst langfristig entwikkeln und teilweise überhaupt noch nicht erkannt sind, entstehen durch die indirekten Schädigungen, etwa durch die Anreicherung von Schadstoffen, durch das Aussterben von Arten, durch den ständigen Einfluß kleinerer Mengen von Schadstoffen, deren schädliche Wirkung auf den Organismus bisher übersehen worden ist und durch die mannigfaltigen Veränderungen in lebenswichtigen Ökosystemen.

Es ist sehr begrüßenswert, daß manche Schadstoffemissionen bereits zurückgehen und Aussicht besteht, daß sich diese Tendenz ausweitet – Entwarnung kann auf dem Gebiet der Umweltbelastung noch lange nicht gegeben werden. Es ist wie bei einer Explosion: Erst wenn sich der Staub verzogen hat, kann man feststellen, was alles noch intakt ist. Frühestens in Jahrzehnten, wenn die massiven Eingriffe des Menschen in die Natur hoffentlich schon lange zu Ende gegangen sind, wird man feststellen, in welchem Zustand unsere Natur dann ist. Falls die große Katastrophe mit der Zerstörung des Lebens ausgeblieben ist, werden wir im besten Fall eine stark veränderte Natur vorfinden, die nicht mehr die schöpfungsgemäße Basis für das menschliche Leben ist, sondern nur noch notdürftig zum Leben taugt.

Die meisten vom Menschen produzierten Schadstoffe gelangen erst einmal in die *Luft*. Schwefeldioxid aus Kraftwerken, organische Verbindungen aus der chemischen Produktion, Stickoxide aus Autoabgasen, Schwermetalle aus der Müllverbrennung und die meisten dieser Schadstoffe noch einmal zusätzlich aus der Abluft der privaten Ölheizungen. Schwefeldioxid und die Stickoxide tragen zum Waldsterben bei und schädigen im Sauren Regen die gesamte Natur; Kohlenmonoxid und Staub spielen bei der Entstehung des Smog eine wesentliche Rolle; Schwermetalle vergiften Menschen und Böden; Kohlenwasserstoffe und die vielfältigen synthetischen Chemiegifte verursachen oder begünstigen Krebs. Luft ist allgegenwärtig – wir brauchen sie ständig zum Leben. Vergifteter Luft können wir kaum entgehen, denn auch in den »Reinluftgebieten« ist die Luft nicht mehr rein, sondern nur weniger schmutzig als in den Ballungszentren.

Die Entwicklung der einzelnen Schadstoffemissionen ist in den beiden letzten Jahrzehnten unterschiedlich verlaufen:[46]

Jahresemissionen in der Bundesrepublik (in Mill. t)

Schadstoff	*1966*	*1982*
Kohlenmonoxid	12,5	8,2
Schwefeldioxid	3,2	3,0
Stickoxide	2,0	3,1
Staub	1,8	0,7
Organische Verbindungen	1,4	1,6

Es ist erfreulich, daß die Emissionen von Kohlenmonoxid und von Staub stark zurückgegangen sind und daß beim Schwefeldioxid wenigstens eine leichte Entlastung eingetreten ist. Allerdings gelten Kohlenmonoxid und Staub von den hier aufgelisteten Schadstoffen als die weniger gefährlichen, während Schwefeldioxid, die Stickoxide und die organischen Verbindungen sehr viel schädlicher sind. Zusammengenommen ist die Emission dieser drei Schadstoffe sogar recht stark gestiegen. Von einer Trendwende sind wir noch weit entfernt! – Wenn wir die oben genannten Emissionswerte auf die einzelnen Verursachergruppen verteilen, kommen wir zu folgendem Bild:[47]

Verursacheranteil an den Jahresemissionen (in %)

Verursacher	*Anteil 1966*	*Anteil 1982*
Industrie	32,8	28,1
Haushalt	27,5	15,1
Verkehr	21,6	34,3
Kraftwerke	18,1	22,5

Die Industrie hat ihren Spitzenplatz als Luftverschmutzer an den Verkehr abgegeben; und auch im Bereich der privaten Haushalte hat sich viel getan. Es spricht einiges dafür, daß sich die Situation im industriellen Bereich und bei den privaten Haushalten weiter verbessert. Für den Verkehr ist eine Wende bisher nicht sichtbar, obwohl er im Umweltbereich besonders häufig diskutiert worden ist. Die Katalysatorenregelung ist in die Neunzigerjahre verschoben und durch den EG-Kompromiß außerdem verwässert worden, eine Geschwindigkeitsbeschränkung scheint in weiter Ferne, der LKW-Verkehr mit seinem erheblichen Anteil an der Luftverschmutzung ist dank starker Lobby noch nicht einmal in die Diskussion geraten, der Individualverkehr wird weiterhin mehr gefördert als die öffentlichen Massenverkehrsmittel. Das Verkehrsaufkommen steigt unentwegt – so werden wohl auch die verkehrsbedingten Schadstoffemissionen weiter steigen.

Die kontroverse Diskussion über schadstoffsenkende Maßnahmen im Verkehr hat viele Autofahrer verunsichert. Zunächst steht fest, daß der geregelte Katalysator bei benzinbetriebenen PKW die größte Schadstoffreduzierung bringt. Aber seine Einführung wird sehr lange dauern, und der EG-Kompromiß erlaubt vielen Autos eine weniger starke Abgasentgiftung. Zumindestens als Überbrückung halte ich eine Geschwindigkeitsbegrenzung von 80/100 km/h auf Landstraßen und Autobahnen trotz aller gegensätzlichen Argumente für lohnend. Das Umweltbundesamt hat errechnet, daß die verkehrsbedingten Stickoxidemissionen durch diese Geschwindigkeitsbegrenzung um etwa 24% gesenkt würden, außerdem könnte man dadurch 500 000 t Kohlenmonoxid und 30 000 t Kohlenwasserstoffe einsparen, ganz zu schweigen von der Reduzierung der Verkehrsunfälle und den Benzineinsparungen.[48] Ich halte die Grundlagen dieser Berechnung des Umweltbundesamtes für viel angemessener als die Ausgangsposition der Auswertung des Großversuchs der Bundesregierung, die nur die Autobahnen berücksichtigte und außerdem davon ausging, daß sich nur 50% der Autofahrer an die Geschwindigkeitsbegrenzung halten würden.

Welche Schadstoffreduzierung langsameres Autofahren bringt, zeigt eine Untersuchung des Rheinisch-Westfälischen TÜV (1984 als Mittelwert für 20 verschiedene Fahrzeugtypen ermittelt):[49]

Erhöhung der Schadstoffemissionen (in g)

Schadstoff	*bei 80 km/h*	*bei 100 km/h*	*bei 130 km/h*
Kohlenwasserstoffe	0,6	0,69	0,7
Stickoxide	2,7	4,2	5,8
Kohlenmonoxid	3,2	3,4	10,2
Benzinverbrauch	7,0 l	8,5 l	11,2 l

Ich glaube, daß Aufklärungsarbeit und Überwachung einer befristeten Geschwindigkeitsbeschränkung für eine hohe Akzeptanz sorgen würden. Wenn man abgasentgiftete Autos davon ausnimmt, könnte man gleichzeitig deren Einführung beschleunigen. Natürlich dürften Lastkraftwagen nicht ausgenommen werden, sowohl bei der Überwachung der schon bestehenden und wenig eingehaltenen Geschwindigkeitsbeschränkungen, als auch bei der Einführung von Abgasentgiftungsanlagen. Schließlich müßte – wenn es dazu auch schon sehr spät ist – eine wirkungsvolle Umschichtung des Individualverkehrs auf die öffentlichen Massenverkehrsmittel erreicht werden. Denn der Trend einer weiteren Zunahme der verkehrsbedingten Schadstoffemissionen muß unbedingt gebrochen werden!

Um den Umweltschutz zu verbessern, hat die Bundesregierung 1983 eine neuformulierte TA Luft (Technische Anleitung zur Reinhaltung der Luft) in Kraft gesetzt, die von einer zulässigen mittleren Jahresbelastung von 140 Mikrogramm Schwefeldioxid pro cbm Luft ausgeht. Dieser Wert ist viel zu hoch. Er müßte zumindest auf den Zielwert der Weltgesundheitsorganisation gesenkt werden, der bei 60 Mikrogramm liegt, obwohl auch bei solchen Jahresbelastungen noch Bäume geschädigt werden.[50] Auch die Großfeuerungsanlagen-Verordnung, die bei Schwefeldioxid eine Emission von 400 Milligramm pro cbm Luft als Höchstgrenze ansetzt, entspricht dem Trend, den Umweltschutz zu langsam und zu wenig konsequent zu verfolgen. Die Höchstwerte sind – vom Umweltschutz aus gesehen – fast immer zu hoch, sie werden nach Gründen der politischen Durchsetzbarkeit oder einer möglichst leichten technischen Erreichbarkeit festgesetzt, und nicht nach der ermittelten Umweltverträglichkeit. Es gibt zu viele Ausnahmebestimmungen und zu lange Übergangszeiten. Für zu viele Schadstoffe gibt es noch gar keine Höchstmengenverordnungen. Es soll nicht verschwiegen werden, daß es trotzdem bereits mutmachende Fortschritte gibt und manche Industrieunternehmen mehr tun, als vorgeschrieben ist. Das »schleichende Gift« muß aber konsequent und schnell gestoppt werden – und dafür sind die in Gang gekommenen Umweltschutzmaßnahmen noch völlig unzureichend.

Die Dringlichkeit einer konsequenten Umweltpolitik wird dadurch verschärft, daß ständig neue Umweltprobleme bekannt oder erkannt werden. Ein Beispiel: »Ein ›Ende der Ära der Müllverbrennung‹ könnte nach Ansicht von Hamburger Umweltexperten durch ein spektakuläres Untersuchungsergebnis eingeleitet werden: Amtlichen Messungen zufolge stoßen zwei Hausmüllverbrennungsanlagen der Hansestadt pro Kubikmeter Abluft bis zu 0,7 Nanogramm des Seveso-Giftes 2,3,7,8-TCDD aus. Das von Dioxin-Experten empfohlene Limit von 0,001 Nanogramm wird damit um das Siebenhundertfache überschritten.«[51] In der Schweiz stellen für die Schadstoffbelastungen durch Eisen, Kupfer, Zink, Cadmium und Quecksilber die Müllverbrennungsanlagen die größte Quelle dar.[52] Dies werden nicht die letzten Probleme auf diesem Gebiet sein, denen wir uns stellen müssen. Überhaupt werden die Probleme der Entsorgung zu den Dauerbrennern der Umweltpolitik gehören, denn »jeder Stoff muß irgendwo bleiben«.

Neben der Luft ist das *Wasser* ein weiteres unverzichtbares Lebenselement. Es ist ebenso gefährdet wie die Luft, durch übermäßigen Gebrauch, durch Verschmutzung und durch die Zerstörung wasserspeichernder oder -transportierender Ökosysteme.

Weltweit ist das Wasser bereits teilweise knapp geworden, denn die größte Menge des vorhandenen Wassers ist als Meerwasser kaum nutzbar, außerdem ist das Wasser in einem ständigen Kreislauf unterwegs, und nutzen können wir es nur an ganz bestimmten Stellen dieses Kreislaufs, und schließlich ist das Wasser auf der Erde sehr unterschiedlich verteilt – wo man es am dringendsten brauchte, ist es meistens am seltensten. »Global 2000«[53] geht von einer zunehmenden Knappheit des Wassers aus und hält Beschränkungen des Verbrauchs und sogar »Wasserkriege« für denkbar. Auslösender Faktor ist zunächst die Bevölkerungsexplosion. Damit der ständig zunehmende Bevölkerungszuwachs ernährt werden kann, muß neues Land bewässert werden, was überproportional viel Wasser kostet. Aber auch bei den Industrienationen steigt der Wasserverbrauch unverhältnismäßig stark an, obwohl die Bevölkerungszahlen zurückgehen. Ursache ist hier der immer größere Wasserverbrauch der Industrie und der persönliche »Wasserluxus« der Bevölkerung.

An erster Stelle der Wasserprobleme der Industrienationen steht die Verschmutzung. Denn die Gewässer werden durch mehr als 100 Metalle, Salze und Nährstoffe sowie etwa 100 000 verschiedene synthetische Kohlenwasserstoffe belastet, die gegenüber dem natürlichen Zustand in erhöhter Konzentration vorkommen, oder die es früher überhaupt nicht gegeben hat.[54] Die Schadstoffe gelangen mit dem Wasser rasch in den allgemeinen Kreislauf der Natur, die Nährstoffe, vor allem aus künstlichem Dünger, führen zu stark vermehrtem Algenwachstum.

Man kann beim Wasser sechs Belastungsgruppen unterscheiden:[55] leicht abbaubare Stoffe, schwer abbaubare Stoffe, Schwermetalle und ihre Verbindungen, Salze, Abwärme und Radioaktivität.

Leicht abbaubare Stoffe sind organische Verbindungen, die in biologisch intakten Gewässern durch »biologische Selbstreinigung« abgebaut werden können. Müssen die Gewässer aber zu große Mengen dieser Stoffe aufnehmen, dann wird das Wasser überdüngt. Niedere Wasserpflanzen, vor allem Algen, vermehren sich überdurchschnittlich, bis sie keinen ausreichenden Lebensraum mehr haben. Bei ihrem Absterben und dem dadurch in Gang gesetzten Abbau wird übermäßig viel Sauerstoff verbraucht. Jetzt sterben vor allem die Fische an Sauerstoffmangel. Die zunehmende Fäulnis bildet giftige Stoffe, denen die noch überlebenden Tiere und die höheren Wasserpflanzen zum Opfer fallen. Das Gewässer »kippt um«. Hauptverursacher dieser »Eutrophierung«, die in den Industrieländern inzwischen sehr häufig ist, sind Phosphate, die überwiegend aus den Haushalten (Waschmittel) und der Landwirtschaft (Düngung) stammen, regional bedingt auch aus Industrieabwässern.

Schwer abbaubare Stoffe sind z.B. Kohlenwasserstoffe, die etwa in Schädlingsbekämpfungsmitteln vorhanden sind und durch die chemische Industrie und die Anwendung ihrer Produkte in Landwirtschaft und Garten in die Umwelt gelangen, oder Phenole, die bei der Kunststoffproduktion anfallen sowie Tenside, die in Wasch- und Reinigungsmitteln enthalten sind. Sie können Krebs erzeugen sowie das menschliche Erbgut schädigen, vor allem dann, wenn sie in Nahrungsketten angereichert werden.

Schwermetalle (Eisen, Blei, Zink, Cadmium, Quecksilber u.a.) schädigen in höherer Konzentration, wie sie vor allem bei Anreicherung entsteht, das Wachstum und den Stoffwechsel – sie stammen vor allem aus der industriellen Produktion. Salze (Chloride aus industrieller Produktion, Nitrate aus der Landwirtschaft, vor allem bei »Überdüngung«) belasten Flüsse und das Grundwasser ganz erheblich. Immer wieder – mit zunehmender Tendenz – müssen Brunnen wegen zu hoher Nitratbelastung geschlossen werden. Abwärme, die vor allem durch Kühlvorgänge bei Kernkraftwerken und auch bei konventionellen Kraftwerken entsteht, heizt das Flußwasser, das zur Kühlung genutzt wird, auf. Durch die erhöhte Wassertemperatur verringert sich der Sauerstoffgehalt im Wasser, gleichzeitig wird die Selbstreinigungskraft vermindert. Aufgeheizte Gewässer kippen schneller um. Radioaktivität, z.B. bei einem Störfall eines Kernkraftwerks in das Wasser gelangt, reichert sich an und kann dann Konzentrationen erreichen, die den Menschen gefährden.

Die Verschmutzung des Wassers stammt aus vielen Quellen, aus der Industrie, der Landwirtschaft, den Kraftwerken und den privaten Haushalten. So ist die Verbesserung der Wasserqualität eine komplizierte Angelegenheit – wie viele andere Umweltschutzmaßnahmen auch, denn es müssen viele und sehr unterschiedliche Verursacher zu einer sinnvollen Zusammenarbeit gebracht werden. Dabei ist die Gefahr groß, daß jeder die Schuld an der Misere auf den anderen schiebt.

Stimmt es, wie man immer wieder hören kann, daß der Umweltschutz beim Wasser am weitesten fortgeschritten sei? Sicher ist die Belastung vieler Flüsse und Seen zurückgegangen, aber eigentlich nur da, wo die Verschmutzung auf einen oder wenige Verursacher, meistens Industriebetriebe, zurückgeführt werden konnte. Denn hier waren konkrete Maßnahmen möglich. Der Gesamtzustand, für den eben viele unterschiedliche Verursacher verantwortlich sind, ist nach wie vor alarmierend. Eine Übersicht über die Wasserbelastung durch einzelne Schadstoffe, die der »Öko-Almanach 84/85« gibt, und die auf Untersuchungsergebnissen staatlicher Stellen beruht, ergibt folgendes Bild:[56] Bei 486 Einzelmessungen wurden in 206 Fällen die Richt-, Grenz- oder Standardwerte überschritten. Dabei sind wohl ohnehin viele dieser Grenzwerte zu hoch angesetzt. So besteht nicht der geringste Grund, bei der Wasserverschmutzung »Entwarnung« zu geben. Dies gilt in gleicher Weise für die Situation der Meere, die immer mehr zu einer »globalen Müllkippe« verkommen.

Luft, Wasser und *Boden* – das sind die drei »Umweltmedien«, von denen unser Leben abhängt. Die Probleme des Bodens, der »Dreißig Zentimeter, von denen wir leben«, wie der SPIEGEL 1984 schrieb, dringen erst langsam ins öffentliche Bewußtsein, obwohl der Boden das sensibelste der drei Umweltmedien ist und seine Vergiftung am schwersten (und vielfach überhaupt nicht) rückgängig zu machen ist. Jochen Bölsche schreibt dazu: »Deutschland droht, im Wortsinne, ein Sturz ins Bodenlose. In der nur 30 Zentimeter tiefen Schicht Erdkrume, von der alles Leben auf dem Planeten abhängt, bahnt sich, bislang kaum bemerkt, eine Umweltkrise ohnegleichen an, folgenschwerer als das Waldsterben: Der Boden, die äußerst komplexe Wunderwelt im Untergrund, büßt seine Fruchtbarkeit ein. Versäuert, ausgepowert und vergiftet durch Schwefelregen, Agrarchemie und Abfälle, ist jeder fünfzehnte Hektar Bauernland bereits heute für den Nahrungsanbau ungeeignet. Bei anhaltendem Trend wird im Jahre 2050 die gesamte Fläche durch Cadmium, Blei und Quecksilber dauerhaft verseucht sein. Obwohl Mindererträge bei Braugerste und Brotweizen nach Ansicht von Bodenforschern schon jetzt den ›Beginn einer Lawine‹ markieren, verhalten sich die Deutschen, als lebten sie in einem Land mit doppeltem Boden.«[57]

Was ist nun in den letzten Jahrzehnten mit dem Boden geschehen? Es scheint paradox, ist aber mit der Entwicklung der Landwirtschaft zur »Agrarindustrie«, die auch das Letzte aus dem Boden herausholen will, zu erklären, daß die Branche, die am meisten vom Boden lebt, ihn auch am stärksten gefährdet. Dies beginnt bei der Bodenverdichtung durch die schweren landwirtschaftlichen Maschinen. Dadurch entsteht ein Teufelskreis: Im verdichteten Boden können Wasser und Sauerstoff nicht mehr so gut zirkulieren, das dadurch bedingte verzögerte Wachstum wird von der Landwirtschaft mit erhöhter Düngung beantwortet und die geschwächten Pflanzen vorbeugend mit Schädlingsbekämpfungsmitteln behandelt. Außerdem schwächt die Verdichtung des Bodens das Eindringen des Wassers in die tieferen Erdschichten, der starke Oberflächenabfluß des Wassers fördert die Erosion.

Der Boden lebt von einem sehr diffizilen Gleichgewicht, so daß die heutigen Maßnahmen zur Düngung und Schädlingsbekämpfung wie »Holzhammermethoden« wirken. Die Nebenwirkungen sind häufig größer als der beabsichtigte Nutzen. So werden bei der Schädlingsbekämpfung oft die natürlichen Feinde der Schädlinge mitvernichtet, so daß sich die kleinen Mengen der Schädlinge, welche die Vernichtung überleben, anschließend seuchenartig ausbreiten können. Dann muß die Konzentration der Schädlingsbekämpfungsmittel erhöht werden – wieder haben wir einen Teufelskreis, der schließlich aus der Schädlingsvernichtung Bodenvernichtung macht. Ähnliches gilt für die Düngung, die oft nach der Devise geschieht: Die Masse machts! Irgendwann geschieht es bei dieser grundlegenden Perspektive landwirtschaftlicher Arbeit, daß die unheilvollen Nebenwirkungen den beabsichtigten positiven Effekt überholt haben. Man kann eben langfristig keine Landwirtschaft »gegen die Natur« betreiben.

Die Schwermetalle sind aus ökologischer Sicht wohl die größte Gefahr für den Boden, denn sie lagern sich in den obersten Bodenschichten ab und gelangen unter bestimmten Bedingungen besonders leicht in die Pflanzen. Wenn nicht bald durchgreifende Änderungen bei den überwiegend industriellen Verursachern der Schwermetallemissionen eintreten, wird ein immer größerer Teil der Böden mit Schwermetallen verseucht. Nach dem heutigen Stand der Technik ist diese Belastung irreversibel – was einer »kalten Enteignung« der Bodenbesitzer gleichkommt.

Wenn die Schadstoffbelastungen der Luft abnehmen, wird die Luft in relativ kurzer Zeit wieder sauberer, ähnliches gilt für das Wasser. Beim Boden aber ist es anders. Die meisten Schäden können nicht wieder rückgängig gemacht werden oder brauchen sehr lange Zeiträume, bis sie wieder ausgeglichen werden. Deshalb ist der Bodenschutz ein besonders wichtiger Teil des Umweltschutzes.

Die schleichende Vergiftung hat schon lange den *Menschen* erreicht. Es ist allerdings nicht leicht, dies exakt nachzuweisen. Direkte Beziehungen zwischen Umweltschadstoffen und Schädigungen beim Menschen können einmal bei akuten Vergiftungen festgestellt werden oder dann, wenn bestimmte Menschen längere Zeit bestimmten Schadstoffen ausgesetzt sind, wie z.B. am Arbeitsplatz. Zumeist aber ist die Situation sehr viel unübersichtlicher. Der einzelne Bürger ist vielen Schadstoffen ausgesetzt, deren Wirkungen kombiniert sind, und deren Folgen sich oft erst nach langer Zeit zeigen. Solche Kombinationswirkungen dürften die Regel sein, weil inzwischen eine unvorstellbar große Zahl synthetischer und oftmals schädlicher Substanzen in die Umwelt gelangt ist. Wir wissen also recht genau, daß der Mensch geschädigt wird, aber es fehlen weithin die exakten Beweise, wie sie unsere Gerichte für Schadenersatzforderungen verlangen würden.

Um den Menschen vor Schädigungen durch Umweltgifte zu

schützen, sind bei vielen Stoffen Grenzwerte für Dauerbelastungen, oft auch für Höchstbelastungen, festgesetzt worden. Dies ist sicher besser als nichts, aber einen ausreichenden Schutz bieten sie nicht. Viele von ihnen sind ja überhaupt nicht nach medizinischen Gesichtspunkten festgelegt worden, sondern nach dem, was technisch machbar oder politisch durchsetzbar ist. Außerdem lassen sich Tierversuche, die zur Bemessung der Grenzwerte herangezogen werden, nicht immer auf den Menschen übertragen. Außer acht bleibt die Langzeitwirkung beim Menschen, die ja oft über Jahrzehnte geht. Alle Höchstwerte beziehen sich auf jeweils einen Schadstoff – die viel häufigeren, ja meist ausschließlichen Kombinationswirkungen sind kaum erforscht und bleiben bei den Grenzwerten unberücksichtigt. Schließlich wird als Bezugsperson für die Bestimmungen der gesunde Erwachsene genommen, Kinder und Kranke aber sind meist empfindlicher für zusätzliche Belastungen durch Umweltschadstoffe. Wir sehen also, daß die Grenzwerte nur einen recht unzureichenden Schutz bieten. Trotzdem brauchen wir sie, und sie müßten in vielen Fällen dringend verschärft werden.

H. Stickl, der Präsident der Bayrischen Impfanstalt, kommt zu einem recht bedenklichen Fazit: »Faßt man die unterschiedlichen, auf das Immunsystem einwirkenden Effekte zusammen und hält man sich vor Augen, wie oft diese Faktoren gemeinsam einwirken, so muß es zweifellos zu einem Summations-, wenn nicht manchmal zu einem Potenzierungseffekt hemmender Umweltfaktoren auf das Immunsystem kommen. Das Immunsystem ist aber das Organ, das sich allein mit der Erkennung und Eliminierung von Fremdsubstanzen zu befassen hat und das sehr intensiv an der Erkennung und Abwehr auch zahlreicher anderer auf uns zukommender Gifte mitwirkt. Es ist ein System, das sich durch seine intensive Zellmauserung auszeichnet, wobei allerdings die Fähigkeit der Zellmauserung beschränkt ist. 40 Zellteilungen können von einer Stammzelle ausgehen – mehr nicht! Damit ist auch der Verschleiß der Immunzellen begrenzt. Ist dieses zu Beginn unseres Lebens zweifellos große Potential aufgebraucht, dann stehen wir vor dem Tode. Infektionskrankheiten, aber auch das Überhandnehmen von Krebszellen können durch die eigenen Kräfte des Körpers nicht mehr beherrscht werden.«[58]
Ist der Mensch robuster als der Wald? Oder wird es irgendwann durch den übermäßigen Abwehrkampf gegen Umweltschadstof-

fe zu einem vorzeitigen Zusammenbruch des menschlichen Immunsystems kommen?

Im folgenden stelle ich stichwortartig solche Gesundheitsschädigungen beim Menschen zusammen, die nachgewiesenermaßen oder mit hoher Wahrscheinlichkeit durch Umweltgifte hervorgerufen oder verstärkt werden.[59]

Mißbildungen am Embryo werden außer durch Medikamente auch durch viele Umweltgifte ausgelöst, z.B. durch Methylquecksilber, PCB oder das Entlaubungsmittel Agent Orange, das im Vietnamkrieg verwendet wurde. Weil nur etwa ein Viertel aller Mißbildungen eindeutig genetisch bedingt sind, besteht eine große Wahrscheinlichkeit, daß Umweltgifte einen wesentlichen Anteil haben.

Krebs ist häufig eine umweltbedingte Krankheit, etwa ausgelöst durch Tabakrauch, natürliche oder medizinische Strahlenbelastung, künstliche Radioaktivität, Schadstoffe am Arbeitsplatz, Medikamente, Belastung durch die Umweltchemikalien in Luft, Wasser, Boden und Nahrung, psychische Faktoren wie Lärm und Streß oder durch Viren. Krebs ist durchaus nicht immer »Schicksal«, auch nicht unter dem Gesichtspunkt der hier aufgezählten Umweltfaktoren, denn viele davon sind vom Einzelnen durchaus beeinflußbar.

Der »plötzliche Babytod« und der Pseudo-Krupp sind Krankheiten, bei denen die Umweltbeeinflussung zwischen Medizinern und Umweltschützern heftig umstritten ist. Ganz allgemein, und wie ich annehme auch hier, spielen Umweltbelastungen bei der Säuglingssterblichkeit sicherlich eine Rolle. Dies legen verschiedene Untersuchungen, z.B. aus hochbelasteten Gebieten in Osteuropa, nahe.[60]

Atemwegserkrankungen haben einen nachgewiesenen Zusammenhang mit Umweltbelastungen, besonders dem Rauchen, Autoabgasen und SO_2. Gerade hier zeigt sich die Bedeutung der Kombinationswirkungen. So ist bei starken Rauchern in umweltbelasteten Gebieten die chronische Bronchitis achtmal häufiger als bei Nichtrauchern in Reinluftgebieten.[61]

Allergien, die dadurch bedingt sind, daß der Körper auf bestimmte Fremdstoffe überempfindlich reagiert, haben naturgemäß viel mit Umweltproblemen zu tun. Sie steigen weit überdurchschnittlich an, vermutlich wegen den zunehmenden Umweltbelastungen.

Schwermetalle lösen sowohl in kurzzeitiger hoher Konzentration wie auch bei chronischer Belastung ganz bestimmte Krankheiten aus: Blei führt zu Blutarmut, zu Störungen des Nervensystems und zu Nierenschäden, Cadmium führt ebenfalls zu Nierenschäden, Knochenveränderungen, Bronchial- und Prostatakrebs, Quecksilber zu Nervenschäden, Muskelkrämpfen und Gedächtnisstörungen.

Synthetische Chemie-Gifte, die in vielen Materialien enthalten sind und insbesondere am Arbeitsplatz und in der Innenluft von Wohnungen vorkommen, verursachen vielfältige Schädigungen. Als krebserzeugend gelten z.B. Acrylnitril (in Acrylfasern), Asbest (Lungenkrebs durch Asbestfasern und -staub), Benzol (Auspuffgase, Lacke, Putzmittel, Farbentferner, Klebstoffe), Dioxine (Müllverbrennung), Formaldehyd (Kosmetika, Bindemittel in Spanplatten, Schaumstoff, Tabakrauch), HCH (z.B. Lindan in Holzschutzmitteln), PCB (z.B. in Altöl), Styrol (in Polystyrol und Styropor) und Vinylchlorid (in PVC rein als Verunreinigung).

Radioaktivität zerstört durch Strahlung organische Verbindungen in den Zellen und löst insbesondere Krebs und Erbschäden aus, bei höherer Dosis Verbrennungen und schließlich den Strahlentod. Radioaktive Isotope wie Strontium 90 und Cäsium 137 reichern sich biologisch an und können dadurch zu einer chronischen Belastung führen.

Lebensmittel enthalten neben den Umweltgiften, die sie über Luft, Wasser und Boden aufnehmen, noch eine Vielzahl erlaubter und häufig auch unerlaubter synthetischer Zusatzstoffe, deren Wirkungen und Kombinationswirkungen häufig noch unerforscht sind. Bestimmte Lebensmittel zeigen eine hohe Anreicherung von Umweltgiften – Rückstände von Dünge- und Schädlingsbekämpfungsmitteln, die nicht rasch genug abgebaut werden konnten und darum den Menschen erreichen, vervollständigen das Bild einer gefährlichen Lebensmittelbelastung.[62]

Das schleichende Gift hat den Menschen schon lange erreicht. Viele Belastungen können wir durch eine entsprechende Lebensweise vermeiden oder vermindern. Die Schädigungen, die über Luft, Wasser und Boden wirken, kann der einzelne nicht vermeiden. Hier helfen nur politische und wirtschaftliche Maßnahmen, vor allem aber der Widerstand möglichst vieler gegen die heutigen Verhältnisse im Umweltschutz. Es gibt viele Folgen der schleichenden Vergiftung, die nicht wieder rückgängig gemacht werden können. Es gibt aber auch noch einen großen Spielraum, wo etwas geschehen kann – oder wo wir das verstärken können, was bereits positiv geschieht.

Es ist spät, aber noch nicht zu spät. Das menschliche Immunsystem ist noch nicht zusammengebrochen. Es ist also noch Zeit, Hoffnung zu »gewinnen« – hier allerdings nur durch konkretes Handeln.

Zehntes Kapitel

Eine künstliche Welt

Wir leben heute in einer Welt, die nur noch an wenigen Stellen »natürlich« ist, also ohne Veränderung der Natur besteht. Das zeigen bereits einige wenige Beispiele: Wir brauchen nicht ins Bett zu gehen, wenn es dunkel wird, weil wir die Nacht künstlich zum Tage machen können; wir brauchen nicht stark zu sein, wenn wir schwere Lasten bewegen wollen, weil wir über fast unbegrenzte Energien verfügen können; wir brauchen unseren Geschmack nicht den vorhandenen Lebensmitteln anzugleichen, denn durch Zusatzmittel können wir die Lebensmittel unserem Geschmack angleichen; wir brauchen uns nicht mit den natürlichen Ertragsgrenzen des Bodens abfinden, denn durch Düngung und Schädlingsbekämpfung können wir ständig mehr aus dem Boden herausholen; wir brauchen nicht nach China zu reisen, um zu sehen, wie man in China lebt, denn das Fernsehen liefert uns die Informationen direkt in die Wohnstube. Diese Beispiele ließen sich beliebig vermehren.

Sicher – ohne künstliche Hilfsmittel konnte der Mensch nie existieren. Aber während die Technik dem Menschen früher dazu diente, in der natürlichen Welt zu überleben, hat er mit Hilfe der Technik inzwischen eine mehr und mehr künstliche Welt geschaffen. Der Mensch hat die Natur verändert, weil er glaubte, er könne (und müsse) sie verbessern. Heute wissen wir, ernüchtert durch viele negative Erfahrungen: Die Natur weiß es doch besser als der Mensch. Dies kommt nicht daher, daß der Mensch bei allen Veränderungen der Natur etwas falsch gemacht hat – vieles daran ist nicht nur angenehm, sondern läßt uns auch sicherer leben – sondern den Bogen überspannte: Der Mensch ist offensichtlich nicht fähig, eine völlig neue Welt zu schaffen. So kann es heute nur darum gehen, die Manipulation der Schöpfung soweit zu vermindern, daß wir in unserer künstlich geschaffenen Welt überleben können, und so viel von der Natur zu retten, daß sie auch in zukünftigen Zeiten Lebensraum für den Menschen sein kann.

Das Thema ist uferlos. Ich kann also die meisten Themen nur anreißen. Dem interessierten Leser aber liefert mein Buch so viele Informationen, daß er an einzelnen Bereichen weiterarbeiten kann.

Die *Landwirtschaft* hat sich, mit Ausnahme des biologischen Landbaus, vollkommen vom natürlichen Umgang mit dem Boden entfernt. An die Stelle des beobachtenden (und liebevollen) Umgangs mit der Natur ist die chemische Manipulation getreten. Je nachhaltiger wir die Beschaffenheit des Bodens durch synthetische Stoffe verändern, desto mehr dieser Stoffe müssen wir einsetzen, weil wir mit den Schädlingen auch die Feinde der Schädlinge vernichten, weil wir mit der künstlichen Düngung die natürliche Düngung in einer Lebensgemeinschaft von Pflanzen und Tieren zurückdrängen, weil ab einer bestimmten Intensität des Eingreifens jede Manipulation der Natur der Beginn einer ständig steigenden Manipulation ist. So droht sich die Chemisierung unserer Landwirtschaft zu einer Talfahrt zu entwikkeln, die sich immer mehr beschleunigt, zu einer Katastrophe, die wir heute vermutlich noch stoppen könnten, bei der aber der »Punkt ohne Wiederkehr« nicht mehr weit entfernt sein kann.

Die *Zusatzstoffe in unseren Lebensmitteln*, die wir zur Haltbarmachung, zur Geschmacksveränderung, zur Manipulation des Aussehens oder der leichteren Verarbeitung wegen hinzufügen, haben einen aberwitzigen Umfang angenommen. Folgende Gruppen von Zusatzstoffen gibt es, die unseren Lebensmitteln beigemischt werden dürfen:[63] »Farbstoffe, Aroma- und Geschmacksstoffe, Geschmacksverstärker, stimulierende Stoffe, Süßstoffe, Konservierungsstoffe, Oberflächenbehandlungsmittel, Antioxidantien, Emulgatoren, Verdickungs- und Geliermittel, Schaumstabilisatoren, Feuchthaltemittel, Überzugsstoffe, Mittel zur Erhaltung der Rieselfähigkeit, Vitamine und Provitamine, Mineralstoffe und Spurenelemente, Schmelzsalze, Backtriebmittel, Kutterhilfsmittel, Teigkonditionierungsmittel, Säureregulatoren, Klärhilfsmittel, Trennmittel, Filterhilfsmittel, Enzyme, Kulturen von Mikroorganismen, Bleichmittel, alkalisch wirkende Stoffe.« Niemand kann dies noch wirklich überschauen. Und wer will wissen, welche Folgen die Kombination vieler Zusatzstoffe mit anderen Zusatzstoffen und mit den unzähligen Umweltschadstoffen hat? Weil Zusatzstoffe jetzt auf den Verpackungen aufgeführt werden müssen, kann der kritische Käufer zumindest solche Lebensmittel einkaufen, die nur wenige Zusatzstoffe aufweisen.

Auch abgesehen von Zusatzstoffen ist unsere *Ernährung* weithin unnatürlich. »Wir sind gut gefüttert, aber schlecht ernährt. Unsere Ernährungsweise ist ein beständiger Angriff auf die Substanz unserer Gesundheit. Die meisten Menschen in den Industrieländern ernähren sich falsch und essen zuviel.«[64] Weniger und gesünder essen ist in jeder Hinsicht gut – wenn die Bewegung zur Rückgewinnung einer gesünderen Ernährung aber Erfolg auf breiter Basis haben möchte, darf sie sich nicht in viele »ideologisch zugespitzte« Gruppen zerteilen, sondern sollte bei der möglichen Reform der Ernährungsgewohnheiten der breiten Masse ansetzen.

Wer mit offenen Augen durch Mitteleuropa fährt, sieht die zunehmende *Verdichtung* in der Besiedlung. Sie hat mit dem überproportionalen Bevölkerungswachstum in den letzten beiden Jahrhunderten eingesetzt, ist inzwischen aber weit über diese Notwendigkeit hinausgewachsen. Die beiden deutlichsten Anzeichen dafür sind der Verkehr und die Verstädterung. Die 50 Millionen Einwohner der Bundesrepublik Deutschland brauchen natürlich mehr Land für Straßen, Versorgungseinrichtungen und Wohngebiete als die 12 Millionen Einwohner einer früheren, »vortechnischen« Zeit. Heute brauchen wir aber nicht viermal so viel, sondern vielleicht 40mal so viel Raum für die erwähnten Bedürfnisse. Denn der Verkehr wird heute nicht mehr zu Fuß oder mit der Postkutsche, und damit mit einem sehr geringen Raumbedarf, bewerkstelligt, sondern mit Autos, Eisenbahnen und Flugzeugen. Diese Verkehrssysteme brauchen für die sicherlich sehr wesentliche Zeitersparnis und Verbesserung der Kommunikation gegenüber der Postkutschenzeit aber auch ein Vielfaches an Raum für Straßen, Eisenbahnlinien und Flughäfen und deren Versorgungseinrichtungen, dazu ungeheure Mengen an Luft, Wasser, Bodenschätzen und Energie. Diese Potenzierung hat der Bedarf nach »Umwelt« deswegen erfahren, weil der Verkehr oder die Kommunikation nicht nur schneller geworden ist, sondern sich durch das neue Angebot an Verkehrsmöglichkeiten und Kommunikationsmöglichkeiten auch vervielfacht hat. Ähnliches gilt für die Verstädterung unseres Lebens.

Diese Verdichtung durch engeres Zusammenleben, aber auch durch ein Höchstmaß an Kommunikation, hat viele schädliche Nebenwirkungen. In den letzten Jahren ist so viel Land »zubetoniert« oder »landwirtschaftlich industrialisiert« worden, daß es die freie Natur nur noch in Reservaten gibt. Aber auch alles andere gibt es nur in bestimmten »Systemen«, die von den anderen Systemen wiederum getrennt sind. Ständig pendeln die Menschen von einem System zum anderen, vom Wohnort zur Firma, oder in die Schule, oder in die Einkaufszentren am Stadtrand, oder zum »Bummeln« in die Innenstädte, oder in die Naturreservate – am Werktag in einen Park, am Wochenende in die Naherholungsgebiete, im Urlaub ins Ausland. Deshalb hat sich der Verkehr überproportional ausgedehnt. Wer auf dem Land wohnt, legt weniger Verkehrskilometer zurück, denn das Notwendige für den Einkauf und die Erholung findet er in der Nähe – er hat eben weniger »Systeme« zur Verfügung. Am meisten Verkehr braucht derjenige, der es sich leisten kann, auf dem Land »städtisch« zu leben.

Die Verdichtung der Stadt führt zwar zu einer verdichteten Kommunikation, für die meisten Stadtmenschen aber keineswegs automatisch zu einer »dichteren« Lebensqualität, sondern oft zum Gegenteil, zu Vereinsamung und Streß. »Das Medium ist hier nicht die Botschaft«, möchte ich im Gegensatz zu McLuhan[65] sagen, und so bedeutet die technische Dichte der Kommunikation noch lange nicht eine Dichte der menschlichen Beziehungen. So hat sich in letzter Zeit eine zunehmende Stadtflucht entwickelt, die allerdings meist nur bis in die Vorstädte führt und durchaus keine automatische Verbesserung bedeutet. Man muß heute viel Phantasie – und meist auch viel Geld – aufwenden, um in der Stadt menschlich zu wohnen.

Das *Wohnen* selbst ist weitgehend standardisiert: durch die Grundrisse der Wohnungen, die modischen Strömungen des

Wohngeschmacks, die überwiegend durch Werbung geschaffen werden und die Hausordnungen der Mehrfamilienhäuser. Zu den Standards gehört auch die Ein- oder Zweikinderfamilie. Wohnen in Wohngemeinschaften oder Großfamilien ist nicht einfach, aber gerade in den »schlechteren« Wohnbereichen der Innenstädte und besonders in den Sanierungsgebieten ist wieder eine größere Freiheit möglich.

Ich möchte noch einige »Abfallprodukte« unserer künstlichen Wohn- und Lebenswelt nennen, die typisch sind für die vom Menschen selbst geschaffene Welt: Die Enge, die Einförmigkeit, die »Höhe«, also die Entfernung bei Hochhäusern zur Erde, der Lärm, die schlechte Luft und vieles andere wirkt sich auf die Psyche der Menschen aus. Sicherlich ist ein Teil der Zunahme von psychischen Problemen in diesem Sinn »umweltbedingt«. Die wirklichen Abfallprodukte nehmen immer mehr zu, denn fast alles ist heute verpackt, obwohl es inzwischen eine Gegenbewegung gegen den Wohlstandsmüll gibt. Ein typisches Problem ist die Einwegflasche: Bei der Verwendung von Einwegflaschen wird 26mal so viel Müllvolumen, 13mal so viel Müllgewicht und 10mal so viel Energie verbraucht wie bei Mehrwegflaschen.[66]

Erst seit wenigen Jahren spricht man in der Öffentlichkeit von *Baubiologie*. Wird überwiegend mit synthetischen Baumaterialien gebaut, so ergeben sich vielfache Umweltprobleme für die Innenluft der Häuser. Denn viele synthetische Materialien »dünsten« Umweltgifte aus, so z.B. Holzschutzmittel, Spanplatten, chemisch behandelte Hölzer, Kunstgips, Betonsteine, Dämmaterialien, chemisch behandelte textile Bodenbeläge, Teppichböden aus synthetischen Fasern, Konservierungsstoffe, Farben, Wasch- und Reinigungsmittel, Geruchsverbesserer u.a.[67] So ist die Innenluft vieler Wohnungen stärker belastet als die sicher auch schon zu stark belastete Stadtluft. Es sind schon Innenluftbelastungen gemessen worden, die mehr als 50mal höher waren als diejenigen der Außenluft, und viele Wohnungen haben ein »Wohnklima«, das für Arbeitsplätze in der Industrie nicht zugelassen wäre. Inzwischen gibt es viele Informationen und Einkaufsmöglichkeiten für baubiologisch unbedenkliche Materialien – aber es macht Arbeit und Mühe, dies alles zu entdecken.

»Alle wollen zurück zur Natur, nur nicht zu Fuß« – so stand es als

Graffito an einer Wand. Brauchen wir eigentlich den *Verkehr*, den wir haben? Frederic Vester verneint es: »In der Tat ist es grotesk, wenn heute immer noch weitere unmenschliche, Wälder, Wasserhaltung und Ökoleben zerstörende Autobahnmonstren, auf denen nie wieder Gras wächst, mit enormen Kosten in die Natur geknallt werden, ohne mehr als eine Scheinlösung zu sein. Denn ohne das geringste Verständnis für kybernetische Zusammenhänge geplant, locken sie natürlich prompt den Verkehr weit mehr an, als sie an Kapazität beitragen. Sie verführen zu längeren Reisen, bieten sehr bald auch nur wieder überlastete Knotenpunkte und Stauungen und stehlen Zeit durch einen immer höheren Prozentsatz an ›Unterwegssein‹.«[68] Die Zeit, die der Arbeitnehmer in den Ballungszentren für den Weg zum Arbeitsplatz braucht, ist stärker gestiegen als die Arbeitszeit gesunken ist, so daß der Gesamtaufwand der Zeit, die für den Beruf aufgewandt werden muß, insgesamt – zumindest für viele Arbeitnehmer – zugenommen hat.

Insgesamt hat der Verkehr eine unnatürliche Entwicklung genommen, er ist eher eine Verführung als eine Hilfe, jedenfalls dann, wenn wir uns seinen technischen Möglichkeiten ungesteuert überlassen. Weil es die heutigen Verkehrsmöglichkeiten gibt, können die Städte zersiedelt werden, taugt ein Urlaub zu Hause oder wenigstens im eigenen Land nicht mehr, geht man nur noch aus sportlichen Gründen zu Fuß, kann man in seinen eigenen »vier Wänden« nichts mehr anfangen und fährt wer weiß wohin, um Unterhaltung zu finden. Und wenn wir unterwegs sind, dann geschieht dies in einem viel zu schnellen Tempo, nicht nur, weil wir damit die Umwelt überproportional belasten, sondern auch, weil wir mit unserem Hochgeschwindigkeitsverkehr technisch, volkswirtschaftlich und ökologisch so aufwendig reisen, daß wir, um durch hohe Geschwindigkeit Zeit zu sparen, dafür mehr oder intensiver arbeiten müssen.

Ähnliches gilt für den Bereich der *Information:* Die Medien suggerieren uns, daß wir mehr Wissen durch sie gewinnen, und manipulieren uns dabei so, daß wir vom echten Wissen weiter entfernt sind als vorher. Über die Medien sind wir überall dabei – aber weil wir viel Zeit vor dem Fernseher verbringen, haben wir keine Zeit mehr, irgendwo noch persönlich, aus eigener Anschauung und Anteilnahme dabei zu sein. Wenn wir einem Menschen, der in Not ist, persönlich begegnen, können wir vielleicht seine Not zu unserer machen und versuchen, ihm zu helfen. Die millionenfache Not, über die wir durch die Medien erfahren, bewirkt, daß wir abstumpfen. Unsere »überinformierte« Gesellschaft hat zunehmende Probleme, die Wirklichkeit unseres heutigen Lebens zu verstehen und zu verarbeiten.

Computer werden von Jahr zu Jahr stärker die Träger der Informationsvermittlung. Es führt wohl kein Weg an ihnen vorbei – wir brauchen sie, um überhaupt noch einen vernünftigen Zugriff zu den wachsenden Datenmengen zu haben. Es darf aber nicht dazu kommen, daß der Mensch vom Computer abhängig wird, weil er die Datenverknüpfungen des Gerätes nicht mehr nachprüfen kann. Und Computer dürfen uns nicht dazu verführen, verantwortliches und kreatives Denken aufzugeben. Überwiegt die Hilfe oder die Verführung? Frederic Vester könnte mit seinem pessimistischen Fazit durchaus rechthaben: »Zur Zeit sieht es noch nicht so aus, als ob mit den immer kürzeren Zugriffszeiten, mit der phänomenalen Miniaturisierung kompletter Rechenwerke von ehemals Zimmergröße auf ein winziges Siliziumplättchen und einer entsprechend gewachsenen Speicherfähigkeit auch eine Erweiterungsmöglichkeit und damit Befreiung unseres bisherigen Denkens einhergeht, wie man dies vermuten könnte. Eher ist parallel zur Verbreitung dieser Techniken eine Zementierung all der bisherigen Mängel im Gebrauch unseres Gehirns, unseres eigenen, immer noch so unvollkommen benutzten Denkinstruments festzustellen.«[69]

Wie steht es mit der *Medizin*? Kann eine Heilung unnatürlich sein? Sicher nicht, denn jede echte Heilung oder Linderung einer Krankheit ist vom Menschen und auch von der Natur her gesehen sinnvoll. Aber unsere auf Medikamente und Apparaturen aufgebaute Medizin hat sich weit von der ganzheitlichen Sicht vom Menschen entfernt und produziert dadurch viele »unnatürliche« Nebenwirkungen. Manche Kranke »gewinnen ihren Körper zurück und verlieren dabei ihre Seele«, manche Formen der Apparatemedizin und des mit ihr verbundenen Sterbens in der Intensivstation sind schlicht unmenschlich. Häufig werden Folgeerscheinungen kuriert und der – oftmals auch psychische – Kern der Krankheit nicht erreicht. Diese Auswirkungen einer »künstlichen« Medizin beginnen ihre hilfreichen Funktionen teilweise bereits zu überlagern.

Es gibt auch einige Fragen, die man nicht gern stellt. Der medizinische Fortschritt hat zur heutigen Übervölkerung der Erde wesentlich beigetragen. Vielleicht sterben heute – Jahrzehnte später, mehr Menschen an den Folgen des medizinischen Fortschritts, z.B. der Bevölkerungsexplosion, als seit damals in den hochentwickelten Ländern durch die Fortschritte der Medizin gerettet wurden. Ernähren wir uns vielleicht deshalb mit gutem Gewissen so ungesund, weil wir gewöhnt sind, mit all den daraus folgenden »Wehwehchen« zum Arzt gehen zu können? Vielleicht verdrängen wir deshalb so erfolgreich den Tod, weil wir das Sterben in das Krankenhaus abdrängen konnten? Natürlich hat niemand diese »Nebenwirkungen« der medizinischen Entwicklung gewollt, aber die Medizin muß mit dieser Verkünstlichung ihres Bereichs ebenso umgehen lernen, wie es der Verkehr oder die Architektur oder die Energiewirtschaft tun muß.

Die Entwicklung stellt uns ständig schneller vor Tatsachen oder Möglichkeiten, als wir die dazu gehörenden ethischen Verhaltensweisen, die juristischen Maßstäbe oder die persönliche Lebenserfahrung entwickelt haben. Ein typisches Beispiel ist das Problem der *Abtreibung*. Sicher hat Franz Alt recht, wenn er sagt: »Mir fiel auf, daß manche Anhänger der Friedensbewegung, wenn es um Abtreibung geht, ähnlich blind und inhuman argumentieren wie manche Militärs und Politiker, wenn sie Atombomben zur Friedenssicherung rechtfertigen.«[70] Auf der anderen Seite können wir plötzlich etwas selbst entscheiden, für das wir die Entscheidung nicht gelernt haben. Wann beginnt das Leben? Wie notvoll muß der Notfall sein, daß eine Abtreibung gerechtfertigt ist? Die beiden bekannten Parolen »Abtreibung ist Mord!« und »Mein Bauch gehört mir!« sind so festgefahren formuliert, daß es wenig Chancen gibt, in geduldigem Gespräch zwischen den Kontrahenten vielleicht neue, brauchbarere Entscheidungshilfen zu finden.

Eine ganz neue Welt von Möglichkeiten und Ängsten eröffnet die *Biotechnik* mit ihrem jüngsten Zweig, der *Gentechnik*. Nach allem, was wir heute wissen, würde sie die Entwicklung zu einer künstlichen Welt sprunghaft weiterführen, weil sie erlaubt, die Natur im innersten Kern, im Code der Vererbung, zu manipulieren. Georges Fülgraff hat auf dem Düsseldorfer Kirchentag 1985 zusammengestellt, welche Möglichkeiten der Gentechnik offenzustehen scheinen:[71]

- Bakterien produzieren Stoffe wie das Insulin
- neu »gebaute« Bakterien vernichten Schadstoffe oder bauen Rohstofflager ab
- Pflanzen werden durch gezielte genetische Kombinationen »gezüchtet«: für salzige oder verseuchte Böden, oder Pflanzen, die keinen Boden mehr brauchen
- Tiere werden gezielt verändert, damit sie schneller ihr Schlachtgewicht erreichen
- Nutzpflanzen, die resistent gegenüber bestimmten Unkrautvernichtungsmitteln sind
- Befruchtung außerhalb des menschlichen Körpers
- Leihmütter oder Mictmütter
- Samenbanken
- Schaffung von genetisch gleichen Mehrlingen
- Genmanipulation zur Verhütung von Behinderungen
- Genmanipulation zur »Verbesserung« des Erbmaterials
- Klonen von Menschen, also die Herstellung einer genetisch völlig identischen »Kopie« eines Menschen (nicht mehr gemischt aus Vater und Mutter)
- genetische Testung (z.B. vor Einstellungen)
- Herstellung vollständiger individueller »Genkarten«

Ich will nicht verkennen, daß durch Gentechnik neue medizinische Hilfen entwickelt werden können, aber um welchen Preis? Durch die Gentechnik erklimmt die Manipulationsfähigkeit des Menschen an der Schöpfung wiederum eine höhere Stufe, und die Folgen werden nicht besser sein als die der bisherigen Manipulationen – nur daß die Macht des Menschen über die Natur wiederum um eine Potenz gesteigert worden ist.

Ebenfalls auf dem Düsseldorfer Kirchentag zieht Günter Altner folgendes Fazit: »Ich hänge nicht der illusionären Hoffnung nach, diese einseitige Grundeinstellung wissenschaftlich-technischer Vernunft im allgemeinen und biotechnischer Vernunft im besonderen könne einfach rückgängig gemacht werden. Eben nicht. Und das macht die Brisanz der gegenwärtigen Situation aus. Aber es ist unsere Pflicht und Schuldigkeit, diese Situation bewußt zu machen; ins Gedächtnis zu rufen, daß wir mit ›Dynamit‹ umgehen, wo wir uns in den schönsten Fortschrittshoffnungen wiegen vom Superwirkstoff über die Beseitigung des Welthungers durch genmanipulierte neue Nutzpflanzen bis hin zum

Übermenschen. Hier geschieht etwas Ungeheures. Die sogenannte letzte Domäne Gottes, die belebte Natur, wird berechenbar und verfügbar ... Die menschliche Vernunft, die nun meint, mit ihrer ins Beliebige ausstreunenden Verfügungskunst den Gipfel wissenschaftlich-technischer Naturüberlegenheit zu erreichen, droht darüber ins Sinnlose und Nihilistische abzustürzen.«[72]

Wahrscheinlich kommt hier eine der brisantesten Entwicklungen in der Jahrtausendkrise auf uns zu. Hat diese »Genetik« noch etwas mit »Gen-Ethik« zu tun?

Die Problematik im Bereich der *Energie* wird sofort deutlich, wenn wir uns bewußt machen, daß die Natur Jahrmillionen brauchte, um die fossilen Brennstoffe aufzubauen, die der Mensch jetzt in wenigen Jahrhunderten verbraucht. Einen solchen Raubbau an der Natur hat es in der Geschichte der Menschheit noch nie gegeben. Auch die Nutzung der Kernenergie gehört in diesen Rahmen, denn dabei wird mit dem Uran ebenfalls ein nichterneuerbares Element verbraucht. Lediglich Wind, Wasser, Sonne und Biomasse sind erneuerbare Energieträger, die wir den nichterneuerbaren gegenüberstellen könnten – aber die erneuerbaren Energieträger stellen bis heute keinen nennenswerten Anteil an der Energieerzeugung. In längeren geschichtlichen Perioden gedacht, wie es die Natur »tut«, ist die heutige Energiepolitik eine grandiose Sackgasse. Denn wir verdanken den gesamten Aufschwung unseres Lebensstandards, die technische und zivilisatorische Entwicklung der letzten Jahrhunderte und den ganzen Reichtum der Industrienationen letztlich einer ungeheuren Ausbeutung der Natur, die niemals wiederholbar sein wird und die in den nächsten Jahrzehnten an ihre absoluten Grenzen stoßen wird.

Wenn wir die Umweltschäden auf diesem Weg der Ausbeutung der Natur in unsere Bilanz mit einbeziehen, wird das Bild noch ungünstiger. Wir haben auf der einen Seite die in Jahrmillionen angelegten Energievorräte der Erde in wenigen Jahrhunderten verbraucht – und damit die Natur so tiefgreifend geändert, daß dem ökologischen Fließgleichgewicht, das Millionen von Jahren die Natur am Leben erhielt, nachhaltiger Schaden zugefügt wird. Die Natur ist wie ein Mensch, der unter die Räuber fällt, dabei vollständig ausgeraubt und noch lebensgefährlich verletzt wird. Ich möchte ein Beispiel für die Intensität des Eingriffs in die Natur nennen: Der Kohlendioxidgehalt der Atmosphäre ist von 1850 bis heute von ca. 600 Milliarden Tonnen auf etwa 700 Milliarden Tonnen angestiegen,[73] eine ungeheuer intensive Veränderung, die nach Meinung vieler Forscher bei einer Fortentwicklung einschneidende Klimaveränderungen durch eine starke Erwärmung der Erdatmosphäre zur Folge haben kann.

Die Konsequenzen sind eigentlich einleuchtend. Es sollten alle Sparmaßnahmen konsequent angewendet und ein intensiver Übergang von nichterneuerbaren zu erneuerbaren Energieträgern in die Wege geleitet werden – und dies ohne Zeitverlust. Aber weit gefehlt! Die Enquete-Kommission des Deutschen Bundestages über zukünftige Kernenergie-Politik entwickelte ein Szenario zur Energieentwicklung bis 2030, das die verschiedenen Möglichkeiten als vier »Energiepfade« darstellte. Pfad 1 geht von einem durchschnittlichen Wirtschaftswachstum aus und von Energieeinsparungen, wie sie im jetzigen Trend liegen. Pfad 4 geht von einem verminderten Wirtschaftswachstum, von einem Nullwachstum der Grundstoffindustrie und radikalen Energieeinsparungen aus – und nimmt dabei einen totalen Verzicht auf Kernenergie an. Die danach errechneten Energiedaten sehen folgendermaßen aus: Bei Pfad 1 steigt der Primärenergiebedarf von 390 auf 800 Mill. t Steinkohleeinheiten (SKE), bei Pfad 4 sinkt er von 345 auf 310 Mill. t SKE. Die bei Pfad 1 nötig werdenden riesigen neuen Energiemengen können nur produziert werden, wenn die Energie aus Stein- und Braunkohle verdoppelt wird, bei Erdöl und Erdgas gleich bleibt und bei der Kernenergie versechzehnfacht (!) wird. Bei Pfad 4 bleibt die Energie aus Kohle etwa gleich, aus Erdöl und Erdgas wird sie mehr als halbiert, diejenige aus Kernreaktoren sinkt auf Null und die Energie aus erneuerbaren Energieträgern wird verzehnfacht.[74] Fast alle Vertreter der Wirtschaft und die augenblickliche christlich-liberale Parlamentsmehrheit favorisieren den Pfad 1, weil er nach ihrer Meinung die einzig realistische und auch wünschenswerte Zielsetzung sei. Dieser Trend, der heute die Energieentwicklung bestimmt, wird wohl auch bis auf weiteres vorherrschend sein.

Vehement widerspricht dieser Energiepolitik der »Energie Report« der »Havard Business School«, der für Großbritannien (und vergleichbar für andere mitteleuropäische Staaten) zu folgendem

Ergebnis kommt: »Trotz eines möglichen Wirtschaftswachstums für den Zeitraum von 1975 bis 2025 in Großbritannien von 200 Prozent kann durch eine Anzahl einfacher und bekannter technischer Vorkehrungen der Energieverbrauch weitgehend auf dem Niveau von 1975 gehalten werden.«[75] Nur auf dieser Linie kann vielleicht ein Teil der hochgefährlichen Spätfolgen der Energieverschwendung unseres Jahrhunderts aufgefangen werden, damit auch unsere Nachkommen wenigstens über das lebenswichtige Mindestmaß an Energie verfügen.

An der Frage der *Kernenergie* scheiden sich die Geister nicht erst seit der Reaktorkatastrophe von Tschernobyl. Aber seitdem hat die Diskussion eine neue Intensität gewonnen. Ist Kernenergie eine »normale« Form der Energiegewinnung, zwar nicht ungefährlich, aber auch nicht gefährlicher als andere Formen der Großtechnik? Diese Meinung vertreten Kernkraftbetreiber und -befürworter. Die Toten von Tschernobyl verrechnen sie mit den Todesfällen im Bergbau oder anderen Opfern der Industrialisierung, die Folgeschäden liegen für sie im Bereich der Lebensgefährdung durch Technik, die sie als das normale Risiko unserer heutigen Großtechnik ansehen. Oder ist Kernspaltung, sei es im Reaktor wie in Kernwaffen, ein besonders weitreichender Eingriff in die Natur, sozusagen ein zentraler »Sündenfall« des Industriezeitalters, und damit nicht tolerierbar? Diese Meinung vertreten Kernkraftgegner und die »kritischen« Wissenschaftler, die nicht den Weg der Atomlobby gehen.

Ich halte das Freisetzen von Kernenergie, ob »gebremst« im Kernreaktor oder »ungebremst« bei den Kernwaffen, für einen so schweren Eingriff in die Natur mit langfristig derart unwägbaren und unkontrollierbaren Wirkungen, daß es auf keinen Fall akzeptabel ist. Diese Meinung habe ich schon vor »Tschernobyl« vertreten, aber seitdem der »Super-GAU« nicht mehr nur das »Gespenst der Angst« ist, an die Wand gemalt von den kritischen Wissenschaftlern, sondern konkrete Katastrophe, seitdem der GAU also aus dem Stadium von umstrittenen Voraussagen und Berechnungen herausgekommen und erfahrbar geworden ist und damit seine Opfer fordert, besteht noch weniger ein Grund, von der kompromißlosen Ablehnung der Kernenergie wie der Kernwaffen abzurücken.

Für die Notwendigkeit, Kernenergie zu nutzen, werden vor allem zwei Begründungen gegeben. Zum einen sehen ihre Befürworter in ihr die notwendige Überwindung einer Energiekrise, die durch weiter steigenden Energieverbrauch bei Abnahme der Ressourcen zur Energiegewinnung, vor allem durch Erdöl und Kohle, am Entstehen sei. Außerdem wird die Preiswürdigkeit der Kernenergie betont, vor allem dann, wenn konventionelle Energieträger wegen der vermuteten Energieknappheit teurer würden. Beide Begründungen wollen wir uns anschauen, obwohl wir wegen der Absicht des Buches, einen Gesamtüberblick zu geben, auf Details verzichten müssen. Diese werden in der erwähnten Literatur ausgiebig behandelt.

Wird die vorausgesagte Energieknappheit durch Tatsachen hervorgerufen? Ich glaube, sie wird eher herbeigeredet und -geworben. Denn wie der zuvor erwähnte Energiepfad 4 der Enquete-Kommission des Deutschen Bundestags oder das in Kap. 12 beschriebene Energiegutachten des Öko-Instituts in Freiburg glaubhaft darstellen, könnte der Energieverbrauch durch eine Kombination von Energiesparen und besserer technischer Verfahren der Energieausbeute deutlich gesenkt werden, während fast alle Kernenergiebefürworter von einer kontinuierlichen Steigerung des Energieverbrauchs ausgehen. Damit die Energieprognosen stimmen, wird mit allen Mitteln für eine Erhöhung des Verbrauchs geworben – wer viel verbraucht, erhält günstigere Preise, industrielle Großverbraucher erhalten oft Sonderkonditionen, die mit denen der Bevölkerung überhaupt nicht mehr vergleichbar sind. Dieses typisch marktwirtschaftliche Verhalten darf aber keinesfalls angewandt werden, wenn es um nicht erneuerbare Reserven potentieller Energieträger geht. Denn wenn wir durch überproportionalen Verbrauch mit entsprechender Umweltbelastung die Lebenschancen der kommenden Generationen beeinträchtigen oder sogar unmöglich machen, dann ist dies keine soziale Marktwirtschaft mehr – und schon gar nicht ökosoziale Marktwirtschaft. Und wie steht es mit dem dann immer wieder von den Kernenergiebefürwortern ins Spiel gebrachten Energiebedürfnis der Dritten Welt, das ohne massiven Einsatz von Kernenergie nicht befriedigt werden könne? Wie das folgende Kapitel zeigen wird, hat alle bisherige »Entwicklungshilfe« dazu geführt, daß trotz der entsprechenden Maßnahmen die reichen Staaten immer reicher und die armen Staaten immer ärmer geworden sind. Der massive Ausbau der Kernenergie würde allen bisherigen Erfahrungen nach dieses Ungleichgewicht auch auf dem Energiesektor weiter vergrößern und nicht verkleinern helfen. Der Dritten Welt könnten wir dadurch den größten Dienst erweisen, daß wir konsequent zum Energiesparen und zur Einbeziehung erneuerbarer Energieträger finden – dies wären dann Strukturen, deren Export den armen Ländern helfen könnte.

Und wie steht es mit der Preiswürdigkeit? Wenn ein konventionelles Kernkraftwerk mindestens 1 Milliarde DM kostet und die neue Generation der Brutreaktoren 5 Milliarden und mehr, oft nur für eine Produktionszeit von 15 bis 20 Jahren, kann die Kernenergie kostenmäßig nur dann mit der konventionellen Energieerzeugung mithalten, wenn die Kosten für Entsorgung, Wiederaufarbeitung und den Abbruch stillgelegter Kernkraftwerke ganz oder teilweise der Allgemeinheit aufgebürdet werden. Außerdem ist die Entwicklung der Kernenergie von der Allgemeinheit mit vielen Milliarden subventioniert worden. Wenn wir diese gefährliche Art der Energieerzeugung eigentlich nicht brauchen, weil wir die zusätzliche Energie nicht benötigen – welches Interesse soll die Allgemeinheit dann haben, Kernenergie zu subventionieren? Die Reaktorkatastrophe in Tschernobyl (und eigentlich auch schon die vielen Beinahekatastrophen vorher) haben gezeigt, daß die Wahrscheinlichkeitsberechnungen über die Häufigieit von Reaktorunfällen nicht stimmen können. Wenn es also immer einmal wieder auf der Erde einen Reaktorunfall geben wird und schon bei der weit entfernten Katastrophe in Tschernobyl Sofortkosten von einer halben Milliarde DM für Entschädigungen in der Bundesrepublik anfallen, was würde dann jährlich für den »Fall der Fälle« zurückgelegt werden müssen, damit die Opfer eines GAU in der Bundesrepublik wenigstens finanziell entschädigt werden könnten?

Wie steht es mit der Gefährlichkeit der Kernenergie? Die Reaktorkatastrophe in Tschernobyl hat an den Fakten nichts geändert, denn alle Risiken der Kernenergie sind seit langem bekannt. Aber sie hat die Gefahren, die mit ihr zusammenhängen, in einer Deutlichkeit ins Bewußtsein der Bevölkerung gebracht wie niemals zuvor. So ist die Arbeit der Beschwichtiger und Verharmloser schwieriger geworden. Die Befürworter der Kernenergie gingen bisher davon aus, daß ein GAU (größter anzunehmender Unfall) extrem unwahrscheinlich sei. Kernenergiefreundliche

Studien erwarteten nur einmal in 10000 Jahren einen GAU – kernenergiekritische rechnen hier nur mit Jahrzehnten. Durch Tschernobyl, Harrisburg und auch die Beinaheunfälle in Deutschland ist deutlich geworden, daß die kritischen Wissenschaftler, die Wahrscheinlichkeiten angenommen haben, wie sie jetzt auch eingetreten sind, recht haben. Nach dem jetzigen Wissensstand ist in Tschernobyl nicht der größtmögliche Unfall eingetreten – und trotzdem ist das Ausmaß radioaktiver Verseuchung wesentlich weiträumiger ausgefallen, als es die meisten Experten vorher angenommen haben. Es ist auch nicht ohne weiteres mit den Belastungen der oberirdischen Atomversuche zu vergleichen – insgesamt ist ein GAU eines Kernreaktors gefährlicher als viele Atomversuche zusammen. Während bei einer Atombombe nur spaltbares Material in der Größenordnung von Pfunden als radioaktive Partikel in die Umwelt gelangt, scheint diese Menge bei der Katastrophe von Tschernobyl etwa eine halbe Tonne betragen zu haben. Und radioaktive Partikel, die in den Körper des Menschen geraten können, um dort oft Jahrzehnte oder lebenslang zu bleiben, sind ungleich gefährlicher als die von außen wirkende Strahlung, die meist bald wieder abklingt.

Kernkraftwerke geben immer radioaktive Stoffe ab – und nach den heutigen Erkenntnissen können für Radioaktivität keine Grenzwerte festgelegt werden, unterhalb derer keine Gefahr für den Menschen vorhanden ist. Denn Radioaktivität ist auch in der kleinsten Konzentration gefährlich. Grenzwerte geben nur an, ab welcher Stärke die Gesellschaft (oder der festlegende Staat) nicht mehr bereit ist, das vorhandene Risiko zu tolerieren. Auch die natürliche Radioaktivität ist gefährlich – dieses Risiko kann eben nicht ausgeschaltet werden: Aber das Risiko zusätzlicher künstlicher Radioaktivität könnte ausgeschaltet werden.

Ich gehe davon aus, daß die gesundheitsgefährdenden Wirkungen von Kernkraftwerken grundsätzlich nicht tolerierbar sind, denn es wäre möglich, sowohl auf sie wie auf die Umweltgefährdung ersatzweise laufender Kraftwerke zu verzichten, wenn wir stattdessen alle Möglichkeiten des Energiesparens, besserer Wirkungsgrade der Energieherstellung und -anwendung nutzen und unseren Lebensstandard senken würden. Auswirkungen wie die im folgenden beschriebenen werden aber auch diejenigen nicht tolerieren können, die den eben beschriebenen Weg der Energiereduzierung nicht für realistisch halten: »Eine von der britischen Regierung eingesetzte Kommission hat dem Vernehmen nach bestätigt, daß es in der Umgebung der Wiederaufbereitungsanlage Sellafield im Nordwesten Englands eine ungewöhnlich hohe Krebsrate bei Kindern gibt... Sellafield, früher unter dem Namen Windscale bekannt, ist die größte Wiederaufbereitungsanlage für Kernbrennstoffe in der Welt. Die Untersuchungskommission unter Leitung des Arztes Sir Douglas Black hatte im November erste Nachforschungen auf Grund eines Fernsehberichtes aufgenommen, in dem es hieß, in den fünf Dörfern rund um die Anlage Sellafield stürben zehnmal so viel Kinder an Leukämie (Blutkrebs) wie im Landesdurchschnitt. ITN zufolge bestätigte die Kommission die Angaben des Dokumentarfilms und empfahl, von amtlicher Seite eine umfassende Untersuchung einzuleiten.«[76] Im Dezember 1985 gab es neue Unruhe, weil ähnliche Ergebnisse im Umkreis militärischer Produktionsanlagen von radioaktiven Substanzen zutagekamen.[77] In der ersten Jahreshälfte 1986 hat es mehrere Störfälle mit Freisetzung von Radioaktivität in Sellafield gegeben – und der Widerstand gegen die deutsche Wiederaufarbeitungsanlage bei Wakkersdorf nimmt an Intensität zu.

Neben den Anwohnern von Kernkraftwerken, Wiederaufbereitungsanlagen oder Atombombenfabriken sind wir alle gefährdet. »Global 2000« stellt fest, daß die künstliche Radioaktivität nach der Einstellung der Kernwaffenversuche in der Atmosphäre 1970 zunächst deutlich zurückgegangen war, dann aber durch die Emissionen der Kernkraftwerke wieder anstieg – und rechnet damit, daß die Werte im Jahre 2000 wieder so hoch sein werden wie 1970.[78] Die Reaktorkatastrophe von Tschernobyl hat aus diesen Berechnungen Makulatur gemacht. Ein wirkliches Fazit zu ziehen ist jetzt – so kurz nach der Katastrophe – noch nicht möglich. Aber es scheint wahrscheinlicher, die Folgen dieses einen Unfalls in eine Größenordnung mit der Gesamtbelastung aller oberirdischen Atombombenexplosionen zu bringen, als zu behaupten, eigentlich wäre es noch einmal (ganz) gutgegangen. Schon jetzt aber können wir sagen: Die Geschichte der Kernenergie zerfällt in zwei Teile, vor Tschernobyl und nach Tschernobyl. Wie groß die Gefährdung der Erdbevölkerung nun wirklich wird, kann erst in Jahren zuverlässig gesagt werden, denn radioaktive Partikel haben die unangenehme Eigenschaft – wie mit ihnen viele Chemieschadstoffe, daß sie sich biologisch anreichern. Die ersten Nachrichten über solche Anreicherungen durch den GAU sind schon wenige Wochen nach dem Unfall, im Juni 1986, gekommen: Überdurchschnittliche Werte von Cäsium 137 sind bei Süßwasserfischen in Mittelschweden gemessen worden. Dies wird mit Sicherheit nicht die letzte Hiobsbotschaft dieser Art gewesen sein.

Zu den Gefahren durch direkte Unfälle und der dauerhaften Umweltgefährdung durch Kernkraftwerke kommen weitere Probleme: Die Entsorgung ist bisher überhaupt nicht gelöst – und was geschieht mit den bereits produzierten radioaktiven Abfällen, wenn ein akzeptables Entsorgungskonzept nicht gelingt? Die Wiederaufarbeitung ist ebenso problematisch – und die Endlagerung wird viele Generationen beschäftigen, denn langlebige radioaktive Substanzen müssen unvorstellbar lange beobachtet und ggf. gewartet werden. So hat z.B. Plutonium 239 eine Halbwertszeit von 24000 Jahren – nach dieser Zeit ist also erst die Hälfte dieses radioaktiven Stoffes zerfallen. Jod 129, das bei der Wiederaufarbeitung anfällt, hat sogar eine Halbwertszeit von 15,7 Mill. Jahren. Wie können wir eigentlich von unseren Nachkommen verlangen, unsere radioaktiven »Wohlstandsgräber« 50000 Jahre oder gar Jahrmillionen zu versorgen und zu bewachen? Sicher, viele radioaktive Abfallstoffe sind relativ kurzlebig, aber darüber dürfen wir eben nicht die weniger häufigeren, aber ungleich problematischeren Stoffe vergessen.

Es gibt noch weitere Probleme: Die Abwärme der Kernkraftwerke heizt die Flüsse auf, außerdem ist jedes Kernkraftwerk ein lohnendes Angriffsziel im Kriegsfall oder für terroristische Aktionen. Schließlich passen Kernkraftwerke oder Wiederaufarbeitungsanlagen nicht in das freiheitlich-demokratische System unserer Verfassung, denn wegen ihrer Gefährlichkeit müssen die Werke und deren Mitarbeiter ständig überwacht werden, und die ganze Bevölkerung muß unter einer intensiveren Kontrolle des Staates stehen, damit der Gefahr durch Terroristen begegnet werden kann.

Unter diesen Umständen schließe ich mich voll dem Votum von E. F. Schumacher an: »Keine noch so große wirtschaftliche Blüte könnte die Ansammlung großer Mengen hochgiftiger Stoffe rechtfertigen, von denen niemand weiß, wie sie ›sicher‹ zu machen sind, und die für die gesamte Schöpfung auf historische, wenn nicht sogar für die Dauer von geologischen Zeitaltern eine unberechenbare Gefahr bleiben. Ein solches Tun ist ein Angriff gegen das Leben selbst, ein weit ernsthafterer Angriff als jedes vom Menschen jemals begangene Verbrechen. Die Vorstellung, daß eine Gesellschaft auf der Grundlage solcher ›Verbrechen‹ leben kann, ist ethisch, geistig-seelisch und metaphysisch gesehen ein Unding. Sie bedeutet, daß die ökonomischen Probleme des Menschen so behandelt werden, als käme es auf den Menschen selbst überhaupt nicht an.«[79]

Elftes Kapitel

Auf der Suche nach Gerechtigkeit und Frieden

Frieden und Gerechtigkeit gehören zusammen. Ungerechtigkeit führt zum Krieg – und Krieg ohne Ungerechtigkeit ist unmöglich. Deshalb wohl verwendet das Alte Testament einen Begriff, der beides umfaßt: Shalom – Glück, Zufriedenheit, Gerechtigkeit. In unserer Gesellschaft ist es wie in der Natur: Alles hängt mit allem zusammen. Deshalb möchte ich die Suche nach dem Shalom oder die Überwindung von Ungerechtigkeit und Unfrieden in drei zentralen Bereichen beschreiben: in der Wirtschaft, im Verhältnis der armen und reichen Völker und in der Frage von Krieg und Frieden.

Wirtschaft ist der »Inbegriff aller Einrichtungen und planvollen Tätigkeiten, die die Knappheit der für die Befriedigung menschlicher Bedürfnisse zur Verfügung stehenden Mittel verringern sollen.«[80] Diese Lexikon-Definition faßt zusammen, was heute im Mittelpunkt der Wirtschaft steht: die Verbesserung der Lebensbedingungen, die Überwindung der Knappheit, die wachsende Befriedigung menschlicher Bedürfnisse. Wirtschaft ist also Wachstum – und von irgendwelchen Grenzen ist hier nicht die Rede. Und tatsächlich sieht unsere Wirklichkeit auch heute noch so aus, als hätten Repräsentanten der Wirtschaft noch kaum etwas davon gehört, daß unser Wachstum an Grenzen gestoßen ist, daß wir in den Industrienationen schon lange nur noch auf Kosten der Natur, der armen Völker, menschengemäßer Lebensbedingungen und der Zukunft der kommenden Generationen wachsen. Obwohl es immer noch behauptet wird, läßt sich die Gleichung »Wachstum = wachsende Gerechtigkeit« nicht mehr aufstellen. Trotzdem gilt in der Praxis nach wie vor: Wirtschaft ist Wachstum. Sicher hängt dies damit zusammen, daß es der Bevölkerung der Industrienationen »noch« so gut geht, daß jeder, der es will, die negativen Folgen des Wachstums leicht verdrängen kann.

Lange Zeit konnte man Wirtschaft nach einem ganz einfachen Schema verstehen:[81] Die »inputs« für den Wirtschaftsprozeß waren Arbeit und Rohstoffe, beides reichlich, ja fast im Überfluß vorhanden. Die »outputs« waren Endprodukte und Abfälle, beides ohne Probleme »unterzubringen«. Auftauchende Schwierigkeiten konnten innerhalb dieses Systems bewältigt werden: Wurden die Rohstoffe knapp, verbesserte man die Förderung oder suchte neue Lagerstätten, wurde die Arbeitskraft knapp, rationalisierte man oder holte ausländische Arbeitskräfte, konnte man die Endprodukte nicht mehr verkaufen, weckte man durch Werbung einen größeren Bedarf, konnte man die Abfälle nicht mehr ohne weiteres entsorgen, vergrub man sie, versenkte sie ins Meer, oder lagerte sie irgendwo, damit sich kommende Generationen mit dem Problem beschäftigen konnten. Heute sind alle diese Maßnahmen an Grenzen gestoßen. Denn dieses alte Verständnis von Wirtschaft berücksichtigt nicht, daß wir auch »Natur« verbrauchen. Deshalb sind heute die konventionellen Kostenrechnungen über den Haufen geworfen.

Weil sowohl die Zentralverwaltungswirtschaft der sozialistischen Staaten wie die Martkwirtschaft der kapitalistischen Staaten auf Wachstum aufbauen, haben sie beide mit ähnlichen Zukunftsproblemen zu kämpfen: Umweltzerstörung, extreme Arbeitsteiligkeit, anonyme Zusammenballungen wirtschaftlicher Macht, entfremdete Arbeit und die wachsende Diskrepanz zwischen armen und reichen Ländern. Wachstum führt also nicht mehr automatisch zu einer Erhöhung von Gerechtigkeit und Lebensqualität. Die Marktwirtschaft ist der Zentralverwaltungswirtschaft allerdings durch ihre Effektivität überlegen – außerdem gewährt sie dem einzelnen einen größeren Freiraum.

Die zunehmenden wirtschaftlichen Probleme der meisten Industriestaaten lassen sich nicht allein mit den bekannten Konjunkturschwankungen erklären – sie hängen auch mit den Grenzen zusammen, die wir allenthalben erreicht haben. Im Vordergrund steht dabei die Umweltzerstörung. Heute, wo dieses Thema immer mehr die öffentliche Meinung erreicht, ist allerdings der optimale Zeitpunkt, mit möglichst wenigen Mitteln möglichst viel Umwelt wiederherzustellen, fast durchweg schon vorbei. Je länger die notwendigen Maßnahmen hinausgezögert werden, um so teurer werden sie – und eines Tages werden sie unbezahlbar sein.

Ich möchte das am Beispiel »Waldsterben« erläutern. Weil die genauen Ursachen noch nicht bekannt sind, müßten die Gegenmaßnahmen sehr pauschal sein – also in der schnellen und konsequenten Reduzierung aller Schadstoffemissionen bestehen. Das wird teuer – und die Politiker argumentieren auch prompt, man müsse mit konsequenten Gegenmaßnahmen warten, bis man die genaueren Ursachen kenne. Nehmen wir einmal an, daß dies zehn Jahre dauern wird. Die Waldschäden in diesen zehn Jahren werden volkswirtschaftlich gesehen teurer zu stehen kommen als die Einsparungen ausgleichen, die entstehen, wenn man statt der pauschalen Gegenmaßnahmen differenziertere ergreift. Die Sinnlosigkeit des Hinauszögerns wird noch deutlicher, wenn man mit einrechnet, daß die pauschale Reduzierung aller Schadstoffemissionen noch andere Umweltschäden heilt, die in zehn Jahren ebenfalls viel kostenaufwendiger sein würden. Schließlich würden sofortige Maßnahmen auch an den Stellen helfen, wo wir heute noch nichts von bereits entstehenden Umweltproblemen wissen.

Nüchterne Überlegungen sprechen also für einen sehr raschen und konsequenten Umweltschutz, auch »auf Verdacht hin«. Dieser ist allerdings politisch schwer durchsetzbar, denn die Mehrheit der Bevölkerung müßte dann in der Lage sein, vorausschauende, zukunftsorientierte Entscheidungen zu unterstützen, obwohl sie den Lebensstandard im Augenblick mindern. Mit dieser Haltung können wir nach den Erfahrungen der Vergangenheit nicht rechnen. So droht die große Gefahr, daß unsere Gesellschaft um kurzzeitiger wirtschaftlicher Erfolge willen die Sanierung der Umwelt so lange hinausschiebt, bis sie unbezahlbar wird. Die Lebensfähigkeit kommender Generationen wird für das »Linsengericht« kurzfristigen Wirtschaftswachstums verkauft.

Immer mehr schiebt sich ein weiteres Problem in den Vordergrund, die Arbeitslosigkeit. Auch sie hängt weniger mit konjunkturellen Schwankungen zusammen, sondern ist das Ergebnis tiefgreifender Strukturänderungen, vor allem der Rationalisierung, die in den letzten Jahren durch den Siegeszug der elektronischen Datenverarbeitung einen neuen Schub erlebt hat. Rationalisierung hatte lange Zeit den Sinn, am knappen Gut »Arbeitskraft« das weitere Wachstum nicht scheitern zu lassen. Jetzt, bei vermindertem Wachstum, bei Stillstand oder gar bei Minuswachstum sind plötzlich Arbeitskräfte übrig. Die Rationalisierung geht aber weiter, jetzt eher aus Gründen der Konkurrenz, so daß sich eine hohe Arbeitslosigkeit einnistet. Sie macht es auch sehr schwer, das Problem durch eine Stimulierung der Nachfrage zu lösen.

Aber wollen wir als Industriegesellschaft wirklich, daß ein Teil unserer Mitbürger, vor allem Jugendliche, keine beruflichen Perspektiven mehr hat? Können wir es uns leisten, neue, ganz tiefgreifende Ungerechtigkeiten zuzulassen? Wenn das Wirtschaftswachstum stockt, weil es wegen der Umweltproblematik nicht mehr sozialverträglich ist, und deshalb ganz neue Strukturen gefunden werden müssen, dann muß dies auch für den Gesamtkomplex einer gerechten Verteilung der Arbeit gelten, denn strukturelle Arbeitslosigkeit im heutigen Umfang ist ebenfalls nicht sozialverträglich. Daß die Probleme nicht nur an der Oberfläche existieren, sehen wir daran, daß es innerhalb kurzer Zeit in unserem Land zu einem bis vor kurzem undenkbaren Phänomen gekommen ist, zu einer »neuen Armut«.

Wenn, vermutlich längerfristig, *weniger* Arbeit zu verteilen ist als in der Vergangenheit, muß die Arbeit *anders* verteilt werden. Inzwischen werden viele Wege dazu vorgeschlagen: Verkürzung der Arbeitszeit, Job-sharing, Verzicht auf weitere Rationalisierung zugunsten von mehr Handarbeit, variable Arbeitszeit, Starthilfen für Kleinbetriebe, Genossenschaften und Formen alternativen Arbeitslebens, und manches mehr. Veränderungen auf der bürokratischen Ebene werden vermutlich scheitern – denn ohne große Eigeninitiative und persönliches Engagement sind die ungeheuren Umstellungen nicht möglich. Rationalisierung sollte dann nur noch da gefördert werden, wo es um die Abschaffung gesundheitsschädigender oder menschenunwürdiger Arbeitsplätze geht.

Die Entwicklung vollzieht sich allerdings gegenläufig. In den nächsten Jahren werden Mikroprozessoren die Technik so revolutionieren, daß es einen neuen, unabsehbaren Rationalisierungsschub gibt. Der englische Computer-Experte Peter Large befürchtet eine tiefgreifende Veränderung der gesamten Gesellschaft, der parlamentarischen Demokratie, des Rechtes auf Arbeit und der Verteilung der Volkseinkommen: »Die Experten sind in zwei Lager gespalten. Die einen behaupten, daß die Flut schnell ansteigt und in 20 Jahren 80 Prozent der Arbeitsplätze vernichtet. Die anderen sind der Ansicht, dieses Ergebnis werde erst später erreicht.«[82] So scheint die wirtschaftliche Entwicklung ein klassisches Beispiel dafür zu werden, was geschieht, wenn wir alles tun, was wir können. Nur ein freiwilliger Verzicht auf einen Teil der möglichen Rationalisierung könnte uns helfen, das »Recht auf Arbeit« nicht einem fraglichen Fortschritt zu opfern. Aber läßt sich eine solche freiwillige Askese in unserer Wachstumsgesellschaft durchführen?

Die Arbeitsteiligkeit, der Rationalisierungsgrad, die Umweltfeindlichkeit und die oft mangelnde Sozialverträglichkeit im Bereich der Wirtschaft hat vor allem in der jungen Generation zu einer wachsenden Industriefeindlichkeit geführt. Ein zunehmender Teil der Bevölkerung hat Schwierigkeiten, sich mit dem existierenden gesellschaftlichen System zu identifizieren. Die Marktwirtschaft, die sich sozial nennt, wird mit der Wirklichkeit, dem »real existierenden Kapitalismus« verglichen – und dabei schneidet sie nicht gut ab. Man traut der Marktwirtschaft kaum zu, die Probleme der Zukunft zu lösen. Aber der »real existierende Sozialismus« schneidet im allgemeinen noch viel schlechter ab, denn er zeigt in Fragen der Umwelt- und der Sozialverträglichkeit noch weniger positive Ansätze. So setzt sich immer stärker eine »no-future-Mentalität« durch.

Für die Bewältigung der Zukunft weckt die Wirtschaft immer weniger Hoffnungen. Sie wird für den Abbau von Gerechtigkeit und Menschlichkeit verantwortlich gemacht und mit der Forderung nach tiefgreifenden Veränderungen konfrontiert. Die Vorstellungen sind hier noch sehr vage, entweder eine »öko-soziale Marktwirtschaft«, die sowohl umwelt- als sozialverträglich ist, oder eine alternative, vernetzte Struktur, in der die großen Einheiten zugunsten kleiner, sich selbst verantwortender Gruppen aufgelöst werden. Es ist in der Wirtschaft noch wenig Bereitschaft auszumachen, diese Herausforderung anzunehmen.

Die Probleme von *Gerechtigkeit* und Menschlichkeit betreffen nicht nur die »innere« Situation der Industrienationen, sondern in gleicher Weise das Verhältnis der armen und reichen Länder. E. F. Schumacher schlägt die Brücke zwischen den beiden Bereichen: »Wirtschaftlich gesehen besteht unser falsches Leben hauptsächlich darin, daß wir systematisch Habsucht und Neid fördern und somit eine riesige Schar völlig unverantwortlicher Wünsche erzeugen. Die Habsucht hat uns der Macht der Maschine unterworfen. Wäre der moderne Mensch nicht von der Habsucht beherrscht – mit geschickter Unterstützung durch den Neid –, wie wäre es dann möglich, daß der Rausch der Wirtschaftsgläubigkeit nicht nachläßt, sobald ein höherer ›Lebensstandard‹ erreicht ist, und daß gerade die reichsten Gesellschaften ihren wirtschaftlichen Vorteil mit der größten Skrupellosigkeit verfolgen?«[83]

»Entwicklungshilfe« nennen wir es, wenn reiche Staaten einen zumeist beschämend geringen Teil ihrer Überschüsse abzweigen, um armen Ländern zu helfen. Je länger wir damit Erfahrungen machen, desto mehr Fragen tauchen auf. Welche Entwicklung wollen wir damit in Gang bringen? Sollen die armen Länder so reich, umweltzerstörend, aufgerüstet und machtbewußt werden wie wir? Wissen wir heute nicht schon genauer, als uns lieb ist, daß unser Lebensstandard und unser Umweltverhalten, auf die ganze Erde ausgedehnt, diese mit Sicherheit zerstören muß? Und wenn es uns um einen wirklichen Ausgleich ginge, warum werden dann die Industrienationen trotz aller Entwicklungshilfe immer reicher und die Entwicklungsländer im Vergleich dazu immer ärmer? Die Bundesrepublik Deutschland leistete lange Zeit nur bei politischem Wohlverhalten im Ost-West-Konflikt Entwicklungshilfe, heute erklärt die Bundesregierung ganz offen, daß bei der Entwicklungshilfe vor allem auch für die einheimische Industrie etwas herauskommen müsse. Und machen es die anderen anders? Ist Entwicklungshilfe dann nicht eher eine Hilfe zur Entwicklung der Wirtschaft der reichen Länder, bei der für die armen Länder noch so viel abfallen sollte, daß man sie der eigenen Bevölkerung als Entwicklungshilfe verkaufen kann? Sicher sind wir uns alle einig, daß es unmenschlich ist, Menschen auf dieser Erde am Hunger sterben zu lassen, wenn andere Überfluß haben. Solche Nothilfe ist immer angebracht, wenn diese Not herrscht. Aber Entwicklungshilfe darf diesen Namen nur tragen, wenn sie dazu beiträgt, diese unmenschlichen Grundstrukturen – notfalls auch gegen die Interessen des eigenen Landes – zu verändern. Deshalb muß sie die Armen reicher machen – und das geht nur, wenn die Reichen ärmer werden.

Lange verstand man als Unterentwicklung allein die materielle Armut, den Hunger, das Leben in den Slums oder die medizinische Unterversorgung. Diesen Zustand wollte man mit den klassischen Mitteln des Kapitalismus verändern, durch Kapitalhilfe, den Export von technischem Wissen oder von ganzen Industrieanlagen. Auch bei den strukturellen Problemen hatten die Entwicklungshelfer immer gleich ganze Konzeptionen und technische Hilfen parat, die im gemäßigten Klima der Industrieländer entwickelt worden waren. Zweifel an diesem Konzept sind angebracht, seitdem wir erkennen müssen, daß diese Art von Entwicklungshilfe zwar das Bruttosozialprodukt erhöht, nicht aber den Lebensstandard der breiten Masse. Denn Kapitalhilfe und Industrieexport machen die Reichen, die es auch in den armen Ländern gibt, noch weit reicher, die Armen aber bleiben arm – oft wird ihre Situation noch schlechter, weil sie zusätzlich zu ihrer Armut in die Rolle von abhängig Arbeitenden geraten und aus ihren intakten ländlichen Sozialstrukturen in die Städte wechseln, wo sie oft in den Elendsquartieren landen. Außerdem werden die sozialen und ökologischen Bedingungen ihres Lebensstils oft irreversibel geschädigt.

Deshalb geht ein neues Entwicklungshilfekonzept davon aus, daß Unterentwicklung in erster Linie die Abhängigkeit der Unterschichten von den Oberschichten ist. Um die Oberschicht nicht immer reicher und die Unterschicht nicht immer ärmer werden zu lassen, müßte die Entwicklung dann gerade die überkommenen Strukturen achten, also nicht unsere arbeitsteilige industrielle und hochtechnisierte Struktur exportieren, sondern Formen einer »sanften Technik« entwickeln, die z.B. die Großfamilie nicht zerstören und der Verstädterung keinen Vorschob leisten. Hier könnte unsere Wirtschaft zunächst nicht viel verdienen. Aber würde ihr diese Herausforderung zu einer neuen Kreativität nicht auch gut tun? Denn vielleicht brauchen wir entwikkelten Länder diese sanften Strukturen ebenso nötig wie die Entwicklungsländer? Vielleicht können wir beide ohne sie nicht überleben. Wird es bald eine solche neue, partnerschaftliche Entwicklungshilfe geben?

Zunächst geht es allerdings darum, direkte Hilfe zu leisten – allerdings so, daß sie eine brauchbare Grundlage für Entwicklung in der eben geschilderten Weise schafft. Daß Hilfe not ist, zeigen die folgenden Zahlen:[84]

1980 verfügten die Industrieländer nur über 26% der Erdbevölkerung, aber über 78% der industriellen Produktion, 70% des Kunstdüngers, 81% des Energieverbrauchs und 87% der Rüstungskapazität. Das Bedrückendste an diesen Zahlen ist, daß der Anteil der reichen Länder weiter steigt.

Die Zunahme des Bruttosozialprodukts in der Zeit von 1970 bis 1980 betrug bei der Gruppe der ärmsten Entwicklungsländer im Durchschnitt pro Kopf 17 US-Dollar, bei allen Entwicklungsländern zusammen pro Kopf 251 US-Dollar, entsprechend bei den Öl exportierenden Entwicklungsländern 624 und bei den westlichen Industrieländern 2117 US-Dollar.

1978 lebten 560 Millionen Menschen in der Welt unterhalb der Armutsgrenze, davon waren 462 Millionen unterernährt. Inzwischen sind die Zahlen weiter gestiegen – gerade in neuester Zeit nehmen die Hungerkatastrophen in den Entwicklungsländern zu.

1961 mußte Tansania als Gegenwert für eine Schweizer Uhr 7,5 kg Kaffee exportieren, 1971 waren es für eine im Preis vergleichbare Uhr bereits 14,2 kg. Dieser Trend hält an.

Ein US-Amerikaner verbrauchte 1980 gleich viel Energie wie 2 Europäer, 55 Inder, 168 Tansanier oder 900 Nepali.

1961 wurden 37% der Weltgetreideproduktion als Viehfutter verwendet, vor allem in den reichen Ländern, 1975 waren es schon 41% und 1981 rund 47%. Wenn die reichen Länder völlig auf den Fleischkonsum verzichten würden, könnte man zusätzlich 2,5 Milliarden Menschen ernähren. Denn um eine Kalorie Brot zu erzeugen braucht man etwa eine Kalorie Weizen, um aber eine Kalorie Rindfleisch zu erzeugen, werden etwa 10 (!) Kalorien Weizen benötigt.

In Westafrika waren früher 5000 Handwerker mit der Herstellung von Sandalen beschäftigt. Außer Leim konnten sie alle notwendigen Rohstoffe aus ihrem eigenen Land beziehen, wodurch weitere Menschen Existenzmöglichkeiten fanden. Heute wird die gleiche Anzahl an Sandalen durch zwei Plastikspritzpreßmaschinen produziert. Diese beiden Maschinen kosteten zusammen 100000 Dollar und beschäftigen nur noch 40 Arbeiter, die in drei Schichten arbeiten. Alle Rohstoffe und die Maschinen zur Gewinnung der bei der Produktion notwendigen Energie müssen importiert werden. Was ist daran eigentlich noch Entwicklung?

Ähnliche Beispiele könnten beliebig vermehrt werden.[85] In Bangladesch wurden durch deutsche Entwicklungshilfe modernste Telefontechniken eingeführt, obwohl dort immer noch viele Menschen am Hunger sterben, oder Pflanzenschutzprojekte gefördert, bei denen in massiver Weise Pestizide eingesetzt wurden, natürlich in der Bundesrepublik hergestellt, ohne Rücksicht darauf, daß der gesamte Fischbestand zerstört und dadurch bei vielen Menschen der Hunger gerade gefördert wurde.

Soweit die Entwicklungshilfe mehr zugunsten der reichen Industrieländer als der armen Menschen geschieht, sind meist die großen multinationalen Konzerne beteiligt. Oft haben sie in den Entwicklungsländern Marktanteile zwischen 80 und 100%. Nach einer Schätzung der Welthandelskonferenz 1982 betrugen die versteckten Gewinnabzüge von 23 multinationalen Konzernen in Brasilien das 6,8fache des ausgewiesenen Gewinnes. So blieb der wirklich erwirtschaftete Gewinn nicht im Land selbst, sondern wurde durch betrügerische Manipulationen in das Stammland des Konzerns transferiert.

Der Naturwissenschaftler und Philosoph Jaques Ellul sagt: »Alle Formen von Gewaltanwendung sind sich gleich . . . (einschließlich) der wirtschaftlichen Gewaltanwendung, der Gewalt des privilegierten Unternehmers gegenüber seinen Arbeitern, der Besitzenden gegenüber den Besitzlosen; der Gewalt, die sich in den internationalen wirtschaftlichen Beziehungen zwischen unseren Ländern und denen der Dritten Welt vollzieht; der Gewalt, die von mächtigen Konzernen ausgeübt wird, welche die Land- und Bodenschätze eines Landes ausbeutet, das sich nicht verteidigen kann.«[86]

So dient die Entwicklungshilfe – von leider relativ seltenen Ausnahmen abgesehen – nicht dem Ausgleich und Abbau der Ungerechtigkeit zwischen den reichen und armen Ländern, sondern dem Aufbau neuer Märkte und Gewinnmöglichkeiten der Industrieländer und der Entwicklung zunehmender Abhängigkeiten der armen von den reichen Ländern. Weil die eigentliche politische Triebfeder der »Entwicklungshilfe« nicht die Humanität, sondern eine Art Wirtschaftsegoismus ist, erstaunt es uns nicht, daß bisher nicht das ausgegebene Ziel der Entwicklung menschenwürdiger Lebensumstände in den armen Ländern erreicht worden ist, sondern das heimliche Ziel der Entwicklung der wirtschaftlichen Macht der Industrienationen. Die Richtung der Begünstigung müßte umgedreht werden, denn nur eine grundlegend reformierte Entwicklungshilfe könnte dem moralischen Anspruch genügen, der ihr meist »umgehängt« wird – einen Beitrag zu Gerechtigkeit und Frieden zu leisten.

Kaum ein Wort findet man in unserem politischen Sprachschatz häufiger als das Wort *»Frieden«*. So etwas kam schon dem Propheten Jeremia verdächtig vor: »Sie gehen alle mit Lüge um und heilen den Schaden meines Volkes nur obenhin, indem sie sagen: ›Friede! Friede!‹ und ist doch nicht Friede« (Jer 6,13f). Wie sieht heute die Realität aus? Definieren wir »Frieden« als »Abwesenheit von Krieg«, dann kann man in manchen Teilen der Welt, wie etwa in Mitteleuropa, vom Frieden sprechen. Und die Abwesenheit von Krieg soll keineswegs als etwas Geringes eingestuft werden, das können wir gerade in Deutschland, in Frankreich oder in der UdSSR nach dem Schock des Zweiten Weltkriegs nur zu gut verstehen. Weltweit können wir dagegen nicht vom Frieden sprechen, nicht einmal von der Abwesenheit des Krieges, denn seit dem Zweiten Weltkrieg hat es mehr als 130 Kriege gegeben, deren Opfer die Gesamtzahl der Opfer des Zweiten Weltkriegs fast erreicht hat.

Definieren wir Frieden im umfassenden Sinn der Bibel als »Shalom«, als »Wohlsein«, als die Möglichkeit menschengerechten Lebens, dann können wir für die Erde überhaupt nicht, für uns aber auch nur mit den größten Einschränkungen behaupten, daß Frieden herrscht. Schon unsere Sprache deutet das an: Wir sprechen vom »Krieg auf den Straßen«, wir leben im »Unfrieden mit der Natur«, Glück und Gerechtigkeit sind in unserer Gesellschaft Ziele, denen wir uns kaum mehr annähern, sondern uns eher wieder von ihnen entfernen, und im Verhältnis der Großmächte gibt es immer wieder neue Phasen des »Kalten Kriegs« – und schließlich ist das Zusammenleben der reichen und armen Völker alles andere als gerecht, es ist viel eher ein »unerklärter Krieg«. Wir haben im eigenen Land terroristische Gruppen, die der Gesellschaft den Krieg erklärt haben, und in den meisten Großstädten kann man sich nachts – und manchmal auch tagsüber – nicht mehr ohne Gefahr in die Parks oder in die Stadtwälder wagen, die Generationen gehen oft miteinander um, als befänden sie sich im Kriegszustand, und ähnliches gilt für das Mit- oder besser Gegeneinander von Parteien, Sozialpartnern und weltanschaulichen Gruppen.

Aber war dies jemals anders? Natürlich nicht – nur dürfen wir heute ebensowenig wie früher behaupten, daß irgendwelche Strategien, sei es das »Gleichgewicht des Schreckens«, die »Entwicklungshilfe«, unser »demokratischer Rechtsstaat« oder die »soziale Marktwirtschaft« wirklichen Frieden gebracht hätten. Dabei gibt es durchaus positive Entwicklungen, Zeiten der Entspannung, neue gesellschaftliche Strömungen, einzelne Politiker, die Hoffnung verbreiten – aber viel eher ist das Auf und Ab von Frieden und Unfrieden, von Gerechtigkeit und Ungerechtigkeit mit den Wellen des Meeres zu vergleichen – es gibt keine dauerhafte Entwicklung zu einem Reich des Friedens und der Gerechtigkeit, auch heute nicht. Das mühsame Auf und Ab der letzten Jahrzehnte hat uns nicht den Frieden gebracht – die Menschheit konnte nur die totale Katastrophe, den Atomkrieg, abwehren, an dessen Abgrund sie mehr als einmal stand.

Allerdings ist die Lage der Menschheit an einem Punkt total anders geworden. Günther Anders beschreibt dies in seinen »Thesen zum Atomzeitalter«: »Mit dem 6. August 1945, dem Hiroshimatage, hat ein neues Zeitalter begonnen: das Zeitalter, in dem wir in jedem Augenblick jeden Ort, nein unsere Erde als ganze, in ein Hiroshima verwandeln können. Seit diesem Tage sind wir auf negative Weise allmächtig geworden; aber da wir in jedem Augenblick ausgelöscht werden können, bedeutet das zugleich: Seit diesem Tage sind wir total ohnmächtig.«[87] Zu den Atomwaffen kommen noch die biologischen und chemischen Waffen, die zwar seit dem Genfer Protokoll von 1925 verboten sind, aber trotzdem in Ost und West hergestellt und gelagert werden. Alle diese Waffen sind in der Lage, jeden Menschen, der heute auf der Erde lebt, mehrfach zu töten.

Die Schätzungen sind sehr ungenau, aber sie geben die Größenordnung an. Während 1949 weltweit 70 Milliarden Dollar im Jahr für die Rüstung ausgegeben wurden, sind es zur Zeit vermutlich mehr als 1000 Milliarden (!), mehr als 1 Billion US-Dollar. Allein die heute vorhandenen Atomwaffen (und es werden immer noch neue gebaut) würden ausreichen, 100 Milliarden Menschen zu töten, obwohl es doch »nur« 5 Milliarden Erdbewohner gibt. 1982 gab es etwa 15000 Atomsprengköpfe, die zusammen die 1,6millionenfache Sprengkraft der Hiroshima-Bombe besaßen.[88]

DIE ZEIT hat 1985 versucht, dies einmal zu veranschaulichen.[89] Die gesamte Zerstörungskraft aller im Zweiten Weltkrieg eingesetzten Waffen betrug 3 Megatonnen (entspricht der Explosivkraft von 3 Millionen Tonnen des Sprengstoffs TNT). Heute stehen allein bei den Atomwaffen 18000 Megatonnen zur Verfügung, also 6000mal soviel, als im Zweiten Weltkrieg eingesetzt wurde. Ein einziges Poseidon-U-Boot hat Atomwaffen mit der Zerstörungskraft von 9 Megatonnen an Bord, also die dreifache Zerstörungskraft aller eingesetzten Waffen des Zweiten Weltkriegs, es kann damit allein die 200 größten sowjetischen Städte vernichten, wenn alle seine Waffen die Ziele erreichen. Eines der neuen Trident-U-Boote verfügt sogar über 24 Megatonnen, es könnte damit alle großen Städte der nördlichen Hemisphäre vernichten! Kann man sich das noch vorstellen? Dabei geht die Entwicklung in der gleichen Richtung weiter, bei beiden Weltmächten – eher noch mit zunehmendem Tempo. Denn die bereits geplanten Rüstungsprojekte der beiden großen Machtblöcke werden alle diese Zahlen stark nach oben rücken. Dient dies wirklich unserer Sicherheit? Oder will nicht vielmehr jede Weltmacht den Konkurrenten übertrumpfen, gleichgültig, wie stark das die Sicherheit der Erde beeinträchtigt? Carl Friedrich von Weizsäkker erklärt kurz und bündig: »Der Dritte Weltkrieg ist wahrscheinlich, weil der Zwang zur Hegemoniekonkurrenz in einem System souveräner Großmächte, der in der Geschichte stets zu großen Kriegen geführt hat, heute unvermindert und mit denselben strukturellen Folgen fortbesteht.«[90]

Unsere Gesellschaft scheint sich an diesen Zustand gewöhnt zu haben. Ich will dies mit einem Bild veranschaulichen: Wir sitzen auf einem mit einem Zünder versehenen Pulverfaß, das jeden Augenblick explodieren kann, aber statt zu versuchen, den Zünder herauszuschrauben oder das Pulver »naß« zu machen, streichen wir das rostige Faß mit neuer Farbe. Kann man sich denn mit dem Zustand des drohenden Atomkriegs abfinden? Offensichtlich ja, gerade weil die Gefahr eines atomaren Krieges so groß ist und seine Folgen so schrecklich wären, muß man diesen Zustand verdrängen, weil man ihn seelisch nicht aushalten kann.

Sollten wir das Thema »Atomkrieg« dann nicht lieber in Ruhe lassen und hoffen, daß es zu keinem atomaren Holocaust kommt – vielleicht nach der Devise: Bisher hat es ja geklappt, warum soll es dann nicht weiter klappen? Nein, denn damit begeben wir uns vollkommen in die Hand derer, die dieses Gleichgewicht des Schreckens geplant haben, mit dieser Schraube, die sich immer weiterdreht, und die uns niemals eine wirkliche Garantie geben können, daß der schreckliche, die Erde zerstörende Krieg, ausbleibt. Ich sehe nur die Möglichkeit, dem Schrecken fest ins Auge zu schauen, auch da, wo wir in Furcht geraten, damit wir und viele andere motiviert werden, etwas gegen den Wahnsinn der fortschreitenden Rüstung und der Labilität des »Gleichgewicht des Schreckens« zu tun. Der erste Schritt besteht dabei darin, sich die Schrecken des atomaren Krieges vorzustellen, damit nicht nur unser Verstand, sondern auch unser Gefühl weiß, auf welchem Pulverfaß wir sitzen.[91]

Nehmen wir an, daß über einem deutschen Ballungszentrum eine Atombombe mit einer Zerstörungskraft von einer Megatonne explodiert, das ist die achtzigfache Stärke der Hiroshima-Bombe – nach heutigen Maßstäben eher eine »kleine« Bombe. Im Umkreis von 7 km, also auf etwa 150 qkm Fläche, werden alle Gebäude total vernichtet und alle Menschen getötet; schwere Gebäudeschäden und nur geringe Überlebenschancen gibt es im Umkreis von 13 km, also auf einer Fläche von etwa 500 qkm. Nach wenigen Sekunden erhebt sich ein unvorstellbarer Sturm, der noch 3 km vom Zentrum entfernt eine Geschwindigkeit von 650 km/h erreicht (Windstärke 12 entspricht etwa 120 km/h). Während dieser Sturm alles erfaßt, was noch nicht völlig zerstört ist, steigt ein gewaltiger Feuerball auf. Im Zentrum schmelzen alle Metalle und alles Glas, Menschen und Bäume werden verkohlt und lösen sich völlig auf, bis 15 km im Umkreis tötet die Hitze jeden, der sich im Freien aufhält – und etwas anderes als das Freie gibt es ja nach der Zerstörung der Gebäude kaum noch. Alles Brennbare entzündet sich, ein gewaltiger Feuersturm wälzt sich vom Zentrum der Explosion weg und erreicht viele Menschen, die noch eine Chance gesehen hatten, zu entkommen. Kurz darauf fällt schwarzer Regen vom Himmel, hochgradig radioaktiv. Die Brände und der Feuerball verbrauchen so viel Sauerstoff, daß die meisten derjenigen, die in einen Bunker entkommen konnten, an Sauerstoffmangel und Vergiftungen sterben;

andere kommen in der Hitze um, die im Inneren der geschlossenen Bunker herrscht. 24 Stunden lang entsteht immer neue, tödliche radioaktive Strahlung, die sich je nach Windrichtung ins Land hinein bewegt und eine Ausdehnung von Hunderten von Kilometern erreichen kann. Wer dieser Todeswolke nicht entfliehen kann, erhält eine tödliche Dosis radioaktiver Strahlung, die zu einem langsamen und qualvollen Tod führt.

Wahrscheinlich wird ein Ballungszentrum nicht von einer 1-Megatonnen-Bombe, sondern von einer viel größeren getroffen, denn die »kleinen« Bomben sind eigentlich auf militärische Ziele gerichtet und die »großen« auf die städtischen Ballungszentren. Somit vervielfachen sich die zerstörerischen Kräfte und die Größe der Zonen, in denen niemand mit dem Leben davonkommt. Wahrscheinlich wird ja auch nicht nur eine Bombe geworfen, sondern der Versuch gemacht, die »gegnerische Macht« auszulöschen. Wir müssen uns vorstellen, daß überall in der Bundesrepublik zur gleichen Zeit die grellen Atomblitze aufzukken, die Atompilze in den Himmel wachsen, die Feuerstürme losbrausen, die sich mit den Feuerstürmen der anderen Bomben vereinen, daß die Stürme die Trümmer durch die Luft werfen und riesige Flächenbrände anfachen. Dann senkt sich die tödliche radioaktive Wolke auf das schweigende Land. Menschen, die in abgelegenen Gegenden zunächst überleben, haben trotzdem nur geringe Chancen. Wenn sie verletzt sind oder geschwächt durch die radioaktive Strahlung, werden sie niemanden finden, der sie ärztlich versorgt – oder sie werden noch nach Tagen oder Wochen von den Flächenbränden erreicht, die solange wüten, bis sie keine Nahrung mehr finden. Wer dann noch lebt, bekommt die Spätschäden des umfassenden Atomkriegs zu spüren. Die Wirtschaft ist zusammengebrochen, Wasser, Strom, Gebäude, Kleidung und Medizin fehlen, vielleicht wächst auch zunächst nichts auf Äckern und Gärten – bald beginnt der Hunger. Eine auf Dauer vermutlich tödliche radioaktive Strahlung verbreitet sich über die ganze Erde. Die riesigen Mengen an Staub, die in die Atmosphäre gewirbelt worden sind, verdunkeln die Sonne und führen zu einer dramatischen Abkühlung. Im »atomaren Winter« sinkt die Temperatur auf minus 25 bis minus 30 Grad Celsius. Wer von den Überlebenden, die ihre Wohnungen verloren haben, durch die Strahlung geschwächt sind, kaum wärmende Kleidung besitzen und weder Heizungen noch Strom benutzen können, kann den atomaren Winter überstehen? Und wenn es Überlebende gibt: Vermutlich wird die Natur bei einem globalen Atomkrieg derart tiefgreifende Schädigungen davontragen, daß zumindest jedes höhere Leben erlischt.

Warum gibt es bei uns eigentlich noch Atomwaffen, wenn sie zu einer totalen Vernichtung der Erde und des Lebens führen können? Die erste Antwort lautet wohl: Weil sie einmal jemand erfunden und gebaut hat. Und warum gibt es sie immer noch? Weil bisher niemand einen Weg gefunden hat, sie abzuschaffen. Und selbst wenn man sie abschaffen würde, könnte die Menschheit das Wissen, wie man Atomwaffen baut, niemals mehr vergessen. Aber haben sie ihren propagierten Sinn, durch Abschreckung einen Atomkrieg zu verhindern, nicht doch erfüllt? Sicher, diesen Sinn haben sie bisher erfüllt, aber mit welchem Risiko? Es kann einen Atomkrieg aus Versehen geben, vor bestimmten Entscheidungen stehende Staatsmänner können die Nerven verlieren, Terroristen können an Atomwaffen herankommen – und schließlich bleibt für jede Weltmacht die Versuchung, den Konkurrenten so weit zu überflügeln, daß ein Atomkrieg gewinnbar erscheinen könnte.

So schreibt Anton-Andreas Guha: »Der Glaube an die dauernde Wirksamkeit der Abschreckung ist irreal und letztlich Ausdruck eingestandender oder nicht eingestandener Ohnmacht. Abschreckung wäre nur wirksam und damit rational, wenn jederzeit, auch bei schweren politischen Krisen zwischen den beiden Machtblöcken, nüchterne Risikoabwägung und die Fähigkeit zu bewußtem Kalkül bei den politischen und militärischen Entscheidungsträgern vorausgesetzt werden könnte. Dies kann nicht erwartet werden. Immer wieder sind politische Entscheidungen mit schwerwiegenden Konsequenzen gefällt worden, weil Entscheidungsträger oder Entscheidungsgremien Opfer irrationaler Vorstellungen, etwa Angst, Fehleinschätzungen, Fehlannahmen usw. geworden sind.«[92]

In ihrer vierzigjährigen Geschichte hat die Aufrüstung einen gefährlichen Beschleunigungseffekt gehabt. Erst hatten die Amerikaner Atombomben, also mußten die Sowjets möglichst bald folgen, weil sie sich bedroht fühlten. Weil die Amerikaner überlegen bleiben wollten, entwickelten sie die Wasserstoffbombe, die dann den Sowjets früher als erwartet ebenfalls zur Verfügung stand. Und so schaukelten sich die Rüstungsanstrengungen hoch. Beide Seiten begannen, jeden neuen Rüstungsschritt mit dem Etikett »Nachrüstung« zu versehen. Weil die technologischen Voraussetzungen bei den beiden Weltmächten verschieden sind, so waren auch die Schritte der Aufrüstung nicht identisch. Es gab immer Bereiche, in denen der eine stärker war als der andere, die aber insgesamt das Gleichgewicht nicht verschoben. Die größere Zielgenauigkeit der amerikanischen Atomraketen glichen die Sowjets durch mehr Masse aus – in der konventionellen Rüstung ist der Warschauer Pakt bei den Angriffswaffen und die NATO bei den Verteidigungswaffen stärker. Wer neu aufrüsten wollte, konnte aber, um einen plausibel wirkenden Grund angeben zu können, immer auf die Bereiche hinweisen, in denen der Gegner stärker war. So ergaben sich jeweils logisch wirkende Schritte der »Nachrüstung«.

Es stimmt, daß die UdSSR eine extrem große Menge an SS-20-Raketen in Osteuropa stationierte. Nach den zur Verfügung stehenden Informationen war die NATO trotzdem stark genug – und wenn dies nicht der Fall gewesen wäre, dann hätte sie auf dem gleichen Feld »nachgerüstet«. Die USA zogen aber nicht nach, sondern eröffneten ein neues Kampffeld für die Aufrüstung durch die Pershing-2 mit ihrer extrem kurzen Vorwarnzeit und einer bis dahin nicht gekannten Treffsicherheit. Auf diesem Feld muß jetzt wohl die UdSSR wieder nachrüsten. Sowohl durch die SS-20 wie durch die Pershing-2 wurde das »Gleichgewicht des Schreckens« weiter destabilisiert. Während man in Fußballstadien allmählich lernt, Sicherheitszonen zu schaffen, indem man die Abstände zwischen den verfeindeten Fans vergrößert, rücken die Weltmächte einander immer gefährlicher nahe. Politisch muß man beiden Weltmächten Vorwürfe machen, den Sowjets, daß sie durch die massive Aufstellung der SS-20 ein friedensfeindliches Signal gegeben haben, und den USA und ihren Verbündeten, daß sie diese Situation ausgenutzt haben, in einem ganz anderen Bereich, bei Mittelstreckenraketen mit extrem kurzer Vorwarnzeit, ein neues Kapitel der Aufrüstung aufzuschlagen.[93]

Setzt SDI, der Plan zu einer Raketenabwehr im Weltraum, diese Linie fort, oder berechtigt er zur Hoffnung auf eine Überwindung der Atomdrohung? Ich glaube, daß SDI schon in der Vorbereitungsphase zu einer weiteren Destabilisierung des militärischen Gleichgewichtes führt. Das Programm ist an vielen

Stellen so utopisch, daß man davon ausgehen muß, daß es nicht in der Lage sein wird, einen sowjetischen Raketenangriff wirksam abzuwehren. Das soll SDI auch nur für die Öffentlichkeit können – in Wirklichkeit soll sie einem ganz anderen Ziel dienen. Ab 1990 werden die USA in der Lage sein, bei einem Erstangriff auf die Raketenstellungen der UdSSR mindestens 90% der atomaren Trägerraketen zu zerstören. Ein Zweitschlag der Sowjetunion mit den restlichen Raketen könnte SDI schon aufhalten, wenn sie nur zu 30% funktionierte. Im Gegensatz zu allen öffentlichen Verlautbarungen würde SDI die USA also fähig machen, gegen die UdSSR einen »Enthauptungsschlag« zu führen – zur Verteidigung taugt sie nicht, wohl aber zur Abwehr des Zweitschlags.

Sollte sich diese Einschätzung bewahrheiten, dann bedeutet SDI den Beginn einer neuen, bisher noch nicht gekannten Phase der Aufrüstung. Denn die Sowjetunion müßte schon heute, während der Forschungsphase von SDI, Gegenmaßnahmen ergreifen, also massiv aufrüsten, wenn sie nicht ins Hintertreffen geraten will, ohne sicher zu sein, daß die USA nicht doch die Fähigkeit zu einem »Enthauptungsschlag« erreicht. Dieser Skandal wird nicht kleiner, wenn man sich klar macht, daß die Sowjetunion vermutlich gleich handeln würde, wenn sie in diesem Bereich die Überlegenheit der USA hätte.

Anton-Andreas Guha faßt die Konsequenzen zusammen: »Der Versuch, eine Raketenabwehr im Weltraum aufzubauen, um so die zweite Supermacht zu überrunden, wird die Menschheit in eine absolut ungewisse Zukunft stoßen. Abermals zeigt sich: Mit neuen Waffen, mit neuer Rüstungsdynamik wird diese Welt nicht sicherer, sondern ihre Lage gefährlicher. Im übrigen würde SDI die Entscheidung über den Krieg in ungleich stärkerem Maße, als dies bereits der Fall ist, von Computern abhängig machen . . . In 20 Jahren, wenn sich das Netz um das Zehnfache verdichtet hätte und einzelne Computersysteme eine Milliarde Informationen pro Sekunde verarbeiten müßten, müßte der Mensch als Entscheidungsträger abdanken.«[94]

Über die Möglichkeiten der Entspannungspolitik ist es sehr still geworden – und ob neue, zaghafte Signale über kosmetische Korrekturen hinausgehen werden, ist heute noch offen. Dabei liegt in den Erfahrungen der Phase der Entspannungspolitik, die wir gehabt haben, der Schlüssel, der die Tür zu einer Stabilisierung des militärischen Gleichgewichts aufschließen kann. Und nur hinter dieser Tür liegt auch der Freiraum zu einer wirklichen Abrüstung. Es geht um zunächst kleine, aber gezielte Schritte zu »vertrauensbildenden Maßnahmen« und nicht um das, was wir viel häufiger erleben, daß sich die Machtblöcke in »mißtrauensbildenden Maßnahmen« übertreffen.

Für den Frieden gibt es zunächst kein wichtigeres Ziel als die Abrüstung. Denn Atomwaffen, die existieren, um nicht eingesetzt zu werden, dürfen nicht existieren, weil das Risiko zu groß ist – schon einmaliges Versagen würde die Katastrophe bedeuten. Ich möchte dafür ein Bild gebrauchen: Wenn ich an einem zwei Meter hohen Felsen klettere, brauche ich kein Seil, denn ein (relativ unwahrscheinlicher) Absturz würde vielleicht zu einem gestauchten Fuß führen – und dieses Risiko kann ich eingehen. Wenn ich an einem 200 m hohen Felsen klettere, ist die Wahrscheinlichkeit eines Absturzes auch nicht größer. Trotzdem sichere ich mich mit dem Seil, denn ein Absturz wäre mein sicherer Tod, und auch ein unwahrscheinliches Risiko dieser Größenordnung wäre zu hoch. Haben wir in der Rüstungspolitik den »gesunden Menschenverstand« abgelegt?

Das »Gleichgewicht des Schreckens« hat bisher den Atomkrieg zwar verhindert, wenn auch auf eine sehr riskante Weise – und außerdem wurde der Krieg auf eine andere Ebene verlagert. Die ständige gewaltige Aufrüstung bindet so viel Kapital und Kapazität, daß für Maßnahmen, die der Gerechtigkeit zwischen den armen und reichen Völkern dienen könnten, zu wenig übrigbleibt. Wir leben also in einem unerklärten Krieg »zwischen Nord und Süd«.[95] Die Aufrüstung stellt einen wesentlichen Faktor der Ausbeutung der Bodenschätze dar – vielleicht fehlt dieser Teil einmal der Menschheit zum Überleben. Die Aufrüstung verschärft somit den unerklärten Krieg gegen die Natur, der schon sehr weit fortgeschritten ist. Ähnliches gilt für die Umweltverschmutzung. Vom Ziel des »Shalom«, des Friedens als »Wohlsein«, hat uns die militärische Entwicklung der Nachkriegszeit noch weiter entfernt.

Es ist schon sehr spät für einen neuen Weg gegen die Überrüstung, gegen die mißtrauensbildenden Maßnahmen, gegen den Versuch, den Gegner in die Knie zu zwingen. Aber wir müssen versuchen, alle nicht völlig aussichtslosen Wege zur Abrüstung, zu vertrauensbildenden Maßnahmen und zu einem Netz an Beziehungen zwischen den Blöcken zu gehen, um das Risiko der jetzigen Situation zu mindern. Wenn sich viele Menschen in ihrem Denken und Handeln zu einer solchen Umkehr entschließen, ist es sicher noch nicht zu spät.

»Alles hängt mit allem zusammen«, also auch Gerechtigkeit und Frieden, eine menschliche Wirtschaftsstruktur, wirkliche Entwicklungshilfe und Schritte zur Abrüstung. Dazu kommen die Bereiche, die wir in den vorausgehenden Kapiteln berührt haben, die Erhaltung der Umwelt, der soziale Lebensraum des Menschen, der Abbau unserer Habsucht – und manches andere. Es haben viele Schritte in die Jahrtausendkrise geführt, und weil es keinen leichten Abkürzungsweg gibt, müssen wir sicher ebenso viele Schritte in die andere Richtung gehen, um aus der Krise herauszufinden. Mutlosigkeit und Verdrängung der Realität sind die schlechtesten Ratgeber – wir brauchen Beharrlichkeit und einen schöpferischen Blick für das Neue, damit wir »Schritte der Hoffnung« gehen können, nicht in ein neues Paradies, sondern in einen neuen Lebensraum der Einfachheit, der sanften Technik, der menschlichen Kommunikation, der das Überleben möglich macht. Diesen »Schritten der Hoffnung« sollen die weiteren Gedanken meines Buches gewidmet sein.

VIERTER TEIL

ALTERNATIVEN

Im Klappentext von Robert Jungks Buch »Menschenbeben« heißt es: »Millionen Menschen in aller Welt haben begonnen, sich gegen das Unerträgliche, gegen die menschheitsbedrohenden Gefahren zu erheben: gegen Krieg, Unmenschlichkeit und Gewalt. Nach Robert Jungks Beobachtung ist dieses Engagement ›ein weit umfassenderes Phänomen als die bisherigen Revolutionen‹, eben ein Menschenbeben. Ausgelöst wurde dieses Beben durch den ständig wachsenden Anteil der wissenschaftlichen Forschung an immer perfekteren Vernichtungswaffen, während zur Lösung der größten Probleme der Menschheit – Hunger und die Erhaltung der natürlichen Ressourcen – ein großer Teil der Wissenschaftler nicht zur Verfügung steht.«[96]

Wie sehen Alternativen aus? Welche Erfahrungen machen die Menschen, die sich gegen die »menschheitsbedrohenden Gefahren erheben«? Wo gibt es gangbare Ansätze? Während ich den Überblick über die Entwicklungen, die das Leben bedrohen, in einem systematischen Aufriß beschreiben konnte, geht dies bei den Entwicklungen, die das Leben fördern, nicht – denn hier stehen uns keine Konzeptionen oder Machtblöcke gegenüber, sondern Menschen, die konkrete Schritte tun, Gedanken, die uns herausfordern und Ansätze, die unsere eigene Kreativität fördern können. Deshalb beschreibe ich den Teil der »Alternativen« in Form eines Mosaiks, durch nebeneinandergestellte Gedanken, skizzenhaft, so, daß der Leser sie weiterdenken und weiterschreiben kann. Dadurch können wir auch das Mißverständnis vermeiden, »Schritte zur Hoffnung« bestünden in einer neuen, großen, rettenden Konzeption. Nein, sie bestehen in vielen mutigen Menschen, in phantasievollen Gedanken, in Expeditionen ins Unbekannte – in einem alternativen Netz.

Das 12. Kapitel, »Werkstatt Zukunft«, reiht solche alternativen Ansätze aneinander. Ich habe die einzelnen kurzen Teile einfach durchnumeriert – eben als ein Mosaik. Als ich mit diesem Kapitel begann, meinte ich, mühsam nach solchen Ansätzen suchen zu müssen. Inzwischen habe ich so viele gefunden, daß mir die Auswahl schwer fiel. Ich möchte Sie anregen, lieber Leser, suchen Sie weiter, in Ihrer Umgebung, bei alternativen Gruppen – und nehmen Sie auf, wie Ihre persönlichen Alternativen aussehen könnten, und geben Sie Erfahrungen und Erkenntnisse an die Menschen, mit denen Sie zu-

sammenleben oder zusammenkommen, weiter, konkrete Hoffnung ist ansteckend!

Das 13. Kapitel macht deutlich, daß Hoffnung nicht nur auf der Ebene des Tuns und des Denkens entsteht – obwohl dort sehr entscheidende Impulse angesiedelt sind, sondern daß wir eine Sicht brauchen, besser eine Vision eines menschengerechten, schöpfungsgemäßen, zukunftsfördernden Lebens. Für mich ist diese Vision ohne den Glauben nicht denkbar, und ich habe festgestellt, daß die Herausforderungen der Bibel eine fast erschreckende Aktualität haben. So fügt dieses Kapitel ein weiteres Mosaik zusammen, diesmal aus kurzen Akzenten zu biblischen Texten. Ich hoffe, daß Sie uns helfen, in unseren Kirchen und in unserer Gesellschaft gleichermaßen neue Schritte der Hoffnung zu gehen.

Zu viel Mosaik kann unübersichtlich werden – und darum versucht das letzte Kapitel im Sinne von Erhard Epplers »Trampelpfaden aus der Gefahr«[97] Wege zu zeigen, die der einzelne gehen kann. Hier sollen keine Vorschriften gemacht, sondern Hilfen gegeben werden, wie der einzelne seinen persönlichen Weg finden kann. Deshalb nenne ich das Schlußkapitel »Auf dem Weg zur schöpferischen Nachfolge«.

Zwölftes Kapitel

Werkstatt Zukunft

Dieses Mosaik stellt eine sehr persönliche Auswahl dar. Aufgenommen habe ich im wesentlichen solche Informationen, Beispiele und Gedanken, die mich selbst fasziniert und zum Weiterdenken angeregt haben.

Dem informierten Leser wird manches fehlen. Andererseits ist für denjenigen, der sich bisher mit den Fragen des alternativen Lebens noch nicht beschäftigt hat, die Fülle vermutlich schon zu groß. Die Zwischenüberschriften können vielleicht helfen, die persönlich sinnvollen Schwerpunkte herauszufinden.

Bewußtsein

1. Teilhard de Chardin weist darauf hin, daß die Menschheit heute nicht mehr in erster Linie in Arme und Reiche gespalten sei,

sondern in solche, die mit einer zukünftigen Entwicklung rechnen, und solche, die dies nicht tun. Wir finden heute auf der einen Seite Menschen, die Hoffnung für die Zukunft haben und deshalb einen persönlichen Weg der Veränderung gehen – und wir finden auf der anderen Seite eine »schweigende Mehrheit«, die aus Angst vor der Zukunft krampfhaft die alten, überholten Lebensformen festhält.[98]

Also: Es gibt zwei Gruppen von Menschen, solche, die aus Hoffnung heraus nach vorn schauen, und solche, die aus Angst heraus zurück schauen.

2. Bei einer SPIEGEL-Umfrage zum Thema »Wovor haben Sie manchmal Angst« gab 1975 niemand an, er habe vor der Umweltverschmutzung Angst – und 1981 waren es erst 5%. Aber bereits 1983 hatte eine Umfrage zum Thema »Welches gesellschaftliche Problem halten Sie für sehr wichtig?« folgendes Ergebnis:[99]

Arbeitslosigkeit bekämpfen	86,3%
Waldsterben bekämpfen	75,9%
Wirksamer Umweltschutz	70,9%
Renten sichern	66,0%
Preisanstieg bekämpfen	54,2%

3. Es ist heute nicht mehr übertrieben, von einer »alternativen Bewegung« zu sprechen, die zu den prägenden gesellschaftlichen Kräften gehört. Inzwischen ist sie schon eher eine Art »Gegenkultur« mit vielen Facetten, sowohl mit der Stoßrichtung auf bewußte politische Arbeit, aber auch als Bewegung in eine neue (vielfach religiöse) Innerlichkeit.

Heute gibt es unzählige Wohngemeinschaften, als Flucht aus den betonierten Schlafstädten, aus der Sehnsucht nach gemeinsamem Leben entstanden, mit politischen Motivationen aus der Hausbesetzerbewegung, oder einfach aus praktischen Gründen.

Landkommunen testen die Idee der Selbstversorgung und setzen Zeichen für ein neues Lebensgefühl: Der Mensch ist nicht Beherrscher, sondern Teil der Natur.

Eine neue Spiritualität nimmt immer größeren Raum ein, wenn sie auch durch ihr buntscheckiges Spektrum verwirrt, bei dem urchristliche Impulse neben Anleihen aus den östlichen Religionen stehen, Meditationsformen bis hin zu einer psycho-religiösen Bewegung gehen und spontane Protestformen sich mit politischen Aktionen vermischen.

Dazu kommt ein Netz an praktischen Initiativen: Teestuben, alternative Kneipen, Dritte-Welt-Läden, Naturkostläden, Theatergruppen, Handwerkerkollektive, Entrümpelungs- und Renovierungskleinstfirmen, freie Schulen, Jugendzentren, therapeutische Initiativen, Frauenhäuser und Beratungsstellen.

Die wachsende Alternativpresse hat eine »Gegenöffentlichkeit« aufgebaut. Es gibt inzwischen überregionale Verbände, ein unüberschaubares, aber dicht geknüpftes »Netz« der einzelnen Initiativen und eine eigene politische Kraft, die »Grünen«.

4. Wie viele andere, versucht ein jüngeres Ehepaar mit zwei Kindern, er Beamter, sie z.Zt. beurlaubte Lehrerin, »ganz normal« alternativ zu leben: Sie benutzen ihr Auto nur da, wo es unbedingt nötig erscheint und fahren, so oft es geht, mit öffentlichen Verkehrsmitteln. Sie halten ein privates Tempolimit ein und bilden, wenn sie Auto fahren, möglichst Fahrgemeinschaften. Es gibt wenige, unbedingt notwendige elektrische Haushaltsgeräte, geheizt wird nur der Raum, in dem sich Eltern und Kinder gemeinsam aufhalten. Abfall wird getrennt und überwiegend dem Recycling zugeführt, Einwegflaschen werden vermieden und möglichst unverpackte Ware eingekauft, Kleidungsstücke der Kinder weitergegeben, sobald sie nicht mehr passen. Fleisch gibt es nur noch einmal in der Woche, sie achten auf möglichst gesunde Ernährung und weisen chemisch behandelte Lebensmittel möglichst zurück.

Das ist nicht viel? Das ist viel, wenn es viele tun! Wenn es die Mehrheit tun würde, wäre es eine wirkliche Wende.

5. Duane S. Elgin nennt fünf zentrale Wertvorstellungen der einfachen Lebensweise:[100]

- materielle Einfachheit
- menschliche Lebens- und Arbeitsbereiche
- Selbstbestimmung
- ökologisches Verantwortungsbewußtsein
- persönliche Entfaltung

»Die soziale Bewegung einer einfachen Lebensweise beinhaltet ein äußerst vielfältiges und reiches Wertsystem. Es ist nicht verwunderlich, daß viele Werte, die mit dieser Lebensweise in Einklang stehen, sowohl auf globale Angelegenheiten als auch auf solche, die sozusagen vor der eigenen Haustür liegen, anwendbar sind.«

6. Im Zusammenhang mit dem einfachen Leben wird eine alte, urchristliche Praxis neu bedeutsam: das Fasten. Es bedeutet eine begrenzte freiwillige Enthaltsamkeit. Im Fasten kann ich neu zu mir selbst und zu Gott finden, Fasten ist aber auch eine Hilfe, herauszufinden, was ich wirklich brauche. Dies ist angesichts der Jahrtausendkrise eine neue, sehr wesentliche Motivation, gerade auch in der Kombination mit den anderen Zielen des Fastens: Indem ich mich neu finde, entdecke ich, was ich brauche und was nicht. Indem ich Gott neu finde, kann ich verzichten und genießen lernen. Dabei gewinnt das Fasten eine umfassendere Bedeutung: Enthaltsamkeit vom Essen, Verzicht auf Medien, Autofasten, Leben ohne Telefon, eine bestimmte Zeit der Einsamkeit, Fasten als bewußte Stille, als Enthaltsamkeit von Alkohol und Nikotin, und vieles mehr. Meist wird dies eine Enthaltsamkeit auf Zeit sein – vielleicht schälen sich aber auch lebenswichtige Begrenzungen heraus, die ich beibehalte.

Wer mit dem Fasten beginnen will, sollte sich mit Erfahrenen zusammenschließen.

Frieden

7. Frieden ist der Prozeß, in dem Gerechtigkeit zunimmt und Gewalt abnimmt.

8. »Sigmund Freud wurde von Albert Einstein gefragt: ›Gibt es einen Weg, die Menschen vom Verhängnis des Krieges zu befreien?‹ Darauf antwortete Freud u.a.: ›Wenn die Bereitwilligkeit zum Krieg ein Ausfluß des Destruktionstriebs ist, so liegt es nahe, gegen sie den Gegenspieler dieses Triebes, den Eros anzurufen. Alles, was Gefühlsbindungen unter den Menschen herstellt, muß dem Krieg entgegenwirken. Diese Bindungen können von zweierlei Art sein. Erstens Beziehungen wie zu einem Liebesobjekt, wenn auch ohne sexuelle Ziele. Die Psychoanalyse braucht sich nicht zu schämen, wenn sie hier von Liebe spricht, denn die Religion sagt dasselbe: Liebe deinen Nächsten wie dich selbst. Das ist nun leicht gefordert, aber schwer zu erfüllen. Die andere Art von Gefühlsbindung ist die durch Identifizierung. Alles, was

bedeutsame Gemeinsamkeiten unter den Menschen herstellt, ruft solche Gemeingefühle, Identifizierungen hervor. Auf ihnen ruht zum guten Teil der Aufbau der menschlichen Gesellschaft.‹«[101]

9. Es gibt bedeutsame und wegweisende Gegenkonzepte zur Aufrüstung, von denen wir uns einige anschauen wollen.

Horst Afheldt hat den Gedanken einer konsequenten Defensivrüstung mitentwickelt und auf die Situation der Bundesrepublik Deutschland übertragen:

»Grundlage des Modellkonzepts bilden Techno-Kommandos von je etwa 20 Mann. Diese Kommandos sind mit Panzerabwehrwaffen (z.B. Milan-Raketen), Sperrmitteln (Minen) und leichten Infanteriewaffen ausgerüstet. Der technische Standard der Ausrüstung soll für den spezifischen Zweck, der Abwehr beweglichen schweren Geräts des Gegners, in Qualität und Quantität optimal sein (zielsuchende, halbautomatische und automatische Zerstörungsmittel). Jedem leichten Techno-Kommando wird bereits im Frieden ein Bezirk der Bundesrepublik zugewiesen, in dem es stationiert und für den Einsatz ausgebildet wird. Versagt die Abschreckung, wird das Kommando in diesem seinen Bezirk autonom seine Aufgabe erfüllen, den feindlichen Vormarsch so weit wie möglich zu verhindern beziehungsweise zu stören.

Alle leichten Techno-Kommandos bilden ein Netz, das die gesamte Bundesrepublik lückenlos überzieht. Im Durchschnitt deckt jedes Kommando rund 20 Quadratkilometer. Großstädte können nicht zum Kampfgebiet gemacht werden, weil es die Aufgabe der Soldaten ist, die Zivilbevölkerung zu schützen, nicht aber, ihre Vernichtung herauszufordern.«[102]

Diese Defensivstrategie bedroht keinen möglichen Gegner auf dessen Territorium und läßt militärische Mittel nur nach einem erfolgten Angriff zum Einsatz kommen. Weil sie den Gegner nicht bedrohen kann, ist sie bereits eine vertrauensbildende Maßnahme. Allerdings schützt diese Strategie nicht gegen Atomwaffenschläge. Sie könnte aber nach einer totalen Abrüstung der Atomwaffen die Verteidigungslinie sein, auf sie sich beide Machtblöcke einigen.

10. Der amerikanische Journalist Jonathan Schell macht in seinem Buch »Die Abschaffung« einen verblüffend einfachen, viel-

leicht sogar genialen Vorschlag.[103] Alle Atommächte sollten in einem »Abschaffungsabkommen« die Vernichtung sämtlicher Atomwaffen beschließen. Anschließend soll der atomwaffenlose Zustand gegenseitig überwacht werden. Es bliebe eine möglichst klein gehaltene und defensive konventionelle Bewaffnung übrig. Was nicht abgeschafft werden kann, ist die Fähigkeit, Atomwaffen zu bauen. Im Falle eines Bruchs des Abkommens und einer entsprechenden Spannungslage bliebe nicht nur eine Vorwarnzeit von wenigen Minuten, sondern eine von mehreren Monaten, denn solange würde die Produktion neuer Atomwaffen sicher dauern.

Franz Alt schreibt zu diesem Konzept: »Atomare Abschreckung ohne Atomwaffen würde zumindest die größte Gefahr ausschalten. Wir stünden zwar noch immer am Abgrund, aber wir hätten wieder Boden unter den Füßen und könnten das Gelände sondieren und uns langsam zurückziehen.«[104]

11. Der Gedanke der »sozialen Verteidigung«, vor allem von Theodor Ebert entwickelt, geht von einem anderen Grundgedanken aus. Die soziale Verteidigung will einem Aggressor die Herrschaft nicht kampflos überlassen, sondern auf eine Verteidigung mit Waffen verzichten, weil diese alles, was verteidigungswert wäre, mit zerstören würde. Das Mittel der Verteidigung wäre ein vorbereiteter gewaltloser Widerstand auf allen Ebenen, der einen potentiellen Aggressor abschrecken, oder nach einem Überfall nach Monaten oder Jahren zum Aufgeben zwingen könnte.

»Durch die Verweigerung der Zusammenarbeit auf allen Ebenen sollen die Aggressoren gezwungen werden, überall vor Ort persönlich einzugreifen. Die Grundform des Widerstands ist nicht der Streik, sondern die ›dynamische Weiterarbeit ohne Kollaboration‹. Die Verteidiger ignorieren die Anweisungen des Aggressors und arbeiten nach ihren eigenen Plänen und im Interesse der Versorgung der Bevölkerung weiter. Um sich durchzusetzen, müßte der Aggressor die Widerstrebenden mit offener Gewalt entfernen und durch eigenes Personal ersetzen.«[105] Ebert weist darauf hin, daß im Ruhrkampf diese soziale Verteidigung schon einmal erfolgreich war. Denn nachdem sich die meisten deutschen Fachleute verweigerten, mußten die Besatzungsmächte »9079 französische und 957 belgische Eisenbahner einsetzen, um die Ruhrkohle abzutransportieren. Auf dem Höhepunkt des Kampfes waren 90 000 Soldaten und 10 000 französische und belgische Zivilbedienstete im Ruhrgebiet. Obwohl sie sich nach französischen Berichten große Mühe gaben, waren die Ergebnisse doch völlig unbefriedigend. ›Unsere Ingenieure, die anweisungsgemäß alles dirigieren sollten, waren hierzu absolut unfähig, da sie eben die Eigenart dieses Landes nicht kannten und dabei noch beständig auf das passive Entgegenwirken der deutschen Ingenieure und Arbeiterschaft stießen‹, urteilte ein französischer General nach einem halben Jahr Ruhrkampf.«[106]

12. Ich könnte mir denken, diese verschiedenen Vorschläge zu einem Paket zu schnüren, das an Stelle des Gleichgewichts des Schreckens ein »Gleichgewicht der Sicherheitspartnerschaft«[107] setzt. Sie beginnt mit einer stufenweisen Abrüstung, die zur Vernichtung aller Atomwaffen führt. Parallel dazu werden die konventionellen Waffen abgerüstet, als Niveau der Selbstverteidigung bleiben die mobilen Techno-Kommandos, die selbst bei einer heimlichen konventionellen Aufrüstung eines potentiellen Gegners noch Schutz gewähren. Bricht ein Partner das Gesamtabkommen, können wieder Atomwaffen hergestellt werden. Statt bisheriger Zivilschutzkonzeptionen wird in der Bevölkerung die soziale Verteidigung vorbereitet und eingeübt. Dieses Konzept wäre der heutigen Situation deutlich überlegen: Es ist viel ungefährlicher, erfordert erheblich weniger finanzielle Mittel, ist glaubhafter als eine Abschreckung, die im Grunde nicht eingesetzt werden darf, und kann erheblich leichter zur Entspannung und zur Partnerschaft der Völker beitragen.

13. In den USA ist der »New Abolitionist Convenant«, der »neue Abschaffungsbund« gegründet worden, in dem Christen mit evangelikaler und liberaler Tradition zusammenarbeiten.[108] In Auszügen lauten die Verpflichtungen folgendermaßen:

»Wir schließen diesen Bund, um zu beten. Gebet ist das Herz christlichen Friedensstiftens. Wir werden beten und Gott bitten, daß er die nukleare Zerstörung noch aufhält, so daß wir uns von unserem Wahnsinn bekehren können.

Wir gehen diesen Bund ein, um zusammen zu lernen; unser Unwissen und unsere Passivität muß in waches Bewußtsein und Verantwortung transformiert werden, wir müssen zusammen handeln, um unsere Blindheit und unseres Herzens Härtigkeit zu überwinden.

Wir schließen diesen Bund, um uns selbst zu prüfen. Um das Licht des Evangeliums auf die nukleare Situation zu werfen, werden wir die Grundentscheidung unseres persönlichen Lebens im Blick auf unsere Arbeitsstellen, unseren Lebensstil, unsere Steuern und unsere Beziehungen überprüfen, um zu sehen, wo und wie wir mit Kriegsvorbereitungen kooperieren.

Wir schließen diesen Bund, um das Evangelium des Friedens auszubreiten und in die anderen Kirchen an unserem Ort zu tragen sowie auch zu unseren verschiedenen Konfessionen und in die Entscheidungsgremien unserer Kirchen auf jeder Ebene.

Wir schließen einen gemeinsamen Bund, um öffentlich Zeugnis abzulegen. Wir müssen an all jenen Plätzen im Gebet anwesend sein, wo Atomwaffen erforscht, produziert, gelagert und stationiert werden und wo Entscheidungen gefällt werden, den Rüstungswettlauf fortzusetzen.

Wir schließen einen gemeinsamen Bund, um für den Stopp des Wettrüstens zu arbeiten. Im Licht unseres Glaubens sind wir bereit, ohne Atomwaffen zu leben.«

14. Der Katholik Richard Rohr und der Baptist Jim Wallis berichteten im Gottesdienst am 19. Juni 1983 in der evangelischen Kirche St. Lorenz in Nürnberg:

»Das Pfingstfest war in diesem Jahr für viele von uns amerikanischen Christen ein ganz besonderes Ereignis. 4000 Menschen aus allen Teilen des Landes trafen sich am Vorabend des Pfingstfestes in der Kathedrale von Washington, um dort für den Frieden zu beten und um den Heiligen Geist um Führung und Stärkung auf dem Weg des Friedens anzurufen. Am nächsten Morgen bewegten wir uns in einer langen Prozession zum Capitol. Nach weiteren Gebeten, Liedern und Ansprachen auf den Stufen des Gebäudes drangen viele von uns in die Innenrotunde des Capitols ein, um auch dort angesichts der nuklearen Bedrohung für den Frieden zu beten. 242 Menschen wurden verhaftet und eingesperrt. Es war die größte Massenverhaftung in Washington seit dem Ende des Vietnam-Krieges. Am Anfang unserer Gebetsversammlung im Inneren des Capitols rief uns der polizeiliche Oberaufseher dreimal zu: Es ist gegen das Gesetz, im Capitol der Vereinigten Staaten zu beten. Und Jim Wallis rief zurück: Ob es gesetzlich ist oder ungesetzlich – wir sind hier, um für den Frieden zu beten.

Wir haben in den wenigen Wochen hier in Europa bemerkt, daß ein Großteil der hiesigen Friedensbewegung säkulare und politische Grundlagen hat oder aus Angst-Reaktionen kommt. Das gibt es natürlich auch in Amerika. Aber die eigentlichen Grundlagen der Friedensarbeit werden bei uns heute eindeutig von Menschen gelegt, die das Evangelium wiederentdeckten. Menschen, die gelernt haben zu beten, müssen auch lernen, Frieden zu stiften. Menschen, die ein tiefes geistliches Leben entwikkelt haben, müssen auch bereit sein, mit den Armen zu leben und zu arbeiten.«

15. Aufruf beim 21. Deutschen Evangelischen Kirchentag 1985:[109] »Wir bitten die Kirchen der Welt, ein Konzil des Friedens zu berufen. Der Friede ist heute Bedingung des Überlebens der Menschheit. Er ist nicht gesichert. Auf einem ökumenischen Konzil, das um des Friedens willen berufen wird, müssen die christlichen Kirchen in gemeinsamer Verantwortung ein Wort sagen, das die Menschheit nicht überhören kann. Die Zeit drängt. Wir bitten die Kirchenleitungen, alles zu tun, damit das Konzil so rasch wie möglich zusammentritt. Wir bitten die Gemeinden, dem Aufruf zu einem Konzil durch ihre ausdrückliche Unterstützung Kraft zu verleihen.«

Dritte Welt

16. Der Weltkirchenrat hat folgende fünf Prinzipien für sinnvolle Entwicklungsprojekte aufgestellt:[110]

- ⋆ Eigenverantwortung (self-reliance)
- ⋆ soziale Gerechtigkeit (social justice)
- ⋆ Mitbestimmung (people's participation)
- ⋆ stetige Befreiung (permanent liberation)
- ⋆ qualitatives Wachstum (qualitative growth)

17. Wer persönlich ein Entwicklungsprojekt unterstützen will, hat oft nur geringe Möglichkeiten, es nach den Prinzipien des Weltkirchenrats zu überprüfen. Ganz allgemein gilt: Kleinere Projekte sind häufig besser als große, kirchliche erfüllen die Kriterien oft genauer als staatliche Projekte, solche mit persönlich motivierten europäischen Beratern erreichen mehr als Projekte, die eher bürokratisch abgewickelt werden, Projekte, in denen schrittweise Einheimische verantwortlich werden, sind eher ak-

zeptabel. Besondere Vorsicht ist dann angebracht, wenn umfangreiche Spendensammlungen veranstaltet werden, die nach den Gesichtspunkten von Werbefeldzügen organisiert sind. Auskunft können die kirchlichen Dachorganisationen »Brot für die Welt« und »Misereor« geben. Bei unterstützungswürdigen Projekten ist es wichtig, daß persönliche Beziehungen entstehen, Freundeskreise und Unterstützungsgruppen gebildet werden – und daß Kreativität vor Finanzkraft und Unabhängigkeit vor staatlicher Einflußnahme (sei es hier oder im Entwicklungsland) rangiert.

18. Ronald Sider[111] schlägt eine progressive Selbstbesteuerung vor, bei der die gewonnenen Mittel für Dritte-Welt-Projekte (am besten in Verbindung mit missionarischer Arbeit) gegeben werden könnten. Sider schlägt vor, ein Familiengrundeinkommen festzulegen, das etwa 60% über der im eigenen Land festgesetzten Armutsgrenze (bei uns die Sozialhilfesätze) liegt. Von diesem Einkommen sollten 10% gegeben werden. Ist das Familieneinkommen um 10% des Grundbetrags höher, sollten von dieser Zusatzsumme 15% gegeben werden, von den nächsten 10% höheren Einkommens 20%, usw. Es ergibt sich dann eine obere Einkommensgrenze, über der alle weiteren Einkommen vollständig weitergegeben werden sollten.

19. Die 1967 verfaßte »Erklärung von Bern«[112] gibt u.a. folgende Anregungen: Grundlegender Maßstab für alle Einkäufe ist »Gerechtigkeit, Umwelt, Gesundheit«. Das heißt:

- ⋆ Kaufe so ein, daß es für diejenigen gut ist, die das Produkt herstellen.
- ⋆ Kaufe so ein, daß es gut (oder zumindest nicht schädlich) für die Umwelt ist.
- ⋆ Kaufe so ein, daß es für deine äußere und innere Gesundheit gut ist.

Daraus ergeben sich einige Faustregeln: Kaufe solche Produkte, die wenig Energie verbrauchen – vor allem auch den Jahreszeiten entsprechend. Sei vorsichtig bei exotischen Früchten, meist stammen sie von Großplantagen, die von ausländischen Konzernen betrieben werden, die das Land den einheimischen Kleinbauern weggenommen haben. Kaufe wenig Fleisch, denn Fleisch verdrängt den Anbau von Grundnahrungsmitteln für die Armen. Das Fleisch sollte aus Gegenden kommen, die nur Viehwirtschaft kennen, oder wo es ein Nebenprodukt der Milch- und Eierproduktion ist. Kaufe alles, was irgend möglich ist, in Dritte-Welt-Läden. Denn diese Läden verkaufen Waren, die von selbständigen Genossenschaften in der Dritten Welt oder aus Direktbezügen stammen.

20. Ronald Sider schreibt über den Lebensstil der christlichen Gemeinde: »Immer wieder hat Gott seinem Volk geboten, so in Gemeinschaft miteinander zu leben, daß extreme Armut ebenso vermieden würde wie extremer Reichtum. Große Gemeinden, die sich mit der Frage beschäftigen: ›Wie sollte ein wirtschaftlich verantwortungsbewußter Lebensstil für die Glieder unserer Gemeinde aussehen?‹ könnten wöchentliche Hauskreise von fünfzehn bis zwanzig Teilnehmern ins Leben rufen, um so in kleinen Kreisen persönliche Probleme wie die Verwendung von Geld und die Planung des Haushalts zu besprechen. Dagegen würden alle Gemeindeglieder in einem gemeinsamen Gottesdienst zu Anbetung, Lehre und Feier zusammenkommen.«[113]

Technik und Wirtschaft

21. Alternative Technik wurde in den siebziger Jahren häufig »sanfte Technik« genannt. Inzwischen hat sich stärker der Begriff »angepaßte Technik« durchgesetzt. Die folgende Beschreibung[114] soll verdeutlichen, was dies in der Praxis bedeutet: Technische Probleme sollen arbeitsintensiver als bisher gelöst werden, dafür mit weniger Energieaufwand und weniger spezialisierter Arbeit, angepaßte Technik gleicht also wieder mehr der handwerklichen Arbeit. Das geht nur in Klein- und Mittelbetrieben, die möglichst dort arbeiten sollen, wo die meisten ihrer Mitarbeiter wohnen, also durchaus auch auf dem Land. Ideal ist es, wenn ein bestimmter Bereich, ein größeres Dorf also oder ein kleiner Stadtteil, die meisten Gebrauchsgüter mit Hilfe einige Kleinbetriebe selbst herstellen kann, verbunden mit ähnlich strukturierter Landwirtschaft. Energie wird, so weit es irgend geht, dort erzeugt, wo man sie braucht, Sonnenenergie, Windkraftwerke, Wasserkraftwerke, Energie aus Biomasse, Wärmepumpen – jeweils in kleinen Einheiten. Verkehrs- und Transportwege werden kleingehalten, sozial entspricht die Arbeitsgemeinschaft im wesentlichen auch der Lebensgemeinschaft, der Lebensstil ist auskömmlich-bescheiden und physisch relativ anstrengend. Es gibt

kaum Arbeitslosigkeit, wenig Geldverkehr, mehr Basisentscheidungen, zu ungunsten der hierarchischen Strukturen. Ich möchte das Ganze »Autonomie der Bescheidenheit« nennen.

22. Während die angepaßte Technik von den »Grenzen des Wachstums« ausgeht, plädiert Joseph Huber für ein »Wachstum der Grenzen« durch eine neue, ökologisch abgesicherte Phase der Industrialisierung, also für ein Bündnis zwischen Industrie und Ökologie: »Was wir in den ersten, ahnungsvollen Anfängen erleben, ist nichts weniger als eine Ökologisierung, Biologisierung und Psychologisierung der Technik – und eine Technisierung der Psyche, der Bio- und Öko-Sphäre. Wem die kalte Schönheit dieser Aussichten die Sprache verschlägt, mag daran denken, daß auch unsere heutige Zivilisation einem Buschmann nicht gerade das Herz erwärmt – und daß auch der Busch kein Paradies war. Wie es aussieht, haben wir nicht die Wahl, industrielle Buschmenschen zu bleiben. Wir können nur versuchen, aus unserer weiteren Zivilisation das Beste zu machen . . . Die nächsten Schritte auf diesem Weg sind problematisch und krisenreich. Außer der ständigen atomaren Katastrophenbedrohung dürfte es eine Periode teilweise noch verschlimmerter Umweltkrisen sein, vor allem aber verschärfter politischer Spannungen und Wirtschaftskrisen mit harten Verteilungskämpfen ... Immerhin, es wird ein Zeitalter mit neuen Ufern in Sicht und insofern doch wieder optimistisch.«[115]

23. 1978 wurde in Berlin das »Netzwerk Selbsthilfe e.V.« gegründet, das Kleinunternehmungen im Sinne der Alternativbewegung unterstützen will. Schon nach einem Jahr zählte das Netzwerk 4000 Mitglieder. Es sind keine theoretischen Zirkel, die den Gang dieser ›Graswurzelrevolution‹ bestimmten, sondern Tausende kleiner Arbeitskollektive, die in sogenannten selbstorganisierten Projekten die praktische Veränderung ihres Alltags (und den ihrer Umwelt) betreiben – eine Schäferei, ein Malerkollektiv, eine Fahrrad- oder Foto-Werkstatt, eine Druckerei, ein Bio-Laden, eine freie Schule oder Tagungsstätte, eine Zeitschrift, eine Videogruppe, eine medizinische Selbstuntersuchungsgruppe oder eine therapeutische Selbsthilfegruppe, ein Theaterkollektiv, eine Frauen-Rock-Band, ein Komitee zur Verteidigung demokratischer Grundrechte oder ein anderes, ›Bürger beobachten die Polizei‹ oder eine Umweltschutzinitiative. Orga-

nisiert oder nicht hat sich inzwischen der Gedanke des Netzwerks über den gesamten Bereich der Industriestaaten verbreitet.[116]

Energie

24. Das Öko-Institut in Freiburg hat in einer Studie »Energieversorgung in der Bundesrepublik ohne Kernenergie und Erdöl«[117] folgende Ergebnisse veröffentlicht:

Es hält eine Entwicklung für möglich, bei der sich der gesamte Energieverbrauch von 420 Mill. t SKE (Steinkohle-Einheiten) im Jahr 1980 auf etwa 220 Mill. t SKE im Jahre 2030 vermindert. 1990 soll auf jede weitere Kernenergie verzichtet werden, etwa 2010 auf Erdgas und etwa 2025 auf Erdöl. Danach blieben ab 2025 folgende Energieträger übrig: etwas mehr als 50% Kohle, mit weiter abnehmender Tendenz, der Rest regenerierbare Energieträger wie Wind, Wasser, Sonne und Biomasse, mit weiter zunehmender Tendenz.

Der wichtigste Energieträger in diesem Szenario ist das Energiesparen. Es soll, bezogen auf 1973, zu folgenden Einsparungen kommen (in %):

- ★ Raumheizung 70% (schwedische Wärmedämmungspraxis, bessere Heizungen, bessere Regelung)
- ★ Autos 60% (im Prinzip heute schon möglich)
- ★ industrieller Prozeßwärmeeinsatz 30% (Wärmerückgewinnung, verbesserte Prozeßführung)
- ★ elektrische Haushaltsgeräte 65% (starke Isolierung, bessere Wärmepumpen, Wärmerückgewinnung . . .)
- ★ elektrische Antriebe 30% (Teillaststeuerung, bessere Anpassung der Motorengröße . . .)

Ein Investitionskostenvergleich ergibt, daß Strom aus Kernenergie zwei- bis zehnmal teurer ist als die aufgezählten Verbesserungen.

25. Erhard Eppler schreibt zum Thema »Energiesparen und Arbeitsplätze«: »Eine Energiepolitik, die langfristig prognostizierte Zuwachsraten des Energieverbrauchs durch großtechnische Anlagen, vor allem Kernkraftwerke, zu decken versucht, ist äußerst kapitalintensiv. Eine Energiepolitik, die kurz- und mittelfristig den Akzent auf Energieeinsparung, langfristig auf dezentrale, erneuerbare Energiequellen legt, ist wesentlich arbeitsin-

tensiver. Nach einer Untersuchung von Eric Hirst und Bruce Hannon aus dem August 1979 dürfte das vom Kongreß 1977 beschlossene Energiesparprogramm bis zum Jahr 2000 etwa 600 000 Arbeitsplätze vernichten und etwas mehr als eine Million neue schaffen, so daß ein Nettogewinn von etwa 425 000 Arbeitsplätzen übrig bliebe ... Eine Politik, die auf schonenden Umgang mit Ressourcen und Natur hin angelegt ist, schafft per saldo Arbeitsplätze, und zwar überwiegend in mittleren und kleinen Betrieben der Industrie und des Handwerks.«[118]

26. Der bekannte Energieexperte Amory Lovins hat sich am Fuße der Colorado Rocky Mountains ein Energiesparhaus gebaut.[119] Obwohl es dort im Sommer bis 30 Grad Wärme und im Winter bis 40 Grad Kälte gibt, braucht das Haus keine Heizung und verbraucht nur ein Zehntel des Stroms und halb so viel Wasser wie ein vergleichbares konventionelles Haus. Wie kommt dies zustande?

Eine treibhausähnliche, in das Haus integrierte Glaskonstruktion fängt die Sonnenwärme ein, die mittels eines ausgeklügelten Ventilationssystem im Haus verteilt wird. Wärmetauscher heizen oder kühlen die von außen hereingeführte Frischluft. 40 cm dicke Sandwich-Mauern, deren Zwischenraum mit Isoliermasse ausgeschäumt ist, dazu noch gasgefüllte, mit einem durchsichtigen Spezialfilm beschichtete Doppelfenster sorgen für eine extreme Wärmedämmung.

In den Wohnräumen beträgt die dadurch gewonnene Temperatur 21 Grad, im Schlafzimmer und im Computerraum liegt sie etwa 2 Grad niedriger.

27. Ideensammlung zum privaten Energiesparen:[120]

Heizen: Heizkessel mit gleitender Vorlauftemperatur, witterungsgeführte Heizungsregelung mit Nachtabsenkung, thermostatische Einzelraumregelung.

Wärmedämmung: Außenwände (von außen oder von innen), Dach (Dachgeschoßdecke oder Dachschräge), Kellerdecke, Fenster (auch Fugenabdichtung und Dämmläden).

Stromsparen: vor allem bei den »Stromschluckern« Warmwasserbereiter (Öl und Gas billiger), Geschirrspüler, Elektroherd, Gefriertruhe, Kühlschrank, Waschmaschine und Wäschetrockner: weniger verwenden, besser isolieren, Unnötiges abschaffen.

Neue Heizsysteme: Fußbodenheizung, Wandflächenheizung,

Niedertemperaturheizkessel, Brennwertkessel, Wärmepumpe und Sonnenkollektor.

Experimente machen: »Sonnenhäuser« bauen, solare Kleinkraftwerke, private Windmühlen, Energie aus Wasser, Biogasanlage, etc.

Arbeit

28. DER SPIEGEL berichtet über flexible Arbeitszeiten bei der Cannstatter Volksbank: »Bei dem Geldinstitut sind die Bankschalter montags bis freitags durchgehend von 8.30 bis 18.00 Uhr geöffnet. Dennoch haben die Beschäftigten keine festen Arbeitszeiten mehr. Um beides gleichzeitig zu ermöglichen, wurde der gesamte Betrieb in 28 Kleingruppen aufgeteilt. Diese Teams, die für den Schalterdienst, für Anlageberatung oder Kreditvermittlung zuständig sind, erhalten von der Geschäftsleitung nur eine Vorgabe: Innerhalb einer Kernzeit muß mindestens ein Mitarbeiter der Gruppe anwesend sein. Das Team entscheidet selbständig, wer wann erscheint, wer einen Tag freinehmen oder wer Überstunden abbummeln kann. Anwesenheitspflicht besteht weder zu bestimmten Tageszeiten noch an gewissen Wochentagen.

Mehr als andere Unternehmen geht die Cannstatter Volksbank auf die Teilzeitwünsche ihrer Mitarbeiter ein. Die Stenotypistin H. S. zum Beispiel arbeitet nur noch einen Tag in der Woche, weil sie sich in der übrigen Zeit um ihre Familie kümmern will. Andere, etwa die Bankangestellten H. M. und I. K. machen Jobsharing ... Wenn sie etwas Besonderes vorhaben, teilen sich die beiden ihre Arbeit anders auf ... Obwohl die Bank wegen der längeren Öffnungszeiten höhere Personalkosten hat, erwirtschaftet sie mehr Gewinn als vergleichbare Unternehmen.«[121]

29. Joseph Huber untersucht ungenutzte Möglichkeiten der »Dualwirtschaft«.[122] Dabei wird unterschieden in »Erwerbsarbeit« (Gelderwerb in der sog. Arbeitszeit) und »Eigenarbeit« (unbezahlte Arbeit in der sog. Freizeit, also Hausarbeit, Nachbarschaftshilfe, Selbsthilfe, ehrenamtliche Tätigkeit).

Ideal ist es, wenn die Erwerbsarbeit weniger Zeit in Anspruch nimmt als die Eigenarbeit, denn jede Erwerbsarbeit stiftet Abhängigkeiten und besitzt Merkmale der Entfremdung. Grundstoffe und komplizierte technische Geräte werden wohl auch in Zukunft überwiegend in zentralen Betriebsstätten produziert werden und damit zur Erwerbsarbeit gehören. Konsumgüter und Dienstleistungen sollten dem Konsumenten die Wahl bieten, sie zu kaufen oder selbst zu machen. Wer viel selbst machen will, kann sich mit einfacheren Dingen begnügen und damit die Arbeitszeit reduzieren. Außerdem werden Wegezeiten und Energien gespart. Bei vielen Leistungen, z.B. in den Bereichen Bauen, Wohnen, Ernährung, Gesundheit, Bildung, Unterhaltung und Reisen neigt sich die Waagschale mehr in Richtung Eigenarbeit.

»Wenn es wenige Reiche und viele Arme gibt, können sich die Reichen alles leisten, wobei die Leistungen von den Armen erbracht werden ... In dem Maße dagegen, wie sich alle innerhalb eines vergleichbaren Einkommensniveaus bewegen, kann sich der einzelne relativ weniger leisten, muß dafür aber auch für andere weniger leisten. Jeder hat dann die Möglichkeit, im Rahmen allgemein gleicher Konsumchancen, nach eigener Vorliebe bestimmte Dinge zu kaufen und andere selber zu machen – oder überhaupt auf bestimmte Dinge zugunsten anderer Dinge oder zugunsten mehr freier Zeit zu verzichten.«[123]

30. Der NAWU-Report entwickelt ein weitaus utopischeres, aber vielleicht trotzdem realisierbares Arbeits- und Sozialmodell, das »Kleine Netz«:[124] Ein »Kleines Netz« ist eine Siedlungsgemeinschaft von 15–20 Familien, etwa 50 bis maximal 100 Personen, die einzelne soziale Aufgaben und Gemeinschaftsdienste aus eigener Kraft erfüllt. Die Familien leben weiterhin als traditionelle Kleinfamilien, allerdings sollte jedes Elternpaar für eine zusätzliche Person sorgen, ein älterer Mensch, ein Kind aus einer zerbrochenen Familie, ein sozial Geschwächter. Im allgemeinen könnte dann ein Mitglied jeder Kleinfamilie ganz oder teilweise Erwerbsarbeit in der arbeitsteiligen Wirtschaft leisten. Damit wäre die ökonomische Grundlage des »Kleinen Netzes« gesichert, vorausgesetzt, es würde alles, was möglich ist, gemeinschaftlich in Eigenarbeit geleistet. Dafür lassen sich viele Möglichkeiten denken: ein eigener Kindergarten, soziale Betreuung, Anbau von Lebensmitteln, einige kleine Handwerksbetriebe für eigene und fremde Bedürfnisse, ein »Kleiner-Netz-Laden« auf Genossenschaftsbasis, u.a. Falls es zusätzlich gelingt, einen Kleinbetrieb mit wenig spezialisierter Arbeit ins »Kleine Netz« zu holen, könnten die meisten Bewohner, die Erwerbsarbeit nachgehen, im Wohnbereich arbeiten. Das spart Zeit und Wege und erleich-

tert die Teilzeitarbeit, z.B. auch beider Ehepartner. Außerdem könnten viele zusätzliche Bereiche der Eigenarbeit gemeinschaftlich angegangen werden: Einkauf, Fahrgemeinschaften, gemeinsame Autos, Freizeitgestaltung, Bildungsarbeit und vieles mehr.

Ein »Kleines Netz« könnte auch eine sehr zukunftsträchtige Form christlicher Gemeindearbeit sein, z.B. als europäische Version einer »Basisgemeinde«.

Landwirtschaft

31. Seit 1979 gibt es ein kalifornisches Gesetz über biologische Nahrungsmittel (Californian Organic Food Act).[125] Lebensmittel, die einen der folgenden Namen tragen – biologisch, natürlich angebaut, wild, ökologisch, organisch oder organisch angebaut –, müssen folgende Bedingungen erfüllen:

1. Sie werden ohne Verwendung synthetischer Düngemittel, Pestizide oder Wachstumsregulatoren produziert, geerntet, verteilt, gelagert, verarbeitet und verpackt.

2. Im Falle überwinternder, einjähriger oder zweijähriger Pflanzen dürfen zwölf Monate vor der Aussaat oder Einpflanzung sowie während der gesamten Wachstums- und Erntezeit der betreffenden Pflanze keine synthetischen Düngemittel, Pestizide oder Wachstumsregulatoren auf das Feld oder das Bodenareal gegeben werden, in dem die Pflanze angebaut wird.

32. Der ehemalige ZEIT-Redakteur Rüdiger Dilloo, der jetzt in einer Landkommune lebt, schreibt: »Wir sind ein recht genußfroher Haufen in Bschaid. Wir leben und arbeiten als Selbstversorger, weil wir es so besser haben, nicht schlechter. Die Ernährung ist freilich nur ein Teil der Verbesserung. Ein anderer, wichtigerer ist, daß wir in Bschaid selbst über unser Dasein bestimmen. Wir geben uns die Arbeit selbst. Niemand verdient an uns, so wie wir nicht an anderer Menschen Arbeit verdienen. Auf unserem Grund, in unserem Haus arbeiten wir für unsere Grundbedürfnisse: Essen, Obdach, Wärme, Lebensfreude. Da werden Müssen und Wollen zwanglos eins. Ein dritter Grund, warum wir besser leben denn als Einzelkämpfer, ist die Liebe und Fürsorge, die wir in der Gruppe geben und bekommen können, wenn wir uns darum bemühen.«[126] Die wenigen Bedürfnisse, die nicht selbst erarbeitet werden können und für die man Geld braucht, wie Diesel

für den Traktor, ein Teil der Kleidung, die wenigen technischen Geräte, die im Haus sind und die Sozialversicherungsbeiträge bringt die Gruppe dadurch auf, daß einzelne nach Bedarf teilzeitlich Erwerbsarbeit verrichten, oder anderweitig mit ihren beruflichen Fähigkeiten Geld verdienen.

33. Ein Stichwort, das heute häufiger genannt wird, ist »Permakultur«. Was verbirgt sich dahinter? »Permakultur ist ein Wort, das wir für ein integriertes, sich entwickelndes System aus mehrjährigen oder sich selbst vermehrenden einjährigen Pflanzen und aus für den Menschen nützlichen Tieren geprägt haben. Im Kern ist es ein vollständiges landwirtschaftliches Ökosystem, inspiriert von bestehenden, einfacheren Beispielen. Das hier beschriebene System wurde für die gemäßigten Breiten entworfen, mit anderen und zusätzlichen Arten kann es an jede andere klimatische Situation und an Städte angepaßt werden.

Die ideale Permakultur speichert Regenwasser und Sonnenenergie, nutzt sie sparsam und effektiv, verbessert die Bodenfruchtbarkeit und verwendet die Abfälle der einen Tier- und Pflanzenart als Rohstoffe für die nächste. Sie ordnet Tiere und Pflanzen so zueinander, daß ihre Bedürfnisse ohne menschliches Zutun erfüllt sind. Das heißt, das Prinzip des Urwalds – eines autonomen Ökosystems – auf Nutzpflanzen und -tiere zu übertragen. In einem solchen System versteht sich der Mensch nicht als Meister einer kurzfristigen ausbeuterischen Ertragsmaximierung, sondern als Hüter und Steuermann von Zyklen und Gesetzen, die lange vor ihm entstanden sind und lange nach ihm wirken werden.

Unsere eigene Permakulturerfahrung in den letzten beiden Jahren in Berlin zeigt, daß in einem Garten von ca. 6 mal 12 Meter etwa 40 Prozent unserer Nahrung mit einem durchschnittlichen Arbeitsaufwand von 5 Minuten am Tag zu produzieren sind, das heißt ein weit geringerer Zeitaufwand, als normalerweise das Einkaufen benötigt. Das beste aber ist die Frische und Qualität der Nahrung – wir haben noch nie so gut gegessen. Und dies auf unserem sandigen Boden, auf dem angeblich nichts wachsen soll, mit Schatten durch hohe Bäume und geringer Erfahrung mit Gartenbau.«[127]

34. Bürgerinitiativen sind im letzten Jahrzehnt die wichtigste Ebene für mündige Bürger geworden, die sich außerhalb der traditionellen gesellschaftlichen Strukturen äußern wollten. Sie beschäftigen sich meist nur mit einem Zweck, entstehen aus spontanem Bürgerprotest und haben im allgemeinen einen regionalen Hintergrund. Schon bisher haben sie erstaunlich viel politisch bewegt:[128]

1. Sie besitzen zumeist eine hohe moralische Autorität, die des Schwachen gegen den Überlegenen, die des selbst Betroffenen gegen den »von Berufs wegen Betroffenen«.
2. Sie geben den Teilnehmern viele Möglichkeiten der Selbstverwirklichung.
3. Ihre Spontanreaktionen können die Bürokratie ergänzen oder sogar überwinden.
4. Die Bürgerinitiative kann sich eines großen öffentlichen Interesses sicher sein, weil sie gegenüber den gesellschaftlichen Strömungen oft Zeichencharakter hat.
5. Alle diese Vorteile können sich auch gegen sie richten, denn oft entstehen durch sie neue Herrschaftsansprüche, Frustrationen gegenüber der mächtigen Bürokratie und Abnutzungserscheinungen, wenn es zu viele oder zu wenig kompetente Bürgerinitiativen gibt.

35. Peter C. Dienel hat den Gedanken der »Planungszelle« entwickelt: »Die Planungszelle ist eine Gruppe von Bürgern, die nach einem Zufallsverfahren ausgewählt und für begrenzte Zeit von ihren arbeitstäglichen Verpflichtungen vergütet freigestellt worden sind, um, assistiert von Prozeßbegleitern, Lösungen für vorgegebene, lösbare Planungsprobleme zu erarbeiten ... Daraus ergeben sich Konsequenzen, die z.B. bei einem Stadtplanspiel in Detroit sichtbar wurden. Bewohner einer sanierungsreifen Gegend beteiligen sich auf der Straße an einem Wiederaufbauspiel. Kunststoffblöcke werden auf den auf die Fahrbahn gemalten Straßenraster des Viertels gesetzt. So investiert man nach Diskussionen Millionenbeträge für Krankenhaus, Wohnhaus und Schule. Die nächste Runde führt, nach Begrenzung der Mittel, zu neuen Planungen, aber auch zu Konflikten zwischen den Teilnehmern. Kann man sich den Park dort und das Altenheim hier noch leisten? Der arbeitslose Alte und die Mutter einer sieben-

köpfigen Puertoricaner-Familie, bisher immer ohne eigene Meinung zu den oft schwierigen Fragen der Funktion, der Plazierung und Dimensionierung von Einrichtungen, entwickeln plötzlich klare, begründete Standpunkte. Interessant sind die Reaktionen der Stadtplaner, die das Spiel mit viel Mühe arrangiert hatten. Die Herren wurden im Laufe des Tages immer stiller. Die sachliche Informiertheit und damit partielle Planerfähigkeit des Laien auf diese Weise mitzuerleben – das trifft den hauptberuflichen Planer unvorbereitet an einem sensiblen Punkt.«[129]

Umweltpolitik

36. Die fortschrittlichste Umweltpolitik finden wir inzwischen in Japan, dem Land mit den spektakulärsten Umweltkatastrophen der letzten Jahrzehnte.[130] Die Erfolge der letzten zehn Jahre sind beeindruckend:

Bleifreies Benzin ist wesentlich billiger als verbleites – inzwischen sind 97% der Personenkraftwagen mit Katalysatoren ausgerüstet. Die Geschwindigkeiten sind streng geregelt: für PKW 100 km/h auf Autobahnen, 80 km/h auf Fernstraßen und 40 km/h in Wohngebieten. Drastische Geldstrafen mit raschem Führerscheinentzug sorgen dafür, daß diese Geschwindigkeitsbeschränkungen eingehalten werden.

Großfeuerungsanlagen und private Heizungen sind so stark entschwefelt, daß der Ausstoß von Schwefeldioxid um mehr als 75% zurückgegangen ist.

In den größeren Städten sind elektronische Anzeigetafeln aufgestellt, auf denen die augenblicklichen Werte für die Luftverschmutzung mitgeteilt werden.

Dieser Umschwung ist vor allem einer veränderten Rechtsprechung zu verdanken. Es gilt nicht mehr das uneingeschränkte Kausalitätsprinzip, das früher (und bei uns heute noch) den Geschädigten zwang, den Zusammenhang zwischen seiner Schädigung und einem bestimmten Verursacher nachzuweisen. In Japan genügt heute der »statistisch-epidemiologische« Nachweis, also eine hohe Wahrscheinlichkeit, daß bestimmte Schädigungen mit bestimmten Umweltbelastungen zusammenhängen, und daß diese Belastungen im Wohn- oder Arbeitsbereich des Geschädigten vorhanden sind, um einen oder mehrere Verursacher solcher Belastungen schadensersatzpflichtig zu machen.

Außerdem gibt es einen Fonds, in den alle Industriebetriebe entsprechend ihrem Anteil an den Umweltbelastungen Zahlungen leisten müssen, und aus dem die Schadensersatzforderungen beglichen werden, die auf solchen Schadstoffen beruhen, die sich über das ganze Land oder bestimmte Regionen ausgebreitet haben – bei denen also keine konkreten Verursacher festgestellt werden können. Inzwischen ist es in Japan wesentlich billiger, Umweltschutz zu betreiben, als für Umweltbelastungen aufzukommen.

Unternehmen können selbst dann zu Schadensersatzleistungen herangezogen werden, wenn sie sich an die gesetzlichen Bestimmungen gehalten haben, aber der statistisch-epidemiologische Nachweis von Schädigungen trotzdem erbracht ist, denn soziale Verantwortung wird nicht durch Verwaltungsakte aufgehoben.

Schließlich läßt es das japanische Umweltrecht zu, daß Kommunen, Behörden oder Bürgergruppen besondere Vereinbarungen mit Industriebetrieben über Umweltschutzmaßnahmen abschließen können. Der Druck am Ort kann oft sehr viel mehr ausrichten als allgemeine Verordnungen. Inzwischen gibt es in Japan mehr als 23000 solcher Umweltschutzvereinbarungen.

Man hat nicht den Eindruck, daß ein so weitgehendes Umweltrecht und so einschneidende Umweltschutzmaßnahmen wie in Japan die Industrie belasten – im Gegenteil, für die Zukunft scheint die japanische Industrie besser gerüstet zu sein als die europäische.

Konsumverzicht

37. Wolfgang Schmidbauer schreibt über die Psychologie des Konsumverzichts: »Jeder Gegenstand, den ein Mensch haben ›muß‹, verkleinert seinen Freiheitsspielraum. Je weniger wir von unserem Konsumverhalten emanzipiert sind, desto enger und kleiner ist unsere Welt. Wer ein Badezimmer und jeden Tag frische Wäsche braucht, kann nicht in Berghütten oder im Zelt leben; wer nur noch ein Automobil, nicht aber seine Beine bewegen kann, ist für immer an die stinkenden oder staubigen Bänder der Straßen gefesselt und an die Angst, sein Vehikel könnte kaputtgehen, ohne daß eine Werkstatt in der Nähe ist. So geht das mit vielen Dingen. Viele Menschen haben es, etwa der Getränke-

industrie zur Freude, regelrecht verlernt, Wasser zu trinken, das besser schmeckt und auch weit gesünder ist als Limonade oder Cola. Aber Homo konsumens erwirbt ja nicht dieses düstere Gebräu, sondern Pseudospannkraft, Pseudoanregung, Pseudojugend ...

Wir sagten schon einmal, daß sich die Gleichung ›Zeit ist Geld‹ nicht umkehren läßt. Selbst Märchenerzähler respektieren fast immer die bittere oder tröstliche Wahrheit, daß kein Milliardär auch nur einen einzigen Tag seines Lebens zurückkaufen kann. So wird die in der Konsumwelt verschüttete Wahrheit wieder deutlich, daß Geld nicht Zeit ist, sondern unendlich viel weniger wert. Und gleichzeitig kann man die verblüffende Tatsache entdecken, daß es gerade die mit zeitsparenden Apparaturen vollgestopfte Welt des Homo konsumens ist, in der niemand Zeit hat, während in den ärmeren Ländern das (irische) Sprichwort gilt: ›Als Gott die Zeit schuf, hat er genug davon gemacht.‹«[131]

Kreativität

38. Als eine einfache, aber oft höchst wirkungsvolle Methode zur Entfaltung von Kreativität ist das »Brainstorming« bekanntgeworden. Ein Kreis von Leuten – möglichst unterschiedlich in ihrer Art und in ihren Fachkenntnissen – bekommt eine Frage gestellt oder eine Aufgabe zugewiesen, z.B.: »Ich möchte ganz anders wohnen«. Nun folgt keine Diskussion, sondern eine Zeit, in der jeder die Gedanken spontan nennen kann, die ihm zu dem gegebenen Impuls einfallen. Kritik an Dingen, die genannt werden oder Diskussionen sind während des Brainstormings verboten.

Vielleicht wird folgendes gesagt: Im Grünen wohnen / bewegliche Wände / ein Garten auf dem Dach / ich brauche vor allem meine Ruhe / Wintergarten, der durch die Sonne geheizt wird / lieber klein, aber allein / ein großer Kachelofen / etc.

Es sind auch skurrile Einfälle erwünscht, weil sie oft bei anderen unerwartete Kreativität auslösen, vor allem aber eine bunte Mischung vieler Gedanken, denn je mehr Ideen zusammenkommen, um so größer ist die Chance, daß etwas Brauchbares dabei ist. Wenn alles aufgeschrieben ist, werden die Ideen, die nichts mit dem Thema zu tun haben oder nur um des Spaßes willen gesagt worden sind, ausgeschieden. Die anderen kann man auf ihre

Brauchbarkeit prüfen, man kann verschiedene Einfälle miteinander kombinieren oder von ihnen aus weiterdenken. Brainstormings sind daher besonders geeignet, Zukunftsfragen anzusprechen.

39. Robert Jungk hat 1973 vorgeschlagen, »Zukunftswerkstätten« einzurichten, in denen eine Gruppe von Fachleuten und Nichtfachleuten »soziale Erfindungen« machen kann. Jungk beschreibt folgende Phasen einer solchen Zukunftswerkstätte:[132]

1. Die kritische Phase.

Der Leiter fragt die Teilnehmer, welche gesellschaftspolitischen Probleme ihr besonderes Interesse finden. Aus den sehr unterschiedlichen Einzelantworten heraus entwickelt die Gruppe Prioritäten.

2. Die schöpferische Phase.

Nach der Auswahl des Detailproblems, das die Gruppe bearbeiten will, gibt es ein ausgedehntes Brainstorming, bei dem alle Einfälle möglichst gut sichtbar festgehalten werden. Der Leiter oder eine kleine, speziell dafür benannte Gruppe sucht aus der Fülle der Ideen einige besonders geeignet erscheinende heraus und schreibt sie auf weiße Blätter, die an einer Wand aufgehängt werden können. Jeder kann dazu neue assoziative Ideen schreiben. Die besten davon werden je einer kleineren Gruppe übergeben, die sie bis zum nächsten Gesamttreffen eingehender ausarbeiten soll.

3. Die prüfende Phase.

Die ausgearbeiteten Gruppenvorschläge werden Fachleuten auf dem angesprochenen Gebiet sowie politischen und gesellschaftlichen Entscheidungsträgern vorgelegt, nicht zu einer Kritik, die Mögliches und Unmögliches voneinander trennen will, sondern zu einer »assoziierenden« Kritik, d.h. zu speziellen Ideen, die nur der Fachmann haben kann, die er aber nur dann finden kann, wenn er durch die bunte Ideenpalette der Gruppe dazu angeregt wird.

4. Die taktische Phase.

Die Gesamtgruppe beschäftigt sich mit der Frage, welche Möglichkeiten der Durchsetzbarkeit und der Anwendung die einzelnen Vorschläge auszeichnet. Es wird also ein gemeinsames politisches Konzept entwickelt. Schließlich wird die Priorität der einzelnen Schritte festgelegt.

40. Von der Psychologie und Gruppendynamik her sind Regeln für partnerschaftliche Beziehungen entwickelt worden. Eine Basisform könnte z.B. folgendermaßen lauten:

1. Du bist du, ich bin ich – wir sind verschiedene Menschen.
2. Du bist du, ich bin ich – es ist wichtig, daß wir uns in unserer Verschiedenheit wahrnehmen.
3. Du bist du, ich bin ich – das Wir wird erst möglich, wenn wir unsere Verschiedenheit annehmen.
4. Du bist du, ich bin ich – nur aus unserer Verschiedenheit heraus können wir Kommunikation lernen.
5. Du bist du, ich bin ich – niemand gehört dem anderen.
6. Du bist du, ich bin ich – Widersprüche sind in einer guten Partnerschaft normal.
7. Du bist du, ich bin ich – wir wollen uns auch für andere öffnen; für wen, bestimmen wir und nicht die anderen.

41. Es gibt inzwischen eine ganze Anzahl von Modellen für gemeinsames Leben – ich möchte einige kurz beschreiben:

Laurentiuskonvent, z.B. in Wethen: Mehrere Familien und Alleinlebende bewohnen einen alten Bauernhof. Sie bilden eine Verdienstgemeinschaft mit gemeinsamem Essen (nur abends essen die Familien für sich), einem gemeinsamen Gruppenprozeß (ein Abend wöchentlich ist für die Aufarbeitung der Gruppensituation bestimmt), gemeinsame Entscheidungen und gemeinsames Feiern. Teilweise arbeiten die Erwachsenen in ihren bisherigen Berufen, einige haben Tätigkeiten auf dem Hof übernommen. Neben konkreter Arbeit im alternativen Bereich gibt es ein bewußtes Hineinwirken in das Dorf, z.B. durch die kirchliche Arbeit, einen Spielkreis und Obdachlosenarbeit.[133]

Alcmona in Kipfenberg: Alcmona – »heiliger, stiller Fluß«, nannten einst die Kelten die Altmühl, das Tal, in dem diese Gemeinschaft lebt: »Wir sind eine Familiengemeinschaft mit Einliegern, Mitarbeitern (auf Zeit) und Pendlern (von Fall zu Fall), vereint in einem ländlich-sittlichen, städtisch-bürgerlichen, eher volkstümlichen Drei-Generationen-Haushalt, im Stile einer Großfamilie. Der Form nach bezeichnen wir uns als Arbeitsgemeinschaft. Derzeit leben und wirken hier neun Menschen, davon sind drei Kleinkinder ... Alcmona: ein Haus der Begegnung, Gästehaus, Tagungsort, Forum offenen und freien Geistes, Besinnungsstätte. Zugleich ist Alcmona ein Studienheim und eine Kontaktstelle für Lernwillige, alternativ in die Zukunft Planende, Realidealisten, die mitdenken und anpacken können.«[134]

Bund der Taube – eine therapeutische Gemeinschaft in Santa Catarina in der Toskana: »Das Leben ohne elektrischen Strom, also ohne alle Erleichterungen der äußeren Lebenshaltung und ohne die technischen Zugaben zur Lebensgestaltung (Telefon, Radio, Fernsehen etc.) stellt manchen unserer Besucher vor die Frage, was wir damit erreichen wollen ... Es geht bei uns nicht um die Ablehnung der Technik als solcher, sondern um die Einübung von Unabhängigkeit von diesen technischen Einrichtungen. Somit kann man zu ihrem richtigen Gebrauch gelangen. Wir verstehen die für heutige Verhältnisse extrem einfache Lebensweise in Santa Catarina als ein Mittel, um auf dem Weg zur inneren Freiheit zu gelangen. Was als Verzicht auf Komfort erscheint, wird von den Mitgliedern der Gruppe meist nicht als Mangel, sondern als Selbstverständlichkeit erlebt, und die darin verborgene Fülle neuer Erlebnismöglichkeiten wird aufgespürt.«[135]

42. Dieter Korczak beschreibt das bereits erwähnte »Kleine Netz« (Nr. 30) von der weniger utopischen Seite des gemeinsamen Lebens her. Ein Kleines Netz »ist die lose Verbindung einer übersichtlichen Gruppe von Menschen mit dem Zweck, das Leben im unmittelbaren Wohnbereich zu erleichtern und zu bereichern ... Ein Kleines Netz zählt vielleicht 30 bis 100 Menschen oder auch mehr, meist Kleinfamilien, aber auch Wohngemeinschaften, Einzelgänger, alte Leute und wenn irgend möglich auch Arbeitsplätze ... Mit der Zeit schaffen wir uns vielleicht gemeinsame Räume, etwa einen Versammlungs- und einen Festraum, eine Werkstatt, eine Waschküche, eine Sauna, einen gedeckten Spielplatz ... Die Kontakte zwischen den Haushalten unterstehen nur selbstgewählten Regeln. Distanz und Nähe bestimmen die Beteiligten, denn der Abbau der heute typischen Vereinzelung der Haushalte wird nur schrittweise und auf freiwilliger Übereinkunft erfolgen ...

Beteiligte erzählen über ihr Leben im Kleinen Netz:

»Wir leihen einander Haushaltsgeräte, Lebensmittel, Fahrräder oder Autos, hüten einander die Kinder. Wenn jemand in die Stadt fährt, kauft er auch für andere ein.

Die Kinder spielen fast immer zusammen, im Garten, auf den Asphaltwegen, auf den Bäumen oder in irgendeiner Wohnung.

Einzelne Familien kochen oder essen gelegentlich zusammen.

Alle sagen sich Du.

Nachbarn mit etwas mehr Ausbildung funktionieren als Aufgabenhilfe.

Bin ich einmal nicht zu Hause, kann man mir zum Nachbarn telefonieren, er wird es mir mitteilen.

Und in den Ferien ist für die Tierhaltung gesorgt: Was nicht mitdarf, wird vom Nachbarn gefüttert.

Vor einem Jahr haben wir zusammen eine Sauna gebaut.

Wir sitzen häufig in kleinen Gruppen zusammen, einmal jene, einmal diese, vereinzelt abends, meist aber am Wochenende.

Hochgespannte Erwartungen an das Gemeinschaftsleben sind allerdings fehl am Platz. Im Gegenteil – wir machen uns besser auf dramatische Rückschläge gefaßt. Weil wir in unserem Wohnbereich Solidarität verlernt haben, werden Spannungen entstehen. Indem wir sie voraussehen, schaffen wir die Basis dazu, sie auch auszutragen.«[136]

43. Ganz langsam werden im kirchlichen Bereich die urchristlichen Hausgemeinden wiederentdeckt, z.B. so:

Einige Familien und Alleinlebende, insgesamt 12 Erwachsene und 7 Kinder, die so nahe beieinander wohnen, daß sie sich zu Fuß erreichen können, treffen sich einmal in der Woche bei der einzigen Familie der Gruppe, die ein Einfamilienhaus besitzt. Jeder kommt im Laufe des Nachmittags, so bald es geht – zuerst zwei Mütter mit ihren Kleinkindern, dann einige Schulkinder, und schließlich diejenigen, die auswärts berufstätig sind. Man sitzt zusammen, tauscht die neuesten Erlebnisse und Erfahrungen aus, spielt im Garten, hilft Kindern bei Hausaufgaben, arbeitet im Garten oder bastelt und musiziert. Wenn jemand ein persönliches Problem hat, kann er sich einen Vertrauten zum Gespräch suchen – dies gilt gerade auch für Kinder, die sich nicht immer ihren Eltern anvertrauen wollen.

Nach dem gemeinsamen Abendessen, zu dem jeder etwas mitgebracht hat, gibt es einen schlichten Gottesdienst, der so gestaltet wird, daß auch die Kinder zu ihm Zugang haben. Dann werden die Kleinkinder zusammen im Kinderzimmer ins Bett gebracht, die Schulkinder sitzen in einem anderen Raum zusammen und spielen oder beschäftigen sich auf diese Weise, während die Erwachsenen und die älteren Kinder, soweit sie sich beteiligen wollen, Zeit haben für eine Gesprächsrunde im Zusammenhang mit einem Bibeltext, die so gestaltet ist, daß sie auch die Erfahrungsebene der Gesprächsteilnehmer mit einschließt.

Die Gruppe macht ab und zu einen gemeinsamen Ausflug, lädt Nachbarn zu einer Grillparty ein oder besucht gemeinsam eine Veranstaltung. Bei Bedarf trifft man sich auch außerhalb des festen Termins. Die Hausgemeinde wird versuchen, irgendwo eine spezielle Verantwortung zu übernehmen, in der kirchlichen Gemeinde etwa, oder im gesellschaftspolitischen Bereich.

Vielleicht können solche Modelle oder noch weitergehende wie das »Kleine Netz« zum Ausgangspunkt für eine europäische Basisgemeindebewegung werden, die auf unsere speziellen sozialen Krisenpunkte eingeht.

44. Vor allem in den USA[137] gibt es zunehmend Hausgemeinden, die ein gemeinsames Haus bewohnen – oder zumindest alle in einem Block zu Hause sind. Jede Familie und die Alleinlebenden haben ihre eigenen Wohnbereiche. Man trifft sich täglich für eine halbe Stunde oder mehr zum persönlichen Austausch, außerdem regelmäßig oder nach Notwendigkeit zu Gesprächen über die Situation der Hausgemeinde, zu Bibelstunden oder bestimmten Themengesprächen. Oft entscheiden sich solche Hausgemeinden dafür, ein soziales Problem in ihrer Nachbarschaft in ihre Verantwortung aufzunehmen. Häufig finden wir auch missionarische und soziale Arbeit eng miteinander verbunden.

Wohnen

45. Die holländische Gruppe »Centraal wonen« fördert Modelle kommunikativen Bauens durch Wohnhöfe und Hausgruppen: »Das Bemerkenswerte an dieser Siedlung ist, daß sie in sog. ›Cluster‹-Wohngruppen aufgeteilt ist: je 4–6 aneinander gebaute Häuschen, die untereinander keinen Zugang, aber alle einen vorgebauten Gemeinschaftsraum haben, in dem gekocht, gegessen und miteinander geredet werden kann. Jedes Haus (ein- bis dreigeschossig je nach Größe der Familie bzw. Gruppe) hat dazu eine eigene Kochnische. Über dem Gemeinschaftsraum befindet sich noch eine Terrasse. Darüber hinaus hat die Siedlung Versammlungs- und Spielräume, ein Café in Selbstorganisation. Ein ge-

meinsamer Garten, ein Fußballplatz, eine Sauna (gemeinsam angespart!), Werkstätten, Jugend- und Kleinkinderräume beleben das kleine Gemeinwesen. Die Siedlung verfügt außerdem über drei Gästezimmer. Alle Häuser sind durch eine ›Wohnstraße‹ (Fußgängerbereich) verbunden. Die Hälfte der einziehenden Familien war an der Planung beteiligt ... Jede Wohnung kann individuell ausgestaltet und eventuell durch Zusatzwände verändert werden.«[138]

46. Die Arbeitsgruppe »Oekotop« arbeitet seit 1978 in einem Block in Berlin-Kreuzberg. An der Straße stehen die Wohnhäuser, im Innenbereich des Blocks gibt es Gewerbebetriebe. Im Block leben 1200 Menschen, es gibt etwa 900 Arbeitsplätze.

Oekotop hat ein Konzept entwickelt, das folgende Ziele aufweist:

- ★ 56% weniger Energieverbrauch
- ★ 67% weniger Abfälle
- ★ 20% weniger Trinkwasser
- ★ 50% weniger Abwasser
- ★ 1300% mehr Grünfläche
- ★ 84% weniger Emissionen

als heute. Folgendes ist geschehen bzw. soll noch entwickelt werden:

»Mit einer Untersuchung (Phase 1) wurde für das langfristig angelegte Projekt ein bedeutsamer Anfang gemacht. Die ersten Ergebnisse fanden im gesamten ›Kiez‹ große Beachtung und vereinzelt sogar Begeisterte, die sich sogleich an die Umsetzung solcher Maßnahmen machten.

Während einer zweiten Phase entstanden experimentelle kleinere Realisierungen im Block: die Installation eines Larson-Ofens, einer Komposttoilette, das Anbringen von Fenstergärten und unterschiedliche Pflanzversuche in Hinterhöfen und Vorgärten.

In einer dritten Phase – die über mehrere Jahre dauert – werden ökologische Teilprojekte auf Einzelgrundstücken realisiert. Das erste größere Teilprojekt hat 1984 begonnen – die geschlossene Begrünung von Höfen, Fassaden und Dächern auf zwei großen Grundstücken.

In einer letzten Phase IV und V ist die Vernetzung einzelner ökologischer Maßnahmen zusammen mit den Nutzern und Bewohnern vorgesehen – und dies auch über Grundstücksgrenzen hinweg.«[139]

Verkehr

47. Seit einiger Zeit gibt es das Stichwort »Autofasten«: Alle sollten versuchen, die Verwendung des Autos auf ein unumgängliches Minimum zu beschränken. Das Wort »Fasten« ist dabei im umfassenden Sinn gemeint:

Wie bei einer Fastenwoche könnte man zu bestimmten Zeiten auf das Auto ganz verzichten, sich eine »Stille Woche« verordnen, einen ganzen Urlaub ohne Auto verbringen oder ein autofreies Wochenende einlegen.

Fasten hat auch etwas mit dem Abbau des ungesunden Übermaßes zu tun – Autofasten hieße dann, dauerhaft nicht mehr und nicht schneller und nicht umweltbelastender Auto zu fahren, als absolut nötig.

48. Eine Ideensammlung zum Thema »Umweltschonend Autofahren«:

1. Für die Umwelt ist es am besten, wenn wir überhaupt nicht Autofahren und gleichzeitig auf andere, ebenfalls stark umweltbelastende Verkehrsmittel, wie z.B. das Flugzeug, verzichten.

2. Die zweitbeste Lösung besteht darin, das Auto nur zu verwenden, wenn es wirklich nötig ist. Folgende Fragen helfen zu einer sinnvollen Entscheidung: Sind öffentliche Verkehrsmittel sinnvoller, z.B. wenn ich allein, oder ohne kleine Kinder, oder ohne schweres Gepäck unterwegs bin? Sind lange Fahrten mit der Bahn nicht auch »kürzer«, wenn sie länger dauern als mit dem Auto, weil ich im Zug z.B. Zeit zum Lesen, Arbeiten, Entspannen, Essen gewinne? Kann ich mit der ganzen Familie Sonderangebote der Bahn ausnutzen? Bin ich bei kürzeren Strecken zu Fuß oder mit dem Fahrrad schneller oder nicht nennenswert langsamer als mit dem Auto (Parkplatzsuche und Weg vom Parkplatz zum Bestimmungsort mit einkalkulieren)? Nutze ich das Auto wegen eines Zeitvorteils, obwohl ich eigentlich Zeit habe? Muß die Fahrt sein? (Auch Fahrten nach dem »Lustprinzip« können »sein müssen«, vielleicht aber nicht so oft!) Muß ich so weit fahren oder so häufig? Kann ich mit anderen zusammen ein Auto kaufen oder benutzen? Kann ich mein Auto länger fahren (neue Autos verbrauchen viel Energie bei der Herstellung)?

3. Die drittbeste Lösung heißt: Wenn ich Auto fahre, dann so umwelt- und menschenschonend wie möglich: am besten mit einem Katalysator-Auto, am zweitbesten mit einem Diesel mit Rußfilter, am drittbesten mit einem Benziner, möglichst bleifrei, mit Geschwindigkeitsbeschränkung (40 km/h im Ort, 80 km/h auf Landstraßen, 100 km/h auf Autobahnen). Auch mit Kat-Auto oder Diesel sollte ich unbedingt defensiv fahren, wegen des Kraftstoffverbrauchs, der Verkehrssicherheit und auch hier wegen der Umweltverträglichkeit.

4. Eine viertbeste Möglichkeit gibt es nicht – alles jenseits dieser Grenzen ist mit Sicherheit so umweltbelastend, daß wir es nicht verantworten können.

5. Das Autofahren ist aus Umweltgründen keine Privatsache mehr. Wir sollten versuchen, mit Menschen unseres Vertrauens über unseren Umgang mit dem Auto zu sprechen – denn hier stellt sich sonst allzuleicht »Betriebsblindheit« ein.

49. Die folgende Übersicht zeigt die nach Schädlichkeit gewichtete Emission bestimmter Verkehrsträger, bezogen auf Personenkilometer, ausgedrückt in % (PKW im Stadtverkehr = 100%):[140]

im Stadtverkehr	
Personenwagen	100
Motorrad	76
Autobus	10
Straßenbahn, S-/U-Bahn	6
Fahrrad	1
Fußgänger	1
im Überlandverkehr	
Personenwagen	33
Autobus	12
Passagierflugzeug	12
Passagierschiff	5
Städteschnellzug	2,5

Diese Übersicht stammt aus der Schweiz und ist damit sicher weitgehend mit den Verhältnissen in der Bundesrepublik Deutschland vergleichbar – bezogen auf die Emissionswerte des Jahres 1981. »Berücksichtigt sind die Emissionen von Kohlenmonoxid, Kohlenwasserstoffen, Stickoxiden, Schwefeldioxid, Ruß, Staub, Blei . . . Bei den elektrisch betriebenen Verkehrsträgern sind die Emissionen durch die Elektrizitätsproduktion mitberücksichtigt.«

50. Bilanz einer Autofahrt von Hamburg nach Rimini/Italien über 1450 km:[141]

angepaßte Fahrweise	schnelle Fahrweise
0mal notbremsen	5mal notbremsen
652mal bremsen	1339mal bremsen
645mal überholen	2004mal überholen
135,1 l Benzin tanken	175,5 l Benzin tanken
Zeit: 20 Stunden, 43 Minuten	Zeit: 20 Stunden, 12 Minuten

Haushalt

51. Im Haushalt gibt es unzählige Möglichkeiten, umweltfreundlicher zu leben. Aus der Fülle der Anregungen habe ich eine persönliche Checkliste zusammengestellt:

1. Kleidung aus Wolle, Leinen oder Seide tragen
2. Kinderkleidung gegenseitig austauschen
3. Ein Schnellkochtopf kocht kürzer und gesünder, spart Energie und erhält Vitamine
4. Kühlschrank in den kältesten Teil der Küche stellen, eventuell die Seitenwände isolieren
5. Wer unbedingt maschinell spülen will, sollte auf Klarspüler verzichten und biologische Waschmittel verwenden
6. Obstkonserven kann man ohne den vielen Zucker mit einem Vakuum-Konservierer, der die Luft entzieht, haltbar machen
7. Synthetische Körperpflegemittel vermeiden – es gibt genug naturbelassene Alternativen
8. Auf Deoseifen ganz verzichten, wo sie nötig scheinen, ärztlichen Rat einholen
9. Keine Desinfektionsmittel im Haushalt verwenden, bei Problemen ärztlichen Rat einholen.
10. Statt Sprays Stifte, Roller, Puder, Dosen mit Pumpzerstäuber und, wenn es sein muß, Sprays mit umweltfreundlichen Treibmitteln verwenden
11. Viele chemische Reinigungsmittel lassen sich durch umweltfreundlichere »Hausmittel« ersetzen.

12. Im Sanitärbereich genügt ein milder Allzweckreiniger, dazu Hausmittel

13. Toilettenpapier aus grauem Altpapier verwenden

14. Wassersparer, die den Durchfluß begrenzen, können auf Armaturen aufgeschraubt werden

15. Warmwasserarmaturen nur noch thermostatgesteuert verwenden, senkt die Energiemenge auf ein Siebtel bis ein Zwanzigstel

16. WC-Spülkasten auf sparsameren Betrieb umrüsten

17. Lieber duschen als baden

18. Kein Vollwaschmittel benutzen, sondern die einzelnen benötigten Teile selbst zusammenstellen

19. Auf Weichspüler und Waschverstärker ganz verzichten, bei notwendiger Entkalkung gibt es Alternativen

20. Verzicht auf Vorwäsche, wo irgend möglich

21. Waschen mit Neutralseife oder mit Schmierseife, oder, wenn es nicht anders geht, wenigstens mit phosphorarmen Waschmitteln

22. Auf Wäschetrockner verzichten, Luft und Sonne kosten nichts und sind umweltfreundlich

23. Umweltfreundlichere Lacke und Farben gibt es in den Alternativläden

24. Statt Holzschutzmittel Naturharze, Bienenwachs oder Leinölprodukte verwenden

25. Sonderabfälle da zurückgeben, wo man die entsprechenden Waren gekauft hat – Händler, welche die Rücknahme verweigern, boykottieren

26. Müll getrennt entsorgen: Küchen- und Gartenabfälle auf den Kompost, Glas farbig und weiß getrennt in den Glascontainer, Altpapier sammeln, Aluminium getrennt sammeln

27. Keine Einwegflaschen benutzen, Einkaufstasche mitnehmen, Plastiktüten zurückweisen, möglichst keine Waren mit aufwendiger Verpackung kaufen

28. Umweltschutzpapier benutzen

29. Runderneuerte Reifen verwenden – sie werden bis zu 80% wiederverwertet

30. Das Umweltbundesamt hat den »Blauen Engel« als Zeichen für umweltfreundliche Produkte gestiftet, Listen über die ausgezeichneten Produkte anfordern beim »Umweltbundesamt, Bismarckplatz 1, 1000 Berlin 33«[142]

Nahrung

52. In einem Info der »Ökumenischen Initiative Eine Welt« wird folgende Geschichte erzählt:»Zu einer Party hatte einer der Gäste einen afrikanischen Studenten mitgebracht. Der Gastgeber, der aktiv in einer entwicklungspolitischen Gruppe mitarbeitet, bekam ein schlechtes Gewissen und erklärte seinem afrikanischen Gast entschuldigend: ›Sonst geht es bei uns auch nicht so üppig zu – aber heute ist ja ein Fest.‹ Die Antwort war unerwartet: ›Eure Feste stören mich nicht. Sie könnten sogar üppiger sein. Zum Feiern gehört Überfluß, auch bei uns zuhause. Was mich stört, ist euer Alltag. Da verbraucht ihr so viel, daß man den Unterschied zum Fest kaum spürt.‹«[143]

Garten

53. Grundsätze für einen umweltfreundlichen Garten:[144]

1. Keine Verwendung von chemischen Pflanzenbehandlungsmitteln
2. Keine Verwendung von Kunstdünger
3. Keine Verwendung von Torf (Schonung für die letzten Moore)
4. Kombination von Obst- und Gemüseanbau mit einem »Naturgarten« (siehe Nr. 54)
5. Anlegen eines Komposthaufens
6. Aufstellen einer Regentonne
7. Im Winter keine Verwendung von Streusalz, sondern von Streumitteln mit dem Umweltzeichen
8. Siehe Nr. 33 »Permakultur«

54. Urs Schwarz sagt zum Thema »Naturgarten«:[145] Jeder, der wenigstens ein paar Quadratmeter Land besitzt oder auf die Gestaltung fremden Landes Einfluß nehmen kann, ist in der Lage, etwas zur Erhaltung der Natur zu tun.

Hecken bilden das Rückgrat ökologischer Ausgleichsflächen. Auch nur in Fragmenten angelegt, vermögen sie den Tierbestand zu vergrößern. Das Anpflanzen einer gestalterisch befriedigenden Hecke ist sehr einfach.

Rasen und Kunstwiese zeigen wenig Leben. Mit Dauerwiesen gelingt es uns, viele Pflanzen- und Tierarten in den Siedlungsraum zurückzugewinnen.

Etwa ein Drittel der Tiefebenen und Hügelländer Mitteleuropas zählte früher zu den Naßstandorten. Es ist möglich, neue Naßstandorte zu schaffen, z.B. durch einen kleinen Teich.

Unbewachsene rohe Böden tragen in der Natur und im Siedlungsraum bald eine reichhaltige Flora. Auch ein Biotop mit Ackerunkräutern ist wertvoll.

Der biologische Anbau von Gemüse, Beeren und Obst ergänzt die naturnahe Bepflanzung. Denn auch der Nutzgarten kann zur ökologischen Ausgleichsfläche werden.

Ausländische, standortfremde Pflanzen bezeichnen wir als Unkraut, die standortgemäßen einheimischen als Kraut.

Kirchen

55. Die Kirchen sind vielschichtig mit dem »Menschenbeben« verbunden, dem Aufstand wacher Zeitgenossen gegen den Weg der Gesellschaft in die Katastrophe. Es sind mehr die Menschen in den Kirchen als die Institutionen. Es ist umstritten, ob wir heute von einer alternativen Bewegung in den Kirchen sprechen können, oder ob viele Christen an unterschiedlichen Stellen in der alternativen Bewegung mitarbeiten. Hauptakzente sind

- der Umweltschutz, durch Kleingruppen ebenso wie durch Verlautbarungen
- die Lebensstilbewegung, vor allem durch immer mehr christlich motivierte Lebenszentren, Wohngemeinschaften, Hausgemeinden und Lebensstilgruppen
- Arbeitsloseninitiativen, meist in Verbindung mit kirchlichen Ortsgemeinden
- Dritte-Welt-Arbeit, einmal vertreten durch die großen kirchlichen Werke »Brot für die Welt« und »Misereor«, zum anderen durch viele Dritte-Welt-Läden in Verbindung mit Ortsgemeinden oder christlichen Gruppen, und schließlich durch viele private, kirchlich orientierte Entwicklungsprojekte, wie z.B. »terra nova« in Südbrasilien in Verbindung mit der Ruferarbeit
- Initiativen zur Verhinderung der Abtreibung
- Ausländerarbeit, vor allem zur besseren Integration der Gastarbeiter und zur Hilfe für Asylbewerber
- Friedensbewegung, vielleicht der Bereich, in dem der kirchliche Beitrag am größten ist, vor allem durch viele Friedens-

gruppen, oft im Zusammenhang mit Ortsgemeinden oder der Ortsökumene

★ Erneuerungsbewegungen, die stark in den alternativen Bereich hineinwirken, vor allem über den Evangelischen Kirchentag und den Katholikentag.

56. Es gibt inzwischen viele offizielle und halboffizielle Verlautbarungen aus dem kirchlichen Bereich, in letzter Zeit vor allem zu Fragen des Umweltschutzes. Drei von ihnen möchte ich nennen und durch kurze Auszüge vorstellen.

1. »Verantwortung wahrnehmen für die Schöpfung. Gemeinsame Erklärung des Rates der Evangelischen Kirche in Deutschland und der Deutschen Bischofskonferenz, 1985. Hier heißt es: »Gottes Schöpfung ist uns Menschen anvertraut, daß wir sie bebauen und bewahren. Nehmen wir jedoch diese Verantwortung in genügender Weise wahr? ... Der Rat der Evangelischen Kirche in Deutschland und die Deutsche Bischofskonferenz wenden sich in dieser wichtigen Frage mit einer gemeinsamen Erklärung an die Öffentlichkeit. Sie machen deutlich, daß Verantwortung für die Schöpfung Gottes in rechter Weise wahrgenommen werden muß. Die Erklärung konzentriert sich auf Grundfragen des Naturverständnisses, des Menschenbildes und vor allem auf die biblische Schöpfungstheologie. Darum will sie vor allen Dingen die Christen selbst ansprechen.«[146]

2. Eine Arbeitsgruppe der Evangelischen Allianz auf Weltebene und des Lausanner Komitees für Weltevangelisation verabschiedete 1980 »Eine evangelikale Verpflichtung zum einfachen Lebensstil«, die mit folgendem »Entschluß« endet: »Wir, die wir durch das Opfer unseres Herrn Jesus Christus befreit worden sind, im Gehorsam gegenüber seinem Ruf, in herzlichem Mitleid mit den Armen, in Besorgnis um die Evangelisation, um die Entwicklung und um Gerechtigkeit und in ernster Erwartung des letzten Gerichts, verpflichten uns demütig, einen gerechten und einfachen Lebensstil zu entwickeln, uns gegenseitig zu unterstützen und andere zu ermutigen, sich mit uns unter diese Verpflichtung zu stellen. Wir wissen, daß wir Zeit brauchen zur Ausarbeitung der Einzelheiten und daß die Aufgabe nicht leicht sein wird. Möge der allmächtige Gott uns die Gnade geben, ihm treu zu sein!«[147]

3. Die Abteilung »Gemeindebildungsarbeit und Schwerpunkt-

themen« der Bundesleitung des Bundes Ev.-Freik. Gemeinden in Deutschland schreibt 1985 in einem Papier »Unsere Verantwortung für die Umwelt«: »Das alles deutet an, daß eine pessimistische ›Endzeitstimmung‹, die auch zur Passivität gegenüber der Schöpfung führt, vom biblischen Auftrag her abzulehnen ist. Der Einsatz für die Umwelt ist für Christen auch ein Zeichen für das begonnene Reich Gottes. Die Sorge um Gottes gefährdete Schöpfung trägt zur Heilung und Erneuerung dieser Welt bei, die Gott in Jesus Christus begonnen hat. Der Mensch, der durch seine Sünde die ganze Schöpfung in den Bereich des Bösen hineingezogen hat, vollzieht in der Umkehr und im Glauben an Gott ein Stück dieser Gesundung und Heilung der Schöpfung.«[148]

57. Die »ökumenische Initiative Eine Welt« hat 1984 eine Liste mit Begegnungs- und Lernwerkstätten zusammengestellt. Einige Auszüge dokumentieren, daß heute überall neue, kleine christlich-alternative Gruppen entstehen.[149]

Eine Welt-Werkstatt in Barnstorf: »Unsere Seminare und Werkwochen versuchen, das Auseinanderklaffen von Verstand, Gefühl, Aktion, Spiritualität, Handarbeit zu verhindern, diese Bereiche also wieder zu verknüpfen. Wir leben in unserer Hausgemeinschaft in Barnstorf und unterhalten im nahegelegenen Dorf Goldenstedt einen umgebauten Kotten als Bildungshaus.«

Tietjenhof in Bleckmar bei Bergen: »Im Süden der Lüneburger Heide bauen Elke und Wichmann von Meding eine christliche Begegnungsstätte als Fluchtmöglichkeit, Treffpunkt und Station der Besinnung auf. Für alle, die sich mit einem Pastor im Verstehen des Umkehr-Rufes Jesu üben wollen, der nach den Erfahrungen in seiner Kirche das bezahlte Pfarramt, aber nicht seinen Beruf aufgegeben hat.«

»Gasthaus« in Recklingshausen: »Ein geistliches Zentrum in der Innenstadt, offen für alle, besonders auch für Menschen in seelischer und materieller Not. Seit Dezember 1978 lebt im Haus eine (kath.) Ordenskommunität, Treffpunkt einer christlichen Basisgruppe.«

Friedenskotten in Hilter/Hankenberge: »Der fast 200 Mitglieder umfassende Verein widmet sich in seinem Kotten und darüber hinaus der Friedensarbeit, Entwicklungspolitik, dem Theater, der Musik und dem Umweltschutz.«

58. Ich selbst arbeite in der »Aktion Hoffnung gewinnen« mit, die

im Rahmen der Ruferarbeit entstanden ist und in einem Grundlagenpapier zu folgender Selbstverpflichtung aufgerufen hat: »Im Sinn des Grundlagenpapiers der ›Aktion Hoffnung gewinnen‹ will ich das mir Mögliche tun, um durch Begegnung mit Gott, durch Arbeit an meiner eigenen Person, im Austausch mit Freunden und durch Überzeugungsarbeit in der Öffentlichkeit Schritte auf dem Weg zu schöpfungsgemäßem und zukunftsförderndem Leben zu gehen.« Im Anhang ist die »Aktion Hoffnung gewinnen« näher beschrieben.

59. Der Zentralausschuß des Ökumenischen Rates der Kirchen hat beschlossen, im Januar 1990 eine »Weltkonferenz für Gerechtigkeit, Frieden und die Bewahrung der Schöpfung« durchzuführen. Die Konferenz soll dazu genutzt werden, den Prozeß des Bundesschlusses zwischen Gott und seinem Volk sichtbar zum Ausdruck zu bringen. Das Schwergewicht soll vorwiegend auf dem Austausch von Erfahrungen und Beispielen liegen und nicht so sehr auf Studien. Letztere sind Teil des Vorbereitungsprozesses, und der ökumenische Konsens zu Gerechtigkeit, Frieden und Bewahrung der Schöpfung soll eher durch den Prozeß als durch die Konferenz erreicht werden. Außerdem ist daran gedacht, über die bestehenden Verbindungen mit der römisch-katholischen Kirche bei der Entfaltung des Programms über Gerechtigkeit, Frieden und Schöpfung zusammenzuarbeiten.[150]

Strategien

60. Es gibt in der vorhandenen Literatur viele Angebote für Strategien, die Zukunft zu gewinnen und für neue Zielsetzungen als Angebote zur Veränderung des Bewußtseins. Stellvertretend möchte ich hier die Gedanken von Yona Friedman skizzieren. Er geht von dem Begriff der »kritischen Gruppe« aus: »Wir verstehen unter ›kritischer Gruppe‹ die größtmögliche Gesamtheit von Elementen (Menschen, Dingen und Bindungen), mit denen die gute Funktion einer Organisation von bestimmter Struktur sichergestellt werden kann.«[151] Begrenzt wird diese sinnvolle Größe einer Gruppe einmal von der Valenz, der Bindungszahl (einem Begriff aus der Chemie), übertragen auf den Menschen in der Gruppe: »Er stellt eine (zu beobachtende und biologisch determinierte) Eigenschaft des Menschen dar. Diese Eigenschaft bestimmt die Anzahl der Interessenzentren, auf die ein Mensch

seine bewußte Aufmerksamkeit konzentrieren kann. Ich kann beispielsweise (wenngleich nicht ohne Schwierigkeiten) gleichzeitig zwei, vielleicht sogar drei Texte lesen, aber ich kann ganz gewiß nicht zehn gleichzeitig gelesene Texte verstehen. In diesem Falle ist meine Valenz vielleicht drei oder mehr, jedenfalls weniger als zehn.«[152] Weiter wird die Gruppengröße begrenzt von der Leitfähigkeit: »Auch diese Eigenschaft wirkt sich auf alle erdenklichen sozialen Strukturen stark einschränkend aus: sie bedeutet, daß ein Einfluß, nachdem er seinen Ausgangspunkt verlassen hat und durch eine bestimmte Anzahl von Vermittlungen gegangen ist, nur abnehmen oder völlig bedeutungslos werden kann.«[153] Dazu kommt schließlich noch die Struktur der Gesellschaft, in der sich dies gerade abspielt, denn es leuchtet ein, daß Valenz und Leitfähigkeit unterschiedlich groß sind, wenn es z.B. einmal um die Gruppenbildung bei einer Party und zum anderen bei einer Wohngemeinschaft geht.

Friedman wendet diesen Grundgedanken auf die denkbare zukünftige Entwicklung an, in den Bereichen der Kommunikation etwa, der Herrschaft, der Organisation, oder der Wirtschaft, des Wohnens und der Gesamtsituation der Erde. Den erwarteten und auch erwünschten Endpunkt einer solchen Entwicklung nennt er das »Modell der armen Welt«. Die großen Organisationen lösen sich auf und mit ihnen die Ökonomie. Aus einem gesamtstaatlichen Verteilungssystem werden kleine Reservoire. Die arme Welt kennt eine wesentlich geringere Arbeitsteilung und eine deutliche Reduzierung der Transporte. Die lokale Autarkie läßt auch eine lokale Übersicht und damit eine lokale Verantwortung wachsen. Weiter verringert sich der Handel, allmählich verschwindet er fast ganz, denn Handel ist nur bei Überfluß möglich, tauschen kann ich nur, wenn ich mehr habe als das absolut Lebenswichtige. Wenn es nichts mehr gibt, was aus Prestigegründen angehäuft wird, entsteht das Verhalten der »tierischen Ökonomie«. Sie kann durchaus mit einer hohen Kultur gekoppelt sein.

»Die Unmöglichkeit der Kommunikation über ein gegebenes Maß hinaus begünstigt das System der kleinen Organisationen. Diese kleinen Gruppen können in einer ›armen Welt‹ überleben, wenn sie auf die Arbeitsteilung, die individuelle Lagerung und den Transport verzichten. Sie nähern sich dann langsam dem Stadium der ›tierischen‹ Ökonomie, die zweifellos einen recht stabilen Zustand der menschlichen Gesellschaft darstellen kann ... Diese Verwandlung könnte aber gerade für den weißen Mann schwer zu ertragen sein: Seine Überlebenschancen in einer Welt, die auf der ›tierischen Ökonomie‹ basiert, sind geringer als die der meisten Bewohner von nicht industrialisierten Ländern ... Ich will nicht behaupten, daß der Übergang zur ›armen Welt‹ das Verschwinden des Weißen in den industrialisierten Ländern mit sich bringen wird. Ich glaube, er wird lediglich die übertriebene Bedeutung verlieren, die er sich selbst zusprach, während er unsere Erde einer neuen Periode der Armut entgegenführte, und das in der naiven Hoffnung, die Armut ein für allemal beseitigen zu können.«[154]

Fazit

61. Es bewegt sich etwas. Mitten in der Jahrtausendkrise zeigen sich Spuren des Neuen: Strategien, Erkenntnisse, Aktionen, Ansätze, Menschen, Gruppen, Hoffnungen und Gebete – eine alternative Bewegung. Auf der anderen Seite gibt es gewaltige Gegenkräfte, die jede Änderung blockieren wollen, angeführt von Menschen, die ihre Macht, ihren Einfluß und ihren Reichtum festhalten möchten.

Der Kampf zwischen den Kräften der Erneuerung und den Kräften der Zerstörung ist noch nicht entschieden. Es gibt die Sackgasse der »Grenzen des Wachstums«, aber es gibt auch viele Grenzüberschreiter, die ganz neue Bereiche öffnen, die einen Weg suchen, der in einer neuen Partnerschaft mit der Natur verläuft. Der Kampf ist noch nicht entschieden, es ist also noch nicht zu spät – die Auseinandersetzung zwischen Erneuerung und Zerstörung treibt aber einem neuen (letzten?) Höhepunkt zu. Wohl noch nie ist eine so bedeutsame Minderheit der Bevölkerung bereit gewesen, um der Zukunft willen in der Gegenwart Verzicht zu üben und den Lebensstil zu verändern. Ist dies eine tragfähige Basis für neue Hoffnung?

Nein – so weit könnte ich nicht gehen. Allerdings sind die vielen Zeichen für einen alternativen Aufbruch eine tragfähige Basis gegen die Hoffnungslosigkeit. In diesem Schwebezustand stehen wir heute. Wir lassen die »Hoffnung nicht los« und haben sie trotzdem noch nicht in der Hand. Wir müssen sie bewußt gewinnen. Das wird uns nach meiner Überzeugung nur dann gelingen, wenn wir neu zur Kenntnis nehmen, daß ihre Wurzeln dort liegen, wo der Mensch nicht mehr mit sich und der Natur allein ist, sondern in Beziehung zu Gott tritt. Jürgen Moltmann hat diese Beziehung für den modernen Menschen neu verständlich gemacht: »Im Widerspruch des Verheißungswortes zur erfahrbaren Wirklichkeit des Leidens und des Todes stemmt sich der Glaube auf die Hoffnung und ›eilt über diese Welt hinaus‹, sagte Calvin. Er meinte damit nicht, daß der christliche Glaube weltflüchtig, wohl aber, daß er zukunftssüchtig sei. Glauben, das heißt in der Tat Grenzen überschreiten, transzendieren und im Exodus stehen. So jedoch, daß damit die bedrückende Wirklichkeit nicht unterschlagen oder überschlagen wird ... Nur in der Nachfolge des vom Leiden, vom Sterben in der Gottverlassenheit und vom Grabe auferweckten Christus gewinnt er Aussicht ins Weite, wo keine Bedrängnis mehr ist, in die Freiheit und in die Freude. Dort, wo in der Auferweckung des Gekreuzigten die Grenzen durchbrochen sind, an denen alle menschlichen Hoffnungen sich brechen, dort kann und muß sich der Glaube zur Hoffnung weiten.«[155]

Das folgende biblische Mosaik soll einen Beitrag leisten, die Rahmenbedingungen und Zielsetzungen für die Nachfolge Christi als eines Weges der Hoffnung zu verdeutlichen. Denn erst dann werden wir wirklich Hoffnung gewinnen können, wenn wir den alternativen Aufbruch mit dem biblischen Bild vom schöpfungsgemäßen Leben verbinden, um so zu einer »schöpferischen Nachfolge« zu finden.

Dreizehntes Kapitel

Ich will euch Zukunft und Hoffnung geben

Die Kapitelüberschrift zitiert einen Satz des Propheten Jeremia: »Denn mein Plan mit euch steht fest: Ich will euer Glück und nicht euer Unglück, spricht der Herr. Denn ich will euch eine Zukunft und eine Hoffnung geben« (Jer 29,11). Jeremia gibt uns keine Vision einer sorglosen, behüteten Zukunft, sondern die Verheißung einer Partnerschaft mit Gott, die uns zu Empfängern der erlösenden, befreienden und heilenden Kräfte des Reiches Gottes macht – das angebrochen ist, ohne schon vollendet zu sein. Die Bibel zeigt uns viele Ansatzpunkte für Wege in die Zukunft, wenn wir ihre Aussagen als Herausforderung sehen, heute einen Lebensstil zu finden, der Leben und Überleben möglich macht. Dabei ist die biblische Botschaft radikal – oft auch radikal einseitig. Das gilt gleichermaßen von den Fragen, die unsere Zeit uns stellt. Deshalb tun wir gut daran, die Eindeutigkeit und Einseitigkeit biblischer Herausforderungen nicht zu glätten – denn nur dann können sie uns so in Bewegung bringen, wie dies die Jahrtausendkrise erfordert.

Der Mensch im Schöpfungsraum Gottes

Die Urgeschichte, die in 1Mo 1–11 erzählt wird, berichtet von dem spannungsreichen Geschehen, wie der Mensch mit der Schöpfung Gottes als dem Lebensraum, in den er hineingestellt ist, zurechtkommt. Erst heute, wo wir überdeutlich erkennen, wie wenig wir mit diesem Problem zurechtkommen, gewinnt die Urgeschichte wieder ihre grundlegende Bedeutung zurück, als eine Art Brennspiegel, in dem die Urerfahrungen des Menschen mit dem Leben gebündelt werden, mit denen der Mensch seitdem immer wieder zu tun hat. So gewinnen diese Texte heute eine Aktualität zurück, die sie seit Jahrhunderten verloren hatten.

Dabei dürfen wir nicht den Fehler machen, nur die ersten drei Kapitel der Urgeschichte anzuschauen, denn dann verkürzt sich die Urerfahrung des Menschen vom Leben auf die beiden Stichworte »Schöpfung« und »Sündenfall«. Der Geist Gottes hat uns mit diesen Texten einen viel größeren Zusammenhang geoffenbart:

In 1. Mose 1 wird die Schöpfung aus der Perspektive Gottes erzählt: Gott baut gewissermaßen ein Haus für alles Lebendige, in dem der Mensch die Verantwortung übernehmen soll. Und »Gott sah, daß es gut war!«

Das zweite Kapitel berichtet aus der Perspektive des Menschen: Alles atmet hier Nähe und Geborgenheit, der Garten Eden ist ein umfriedeter Raum, in dem der Mensch seiner Arbeit nachgehen kann, zu »bebauen und zu bewahren«.

Aber der Mensch muß die Erfahrung machen, daß er mit dem

von Gott geschaffenen Lebensraum nicht bestimmungsgemäß umgehen kann. Er scheitert in 1. Mose 3 an seiner Überheblichkeit, als Geschöpf so klug werden zu wollen wie sein Schöpfer, und in Kapitel 4 an seiner Machtbesessenheit, die allen nach dem Leben trachtet, die statt seiner den ersten Platz einnehmen könnten, wie dies in der Geschichte von Kain und Abel erzählt wird.

Wie wird der Mensch mit dem Verlust des Paradieses fertig? 1. Mose 4 und 5 berichten durchaus positiv, wie der Mensch versucht, sein Leben zu meistern: durch planmäßigen Ackerbau, durch die Domestizierung von Tieren, den Bau von Städten, durch Metallbearbeitung wie durch die Entfaltung kultureller Kräfte, hier der Musik.

Aber die Sünde holt ihn immer wieder ein: Aus der Verbindung von »Gottessöhnen« und »Menschentöchtern« (1Mo 6) entstehen die »Helden der Vorzeit«: Jetzt wird Kraft und kriegerische Stärke zum Merkmal der Menschen, die Macht gewinnen – und ebenso technische Erfindungskraft: Mit den Ziegeln erfindet der Mensch ein Bauelement, das beliebig reproduzierbar ist. Nun kann er fast alles bauen, z.B. eine Stadt, die den Menschen vor Staub und Wind, vor Hitze und Kälte schützt. Aber gleichzeitig will er einen Turm bis in den Himmel bauen, um seine Macht zu demonstrieren. Unter dieser Überheblichkeit zerbricht die Einheit der Menschheit – und so bekriegen sich die Völker bis heute, und deshalb sind die Helden auch heute noch nicht ausgestorben.

In der Sintflutgeschichte greift Gott zum letzten Mittel: Er vernichtet alles Böse und läßt nur die Guten überleben – *eine* menschliche Familie, aber *alle* Pflanzen und Tiere. Der Mensch soll die Schöpfung nicht mit ins Verderben reißen. Noah erfüllt die Aufgabe, die Gott eigentlich der ganzen Menschheit übertragen hat, die Schöpfung zu bewahren. Und es scheint, als ob dabei nicht nur die Menschen lernen konnten, sondern auch Gott seine Schlüsse daraus gezogen hat. Denn nach dieser Erfahrung sagt er: Dieses letzte Mittel wende ich nicht noch einmal an. Er läßt in Zukunft »die Sonne scheinen über Gerechte und Ungerechte«, aber mit denen, die sich zu ihm halten, schließt er einen Bund. Jetzt setzt Gott darauf, daß die »Mindestzahl der Gerechten« (1Mo 19) nicht mehr wie in Sodom und Gomorra unter den kritischen Wert sinkt, jetzt beruft er das Gottesvolk des alten Bundes, seit Pfingsten auch die Christen als das Gottesvolk des neuen

Bundes, um der Unheilsgeschichte der Menschheit die Heilsgeschichte des angebrochenen Reiches Gottes entgegenzustellen.

»Solange die Erde besteht, soll nicht aufhören Saat und Ernte, Frost und Hitze, Sommer und Winter, Tag und Nacht« (1Mo 8,22) – diese Verheißung steht in den leuchtenden Farben des Regenbogens über der Geschichte der Erde bis zur großen Verwandlung von Erde und Himmel bei der Parusie Christi.

Im ersten Kapitel der Bibel wird uns geschildert, wie Gott einen guten, vollkommenen Lebensraum für den Menschen und alle Lebewesen schafft. Eigentlich gibt uns die erste Schöpfungserzählung eine Antwort auf die Frage: Warum ist die Welt so gut? Gott hat sie geschaffen, und er selbst hat die Qualität seiner Schöpfung anerkannt: »Gott sah, daß es gut war.« Einer der Gründe der Jahrtausendkrise liegt darin, daß der Mensch Gottes eigene Beurteilung seiner Schöpfung nicht mehr nachvollzieht und meint, er müsse sich die Natur nicht nur nutzbar machen, sondern sie auch verbessern.

1. Mose 1,1 sagt: Gott ist der Urheber der Schöpfung. Er hat die Erde und alles, was auf ihr wohnt, gewollt, er hat sie gut geschaffen, er liebt sie. Wie können wir dann den Schöpfer lieben und die Schöpfung zerstören? Wie kann uns Gott wichtig sein, die Schöpfung aber unwichtig? Diese Diskrepanz, die es seit Jahrhunderten gibt, hängt wohl mit einem einseitigen Verständnis des Sündenfalls zusammen. Die Schöpfung als Ganzes ist nie verflucht worden, sondern sie ist durch die Sünde der menschlichen Selbstüberschätzung in den Fluch hineingezogen worden. Deshalb können auch die biblischen Aussagen immer wieder betonen, wie gut man doch an der Qualität der Schöpfung die Größe Gottes ablesen kann. Der Einbruch der Sünde in das Leben des Menschen hat daran nichts geändert. Gott liebt seine Schöpfung, gerade auch, weil er den Menschen liebt, der sie braucht, aber auch, weil die Elemente, die Pflanzen und die Tiere Gottes Geschöpfe sind. Also lieben wir sie auch!

Es ist eigentlich verwunderlich, daß die Schöpfungserzählung in 1Mo 1 dem Menschen keinen eigenen Schöpfungstag einräumt, sondern daß er den sechsten Tag mit Tieren teilen muß. Wenn wir diese Aussage ernstnehmen, dann bedeutet sie: Mensch und Tier gehören eng zusammen, sie sind eher Geschwister als Feinde. Das »Herrschen über die Tiere« ist dann nicht als hemmungslose Nutzung des Tieres gemeint, wie etwa in unserer heutigen Massentierhaltung oder bei den Tierversuchen, sondern als Verantwortung dafür, daß Mensch und Tier und im umfassenden Sinn die ganze Schöpfung »geschwisterlich« zusammenleben, soweit dies irgend möglich ist. Die Nähe von Mensch und Tier verbietet es uns auch, das Kreatürliche so gering zu achten, wie es in vielen Ausprägungen des Christentums üblich ist. Claus Westermann sagt dazu: »Wenn hierin etwas den Menschen mit den Tieren Verbindendes bleibt, solange es Menschen gibt, eben weil es im Erschaffensein des Menschen begründet ist, so ist das im Schöpfungsbericht der Priesterschrift als etwas durchaus Positives, den Menschen in seinem Menschsein Förderndes, eben als Segen gemeint. In vielen Epochen der Menschheitsgeschichte wurde diese animalische Seite des Menschseins unterbewertet oder an die Seite gedrängt (oft im Zusammenhang mit einer Unterbewertung der Frau); vor allem aber wurde in diesem Bereich mehr Sünde und Unreinheit gesehen als Segen; das ›Fleischliche‹ wurde das Sündige und Verwerfliche. Im Schöpfungsbericht ist davon keine Spur zu finden.«[156]

Im Zentrum der Schöpfungsaussagen über den Menschen steht seine »Gottesebenbildlichkeit«: »Dann sprach Gott: Laßt uns Menschen machen als unser Abbild, uns ähnlich« (1Mo 1,26). Diese Formulierung ist bewußt »genau ungenau«, also absichtlich in der Schwebe gehalten. Der Mensch ist Gott ähnlich, aber er ist nicht wie Gott. Diese Balance erweist sich in der Erzählung vom Sündenfall als gescheitert – und sie erweist sich heute auch in ihrer geschichtlichen Realität als gescheitert, denn die Überheblichkeit des Menschen über Gott hat unmittelbar in die Jahrtausendkrise geführt. Aber ebenso, wie wir den Abstand des Menschen zu Gott untertreiben können, ist es möglich, ihn zu übertreiben. Denn der Mensch ist Gott »ähnlich«. Ich möchte hier ein Bild gebrauchen – das Bild von Gesprächspartnern. Sie können sehr unterschiedlich sein, etwa in ihrem Bildungsniveau, in der Reife ihrer Persönlichkeit, in ihrem Charakter. Sobald sie sich verständigen können, sind sie Gesprächspartner. Wir können das Bild übertragen: Es gehört zum schöpfungsgemäßen Wesen des Menschen, daß er sich mit Gott verständigen kann. Dabei bleibt der Abstand zwischen Gott und Mensch durchaus erhalten. Denn man kann sich auch verständigen, wenn man sich nicht verstehen kann, jedoch nur unter großen Schwierigkeiten.

Der Mensch als Abbild Gottes ist als Partner Gottes geschaffen, er ist fähig, sich an Gott zu wenden und ihn zu hören. In einem allgemeinen Sinn gilt das für jeden Menschen, im Sinn einer lebensmäßig vollzogenen Partnerschaft aber nur für den Menschen, der sich bewußt mit Gott verbunden hat, neutestamentlich ausgedrückt, der »im Geist neu geboren worden ist«. Auch dies können wir in einem menschlichen, biblisch begründeten Bild ausdrücken: Partnerschaft zwischen Menschen ist überall möglich, wo Menschen zusammenkommen. Die Ehe als Partnerschaft, die auf Liebe, Treue und gemeinsamem Leben aufgebaut ist, hebt sich aus all diesen Partnerschaften heraus. Jeder Mensch ist fähig, »Einzelkontakte« mit Gott zu haben und auch im Sinne Gottes zu handeln, und trotzdem ist die Keimzelle neuen Lebens, die Heimat für alles, was mit dem Reich Gottes zu tun hat, das »neue Leben im Geist«, das auf der bewußt eingegangenen Lebensbeziehung zu Gott aufgebaut ist.

Abbild und Gegenüber Gottes ist der Mensch als Mann und Frau. Alle Versuche, den Mann auf Kosten der Frau näher an Gott zu binden und ihm eine Vermittler- oder Führerrolle zuzubilligen, müssen angesichts der grundlegenden Schöpfungsaussagen als untergeordnet oder zeitgebunden betrachtet werden. Deutlicher als hier kann die absolute Parität von Mann und Frau nicht ausgedrückt werden. Es ist daher eine Entfaltung des Schöpfungshandelns Gottes, Mann und Frau – und geschichtlich bedingt vor allem die Frau, aus allen Unterordnungszwängen zu befreien. »In Christus ist nicht Mann noch Frau« – diese Aussage des Paulus in Gal 3,28 und die Praxis und Verkündigung Jesu ist ein Zeichen dafür, daß das Urchristentum wieder bei dieser grundlegenden Schöpfungsaussage ansetzte, wenn sich auch dieser Ansatz gegen den Ansturm der gesellschaftlichen Wirklichkeit nicht durchsetzen konnte. Aber heute könnte er den Durchbruch schaffen – Christen müßten hier die ersten und nicht die letzten sein! Aber wir können einen noch weiteren Schluß ziehen: Wir dürfen uns Gott nicht einseitig männlich vorstellen. Wenn er nach seinem Bild den Menschen als Mann und Frau schuf, dann ist er vom Menschen aus auch nicht einseitig männlich zu begreifen.

Der Mensch ist in seiner ganzen Geschöpflichkeit nach dem Bild Gottes geschaffen – das gilt unabhängig von der Frage nach Glauben oder Nicht-Glauben. Jeder Mensch, der uns begegnet, ist geschöpfliches Abbild Gottes, und mit dieser Erwartung können wir in diese Begegnung hineingehen. Damit wird die Bedeutung des Unterschiedes zwischen Glauben und Nicht-Glauben nicht verkleinert, sie liegt nur auf einer anderen Ebene, im Bereich der Partnerschaftsfähigkeit des Menschen zu Gott. Viele Christen gehen mit Nicht-Glaubenden so um, als trenne sie von ihnen mehr, als sie verbindet. Ich denke, daß uns mehr verbindet, als uns trennt – eben unser Menschsein. Würde das Leben der Christen in unserer Gesellschaft, auch unter missionarischen Gesichtspunkten, nicht viel positiver und wirkungsvoller aussehen, wenn wir allen Menschen leichter und natürlicher auf der Ebene der gemeinsamen gottesähnlichen Geschöpflichkeit begegnen könnten?

Im Gegensatz zu anderen Religionen wie etwa der altägyptischen ist in den biblischen Schöpfungsvorstellungen nicht der König das Ebenbild Gottes, sondern der Mensch. Die Würde des Menschen ist schöpfungsgemäß, somit sind alle Abhängigkeiten und alle Hierarchien, welche die Menschenwürde antasten, gegen Gottes Schöpfung gerichtet. Die Freiheit des Menschen steht demnach über jedem Anspruch eines Staates oder einer anderen gesellschaftlichen Macht, einschließlich der Kirchen. Alle staatliche Macht darf nur bis an die Grenze gehen, wo sie dem Menschen *noch* dient. Begrenzt ist die Freiheit des Menschen nur durch den gleichwertigen Freiheitsanspruch der anderen Menschen, und alle Ordnungen, welche die hier entstehenden Konflikte regeln wollen, dürfen die Würde des Menschen als Ebenbild Gottes nicht antasten. Das Eintreten der Christen für die Menschenrechte ist ein Engagement, das sich unmittelbar aus dem Auftrag zur Bewahrung der Schöpfung herleitet.

Wenn die erste Schöpfungserzählung vom »Herrschen« des Menschen spricht, dann verwendet sie einen Ausdruck, der aus der höfischen Sprache stammt und im Alten Testament auch immer wieder für das Herrschen der Könige verwendet wird. Claus Westermann erklärt dies näher: »Dann aber ist es klar, daß mit der Beherrschung der Tiere wie auch mit dem Beherrschen der Erde, auf das es erweitert wird, auf keinen Fall etwas wie Ausbeutung gemeint sein kann. Hier wird die biblische Bestimmung des Menschen, die Erde zu beherrschen, in einem neuen Sinn wichtig. Das Beherrschen der Erde ist in einem königlichen Sinn gemeint. Das heißt aber vom Verständnis des Königtums in der

Antike her: Als Herr seines Reiches ist der König nicht nur für sein Reich verantwortlich; er ist auch der Segensträger und der Segensvermittler für dieses sein ihm anvertrautes Reich.«[157] Schöpfungsgemäß ist das Handeln des Menschen nur, wenn es den Segen Gottes an seine Schöpfung weitergibt, wenn »segensreich« gehandelt wird. Das gilt auch jenseits von Zweckmäßigkeitserwägungen. Segen Gottes ist nicht nur das, was dem Menschen nützt, sondern Gott segnet seine Geschöpfe unabhängig davon, einfach, weil sie zu ihm gehören: die Tiere, die Pflanzen, den Boden, die Elemente. Wenn wir mit Gottes Schöpfung nicht im Sinne des Segens Gottes umgehen, versündigen wir uns auch da am Schöpfer, wo unser Handeln dem Menschen nicht schadet. Denn die Schöpfung ist in Gottes Augen im Ganzen gut, nicht nur da, wo sie für den Menschen gut ist.

Weil die Schöpfung in Gottes Augen gut ist, braucht der Mensch sie nicht zu beurteilen. Im Grunde kann er das auch nicht, weil er ja selbst dazu gehört. In den vergangenen Jahrhunderten hat der Mensch aber ständig versucht, die Schöpfung zu beurteilen, denn er meinte, sie durch Veränderungen verbessern zu müssen. Soweit die Technik dazu dient, die Schöpfung für den Menschen auf eine Art nutzbar zu machen, die der Schöpfung nicht schadet, bleibt sie innerhalb des Schöpfungsauftrags. Wer Gottes Schöpfung aber für so verbesserungswürdig hält, daß er massiv in sie eingreift, mißtraut Gott und verfällt aufs neue der Sünde der Überheblichkeit. So ist die Jahrtausendkrise im Kern eine Vertrauenskrise gegenüber Gott. Aber überall da, wo sich Menschen im Vertrauen auf Gott auch seiner Schöpfung anvertrauen, kommt es zu einem großen Jubel darüber, wie gut alles geschaffen ist. Dieses Lob des Schöpfers durchzieht die ganze Bibel und ist ein wesentliches Element der Freude des Menschen an seinem Leben.

Die Schöpfungserzählung, mit der unsere Bibel beginnt, endet mit einem Gedanken, den wir heute wieder ganz neu zur Kenntnis nehmen müssen: »Am siebten Tag vollendete Gott das Werk, das er geschaffen hatte, und er ruhte am siebten Tag« (1Mo 2,2). Nicht der Mensch ist die Vollendung der Schöpfung, sondern die Ruhe Gottes. Nicht die Arbeit und die Leistung ist die Vollendung des Menschen, sondern sein Eingehen in die Ruhe Gottes. Sie ist heilig, sie trägt das Signum »zu Gott gehörend«. Damit wird die Arbeit und die Leistung nicht abgewertet, sondern eingeordnet. Arbeit ist nötig, um das Leben zu bestehen, und damit ist sie auch die Voraussetzung, um zur Ruhe zu kommen – aber Arbeit, die auf Dauer die Ruhe verhindert, ist nicht schöpfungsgemäß. Die Arbeit ist nicht das Ziel des Lebens, sondern sie hat dem Leben zu dienen. Gerade weil sie einen wesentlichen Teil des Lebens ausfüllt, sechs Siebtel, wenn wir bei dem Bild der Schöpfungserzählung bleiben, ist es wichtig, daß sie die Vollendung in der heiligen, zu Gott gehörenden, Ruhe nicht blockiert, sondern ermöglicht. Ich stelle mir vor, daß die Ruhe Gottes nicht einfach Nichtstun bedeutet, sondern Ruhen in sich selbst. Gott zieht den Ruhetag an sich, indem er ihn heiligt, damit ihn der Mensch zurückbekommt, damit er im Angesicht Gottes zu sich selbst findet.

Der Mensch im Einklang – mit Gott, dessen Entsprechung er ist, und dadurch mit sich selbst, mit dem Du im anderen Menschen in der Freiheit des Gebens und Nehmens, und im Einklang mit der ganzen Schöpfung, zu der er gehört und deren Segensträger im Namen Gottes er ist – das ist das große Thema der ersten Schöpfungserzählung. Gleichzeitig zeigt sie wesentliche Teilstükke eines schöpfungsgemäßen Lebensstils, eines Menschseins in der Entsprechung zu Gott und zur ganzen Schöpfung. Die Umkehr zu diesem Menschsein in der Erneuerung der Partnerschaft mit Gott kann zu heilsamen Lebensformen führen, welche die Jahrtausendkrise überwinden helfen.

Während die erste Schöpfungserzählung mehr aus der Perspektive Gottes zu berichten scheint und deswegen vor allem die Qualität der Schöpfung betont, steht in der zweiten Schöpfungserzählung (1Mo 2,4ff) eher die Perspektive des Menschen im Vordergrund und damit die Gefährdung der Schöpfung. Deshalb geht sie auf die Frage ein, womit es zusammenhängen kann, daß trotz der guten Schöpfung Gottes vieles in der Welt so schlecht ist. Diese ältere Schöpfungserzählung sieht in einer ganzheitlichen Betrachtungsweise den Menschen im Mittelpunkt des Kosmos, während die jüngere Erzählung in 1Mo 1 schon naturwissenschaftliches Denken durchscheinen läßt und an der Kausalität interessiert ist. Im Rahmen der göttlichen Offenbarung über das Wesen der Schöpfung gehören beide Erzählungen zusammen, und es ist eine Tragik, daß in den Jahrhunderten der raschen Entwicklung der Naturwissenschaften die korrigierende Sicht der zweiten, ganzheitlich orientierten Schöpfungserzählung nahezu ausgefallen war. Sie enthält für unsere Situation ganz wesentliche Einzelaussagen, die sich mit denen aus der ersten Schöpfungserzählung zu einem grundlegenden Bild vom Menschen verbinden.

In 1Mo 2,7 wird dargestellt, daß auch der Mensch aus den Elementen besteht, die unsere Erde ausmachen, und in 1Mo 3,19 wird betont, daß er auch wieder zu Erde wird. Wenn er also in den irdischen Kreislauf des Werdens und Vergehens eingebunden ist wie alle anderen Teile der Schöpfung auch, was macht ihn dann zum Menschen? Der Hauch, der Atem Gottes – wir können auch sagen, der Geist Gottes, denn in der hebräischen Sprache liegt dies beieinander. Aber wir müssen genau auf den Text hören. Es ist nicht so, daß der kreatürliche, tierähnliche Körper des Menschen durch Gottes Atem mit einer lebendigen Seele ausgestattet wird, sondern der ganze Mensch mit Körper, Seele und Geist wird durch den Atem Gottes lebendig: »So wurde der Mensch zu einem lebendigen Wesen« (1Mo 2,7). Das Schöpfungshandeln Gottes erlaubt uns nicht, einen Bereich der Person über den anderen zu erheben, denn alles ist vom Atem Gottes erfüllt, das Körperliche ebenso wie das Seelische, und das Geistige nicht mehr und nicht weniger als die anderen Bereiche. Der ganze Mensch ist von Gott geschaffen, und der ganze Mensch lebt aus Gottes Atem und aus seinem Geist. Unsere heutigen Ansätze eines ganzheitlichen Denkens sind also durch die Schöpfungsoffenbarung der Bibel durchaus gedeckt.

Das Paradies ist kein Schlaraffenland – die Arbeit gehört zum Leben. Der paradiesische Zustand hängt damit zusammen, daß Gott den Lebensraum des Menschen so geschaffen hat, daß nichts fehlt. Bebauen und bewahren – das genügt, und das kann leicht im Einklang mit der Natur geschehen, solange sich der Mensch nicht besserwisserisch über die Schöpfung stellt. Wir leben allerdings nicht mehr im Paradies, und trotzdem ist auch in unserer heutigen Natur etwas vom paradiesischen Zustand erhalten geblieben. Die »Verwandtschaft« der jetzt wahrnehmbaren Schöpfung mit dem Paradies läßt uns aber auch heute die Möglichkeit, bebauend und bewahrend mit ihr umzugehen und sie nicht hemmungslos auszubeuten. Das Paradies bleibt die göttliche Zielvorstellung für schöpfungsgemäßes Leben, als Lebensraum, der durch Vielfalt und Harmonie gekennzeichnet ist, in dem der Mensch im Einklang mit der Natur lebt, in dem er arbeitet und ruht, bebaut und bewahrt. Schöpfungsgemäßes Leben bedeutet, in der größtmöglichen Annäherung an diese Zielvorstellung vom Paradies zu leben.

Auch die zweite Schöpfungserzählung beschäftigt sich mit dem Thema Mann und Frau. Auch sie betont die Gleichrangigkeit – zu einer Sicht der Unterordnung der Frau unter den Mann kann man nur kommen, wenn man die Aussagen in 1Mo 3,16 von denen in 1Mo 2,18–25 trennt. Am Anfang erzählt die Schöpfungsgeschichte nur vom Menschen, Mann und Frau erscheinen erst im Zusammenhang mit der Gemeinschaft, die Gott schafft, um das Werk der Erschaffung des Menschen abzuschließen. Der Mensch wird in Mann und Frau »geteilt«, in zwei »Ausgaben« der Spezies Mensch, die einander in gegenseitiger Entsprechung zur Hilfe werden. Das Tier kann diese Aufgabe nicht wahrnehmen, und deshalb ist es eine grobe Verletzung des Schöpfungshandelns Gottes gewesen, daß es in den schlimmsten Zeiten dem Mann gelang, die Frau auf die Abhängigkeitsebene des Tieres herabzudrücken – denn nun konnte es die schöpfungsgemäße Entsprechung zwischen Mann und Frau nicht mehr geben. Als der Mensch als Mann und Frau vollendet war und Gott dem Mann die Frau zuführt, bricht er in Jubel aus: »Das endlich ist Bein von meinem Bein und Fleisch von meinem Fleisch« (1Mo 2,23). Das erlaubt keine Unterordnung, sondern nur Partnerschaft: Endlich habe ich das Du auf meiner Ebene gefunden! Erst die Erschaffung der Frau schafft beim »Menschen« das männliche Bewußtsein – Mann und Frau sind als geschlechtliche Wesen gemeinsam ans Licht getreten und damit vom Schöpfungshandeln Gottes zur partnerschaftlichen Lebensbewältigung, zur Liebe und Treue, zur Gemeinschaft und zur Fruchtbarkeit berufen.

Die Geschichte vom Sündenfall, die in der zweiten Schöpfungserzählung angefügt ist, geht von der Situation des Paradieses aus: Es ist alles da, was der Mensch braucht, sogar in Überfülle. Aber das Paradies braucht Grenzen. Sie sind dem Menschen durch Gottes Gebote bekannt, aber in ihrem Sinn nicht ohne weiteres erkennbar – deshalb werden sie dem Menschen als Verbote vorgestellt. Gott macht sich hier dem Menschen verständlich, ohne daß der Mensch die tieferen Zusammenhänge verstehen kann. Das Paradies kann nur bestehen, wenn der Mensch Gott ein großes Vertrauen entgegenbringt. Und genau hier scheitert er. Durch die Auswirkungen der menschlichen Überheblichkeit können wir das heute sogar verstehen: Das Paradies ist nicht das »Spiel ohne Grenzen«, sondern der geschützte Raum der Freiheit. Die Schlange hatte recht: Wer die Grenzen überschreitet, wird klüger, denn er kann Gut und Böse unterscheiden. Aber die Schlange hatte auch unrecht: Der Mensch ist dadurch nicht wie Gott geworden, er mußte im Gegenteil die bittere Wahrheit lernen: Wer die Grenzen überschreitet, wird nicht nur klüger, sondern auch sehr viel mehr gefährdet, bis hin zu einer existentiellen Gefährdung des Lebens überhaupt, wie sie heute herrscht.

In dieser Zerreißprobe ist der Mensch geblieben: So klug im Wissen, daß ihn dies zu ständiger Überheblichkeit reizt, und so unklug im Leben, daß ihn dies in tiefe Depressionen stürzt. In der eigenen Person entdeckt der Mensch immer wieder die Abgründe, die er nicht überspringen kann. Aber im Bereich der Erkenntnis scheint eine unbegrenzte Weite zu liegen, hier sieht er die Chancen, zu sein wie Gott. Und so hat der Mensch begonnen, die Kräfte, die das Universum zusammenhalten, zu entschlüsseln, er hat sie in unvorstellbar schrecklichen Waffen nutzbar gemacht – und die Mächtigen, die über diese Waffen verfügen können, spielen immer noch die gleichen primitiven Kampfrituale, die wir von unseren Vorfahren schon kannten, als sie nur über Keulen verfügten. Das ist die Verführung des Bösen, und sie ist heute weit gediehen: eine fast unbegrenzte Erkenntnis auf der Basis einer ganz eng begrenzten Ethik: Der Mensch kann nicht innerhalb der schöpfungsgemäßen Grenzen leben, weil er den Lebenskontakt mit dem Schöpfer verloren hat.

Jesus hat diesen Schaden geheilt, denn er hat dem Menschen die Erneuerung seiner Beziehung zu Gott möglich gemacht. Aber obwohl Jesus in seiner Verkündigung den Anbruch des Reiches Gottes in seiner verändernden Wirkung gleichermaßen auf das Leben vor dem Tod wie auf das Leben nach dem Tod bezieht, haben viele Christen dieses Angebot der Erneuerung in die reine Jenseitshoffnung abgedrängt und für ihr Leben vor dem Tod auf einen sehr kleinen Bereich ihrer Innerlichkeit beschränkt. Damit konnten sie eine radikale, ganzheitliche Änderung ihres Lebensstils vermeiden, die gesellschaftliches Außenseitertum und Auseinandersetzungen mit den Mächtigen bedeutet hätte. Die fatalen Wirkungen werden heute sichtbar, denn das erlösende Handeln Christi wirkt sich kaum auf Gottes Schöpfung aus und nur sehr wenig auf die Fragen der Gerechtigkeit im Umgang des

Menschen mit dem Menschen. Aber noch ist nicht alles verloren: In Christus sind so viele Ansätze zu einem ganzheitlich erneuerten Leben möglich, daß wir »Leben und volles Genüge« haben können, und daß auch heute in der Jahrtausendkrise die »Mindestzahl der Gerechten« erhalten bleibt, damit die Menschheitsgeschichte nicht vorzeitig in einer großen Katastrophe endet.

Das machen auch die »Strafsprüche« in 1Mo 3,14–19 deutlich. Eigentlich sind es keine richtigen Strafen, sondern Beschreibungen der Wirklichkeit des Lebens außerhalb des Paradieses, nach der Auflösung der konkreten Lebensgemeinschaft mit Gott. Deswegen sind sie auch als Fluchworte formuliert, denn Fluch ist die Abwesenheit von Segen. Das Leben wird zu einem mühsamen Ringen um Sein oder Nichtsein. Aber der Segen Gottes ist dem Menschen dabei nicht entzogen, wenn auch seine Möglichkeiten, den Menschen zu segnen, außerhalb des Paradieses schwieriger geworden sind.

Eine Strafe müßte der Mensch annehmen, die Folgen des Verlustes des Paradieses kann er als Herausforderung ansehen, sie zu mildern und, soweit es geht, zu überwinden. Das hat er auch begriffen und getan. Adam nennt seine Frau Eva, das heißt »Leben«. Die Menschen richten sich in den neuen Verhältnissen »außerhalb des Paradieses« ein, bebauen den Acker, zeugen Kinder, domestizieren Tiere, bauen Städte, bearbeiten Metalle, machen Musik. Das Paradies können sie nicht zurückgewinnen, aber das Leben ist trotzdem lebenswert. Dies ist keine Auflehnung gegenüber irgendeiner Strafe, sondern der Gewinn einer ebenso gefährdeten wie gesegneten Form des Lebens. Und Gott hilft ihnen dabei: »Gott, der Herr, machte Adam und seiner Frau Röcke aus Fellen und bekleidete sie damit« (1Mo 3,21).

Die Wirklichkeit der »Strafsprüche« ist weder die ein für allemal festgeschriebene Lebensform für das Leben außerhalb des Paradieses, noch eine Realität einer vergangenen Zeit, die wir völlig überwinden können. Mensch und Tier sollen nicht in Feindschaft leben – und doch werden sie sich gegenseitig bedrohen und Schmerzen zufügen. Die Geburt mußte nicht so schwer und lebensgefährlich bleiben, wie sie einmal war, und doch bleibt sie ein riskanter Einstieg ins Leben. Das Verhältnis von Mann und Frau in der Ambivalenz von Verlangen und Unterdrückung soll zu einer gleichwertigen Partnerschaft werden – aber dies ist bis heute ein schwieriger und gefährdeter Weg geblieben. Und auch unter der Verheißung des Ewigen Lebens bleibt der Tod eine schmerzvolle Grenze des Lebens. Die Aussagen der Schöpfungs- und Sündenfallgeschichte bleiben auf dem Boden der Realität und machen trotzdem Mut, mit Gottes Hilfe die Grenzen des unparadiesischen Lebens zu überschreiten.

Die Vorstellung vom Paradies zeigt, was wir verloren haben; sie zeigt aber auch noch eine andere Seite: sie ist die Offenbarung Gottes über schöpfungsgemäßes Leben, sie zeigt ein »utopisches Ziel«, nicht erreichbar und trotzdem wegweisend. Heute können wir die Vision vom Paradies differenzierter anschauen, nicht in der Trauer, daß es verloren ist, und nicht in der Überheblichkeit, daß wir es neu schaffen können, sondern im »Mut zur Wirklichkeit«, daß wir immer wieder mit Gottes Hilfe das Leben zurückgewinnen können, indem wir Schritte auf das Paradies zugehen.

Weil Gott den Menschen in seinem Schock, nackt zu sein, bekleidet, gibt er uns auch heute die Verheißung, daß es möglich ist, außerhalb des Paradieses zu leben. Das ist in der Jahrtausendkrise vielleicht die letzte und zentralste Botschaft dieser erzählenden Theologie über das Wesen der Schöpfung und das Wesen des Menschen: Es ist möglich, außerhalb des Paradieses zu leben.

Die Freiheit des Sabbat

Der Sabbat gehört zu den zentralen Anliegen der Schöpfung, denn er ist die »Vollendung der Schöpfung« – allerdings nicht der bürokratisierte, mit Verboten gepflasterte, erzwungene Ruhetag, gegen den sich auch Jesus wendet, sondern der Tag, den Gott segnete, der Tag der Begegnung – mit Gott, mit dem Menschen, mit der Natur, mit sich selbst. Gott erklärt den Ruhetag für heilig (1. Mose 2,3), er zieht ihn an sich – er ist also nicht der Tag, der uns in erster Linie fit machen soll für die kommende Arbeitswoche, sondern er ist das Ziel der Arbeit, der Lebensstil, bei dem am deutlichsten wird, was Leben ist, auch wenn er nur »ein Siebtel« der Zeit umfassen kann. Der siebente Tag ist ein Tag der Freiheit, so, wie ihn der zeitgenössische jüdische Theologe Abraham Joshua Heschel beschreibt: »Was ist der Sabbat? Eine Erinnerung an jedermanns Königswürde, eine Aufhebung der Unterscheidung von Herr und Knecht, reich und arm, Erfolg und Fehlschlag. Den Sabbat feiern bedeutet, unsere letzte Unabhängigkeit von Zivilisation und Gesellschaft zu erfahren, von Leistung und Angst. Der

Sabbat ist eine Verkörperung des Glaubens, daß alle Menschen gleich sind und daß die Gleichheit der Menschen ihren Adel ausmacht ... Die Dinge, die in den sechs Tagen ins Leben gekommen sind, sind gut; aber der siebte Tag ist ›heilig‹! Der Sabbat ist Heiligkeit in der Zeit.«[158]

Wenn man »zwischen den Zeilen liest«, dann klingt bei der ersten Schöpfungserzählung durch, daß Gott am siebten Tag seine Schöpfung »genoß«. Erde und Leben, Natur und Mensch waren geschaffen, alles war gut, nichts fehlte, und so ist der Ruhetag auch für Gott Freiheit von seiner Arbeit und gleichzeitig Hingabe an seine eigene Schöpfung. Wie Gott soll auch der Mensch leben. Das Leben ist nicht für die Arbeit da, sondern die Arbeit für das Leben. Der Sabbat macht den Menschen frei für das Leben – wir können das genießen, was wir an sechs Tagen erarbeitet haben, wir können zu uns kommen und uns gemeinsam mit Gott an seine Schöpfung, an die Fülle des Geschaffenen, an die Vielfalt des Geschenkten hingeben. Leben heißt feiern, fröhlich sein, aber auch, sich nach innen kehren, das Leben neu ordnen, auf Gott schauen. Der Tag, an dem die Routine unterbrochen wird, der Tag der Freiheit – dieser Tag wird geheiligt. Nicht in der Bürokratie des festgelegten Lebens ist Gott am besten erfahrbar, sondern in der Spontaneität des Tages, der gleichzeitig mir und Gott, meinem Schöpfer gehört. Das immer Gleiche ist vielleicht lebensnotwendig, aber das Leben ist es nicht, sondern eher eine Folge des Fluches bei der Vertreibung aus dem Paradies.

Schon sehr früh allerdings wurde der Sabbat diszipliniert und geordnet, denn er durfte nicht einfach der Spontaneität des Menschen überlassen werden. Dies war sicher nicht völlig falsch, allerdings weit übertrieben, denn auch heute merken wir, daß unsere durch keine festgelegten Ordnungen beeinträchtigten Wochenenden oft durch gähnende Langeweile auffallen. Disziplin hängt mit Einübung zusammen, und jede Einübung, auch in spirituelle Formen, braucht Wiederholung und Beständigkeit. In diesem Sinn gehört der Gottesdienst am Sonntag mit seinem vorgegebenen Rahmen zum Ruhetag. Die Ordnungen dürfen sich aber nicht selbständig machen, wie es leider in der jüdischen Geschichte recht schnell geschah. Der Sabbat wird zum Tag der Freiheit, wenn er einen geschützten Lebensraum vermittelt, in dem der Mensch zu sich, zum Mitmenschen, zu Gott und damit zur ganzen Schöpfung kommen kann.

Der Sabbat hat nicht nur eine Beziehung zum privaten Leben – im Gegenteil, er wird im Leben des Volkes Israel zur Keimzelle für Freiheit und Gerechtigkeit. Dies wird vor allem in 2. Mose 23,10–12 betont. So heißt es in Vers 12: »Sechs Tage kannst du deine Arbeit verrichten, am siebten Tag aber sollst du ruhen, damit dein Rind und dein Esel ausruhen und der Sohn deiner Sklavin und der Fremde zu Atem kommen.« Tiere, Sklaven und Fremde – sie vor allem sollen Nutznießer des Sabbat sein, eben alle, die in ihrer Arbeit abhängig sind. Der Freie kann selbst dafür sorgen, daß er in einem schöpfungsgemäßen Rhythmus von Arbeit und Ruhe lebt, der Abhängige aber braucht den Schutz des Sabbat. Es entspricht der Grundaussage der ersten Schöpfungserzählung, die für Mensch und Tier *einen* Schöpfungstag kennt, daß auch hier die Tiere und im Grund die ganze vom Menschen abhängige Natur mit unter den Schutz des Sabbat gestellt werden.

Damit nun die ganze Schöpfung zu Atem kommen kann, genügt der Rhythmus der sechs Tage Arbeit und des einen Tages Ruhe nicht. Dafür gibt es das Sabbatjahr. Sechs Jahre soll der Boden bebaut werden, im siebten soll er brachliegen. Die ökologische Bedeutung dieser Bestimmung liegt auf der Hand, das begreifen wir heute langsam wieder, wo wir der Natur keine Atempause mehr gönnen. Aber das Brachliegen hat auch eine ebenso bedeutsame soziale Komponente. Es läßt sich kaum vermeiden, auch bei gleichen Ausgangsbedingungen, wie sie zunächst bei der Landnahme des Volkes Israel herrschten, daß Unterschiede im Besitz entstehen, denn Mißwirtschaft, Naturkatastrophen, Krankheiten oder Ertragsunterschiede lassen sich nicht vermeiden. So gibt es bei einem Teil der Bevölkerung immer wieder einen sozialen Abstieg, der bei anderen zu einem sozialen Aufstieg führt. Hier schafft das Sabbatjahr einen gewissen Ausgleich: Alles, was in diesem Jahr »von selbst« wächst, gehört den Armen, und was diese nicht brauchen, gehört den Tieren. Die Besitzenden aber sollen für dieses Jahr vorsorgen und die Überschüsse lagern. Und wer in den sechs Arbeitsjahren so sehr in wirtschaftliche Not gekommen war, daß er sich in die Sklaverei begeben mußte, der soll im Sabbatjahr wieder frei werden. Alle konnten wieder zu Atem kommen: Die Besitzenden lebten ein Jahr von ihren Vorräten, die Armen und die Tiere fanden genug Nahrung auf dem Feld, weil ja nichts abgeerntet wurde, die Natur konnte sich ausruhen und diejenigen, die »Konkurs« gemacht hatten, erhielten die Chance für einen Neuanfang.

Eine Erweiterung des Sabbatjahres ist das »Jubeljahr« (vom hebräischen »jobel«, Widderhorn, mit dem dieses Jahr angekündigt wurde) – es wird vielfach auch »Jobeljahr« oder »Erlaßjahr« genannt. Es sollte alle 50 Jahre begangen werden. Sein zentraler Sinn wird in 3. Mose 25,13 beschrieben: »In diesem Jubeljahr soll jeder von euch zu seinem Besitz zurückkehren.« Die Dreiteilung des Sabbatgebotes in Sabbattag, Sabbatjahr und Jubeljahr hat einen tiefen Sinn: Für die Erholung des Menschen braucht man den Tagesrhythmus: sechs Tage arbeiten, einen Tag ruhen. Für die Erholung des Landes braucht man den Jahresrhythmus: sechs Jahre ernten, ein Jahr brach liegenlassen. Für die Erholung der sozialen Struktur des Volkes braucht man den Generationenrhythmus: in jeder Generation sollte einmal alles wieder zu seinem Ursprung zurückkehren. Dafür stehen vier wesentliche Bestimmungen:

1. Der Boden liegt brach.
2. Alle Schulden werden erlassen.
3. Alles Land wird den ursprünglichen Landbesitzern zurückgegeben.
4. Alle Sklaven werden freigelassen.

Dieses Programm klingt so revolutionär und unglaublich, daß uns der Atem stockt – und wahrscheinlich ist es auch in Israel mehr Utopie geblieben als Wirklichkeit geworden.

Aber es ist Gottes Grundkonzept für die soziale Gerechtigkeit. Und so wird es auch immer wieder begründet: »Die Erde ist des Herrn« (Ps 24,1) und alles, was sie erfüllt, der Mensch wie die Natur. Besitz im Sinn eines absoluten Eigentums gibt es nicht, nur ein Nutzungsrecht in einer Art »Erbpacht«, wobei nur das Kernland, das jeder bei der Landnahme erhielt, dauerhaft in einer Familie blieb – alles andere konnte immer nur bis zum nächsten Jubeljahr genutzt werden, bis zum Erlaßjahr als eines allgemeinen Neubeginns. Dieses Konzept, so utopisch es ist, ist konzeptionell heute sogar vorstellbar, denn es liegt zwischen den beiden Grundkonzepten des Marxismus und des Kapitalismus, die beide einen erheblichen Anteil am Weg in die Jahrtausendkrise haben. Im Gegensatz zum Marxismus wird zunächst akzeptiert, daß es ständige Verschiebungen auf der materiellen Ebene gibt: die einen werden reicher, die anderen ärmer. Man darf mit Besitz, allerdings nur in der Form von Nutzungsrechten, handeln, man kann sich sogar selbst verpfänden, um aus einer bestimmten materiellen Not herauszukommen. Aber im Gegensatz zum Kapitalismus darf dies nicht festgeschrieben werden, darf nicht die Generationen überdauern, darf nicht zu festgefügten Machtstrukturen führen. Besitz verpflichtet nicht nur zu sozialem Verhalten, wie es theoretisch auch im Kapitalismus gesagt wird, sondern Gerechtigkeit und Allgemeinwohl steht über der Eigentumsgarantie. Der Tüchtigere (oder der Glücklichere) wird nicht gebremst, er darf auch den Lohn für besondere Anstrengungen kassieren – er kann damit aber nicht auf Dauer sein Eigentum vergrößern, sondern nur sein augenblickliches Einkommen erhöhen.

Alles Land – und damit die Lebensgrundlage des bäuerlich lebenden Volkes Israel – gehört Gott. Damit sollen sich keine Machtstrukturen bilden, wie es sowohl dann geschieht, wenn Einzelne immer mehr »Eigentumsmacht« entwickeln, wie auch dann, wenn alles Land und alle Produktionsmittel »dem Volk gehören« und die Macht dann den Funktionären zufällt. So ist das Sabbatjahr und das Jubeljahr das große Jahr der Freiheit, des Atemholens, des Neuanfangs, der Erneuerung der Gesellschaft. Vieles spricht dafür, daß sich Jesus in dieser Tradition sah, daß er mit seinem Kommen ein solches Jahr der Freiheit ansagen wollte – daß die Vision der Befreiung im ganzheitlichen Sinn seine Botschaft stark geprägt hat.[159]

In 3. Mose 25 werden verschiedene Einzelheiten zum Jubeljahr gesagt, die uns diese ungewöhnliche Utopie anschaulicher machen können.

Das Jubeljahr wird am Versöhnungstag ausgerufen – die soziale Gerechtigkeit ist also nicht nur eine menschliche Pflicht, sondern ein konkretes Zeichen der Versöhnung mit Gott.

Das Jubeljahr wird als heilig erklärt. Diese Heiligung äußert sich vierfach: als Freiheit für alle Bewohner des Landes, als Rückkehr jedes Besitzbürgers zu seinem ursprünglichen Grundbesitz, als Rückkehr zu seiner eigenen Großfamilie und als Atemholen für das Land und alle, die unter ihrer Arbeit leiden. Heiligung durchbricht also die Unfreiheit, die Ungerechtigkeit, die Entfremdung und die Ausbeutung und ruft neu Gottes Freiheit, seine Gerechtigkeit, seine Väterlichkeit und Mütterlichkeit und die Fruchtbarkeit des Bodens über allen aus.

Wenn wir Sabbatjahr und Jubeljahr vergleichen, kommen wir zu einem eigenartigen Ergebnis: Wenn das Volk die Sabbatjahre einhielt, so wurde das 49. Jahr als Sabbatjahr gefeiert: Die Besitzenden sollten von dem leben, was sie bevorratet hatten, die Armen und die Tiere sollten das zum Leben haben, was wild wuchs. Das 50. Jahr aber war das Jubeljahr, und hier durfte wiederum nichts angebaut werden. Es war so etwas wie ein »Super-Sabbatjahr«. Alle fünfzig Jahre kam das Land somit in den Genuß eines besonders tiefen Atemholens. Dies ist ökologisch durchaus sinnvoll, denn zwei Brachjahre bringen viele durch die Kultivierung zurückgedrängte Pflanzen wieder zum Aufblühen – und auch die Tiere kommen zurück, weil sie einen neuen Lebensraum finden. Man mußte zwar nach den beiden Brachjahren mit der Kultivierung fast wieder von vorn anfangen, aber die Vielfalt der Arten war wieder in ein neues halbes Jahrhundert hinübergerettet worden.

Und die Menschen? Für das Sabbatjahr konnten die Besitzenden etwas zurücklegen, für zwei Brachjahre aber kaum. Jetzt waren plötzlich alle Menschen wieder gleich – sie alle mußten täglich auf die wilden Felder wandern und sich ihre Nahrung mit eigener Hand holen. Deshalb heißt es vom Jubeljahr speziell, im Gegensatz zum Sabbatjahr: »Vom Feld weg sollt ihr den Ertrag essen« (3Mo 25,12). Die Sicherheit der Vorräte, des Besitzes, der Nutzung von abhängiger Arbeitskraft war für die Reichen dahin. Sie erlebten einen totalen Neubeginn: Sie hatten nur noch so viel Land wie die anderen Besitzbürger auch, ihre Sklaven waren freigelassen, die angesammelten Erträge aufgebraucht, die erwirtschafteten Privilegien verloren. So war das Jubeljahr ein totales Jahr der Freiheit, für die Armen und die Sklaven Freiheit von Abhängigkeit, für die Reichen eine Freiheit von der Verwöhnung, von der Versuchung der Herrschaft und Ausbeutung, eine Freiheit zu einer neuen Abhängigkeit von Gott und seiner Schöpfung. Und trotzdem war für alle genug zu essen da, denn Gott hatte versprochen, das Jubeljahr in besonderer Weise zu segnen.

Weil Besitz nur begrenztes Nutzungsrecht war, konnte sein Wert eindeutig ermittelt werden – es war viel schwieriger, jemanden zu übervorteilen. Bezugspunkt für alle Berechnungen war das Jubeljahr. Wurde ein Acker 10 Jahre vor dem Jubeljahr verkauft, so hatte er den zehnfachen Wert der jährlichen Nutzung. Unser kapitalistisches Prinzip, »knapp ist teuer«, das die Unterschiede zwischen Arm und Reich vergrößern hilft, konnte hier nicht greifen. Bei allen wirtschaftlichen Transaktionen mußte immer mit dem kommenden Jahr der Befreiung gerechnet werden.

Wenn sich Menschen übervorteilen, wenn sich Herrschaftsformen entwickeln, die dauerhaft werden, wenn Abhängigkeiten zunehmen, dann ist nicht nur die Gerechtigkeit, sondern auch der Frieden dahin. Im Sabbat und seiner Vision von Gerechtigkeit liegt auch der Keim des Friedens. Vers 18 in unserem Text drückt dies aus: »Ihr sollt meine Satzungen befolgen und auf meine Vorschriften achten und sie ausführen; dann werdet ihr im Land in Sicherheit wohnen.«

Wie sorgfältig die Gerechtigkeit durchgehalten werden soll, welchen hohen Stellenwert sie also hat, zeigt eine einzelne Bestimmung: Die Häuser auf dem Land gehörten zum Landbesitz. Jeder Besitzbürger hatte auf seinem Stammland auch sein eigenes Haus. Wenn er Land hinzuerwarb, dann kaufte er auch die dazugehörigen Häuser. Diese mußte er im Jubeljahr zurückgeben, denn er hatte ja sein eigenes Haus. Kaufte jemand ein Haus in einer ummauerten Stadt, dann gehörte es ihm dauerhaft, er brauchte zum Jubeljahr nichts zurückgeben, denn dies hätte ja den Verlust seiner persönlichen Heimat bedeutet.

Der Sinn aller dieser Bestimmungen, soziale Gerechtigkeit zu schaffen, wird in den Versen 35 bis 37 deutlich: »Wenn dein Bruder verarmt und sich neben dir nicht halten kann, sollst du ihn, auch einen Fremden oder Halbbürger, unterstützen, damit er neben dir leben kann. Nimm von ihm keinen Zins und Wucher! Fürchte deinen Gott, und dein Bruder soll neben dir leben können. Du sollst ihm weder dein Geld noch deine Nahrung gegen Zins und Wucher geben.« Zinsen darf man also nur von den Begüterten nehmen, die Geld aufnehmen, um zu investieren, aber nie von denen, die etwas brauchen, weil sie in Not sind.

Das ist die Freiheit des Sabbat: Alle können aufatmen, die Natur, die Tiere, die Armen, weil ihre Lage nicht ausweglos ist, die Reichen, weil sie gezwungen sind, zur Basis des einfachen Lebens zurückzukehren. Dieser Sabbat als umfassender göttlich inspirierter Lebensstil ist die »Vollendung der Schöpfung«.

Gerechtigkeit und Frieden

Das Wort von den Schwertern und Pflugscharen in Jesaja 2 / Micha 4 ist in den vergangenen Jahren als Schlagwort bekanntgeworden und findet sich heute als Aufkleber an Windschutzscheiben und als Aufnäher auf Anoraks – selten genug, daß ein Bibelwort eine so direkte Präsenz in unserer säkularen Gesellschaft gewinnt. Der Text, aus dem es stammt (ich gehe im wesentlichen von Micha 4,1–5 aus), eignet sich aber nicht nur für Schlagworte, sondern ist einer der zentralen alttestamentlichen Texte zur Frage von Gerechtigkeit und Frieden.

In Mi 4,1 steht in den meisten Bibelübersetzungen die Zeitbestimmung »am Ende der Tage«. Daher verlegen viele Bibelleser die Erfüllung dieser Friedensprophetie in die Zeit nach der Wiederkunft Christi. Wörtlich übersetzt steht da aber eigentlich: »Und es wird geschehen in künftigen Tagen«. Aber selbst wenn man bei der Formulierung vom Ende der Tage bleibt, oder von den letzten Tagen spricht oder von der Zeitenwende – so sind es im Grunde alles Umschreibungen für das Kommen Jesu, für den Anbruch des messianischen Reiches, bei dem das Reich Gottes zwar noch nicht vollendet, aber bereits angebrochen ist. So faßt es auch Petrus auf, als er in der Pfingstpredigt die Joel-Verheißung von der Ausgießung des Geistes in den letzten Tagen zitiert und hinzufügt: »Das ist heute geschehen« (Apg 2,16.17).

In einem großartigen Bild sieht der Prophet, wie sich der Berg mit dem Haus des Herrn über alle anderen Berge erhebt. Die Geographie der Stadt Jerusalem scheint allerdings kaum zu diesem Bild zu passen, denn da ist der Tempelberg nur eine von mehreren Erhebungen, der Hügel Golgatha oder der Ölberg überragt ihn. Jetzt aber – und das ist das Faszinierende für den Propheten, wächst der Berg mit dem Haus des Herrn nicht nur über seine Nachbarn hinaus, sondern er wird sichtbar für die Nationen. Der Weg, den er zeigt und die Weisung, die von ihm ausgeht, soll einen Lebensraum schaffen, in dem der Frieden möglich ist, kein Frieden, der eine brüchige Übereinkunft hochgerüsteter Staaten darstellt, sondern ein Frieden durch Abrüstung, indem man die Waffen »umschmiedet«, aus Werkzeugen des Todes solche des Lebens macht. Dies ist ein solches Wunder, daß es nur mit einem »unmöglichen« Bild beschrieben werden kann.

Allerdings ist die Bildersprache dieser großen Friedensvision so untypisch für die Zeit von Micha und Jesaja, daß die meisten Ausleger heute annehmen, daß unser Text aus der Zeit stammt, als der Tempel in Jerusalem unter Serubbabel wieder aufgebaut wurde. Denn dann stimmen nicht nur die Bilder, sondern auch die Erfahrungen dieses Textes mit den Erfahrungen des Volkes überein. Der Aufbau eines Berufsheeres unter David und Salomo und der Eintritt in die Großmachtpolitik des Nahen Ostens mit seinen vielen Kriegen hatte nicht nur nichts gebracht, sondern Land und Staat und auch den Tempel zerstört. Als die Rückkehrer aus der Gefangenschaft vor den Trümmerbergen im Land ihrer Väter standen, da war ihnen die Lust am Krieg wohl vergangen. Sie begriffen, daß die Herrschaft Gottes nicht von der »Zinne des Tempels« als einer uneinnehmbaren Verteidigungsanlage ausging, sondern vom »Haus des Gottes Jakobs« und den Erfahrungen, die das Volk in der Zeit der Wüstenwanderung gemacht hatte. Es fiel ihnen wie Schuppen von den Augen: Gott hatte sie ohne Krieg aus der Gefangenschaft Ägyptens herausgeführt, und auf ihrer langen Wanderung ernährten sie sich nicht durch Raub, sondern auf die »sanfte« Art Gottes – ihr Gott war viel mehr ein Gott des Friedens als ein Gott des Krieges, wie es in Ps 46,10f heißt: »Er setzt den Kriegen ein Ende bis an die Grenzen der Erde; er zerbricht die Bogen, zerschlägt die Lanzen, im Feuer verbrennt er die Schilde. Laßt ab und erkennt, daß ich Gott bin, erhaben über die Völker, erhaben auf Erden.« Während zur Zeit ihrer Großmachtträume kriegerische Worte – bis hin zu kriegerischen Gebeten – Konjunktur hatten, sind sie jetzt lernfähiger geworden und aufnahmebereit für eine solche Vision des Friedens. So ist unser Text möglicherweise ein Teil der Liturgie des Tempelweihfestes gewesen, welcher das Volk nach dem Wiederaufbau des zerstörten Tempels feierte. Und weil die politische Großwetterlage in jenen Jahren von großer Kriegsfurcht beherrscht war, ist dieser Text gleichzeitig Ausdruck einer Friedenshoffnung, die hoffentlich bald, »in künftigen Zeiten«, realisiert werden kann.

Wenn die Nationen anfangen, »auf seinen Pfaden zu gehen« und Gottes Weisungen zu befolgen, ist es sogar vorstellbar, was unser Text sagt: »Dann schmieden sie Pflugscharen aus ihren Schwertern ...« Abrüstung wird hier nicht als Voraussetzung für den Frieden gesehen, sondern als Folge göttlicher Weisung, nicht durch das Geflecht von Verträgen, sondern als dynamischer und mutiger Vollzug des Lebens. Die Veränderung von der Kriegsdrohung mit Waffen hin zum Friedensangebot mit Werkzeugen wird bildhaft, aber sehr genau beschrieben: Nicht abhauen wie mit dem Schwert, sondern aufbrechen wie mit dem Pflug. Das Material ist gleich, denn Holzpflüge wie Holzschwerter hatten eine Eisenspitze. Sie muß in beiden Fällen scharf sein – aber mit dem geraden Schwert kann man abhauen, mit dem gebogenen Pflug kann man die Erde aufbrechen. Das Scharfe, Einseitige, Zugespitzte verletzt. Durch das Biegen wird der scharfe Pflug sanft, und gerade dadurch fähig, zum Leben beizutragen.

Das andere Bild ist ähnlich: Nicht erstechen wie mit der Lanze, sondern beschneiden wie mit dem Winzermesser. Hier sind die Geräte im Aufbau sogar fast gleich, mit nur einem, allerdings fundamentalen Unterschied: Die Lanze ist so lang, daß man sie nur schleudern und dadurch töten kann, das Winzermesser ist so klein und handlich, daß man damit beschneiden kann. Wenn wir alles vermeiden, »was uns aus der Hand gleitet«, können wir auch mit scharfen Gegenständen so umgehen, daß sie Leben fördern und nicht verletzen. Nähe ist »handlich«, die festen Strukturen, bürokratisch und auf Abstand fixiert, erleichtern das Töten. Menschen, die einem anderen, unbekannten Menschen ins Auge sehen, können ihn kaum töten, während dies bei einem anonymen Gegner viel leichter ist. Menschen, die sich kennen, wie etwa in einem Dorf, geben einander Sicherheit, im Hochhaus, wo man schon seinen Wohnungsnachbarn kaum kennt, entwickelt sich (berechtigte) Angst.

So ist das Bild des Umschmiedens ein umfassendes Bild für Abrüstung, auf Waffen aller Art bezogen, vom bösen Wort bis zur Interkontinentalrakete, ein Aufruf, alles zu vermeiden, was Leben gefährden oder töten kann, und die Verhältnisse und Verhaltensweisen so zu verändern, »umzuschmieden«, daß sie Leben fördern und erhalten.

Der Jesaja-Text endet mit diesem Bild. Der Text bei Micha geht einen entscheidenden Schritt weiter, denn er leitet den militärischen vom sozialen Frieden ab. Jeder hat seinen Weinstock und seinen Feigenbaum – genug zu essen und zu trinken, aber auch nicht mehr, als er braucht, eben keinen Wein*berg* und keinen Feigen*wald*. Genauer noch: Er kann unter seinem Weinstock und unter seinem Feigenbaum *sitzen*, er kann dort in Ruhe leben, in einem gesicherten Lebensraum, »denn keiner schreckt ihn auf«. Um seine Nahrung zu gewinnen, muß er arbeiten, aber es reicht, und für das Atemholen hat Gott den Sabbat geschaffen. Es wird ein ganzheitlicher Lebensraum vorgestellt, ähnlich wie im Paradies, nur bescheidener. Die Vielfalt ist eingeschränkt, die Arbeit ist in den Vordergrund gerückt, aber das Wesentliche ist paradiesisch, Gerechtigkeit und Frieden. Shalom – das ist Leben in einem angstfreien Raum, sozial gesichert und mit einer sinnvollen Arbeit verbunden.

So hat die Friedensvision bei Micha mehrere Ebenen:

»Man zieht nicht mehr das Schwert.« Frieden – das ist die Abwesenheit von Krieg.

»Dann schmieden sie Pflugscharen aus ihren Schwertern.« Frieden – das ist die Umrüstung von Werkzeugen des Todes in Werkzeuge des Lebens.

»... und übt nicht mehr für den Krieg.« Frieden – das ist Einübung in das Leben.

»... und niemand schreckt ihn auf.« Frieden – das ist ein angstfreier Raum, ein Raum des Vertrauens, in dem niemand einem anderen etwas wegnimmt.

»Jeder sitzt unter seinem Weinstock und unter seinem Feigenbaum.« Frieden – das ist der Lebensstil der Bescheidenheit: Jeder hat, was er braucht, und niemand lebt auf Kosten anderer.

Die Zeitenwende – wann bricht sie an? Jetzt, »in den letzten Tagen«, sagt Petrus in seiner Pfingstpredigt, denn jetzt ist der Heilige Geist frei geworden in seiner Wirksamkeit für die ganze Welt. Die Zeitenwende hat begonnen – das Reich Gottes ist seither »am Kommen«. So hat heilsgeschichtlich die Verheißung des Friedensreiches mit dem Tod und der Auferstehung Jesu begonnen, herauswachsend aus der damit geschenkten Versöhnung des Menschen mit Gott. So wird auch dieses eigenartige Bild deutlicher: Es ist nicht mehr der Tempelberg, der über alle Berge hinauswächst, sondern der Hügel Golgatha, der ohnehin schon immer etwas höher war. Das »Haus des Herrn« ist somit keine heilige Stätte mehr, kein geographischer Ort, zu dem man hinziehen soll. An seine Stelle tritt in der Verkündigung Jesu das Reich Gottes. Es ist ein Reich des Geistes und ein Reich der Freiheit – es ist aber auch ein konkreter Lebensraum, ein Raum, in dem Menschen lernen sollen, miteinander im umfassenden Frieden zu leben. Gottes Vision von einer menschlichen Welt hat sich in Jesus erfüllt, der uns mit Gott versöhnt hat, der uns aber dadurch auch mit unserem Leben versöhnt, weil wir es als Teil des anbrechenden Reiches Gottes verstehen können.

In der Friedensvision wird eine Bitte ausgesprochen: »Er zeige uns seine Wege.« Jesus hat uns Gottes Wege gezeigt. Er hat sie gelebt – und in seiner Verkündigung kommentiert. Der umfassende Friede des »Shalom« spielt dabei eine große Rolle, viel stärker, als es uns meistens bewußt ist. Jesus hat den Frieden gelebt und gelehrt – und er hat ihn immer auf die Basis der Gerechtigkeit gestellt. Hier werden wir allerdings ganz neu herausgefordert. Wir sind es gewöhnt, die Gottes-Sohn-Prophetien auf Jesus zu beziehen. Wir scheuen uns aber oft, die Gottes-Volk-Prophetien auf das Gottesvolk des neuen Bundes zu beziehen. Denn das hieße in unserem Fall: Seit der Zeitenwende ist die Gemeinde, ist die gesamte Christenheit der Raum und der Träger des umfassenden Friedens. Die Gemeinde ist heilsgeschichtlich zum Ausgangspunkt für den Shalom, für das Glück der Menschen, für ihre Würde, für ihr auskömmliches Leben geworden. Das ist eine ungeheure Verheißung und eine ungeheure Herausforderung, und die Geschichte der Christenheit zeigt beides – viel Licht und viel Schatten. Denn hier gilt, auch wenn es oft nur in bescheidenen Anfängen gelingt: Man übt nicht mehr für den Krieg, jeder kann ohne Angst unter seinem Feigenbaum sitzen, Werkzeuge des Krieges werden umgerüstet in Werkzeuge des Friedens.

Ich glaube, daß auf diesem Gebiet die Jahrtausendkrise für die Christenheit wirklich eine Jahrtausendchance ist. Es gibt viele gute Ansätze, und es gibt viel reaktionäre Starrheit – aber es brodelt, und vieles bricht hervor. Man kann heute bestimmt noch nicht sagen, daß die Christenheit eine Friedensbewegung sei, aber unter den Christen gibt es viel Bewegung für den Frieden und für Gerechtigkeit. Man kann noch nicht sagen, daß die Christenheit angefangen hat, mit ihrem Überfluß dem Mangel der armen Völker abzuhelfen oder im Frieden mit der Natur zu leben, aber es gibt schon viele Christen, die es persönlich versuchen. Das ist Reich Gottes, aus der Versöhnung durch Jesus Christus versöhnt zu leben – Shalom mitten unter uns. Nachfolge heißt dann, mit Jesus den Weg des umfassenden Friedens zu gehen – einen Weg, der so einleuchtend und faszinierend aussieht, daß die Nationen folgen.

Wer mir nachfolgt . . .

Die Botschaft Jesu in ihrem umfassenden Sinn können wir nur verstehen, wenn wir seine Sendung verstehen: Er wollte Israel erneuern, durch die Verkündigung der guten Nachricht vom Kommen des Reiches Gottes und durch den Aufruf zu einem neuen Lebensstil. Dabei meint Jesus immer die Umkehr des einzelnen *und* die Umkehr des Volkes. Auch für unsere Frage nach »Glauben und Leben in der Jahrtausendkrise« ist beides wichtig.

Die Verkündigung Jesu ist vielfältig, aus dem Augenblick heraus gesprochen und in sehr unterschiedlicher Weise und in verschiedenen Zusammenhängen überliefert. Ich will in diesem Teil einzelne, wegweisende Aussprüche Jesu mosaikartig aneinanderreihen und sie persönlich kommentieren. Vielleicht entsteht dadurch ein lebendiges Bild von dem, was Nachfolge Jesu bedeutet.

»Er verkündigte das Evangelium Gottes und sprach: Die Zeit ist erfüllt, das Reich Gottes ist nahe. Kehrt um und glaubt an das Evangelium« (Mk 1,14f).

Jesus hat selten das Gericht gepredigt, meist bezeichnet er alles, was mit Gott zusammenhängt, als »gute Nachricht«, als Evangelium. Man spürt seine Begeisterung: Die Zeitenwende ist da, das Reich Gottes, seine Königsherrschaft, steht unmittelbar vor der Tür. Aus der Rückschau können wir sagen: Die Zeitenwende hat sich ereignet, der Tod Jesu, seine Auferstehung, die Ausgießung des Heiligen Geistes und die Entstehung christlicher Gemeinden als das neue Gottesvolk sind ihre Zeichen. Allerdings trägt diese Zeitenwende nicht die Insignien des höfischen Glanzes und des Machtbewußtseins eines Weltreiches, welche die Zeitgenossen Jesu erwarteten, sondern die Insignien der Armut und der Alltäglichkeit wie die Krippe und das Kreuz. Weil das Kreuz Gottes Weg war, den Menschen die Versöhnung anzubieten, bleibt der Weg des Reiches Gottes der Armut und der Einfachheit verhaftet und schließt Reichtum und Macht aus. Und weil auch alles erneuernde Wirken des Heiligen Geistes alltags- und basisbezogen bleibt, wird aus der persönlichen Umkehr zu Gott in der Annahme der Erlösung durch Jesus Christus ein Lebensstil, der Nachfolge Christi und einfaches Leben verbindet. So ist die Geschichte der Christenheit nicht deswegen zu kritisieren, weil sie realistischerweise von Krise zu Krise schritt, sondern viel eher wegen ihres Hanges zum Perfektionismus und zum voreiligen Ausrufen des Reiches Gottes auf Erden als einer Mischung aus Utopie und Machtausübung. Die Handschrift Gottes ist demgegenüber in der konkreten Erneuerung zu sehen, die an solchen Menschen geschah, die kleine Fackeln der Liebe, der Gerechtigkeit und des Friedens anzündeten – nicht im Sinn einer Höherentwicklung, sondern im Sinn des »am-Leben-Bleibens«, durch den Heiligen Geist, den Atem Gottes, der Leben weckt und erhält wie der Atem in unserem Körper.

»Der Geist des Herrn ruht auf mir; denn der Herr hat mich gesalbt. Er hat mich gesandt, damit ich den Armen eine gute Nachricht bringe; damit ich den Gefangenen die Entlassung verkünde und den Blinden das Augenlicht; damit ich die Zerschlagenen in Freiheit setze und ein Gnadenjahr des Herrn ausrufe . . . Da begann er, ihnen darzulegen: Heute hat sich das Schriftwort, das ihr eben gehört habt, erfüllt« (Lk 4,18–21).

Die Prophetie des Jesaja (61,1–2) ist erfüllt, sagt Jesus, er identifiziert sich in seinem Auftrag vollständig mit diesem Text. Und dieser ist erstaunlich direkt auf die soziale Situation bezogen – dabei so grundsätzlich, daß er heute ebenso aktuell ist wie vor Jahrtausenden. Der Inhalt dieses Textes macht die Beziehung auf das Jubeljahr (»Gnadenjahr« bei Jesaja) einleuchtend: Jesus sieht sich in der Tradition derer, die dem Volk Gottes helfen, die »soziale Verfassung« seines Bundes mit den Menschen zu erneuern und zu entwickeln. Durch das anbrechende Reich Gottes wird aus dem Jahr der Freiheit und Gerechtigkeit ein Reich der Freiheit und Gerechtigkeit – wer aus der Sklaverei der Sünde freigekauft worden ist, kann andere Menschen nicht mehr versklaven wollen, er wird sich fortan für Freiheit und Gerechtigkeit einsetzen. Das ist der Kern der guten Nachricht: Aus dem Gnadenjahr ist die Gnadenzeit geworden, in ihrer ganzen Breite, als Erneuerung des einzelnen Menschen durch den Heiligen Geist wie als Erneuerung der Gesellschaft durch einen neuen, schöpfungsgemäßen Lebensstil, als Angeld auf die Gnade des Himmels wie als Motivation, schon auf der Erde auf das Paradies zuzuleben, so weit es geht. Beim Zitat des Propheten bricht Jesus mitten im

Satz ab, wohl ganz bewußt. Bei Jesaja heißt es: ». . . damit ich ein Gnadenjahr des Herrn ausrufe, einen Tag der Vergeltung unseres Gottes.« Die Gerichtsandrohung läßt Jesus hier weg, sie ist für ihn nur am Rande wichtig, denn sie gehört nicht zu seiner zentralen Botschaft. Er verschweigt sie nicht, denn sie gehört zur Realität des Lebens, aber im Zentrum seiner Verkündigung steht das Evangelium. Dies ist auch der Weg, den die Christenheit heute in ihrer Verkündigung zu gehen hat.

»Er zog in Galiläa umher, lehrte in den Synagogen, verkündete das Evangelium vom Reich und heilte im Volk alle Krankheiten und Leiden« (Mt 4,23).

Verkündigen und heilen – so fassen die Evangelien immer wieder den zentralen Auftrag Jesu zusammen. Es gibt nichts, was uns berechtigen könnte, diese Ganzheit zu zerbrechen. Die Verkündigung Jesu bezieht sich, wie z.B. in der Bergpredigt, an deren Beginn unser Text steht, zentral auf die Bewältigung des Lebens nach den Ordnungen Gottes, es ist eine Vision, wie sich der Anbruch des Reiches Gottes bei den Menschen auswirken soll. Hier wird der »Lebensstil der Zehn Gebote« in die Tiefenschichten hinein ausgeleuchtet, in denen die wirkliche Erneuerung geschieht. Und dies alles bleibt nicht verborgen – es äußert sich nicht in großen Worten, in Strategien zur Veränderung der Welt, sondern in Heilungen: Kranke werden gesund, Blinde sehend, Gefangene befreit, Armen widerfährt Gerechtigkeit und Frauen werden aus ihrem sozialen Getto herausgeholt. Unser Text macht uns Mut, die großen »Krankmacher« direkt anzugehen, die Wucherungen des Krebses wie die wirtschaftlichen Wucherungen unserer Habsucht, die psychosomatischen Ursachen für Krankheiten wie für krankmachende Beziehungen und Verhältnisse. Heilungen durch gezieltes Gebet und die Wirkungen von heilender Arbeit an Beziehungen gehen Hand in Hand mit der heilsamen Verkündigung des Evangeliums als einer »guten Nachricht«.

»Ihr seid das Salz der Erde. Wenn das Salz seinen Geschmack verliert, womit kann man es wieder salzig machen? Es taugt zu nichts mehr, es wird weggeworfen und von den Leuten zertreten« (Mt 5,13).

Vom Salz braucht man wenig, weil es einen starken Geschmack

hat – und wenn es diese Eigenschaft verliert, dann nützt auch eine große Menge nichts. Ist es nicht eine Fehlentwicklung, daß die Kraft der Minderheit zwar zu den Markenzeichen der alternativen Bewegung gehört, nicht aber zur Christenheit? Sind wir keine Jesus-Bewegung mehr, sondern nur noch Teil einer Kirche, die ihren Frieden mit der staatlichen Gewalt gemacht hat? Vor unserem Text stehen die Seligpreisungen. Sie machen deutlich, wie anders Menschen in der Nachfolge Jesu werden, die vor Gott ihre Schwäche nicht verstecken, ihre Trauer nicht verdrängen, auch in einer gewalttätigen Gesellschaft auf Gewalt verzichten, die nicht nach immer mehr, sondern nach der Gerechtigkeit hungern, barmherzig sein können, sanft, ohne Vorbehalte reinen Herzens sind, Anteil haben am Friedensstiften und so konsequent für die Gerechtigkeit eintreten, daß sie verfolgt werden und so »jesusmäßig unangepaßt« leben, indem sie überall anekken. Wer so selbstverständlich »anders« leben kann als seine Gesellschaft und in diesem »alternativen« Lebensstil von Gott geprägt ist, wird Salz der Erde sein.

»Euch, die ihr mir zuhört, sage ich: Liebet eure Feinde; tut denen Gutes, die euch hassen. Segnet die, die euch verfluchen; betet für die, die euch mißhandeln« (Lk 6,27.28).

Feindesliebe ist etwas für Fortgeschrittene – und trotzdem nimmt dieser Text große Rücksicht auf unsere Grenzen, die gerade hier sehr eng gezogen sind. Pinchas Lapide[160] macht darauf aufmerksam, daß man eigentlich, vom hebräischen Sprachgebrauch ausgehend, sagen müßte: »Erweist euern Gegnern Liebesdienste«, denn hier ist vom Liebestun, nicht von den Liebesgefühlen die Rede. Dem Hasser können wir kaum positive Gefühle entgegensetzen, denn unsere wirklichen Gefühle lassen sich nicht einfach umdrehen, aber das Tun läßt sich überlegen, lernen, bewußtmachen. Wer mir flucht, dem kann ich kaum mit Umarmungen begegnen, wohl aber mit Segnen, indem ich ihm Gutes wünsche. Wenn mich aber jemand mißhandelt, dann kann ich selbst kaum noch etwas tun, ich kann »nur« noch beten. Nachfolge bedeutet also nicht, irgendwelchen unerfüllbaren Forderungen mit Heuchelei zu begegnen, sondern mit Augenmaß die konkreten Möglichkeiten wahrzunehmen. Jesus ermuntert uns zur Demut, dem »Mut zur Wirklichkeit« – schöpfungsgemäßes

Leben erwartet keine Supermenschen, sondern Menschen, die zu sich stehen, zu ihren Gaben wie zu ihren Grenzen.

»Du aber geh in deine Kammer, wenn du betest, und schließ die Tür zu; dann bete zu deinem Vater, der im Verborgenen ist. Dein Vater, der auch das Verborgene sieht, wird es dir vergelten. Wenn ihr betet, sollt ihr nicht plappern wie die Heiden, die meinen, sie werden nur erhört, wenn sie viele Worte machen. Macht es nicht wie sie; denn euer Vater weiß, was ihr braucht, noch ehe ihr ihn bittet« (Mt 6,6–8).

Die abschließbare Vorratskammer, beim palästinensischen Haus wohl der einzig denkbare »Raum der Stille«, signalisiert den Alltag und stellt den denkbar größten Gegensatz zu heiligen Orten dar. Die Kammer steht aber auch als Zeichen für den persönlichen, intimen Raum, wo die Zuschauer und alles Ablenkende fehlen, wo jeder zu Gott Du und Vater sagen kann. Schließlich signalisiert die Kammer die Stille – weil der Vater schon weiß, was wir brauchen, kommt es beim Gebet weniger darauf an, daß ich ihm alles sage, was ich in mir habe, sondern daß ich alles höre, was er mir sagen will. Die vielen Worte bewirken nichts, denn es ist heidnisch, zu versuchen, Gott durch viele Worte »müde zu beten«. Gebet als vertrauensvolles Gespräch mit dem Vater, mitten im alltäglichen Leben – das ist eine tiefe Quelle göttlicher Inspiration, die jeder braucht, der ganz anders leben möchte, die aber auch jedem verheißen ist, der mit Gott »in die Kammer« geht.

»Macht euch also keine Sorgen und fragt nicht: Was sollen wir essen? Ws sollen wir trinken? Was sollen wir anziehen? Denn um all das geht es den Heiden. Euer himmlischer Vater weiß, daß ihr das alles braucht. Euch aber muß es zuerst um sein Reich und um seine Gerechtigkeit gehen; dann wird euch alles andere dazugegeben« (Mt 6,31–33).

Zwei Mißverständnisse werden durch das genaue Lesen des Textes beseitigt. Es geht hier nicht um den Luxus, der den Menschen unsinnigerweise ausfüllt, sondern um lebensnotwendige Bedürfnisse. Es soll auch nicht gesagt werden, daß die Heiden alles Notwendige haben, weil sie dafür sorgen, und daß dies den Nachfolgern Jesu fehlt, weil sie nicht dafür sorgen. Der einzige Unterschied ist folgender: Beide haben, was sie brauchen, die Heiden sorgen sich Tag und Nacht darum, den Nachfolgern Jesu wird alles dazugegeben werden. Gott tut das nicht, damit wir untätig werden, sondern damit wir uns ganz auf sein Reich konzentrieren können. Wer seine Priorität bei der Gerechtigkeit des Reiches Gottes setzt, kann spontaner leben, muß sich nicht so stark von den Sorgen des täglichen Lebens zermürben lassen, kann einen langen Atem haben, denn Gott gibt das Notwendige dazu. Dies ist eine Haltung, die der Situation des Sabbatjahres entspricht. Je hektischer sich die Veränderungen in unserer Gesellschaft überstürzen, um so mehr brauchen wir die Fähigkeit zur Spontaneität und zu einer Sorglosigkeit, die aus dem Vertrauen zu Gott entspringt.

»Da kamen die Jünger des Johannes zu ihm und sagten: Warum fasten deine Jünger nicht, während wir und die Pharisäer fasten? Jesus antwortete ihnen: Können denn die Hochzeitsgäste trauern, solange der Bräutigam bei ihnen ist?« (Mt 9,14.15).

Das Fasten im Alten Testament war ein Ausdruck der Trauer über das Fernbleiben Gottes – und viele fasteten darum auch über allgemeine Anlässe hinaus, um die Ankunft des Messias zu beschleunigen. Dies ist nun nicht mehr nötig. Gemeint ist sicher nicht in erster Linie die körperliche Anwesenheit Jesu, sondern der Anbruch der neuen, der messianischen Zeit, die durch die Ausgießung des Heiligen Geistes bis »an die Enden der Erde« reicht. Dafür ist Freude die einzige adäquate Ausdrucksform, nicht nur durch Worte oder in gottesdienstlichen Handlungen, sondern eine ganzheitlich lebensbezogene, im Lachen, im Feiern, in Tanz und Bewegung, in Musik und Sport, in der festlichen Gemeinschaft von Menschen, die begriffen haben, daß das Reich Gottes angebrochen ist – wie bei einer Hochzeit. Jesus meint allerdings keineswegs das ausschweifende, ausbeuterische Leben, sondern wiederum die einfache, spontane Lebensweise des Jubeljahres, wo jeder aufs Feld geht und sich freut, daß er genug zu essen findet.

»Geht und verkündet: Das Himmelreich ist nahe. Heilt Kranke, weckt Tote auf, macht Aussätzige rein, treibt Dämonen aus! Umsonst habt ihr empfangen, umsonst sollt ihr geben. Steckt nicht Gold,

Silber und Kupfer in euren Gürtel. Nehmt keine Vorratstasche mit auf den Weg, kein zweites Hemd, keine Schuhe, keinen Wanderstab; denn wer arbeitet, hat ein Recht auf seinen Unterhalt« (Mt 10,7–10).

Christen sind beweglich, sie haben kein überflüssiges Gepäck – im übertragenen Sinn und manchmal auch konkret sind sie unterwegs, sie sitzen nicht im Spinnennetz des bürgerlichen Besitzdenkens fest und sind nicht ständig dabei, den eigenen Besitz zu bewachen. Man könnte die Aussendungsrede Jesu in Mt 10 durchaus als eine Anweisung zum »alternativen Christsein« lesen, entbürgerlicht, frei und beweglich für eine Sendung in die Gesellschaft hinein, nicht auf Festlegungen aus, auf keine umfassenden Lehrsysteme und keine großen kirchlichen Organisationen bauend. Und was ist die Konsequenz? Es ist nicht der Hunger oder die Armut, »denn wer arbeitet, hat ein Recht auf seinen Unterhalt«, sondern es ist die Einfachheit. Denn das Leben als Nachfolge, als Sendung, braucht einen einfachen Lebensstil, im Sinn von »unkompliziert«, fähig zu spontanen Reaktionen, einfach auch im Sinn von »nicht mehr haben, als man braucht«. Genau dieses einfache Leben im Sinn von Sparsamkeit und Verfügbarkeit ist der Lebensstil, der aus der Jahrtausendkrise eine Jahrtausendchance machen kann.

»In dieser Stunde rief Jesus, vom Heiligen Geist erfüllt, voll Freude aus: Ich preise dich, Vater, Herr des Himmels und der Erde, weil du all das den Weisen und Klugen verborgen, den Unmündigen aber offenbart hast« (Lk 10,21).

Die Unmündigen, das sind zunächst die Kinder – Lukas benützt aber ein Wortspiel, durch das er auch die Unwissenden mit einbezieht. Die Wissenden und die Erwachsenen haben verlernt, die Dinge unmittelbar, intuitiv, spielerisch aufzunehmen, sie können vor lauter Reflektion nicht mehr sehen, was wirklich ist. Jesus hatte eine »charismatische« Art, die Dinge unmittelbar zu sehen, und er wünscht sich Menschen, die nicht verlernt haben, wie ein Kind wahrzunehmen. Nur wer »Kind Gottes« ist, in diesem unmittelbaren Lebenszusammenhang mit ihm steht, kann auch so unmittelbar wahrnehmen. Dies hat sehr viel mit Gefühlen zu tun, wie unser Text zeigt, denn Jesus selbst hat diese Botschaft in enthusiastischer Weise »ausgerufen«.

»Die Zwölf begleiteten ihn, außerdem einige Frauen, die er von bösen Geistern und Krankheiten geheilt hatte« (Lk 8,1–2).

Frauen standen im Judentum zur Zeit Jesu auf einer Ebene mit Kindern und Sklaven. Jesus durchbricht diese unterdrückende Konvention ganz bewußt – Frauen als Jüngerinnen waren für ihn etwas Selbstverständliches. Denn alle Menschen sind prinzipiell fähig, Nachfolger zu sein, alle sind gleichermaßen in der Lage, Offenbarungsträger zu werden. Damit setzt Jesus wieder beim Menschenbild der Schöpfungsgeschichte ein. Erst spätere Zeiten haben diesen Ansatz wieder eingeebnet, obwohl er auch von Paulus festgehalten wird: »Ihr seid alle Kinder Gottes durch den Glauben in Christus Jesus ... Es gibt nicht mehr Juden und Griechen, nicht Sklaven und Freie, nicht Mann und Frau; denn ihr seid alle ›einer‹ in Christus Jesus« (Gal 3,26.28). Einige einseitig verstandene Aussagen bei Paulus haben genügt, das schöpfungsgemäße und von Jesus wiederhergestellte Gleichgewicht zwischen Mann und Frau zu zerstören. Das Verhalten Jesu ist ein Zeichen, nicht nur vor Gott, sondern auch vor Menschen alle Rangunterschiede zu beseitigen, sei es zu den Frauen, wie in unserem Text, oder zu den Ungelehrten, wie im vorigen Text, oder zu den Kindern, wie es der folgende Text zeigen wird.

»Da rief er ein Kind herbei, stellte es in ihre Mitte und sagte: Amen, das sage ich euch: Wenn ihr nicht umkehrt und wie die Kinder werdet, könnt ihr nicht in das Himmelreich kommen« (Mt 18,2f).

Jesus sieht in den Kindern nicht die zukünftigen Erwachsenen, sondern in den Erwachsenen die verlorenen Kinder. Denn das Kind genießt bei ihm immer den Status des Vorbilds, ganz im Gegensatz zum palästinensischen Verständnis, in dem das Kind ein total vom Vater abhängiges Wesen war, dessen Hauptwert in seiner späteren Arbeitskraft bestand, oder, wie beim erstgeborenen Sohn, in seiner Rolle als Erbe. Die Kleinheit des Kindes, sein fehlender Anteil am Herrschaftsgebaren der Erwachsenenwelt, seine Verbindung zur Erde, seine Natürlichkeit, seine ganzheitliche Art der Wahrnehmung und seine Spontaneität sind die positiven Eigenschaften, welche die Erwachsenen durch ihre Umkehr zurückgewinnen sollen.

»Was meinst du: Wer von diesen dreien hat sich als der Nächste

dessen erwiesen, der von den Räubern überfallen wurde? Der Gesetzeslehrer antwortete: Der, der barmherzig an ihm gehandelt hat. Da sagte Jesus: Dann geh und handle genauso!« (Lk 10,36f).

Jesus fragt nicht: Wer ist dein Nächster? Wer so gefragt wird, gerät leicht in Panik, denn es gibt unglaublich viele Nächste, Menschen, die Hilfe nötig haben und mit denen ich zusammenkomme. Nein, es geht darum, zum Nächsten zu werden, Nähe als Lebensprinzip zu entdecken. Wer sich diesem »Prinzip Nähe« aussetzt, wird ohne Schwierigkeiten erkennen, wem er gerade jetzt zum Nächsten werden soll. Aus der Nähe kann ich die Situation wahrnehmen, die sich in einem Menschen oder einer Gruppe oder einem bestimmten Ereignis konkretisiert. Unser Leben in der Jahrtausendkrise mit ihrem Überangebot an Zerstreuung, ihrer elektronischen Datenverarbeitung, der Lawine an unverarbeitetem Spezialwissen, dem Ersatz von Nähe durch Verstädterung und Bürokratie und ihrer ethischen Verunsicherung braucht kaum etwas so nötig wie Menschen, die Nächste sind. Vielleicht kann man Gemeinde als Lebensform ganz einfach definieren – als eine Gruppe von Menschen, die im Namen Gottes Nächste sind.

»Womit soll ich das Reich Gottes vergleichen? Es ist wie ein Sauerteig, den eine Frau unter einen großen Trog Mehl mischte, bis das Ganze durchsäuert war« (Lk 13,20f).

Das Reich Gottes begann mit Jesus, der eine kleine Gruppe Menschen um sich sammelte, die durch ihr Anderssein einen Gärungsprozeß in Gang setzte. Dazu taugen heute die mächtigen Kirchen allerdings weniger als überschaubare Gemeinden von Christen, die »ganz anders«, alternativ, leben. Viele Christen versuchen durchaus, ganz anders zu leben, aber ihr Leben trägt zur Entfaltung des Reiches Gottes wenig bei, weil sie sich nicht unter die Gesellschaft, in der sie leben, mischen, sondern in einem Getto leben. Dies ist wie der Sauerteig im Kühlschrank, der trotzdem irgendwann ungenießbar wird, weil er nie seinen Zweck erfüllte, sich mit Mehl zu vermischen. Wenn wir diese Grundkonzeption der Ausbreitung des Reiches Gottes ernstnehmen, dann gibt es auch heute keinen Grund zur Resignation, denn das Reich Gottes soll nicht klein anfangen und dann immer größer und gewaltiger werden, sondern es soll immer wieder wie Sauerteig mit der Welt vermischt werden, in seiner faßbaren Identität verschwinden und damit »genießbare« Lebenssituationen schaffen, Shalom – Gerechtigkeit, Frieden und Glück.

»Ein Gesetzeslehrer fragte ihn: Meister, welches Gebot im Gesetz ist das wichtigste? Er antwortete ihm: Du sollst Gott, deinen Herrn, lieben mit ganzem Herzen, mit ganzer Seele und mit all deinen Gedanken. Das ist das wichtigste und erste Gebot. Ebenso wichtig ist das zweite: Du sollst deinen Nächsten lieben wie dich selbst« (Mt 22,35–39).

Im Alten Testament kommt dieses Doppelgebot der Liebe nicht vor, die Aussagen über Gottesliebe und Nächstenliebe stehen voneinander getrennt. Es ist ein zentrales Anliegen der Verkündigung Jesu, beides zusammenzufügen: Die Liebe zu Gott und die Liebe zum Nächsten ist die gleiche Art von Liebe, ist *eine* Liebe, oder, wie es im 1. Johannesbrief heißt: Die Liebe zu Gott ist nur echt, wenn sie durch die Liebe zum Nächsten veranschaulicht wird. Aus unserem Text können wir den Schluß ziehen, daß diese eine Liebe sogar eine dreifache Ausprägung hat, die Liebe zu Gott, zum Nächsten und zu sich selbst. Hier gibt es eine Fülle von Querverbindungen. Wer sich von Gott nicht angenommen fühlt, kann sich selbst nicht annehmen – und umgekehrt. Wer in menschlichen Beziehungen keine Liebe kennengelernt hat, kann den liebenden Gott nur schwer begreifen. Es wird für einen »Überlebensstil« der Zukunft entscheidend sein, daß wir diese Querverbindungen, die in den letzten Jahrzehnten vor allem die Psychologie erschlossen hat, aufgreifen und für unsere Arbeit an Beziehungen nutzbar machen – und sie auch in das Leben der Gemeinde, in unsere Gottesvorstellung, in unsere Partnerbeziehungen und in unsere gesellschaftliche Verantwortung einbeziehen, damit dieses Kräftedreieck zwischen Gottesliebe, Nächstenliebe und Selbstliebe entwickelt werden kann.

»Jesus sagte zu ihnen: Gebt acht, daß euch niemand irreführt! Viele werden unter meinem Namen auftreten und sagen: Ich bin es! Und sie werden viele irreführen. Wenn ihr dann von Kriegen hört und Nachrichten über Kriege euch beunruhigen, laßt euch nicht erschrecken! Das muß geschehen. Es ist aber noch nicht das Ende« (Mk 13,5–7).

Jesus widerspricht hier der traditionellen Apokalypse, wie wir sie bis heute vorfinden. Die Gefahr liegt nicht darin, die apokalyptischen Zeichen zu übersehen, sondern ihnen zu viel Bedeutung beizumessen und sich ständig beunruhigen zu lassen. Denn Kriege und Katastrophen gehören zur Menschheitsgeschichte. Wir sollen sie als Realität wahrnehmen und auch das Böse in ihnen erkennen, aber erschrecken dürfen sie uns nicht. Denn dann schauen wir nur noch auf die negativen Zeichen des Untergangs und übersehen alles, was auf das angefangene Reich Gottes hinweist. Wer nicht wahrnimmt, wo Gottes Geist heute am Arbeiten ist, kann nicht mit ihm zusammenwirken, kommt nicht an die Brennpunkte des messianischen Geschehens, sieht nicht, wo das Reich Gottes heute am Anbrechen ist. Die Katastrophen sind gerade *nicht* das Zeichen für das Ende, sondern – im Sinn des Bildes von den Wehen – Zeichen dafür, daß sich die Geschichte weiterbewegt, gerade auch die Geschichte des Reiches Gottes. Wann Jesus wiederkommt, ist für die Christen, die im Vertrauen auf Gott leben, nicht wichtig, denn Gott holt alle seine »Kinder« aus allen Himmelsrichtungen zusammen, wenn die Parusie anbricht. Entscheidend aber ist, daß wir bis dahin seinen Willen erfüllen, daß in unserer Mitte und durch unsere Mitarbeit das Reich Gottes vorankommt.

»Dann werden ihm die Gerechten antworten: Herr, wann haben wir dich hungrig gesehen und dir zu essen gegeben, oder durstig und dir zu trinken gegeben? Und wann haben wir dich fremd und obdachlos gesehen und aufgenommen, oder nackt und dir Kleidung gegeben? Und wann haben wir dich krank oder im Gefängnis gesehen und sind zu dir gekommen? Darauf wird der König ihnen antworten: Amen, ich sage euch: Was ihr für einen meiner geringsten Brüder getan habt, das habt ihr mir getan« (Mt 25,37–40).

Die Radikalität dieses Jesuswortes ist in unserer geistlichen Tradition verdrängt. Aber sie entspricht der Realität des Lebens Jesu. Er identifiziert sich so eindeutig mit den Hungrigen, den Fremden und Entfremdeten, den Kranken und Gefangenen, also den Menschen, die »ganz unten« sind, daß es schon ein »starkes Stück« ist, wie leicht ihn die spätere Kirche »ganz oben« ansiedeln konnte. Jesus steht voll und ganz in der Tradition der Propheten, die gegen das Unrecht kämpfen, bis zur letzten, bitteren Konsequenz. Lippenbekenntnisse reichen beim letzten Urteil Gottes nicht aus, aber auch übermenschliche Leistungen sind nicht gefragt, sondern schlichte, aber konsequente Menschlichkeit. Das Interesse Jesu bezieht sich auf die umfassende Gerechtigkeit Gottes, nicht nur im Verhältnis des Menschen zu Gott, sondern gleichgewichtig auch im Verhältnis des Menschen zum Menschen – und damit auch auf unsere Gesellschaft. Sollte das nicht auch noch für seine Nachfolger gelten?

Gemeinde – Gottes Präsenz in der Welt

Am Anfang der Schöpfungsgeschichte steht der Satz: »Und der Geist Gottes schwebte über den Wassern« (1Mo 1,2). Luft erkennen wir erst, wenn sie sich bewegt – wir spüren einen Hauch, den Wind oder den Sturm. Gott erkennen wir an seinem Geist, wörtlich am Wehen, an der Bewegung, an Gottes Atem. So ist die ganze Schöpfung geistgewirkt, allerdings durch den Geist Gottes und nicht durch einen »Weltgeist«, der aus der Natur heraus wirkt. Dieses schöpferische Wehen des Geistes Gottes hat keine abgeschlossene Schöpfung hervorgebracht, sondern macht sich immer wieder in der Erneuerung der Erde bemerkbar: »Sendest du deinen Geist aus, so werden sie alle erschaffen, und du erneuerst das Antlitz der Erde« (Ps 104,30).

Während der Geist Gottes im Alten Bund immer nur bei einzelnen geisterfüllten Menschen, bei den Propheten und Erneuerern, eine Basis gewinnen konnte, erreicht er im Neuen Bund eine dauerhafte Präsenz, er »wohnt« in jedem Menschen, der »in Christus ein neues Geschöpf ist« (2Kor 5,17) und er ist der Gestalter der christlichen Gemeinde als dem »neuen Volk Gottes«. Das Neue Testament schränkt die Verantwortung des Geistes und seine kosmische Präsenz nicht ein, es erweitert sie nur auf die »Erneuerung aus dem Geist« in der Umkehr des einzelnen Menschen. Im Gegenteil: Petrus beginnt seine Predigt an Pfingsten mit dem Zitat aus dem Propheten Joel: »Ich werde von meinem Geist ausgießen über alles Fleisch (über alle Menschen)« und fügt hinzu: Jetzt geschieht, was vorausgesagt worden ist. Der Geist Gottes hat seit Pfingsten eine ganz neue Reichweite bekommen. Damit ist die Gemeinde der Partner Gottes für das Wirken des Geistes geworden – in einer großen Bandbreite, die alles umschließt, was zur Nachfolge Jesu gehört, »klassische« Aufgaben wie Mission, Verkündigung, Seelsorge und Diakonie, und neue, durch die Jahrtausendkrise ausgelöste, wie Verantwortung für Gerechtigkeit, Frieden und die Bewahrung der Schöpfung. Mit »Gemeinde« meine ich zunächst die umfassende Gemeinde, die überall da konkret wird, wo Menschen »aus dem Geist« leben und handeln, gleichgültig, ob dies in einer deutschen Baptistengemeinde oder in einer lateinamerikanischen katholischen Basisgemeinde geschieht, auf dem Evangelischen Kirchentag oder bei einem kommenden »Konzil des Friedens« der weltweiten Christenheit. Die Geschichte hat gezeigt, daß die Gemeinde dieser erneuerten Existenz meist nur sehr unvollkommen entsprochen hat, aber dies ändert nichts an ihrem grundlegenden Auftrag, sei es in der missionarischen oder der gesellschaftspolitischen Verantwortung. So dürfen wir heute, herausgefordert durch die Jahrtausendkrise, neu die Gemeinde als Gottes Präsenz in der Welt begreifen und konkrete, wenn auch schlichte Schritte tun, um »Salz der Erde und Licht der Welt« zu sein.

Die Aufgabe der Gemeinde formuliert Jürgen Moltmann folgendermaßen: »Die Kirche als die Gemeinschaft der gerechtfertigten Sünder, der durch Christus Befreiten, die Heil erfahren und im Dank leben, steht auf dem Wege der Sinnerfüllung der Geschichte Christi. Ganz Christus zugewandt, lebt sie im Heiligen Geist und ist darin selbst Anfang und Angeld der Zukunft der neuen Schöpfung.«[161] Viele Menschen arbeiten für die Zukunft, aus einer Vision für eine veränderte, bessere Welt heraus – aber es gibt einige entscheidende Punkte, an denen nur die Gemeinde und diejenigen, die lebensmäßig zu ihr gehören, in der Kraft des Geistes und als Gottes Präsenz in der Welt Hoffnung gewinnen und verbreiten kann. Dies macht die Arbeit der anderen nicht nutzlos und nimmt ihnen keinesfalls die Vorbildwirkung, die sie oft haben – und deshalb sollten alle Menschen, die verantwortlich an einer Veränderung der Welt zum Guten arbeiten, zusammenwirken. Aber ohne die Hoffnung aus der Versöhnung mit Gott und dem Wirken des Heiligen Geistes bleibt alle Arbeit für die Zukunft in einem tiefen Sinn hoffnungslos. Überheblichkeit steht Christen nicht gut an, weder angesichts ihrer eigenen engen Grenzen noch angesichts der Geschichte des Christentums. Ebensowenig dürfen sie sich aber als nutzlos, überholt oder unzuständig empfinden, denn ihr Beitrag als solche, die »zur Hoffnung berufen« sind, ist entscheidend.

Ihr erster Beitrag ist ihre Erfahrung der erneuernden Kraft des Heiligen Geistes. Deutlicher als Petrus in der Pfingstpredigt kann man es kaum sagen: »Kehrt um, und jeder von euch lasse sich auf den Namen Jesu Christi taufen zur Vergebung seiner Sünden; dann werdet ihr die Gabe des Heiligen Geistes empfangen« (Apg 2,38). Um auf der »Ebene des Reiches Gottes« zu leben, müssen wir die Versöhnung mit Gott durch Jesus Christus annehmen, damit wir »eintauchen« können in die neue Wirklichkeit des Heiligen Geistes. Damit werden wir mitverantwortlich und auch mitgestaltungsfähig für das ständige schöpferische Wirken des Heiligen Geistes, das sich auf vielen Ebenen vollzieht: in der Entfaltung meiner eigenen Person nach der »Schöpfungsvorgabe« Gottes, in der Mitgestaltung und Erhaltung der gesamten Schöpfung, die Gott dem Menschen als sein Haus gebaut hat, für schöpferische Beziehungen zu anderen Menschen wie für die Gestaltung der Gesellschaft nach den Schöpfungsordnungen Gottes. Dieses schöpferische Handeln des Heiligen Geistes beginnt mit meiner eigenen Umkehr, aber der Raum, den der Geist Gottes durch meine Umkehr gewinnt, ist mein ganzes Leben, mein Beruf wie meine persönliche Umgebung, meine Gemeinde wie die Gesellschaft, in der ich lebe, der private Lebensraum wie der Lebensraum des Planeten Erde. Wer die notwendige Umkehr des Menschen in den »Stand der Erneuerung« leugnet, entzieht seiner Umgebung diese Urerfahrung ebenso wie derjenige, der sie zwar vollzieht, sich dann aber in das Getto einer in sich geschlossenen Gemeinde eingräbt.

Ein zweiter Beitrag ist die Erfahrung der Gemeinschaft, die durch den Geist Gottes sonst unüberwindliche Grenzen sprengt: »Es gibt nicht mehr Juden und Griechen, nicht Sklaven und Freie, nicht Mann und Frau; denn ihr alle seid ›einer‹ in Christus Jesus« (Gal 3,28). Diese Absage an Rassismus, an Herrschaft von Menschen über Menschen und an die Unterdrückung der Frau durch den Mann ist ein hohes Ziel – und selbst christlich geprägte Gesellschaften haben sich damit sehr schwer getan – aber konzentrierte Hingabe und Arbeit an den Beziehungen, Bereitschaft zur Vergebung und Demut als »Mut zur Wirklichkeit« kann Gemeinschaften entstehen lassen, die auf ihrem Weg zur »Gemeinschaft der Heiligen« zeugnishaft wirken und Hoffnung gewinnen lassen. Dabei brauchen wir die ganze Bandbreite geistlicher Wirkungen und menschlicher Hilfen, von Gebet und Bibellesen auf der einen Seite bis zur verantwortungsvollen Anwendung psychologischer und pädagogischer Methodik auf der anderen Seite. Wenn es gelingt, im Namen Gottes und durch die Kraft des Heiligen Geistes unüberwindbar scheinende Trennungslinien, wie die von Rassen, Geschlechtern und religiösen Überzeugungen, zu überwinden, dann ist dies eine wirkliche Hoffnungs-Trägerschaft für unsere Gesellschaft. Diese »Gemeinschaft im Geist« dürfen wir dann aber nicht nur verkündigen, wir müssen sie auch leben. Zunächst müßte sich hierfür der »Versammlungs-Gottesdienst« am Sonntag stärker für die konkrete Gemeinschaft öffnen, z.B. durch Gespräche in Kleingruppen vor oder nach der Predigt, durch persönliche Zeugnisse einzelner und durch das Angebot von Fürbitte und Segnung in einem Teil der Gemeinschaft, und auch durch Offenheit für die Spontaneität des Heiligen Geistes, indem etwa ein Teil des Gottesdienstes durch freie, charismatische Beiträge der Besucher gestaltet wird. Auch äußere Gegebeneiten können bedeutsam sein, die Gestaltung der Kirchen und Gemeindezentren, kommunikative Sitzordnungen, Einbeziehung der Kinder, Öffnung der Gemeindehäuser für Zeiten des generationsübergreifenden Zusammenseins im Alltag, Bewegung, Sport und Spiel ebenso wie die Öffnung des Gemeindeinteresses für die gesellschaftlichen Gegebenheiten um sie herum. Aber das Gemeindeleben darf sich nicht nur auf die Veranstaltungsebene konzentrieren. Der »Lebens-Gottesdienst«, also die konkrete, alltägliche Nachfolge Jesu, braucht Gemeindeerfahrung – und hier bieten sich vor allem Hausgemeinden, verschieden strukturierte Gruppen und Wohngemeinschaften an. Sie gehören ebenso zum Gemeindeleben und sollten prägenden Einfluß gewinnen, damit sie die Parallelschienen zu den Gemeindeveranstaltungen darstellen.

Ein dritter Beitrag ist die Selbsterfahrung, die ebenso durch Inspiration des Heiligen Geistes wie durch humanwissenschaftlich orientierte Hilfen entstehen kann. Im Idealfall läuft beides so zusammen, daß die Dienstfunktion psychologischer und gruppendynamischer Akzente erhalten bleibt, daß also humanwissenschaftliche Hilfen die erhellende Arbeit des Heiligen Geistes unterstützen. Der Akzent der Selbsterfahrung ist wichtig – so macht etwa das paulinische Bild vom Körper für Gemeinde deutlich, daß eine lebendige Gemeinschaft unter der Führung des Geistes nur möglich ist, wenn der einzelne lernt, sich selbst in seiner Individualität zu erfahren. Die persönliche Umkehr zu Gott führt in der erneuernden Begleitung durch den Heiligen Geist nicht zur Gleichförmigkeit, sondern zur Unterschiedlichkeit, nicht zur Verfestigung, sondern zu einer schöpferischen Freiheit. Hier werden ähnliche Schöpfungsprinzipien sichtbar wie in der Natur – und tatsächlich gibt es zwischen ökologischen Systemen und christlichen Gemeinschaften, die ihre charismatische Struktur entwickelt haben, verblüffende Parallelen. Die Erneuerung durch den Geist Gottes löst die Berufung zur Freiheit ein, die schon das alttestamentliche Menschenbild prägt. Wir entziehen unserer Gegenwart einen entscheidenden Beitrag zur Hoffnung, wenn wir tatenlos zusehen, wie gerade auch im christlichen Bereich immer wieder die Vielfalt der schöpferischen Arbeit des Geistes Gottes am einzelnen unter Druck und Herrschaftsansprüchen von Menschen zur Einheitlichkeit und Abhängigkeit verfälscht wird.

Alles dies sind Erfahrungen der vorläufigen Vorwegnahme der neuen Schöpfung, vorläufig, weil ständig gefährdet und begrenzt, Vorwegnahme, weil alle geistliche Erneuerung schon hier dem gleichen schöpferischen Impuls Gottes entspringt wie die Schaffung der neuen Erde und des neuen Himmels. So wie das Reich Gottes bereits angebrochen, aber noch nicht vollendet ist, so ist jede Erneuerung im Namen Gottes nicht nur ein Zeichen der Erneuerung in unserer Welt, sondern eine reale Veränderung im kleinen oder größeren Maßstab in Richtung auf eine dem Willen Gottes entsprechende Gestaltung der Zukunft. Ich kann dies nicht »Erneuerung *der* Gesellschaft« nennen, weil damit die Vorläufigkeit verdrängt werden würde. Wenn sich aber durch das Leben der Christen nicht wenigstens »Erneuerung *in der* Gesellschaft« einstellt, dann ist die Verkündigung der Christen wie eine »Buchführung ohne Belege«. Passende Zahlen schreiben kann jeder, so wie jeder alles verkündigen kann. Hoffnung wird nur entstehen, wenn die Verkündigung durch das Leben der Christen und dessen Wirkung auf die Gesellschaft veranschaulicht wird – nicht im Getto einer sich ängstlich abschließenden Gemeinde, sondern im Unterwegssein von Menschen, die Jesus nachfolgen.

Das Bild des Körpers, das Paulus vor allem in 1Kor 12 als grundlegende Struktur für christliche Gemeinschaften und Gemeinden zeichnet, hat Basischarakter: »Wir müssen uns doch darüber wundern, warum nach Paulus der erhöhte Christus einen irdischen Leib nötig hat. Das begreift man erst, wenn man sich vor Augen hält, was es für uns meint, einen Leib zu haben. Um es kurz zu fassen: Der Leib ist unser Kontakt mit der Erde.«[162] Durch die Gemeinde geschieht die entscheidende Verbindung des Schöpfers mit seiner Schöpfung, des Erlösers mit der leidenden Welt, des schöpferischen Geistes Gottes mit einer Menschheit, die dringend solcher Inspiration bedarf. Viele Ortsgemeinden, viele kirchliche Institutionen und auf manchen Gebieten fast die ganze Christenheit erfüllen diesen Anspruch nicht, entweder, weil sie nichts mitzuteilen haben, weil von ihrer Spiritualität nichts zu spüren ist oder weil sie sich so aus der Welt zurückgezogen haben, daß ihre Mitteilung da, wo man auf sie wartet, nicht ankommt.

Gemeinschaft im Geist wird in 1Kor 12 als etwas Lebendiges angesehen, wie ein Körper, dessen Körperteile nur durch ihre Verbindung zum Ganzen lebensfähig sind, und deren Sinn nicht in der Einheitlichkeit liegt, sondern in der funktionalen Vielfalt – also »Einheit in der Vielfalt« und nicht »Vielheit in der Einfalt«. Ganz praktisch heißt das:

1. Jeder ist etwas, aber keiner ist das Ganze.

Ich bin für das Ganze gerade in meiner Individualität wertvoll, und den anderen brauche ich deshalb, weil er anders ist als ich. Wie in unserer Gesellschaft ganz allgemein hat sich auch in der Christenheit der Gedanke von der Uniformität durchgesetzt, der nicht schöpfungsgemäß ist. Die Spaltungen in der Christenheit, die oft wenig gemeinschaftsfördernde Gruppenstruktur in den Gemeinden und die einander bekämpfenden Strömungen und Bewegungen im kirchlichen Leben sind Zeichen dafür. Um so wichtiger ist es, daß wir entgegen diesem Trend immer wieder festhalten und bewußt machen: Individualität ist schöpfungsgemäß – ich brauche den anderen gerade deshalb, *weil* er anders ist.

2. Unsere Unterschiedlichkeit legt keine Rangfolge fest.

Jeder ist ein Teil des Ganzen und als Gabe für die anderen gleich wichtig. So eindeutig dies im Prinzip gilt, so differenziert ist es in der Praxis. Denn dann ist immer diejenige Funktion am wichtigsten, die gerade am meisten gebraucht wird. So ergibt sich keine starre, sondern eine lebendige Hierarchie, bei der jeder einmal »oben« und ein anderes Mal »unten« ist.

3. Die Individualität ist nur bis zu dem Grad »lebenstüchtig«,

wie die Einheit entwickelt ist. Denn sonst droht sofort die Gefahr eines lebensfeindlichen Individualismus. Wenn ich mir in meiner Individualität der Grenzen meiner Person und des Angewiesenseins auf die anderen bewußt bin, bleibe ich gemeinschaftsfähig, ohne den Reichtum meiner Eigenart einzubüßen. Wenn ich die lebensmäßige Einordnung in eine Gemeinschaft aufgebe, bin ich nur noch auf mich angewiesen – meine Individualität verkommt zum Individualismus, sie wird starr und neigt dazu, über andere zu herrschen.

Wenn wir 1Kor 12 oder Apg 2 auf die Wirklichkeit von heute beziehen, werden große Defizite deutlich. In allen Konfessionen ist der »Versammlungs-Gottesdienst« sehr festgelegt, gegenüber den neutestamentlichen Einblicken in das urchristliche Gemeindeleben wirkt er recht starr – mehr hierarchisch, also durch Ordnungen und Einmann-Verkündigung geprägt als von der Basis, also durch Gespräche oder durch charismatische, spontane Äußerungen. Sicher braucht eine gesunde Gemeinde beides – aber in einer wirklichen Balance, die vielen Gemeinden nicht gelingt. Dadurch kommt es leicht zu dem Mißverständnis, Glaube und Gemeinde mehr als eine Art »Regelwerk« zu sehen und weniger als einen Raum zu konkreter, geistlicher Gemeinschaft. Es könnte hilfreich sein, mit den Gemeindestrukturen stärker zur Lebensform der Familie zurückzukehren, die am Beginn der Entwicklung des Christentums stärker ausgeprägt war als heute. Die Gemeinde könnte damit das steigende Bedürfnis nach konkreter Gemeinschaft, das unsere Zeit mit ihrem technischen Überhang erzeugt, besser befriedigen und auf dieser Ebene verstärkt missionarisch und seelsorgerlich wirken.

Was liegt näher, als den Vorteil der Familie, ihre Nähe und Alltagsbezogenheit, mit dem Vorteil der Gemeinde, ihre Vielfalt und Unterschiedlichkeit, zusammenzubringen? Genau dies geschieht in der Konzeption der Hausgemeinde. Und wenn wir die Geschichte der Gemeinde zur Zeit der Urchristenheit aus den biblischen Hinweisen und den geschichtlichen Fakten rekonstruieren, dann stellen wir mit Hans-Josef Klauck folgendes fest: »Für die Zeit des Urchristentums kann man die Bedeutung der Hausgemeinde kaum hoch genug veranschlagen. Die Hausgemeinde war, so dürfen wir zusammenfassend sagen, Gründungszentrum und Baustein der Ortsgemeinde, Stützpunkt der Mission, Versammlungsstätte für das Herrenmahl, Raum des Gebetes, Ort der katechetischen Unterweisung, Ernstfall der christlichen Brüderlichkeit. Die Kirche des Anfangs hat sich ›hausweise‹ konstituiert.«[163]

Für unsere Situation der Jahrtausendkrise halte ich es für entscheidend, daß es uns gelingt, die Vorzüge der Versammlungsgemeinde mit den Vorzügen der Hausgemeinde zu verbinden, daß Kompetenz und Vielfalt in der Gemeinde ebenso stark ist wie Nähe und Alltagsbezogenheit. So wie ein Mensch zwei Beine braucht, um richtig gehen zu können, so braucht die Gemeinde beide Ebenen der Gemeinschaft, die der großen, sich am Sonntag versammelnden Gemeinde wie die der kleinen, alltagsbezogenen, regional strukturierten Hausgemeinde. Damit sind wir auch ganz nahe beim Bild für Gemeinde als erneuerte Gemeinschaft, wie es uns vor allem in den ersten Kapiteln der Apostelgeschichte gezeichnet wird. Es gibt auf der einen Seite eine große Gemeinde, die sich im Tempel versammelt. Sie hat den Vorteil, daß sie von bevollmächtigten und speziell begabten Menschen geführt werden kann, allerdings nicht von einem, sondern von einer Gruppe verantwortlicher Mitarbeiter, deren Charisma sich zu einem »herausgerufenen Dienst« entwickelt hat, von Männern und Frauen, die in diesem Dienst von der Gemeinde bestätigt worden sind, z.B. Apostel, Diakone, Evangelisten, Propheten, Verwalter, Lehrer und Fürsorger. Hier entwickelt sich das Gemeinschaftsgefühl einer großen Gruppe, vor allem im Lob Gottes und in der Verkündigung in die Öffentlichkeit hinein. Das alltägliche Leben aber entfaltet sich da, wo solches Leben eben nur möglich ist – im Haus, auf dem Boden des Alltags, im persönlichen Gespräch, da, wo man sich im Zusammenleben kennenlernt, da, wo man aufeinander achthaben kann, da, wo die Kinder und die Älteren ebenso »zu Hause« sind, wo man miteinander ißt, über persönliche Fragen sprechen kann, Feste feiert, Geburt und Tod und das ganze Leben dazwischen miteinander teilt.

Hier schließlich, in diesem Spannungsfeld zwischen öffentlich wirksamer Großgruppe und lebensfähiger Kleingruppe, liegt der Kern missionarischer Existenz. Verkündigung durch wenige, dafür speziell Begabte, Veranschaulichung und konkreter Ort, das »Leben im Geist« zu lernen, durch viele kleine Lebensgemeinschaften, das sind die beiden Pole, zwischen denen sich »missionarische Energie« bildet. In dieser Art von »Basisgemeinde« haben viele Spannungsfelder Raum: der Ruf zur persönlichen Umkehr und die Protestdemonstrationen gegen ungerechte Lebensbedingungen, das Lob Gottes in den Liedern und Gebeten im Gottesdienst wie das Lob Gottes durch die Bewahrung der Schöpfung in einem alternativen Lebensstil, die Annahme der Vergebung durch Jesus Christus und die beratende Arbeit der Versöhnung in spannungsvollen menschlichen Beziehungen, sich dem »Frieden Gottes, der höher ist als unsere Vernunft« auszusetzen, und die Unvernunft der Rüstung in Aktionen der Friedensbewegung anzuprangern, Selbstverwirklichung und Selbstverleugnung in eine heilende Balance zu bringen und die eigene Habsucht ebenso zu überwinden wie einen kindlichen Glauben zu bewahren, der Gott um Geschenke bittet. Wenn das »Leben im Geist« so konkret und überzeugend ist, dann brauchen wir spezielle missionarische Aktionen nur noch als »flankierende Maßnahmen« des missionarischen Lebens. Und missionarisch ist das Leben nur, wenn es dem Leben, das Gott geschaffen hat, ebenso dient wie dem Schöpfer selbst.

Christus – der Erstgeborene der Schöpfung

»Denn die ganze Schöpfung wartet sehnsüchtig auf das Offenbarwerden der Kinder Gottes. Die Schöpfung ist der Vergänglichkeit unterworfen, nicht aus eigenem Willen, sondern durch den, der sie unterworfen hat; aber zugleich gab er ihr Hoffnung: Auch die Schöpfung soll von der Sklaverei und Verlorenheit befreit werden zur Freiheit und Herrlichkeit der Kinder Gottes. Denn wir wissen, daß die gesamte Schöpfung bis zum heutigen Tag seufzt und in Geburtswehen liegt. Aber auch wir, obwohl wir als Erstlingsgabe den Geist haben, seufzen in unseren Herzen und warten darauf, daß wir mit der Erlösung unseres Leibes als Kinder Gottes offenbar werden« (Röm 8,19–23).

Mensch und Natur gehören zusammen – sie seufzen gemeinsam, sie warten gemeinsam auf die Erlösung, und für beide gilt die gleiche Hoffnung auf Erlösung, Freiheit und Herrlichkeit – und beide tragen in sich die Zeichen des Schöpfungshandelns Gottes. Aber nur der Mensch »trägt als Erstlingsgabe den Geist«, den Atem Gottes, und darum ist der Mensch zur Verantwortung über die Schöpfung berufen. Nur der Mensch ist in Sünde gefallen, nicht die Schöpfung an sich, sie hat allerdings Anteil an der

Sünde des Menschen, weil sie von ihm abhängig ist. Sie ist, wie der Ackerboden, »verflucht«, weil der Mensch, der zum Segensträger für sie bestimmt war, versagt hat. Wenn nun in Christus eine Neuschöpfung des Menschen geschieht, wenn der Mensch wieder fähig wird, zum Segensträger zu werden, dann hat auch die Schöpfung Anteil an der Erneuerung dieses Menschen, die in aller Vorläufigkeit, aber nicht ohne Hoffnung, geschieht.

»Nicht durch eigene Schuld, sondern durch die Schuld des Menschen wurde die Schöpfung, die um des Menschen willen geschaffen wurde, von Gott derselben Nichtigkeit unterworfen, die das dem Gericht verfallene menschliche Dasein bestimmt. Dieser schicksalhafte Zustand bleibt bestehen, bis die Kinder Gottes, die sich jetzt in der christlichen Heilsgemeinde versammeln, ›offenbar‹ werden und als die ›Gerechten‹ und Erben der Herrlichkeit öffentlich und für alle sichtbar das verheißene Erbe antreten; in diesem Akt empfängt mit der herrlichen Freiheit der Kinder Gottes auch die Schöpfung ihren ursprünglichen Glanz zurück und wird wieder zum paradiesisch-wohnlichen Ort.«[164] Mit diesen Worten faßt Walter Schmithals die Kernaussage unseres Textes zusammen.

So hat die Natur Anteil an den heilenden Kräften des Reiches Gottes, die sich anbrechend zeigen und doch noch nicht zu einer vollkommenen Erneuerung durchstoßen. So wartet auch die Schöpfung auf den endgültigen Anbruch des Zeitalters einer neuen Erde, so seufzt sie, wie auch die Menschheit bis heute seufzt, so hat sie aber auch Anteil an der lebendigen Hoffnung, wie jeder Christ. Es ist unsere Sünde, daß wir die Natur in das zerstörerische Handeln des Menschen hineingezogen haben, es ist unsere Sünde, daß wir habgierig und ausbeuterisch mit ihr umgehen, es ist unsere Sünde, daß wir Waffen konstruiert haben, die alles Leben auslöschen können, daß wir die Ungerechtigkeit haben überhandnehmen lassen, daß wir dem Menschen seinen schöpfungsgemäßen Lebensraum nehmen – es ist Sünde, wenn wir die von Gott gedachte Aufgabe nicht wahrnehmen, so verantwortlich mit der Schöpfung umzugehen, daß wir ihr zum Segen werden. Denn alles, was wir der Schöpfung antun, haben wir auch dem Schöpfer angetan.

Die heutige Situation der Erde bestätigt in einer eindrucksvollen, aber auch erschreckenden Weise, wie sehr die von Paulus verkündigte intensive Verbindung zwischen Mensch und Kreatur stimmt. Der Mensch soll Segensträger für die Natur sein – wenn er Träger ihrer Verfluchung und Zerstörung wird, fällt dies als Fluch auf den Menschen zurück. Der Fluch aber muß nicht bleiben. Denn durch Christus ist der Schaden, den die Sünde angerichtet hat, wiedergutgemacht worden – und auch dann, wenn dies nicht alle Folgen der Sünde einschließt, können wir über die Schöpfung wieder sagen: »Und siehe, es war sehr gut.« Gleichzeitig hat der glaubende Mensch den erneuerten Auftrag erhalten, im Namen Gottes und aus der Befreiung heraus, zu der uns Christus befreit hat, die Erde so zu bebauen und zu bewahren, daß die Schöpfung aus der Sklaverei und Verlorenheit befreit wird, daß der Schaden für den Lebensraum des Menschen und der gesamten Natur wieder so geheilt wird, daß der Mensch nach dem Willen Gottes darin »zum Leben kommen« kann. Die Vorläufigkeit jeder Erneuerung darf uns – ebensowenig wie beim Menschen – auch bei der gesamten Schöpfung nicht davon abbringen, gegen unsere resignative Erfahrung zu hoffen, zu glauben und zu handeln, damit Heil und Heilung geschieht.

Röm 8 begründet die Solidarität des Menschen mit der leidenden Schöpfung christologisch: sie ist durch die Sünde des Menschen in den Strudel der Verlorenheit gezogen worden – aber »auch die Schöpfung soll von der Sklaverei und Verlorenheit befreit werden zur Freiheit und Herrlichkeit der Kinder Gottes« (8,21). Wenn der Geist Gottes der »Atem« des erneuerten Menschen ist, zwar in der Begrenzung des »Noch-nicht«, doch schon in der Hoffnung des »Aber-doch-schon«, so ist der Geist Gottes auch der Atem einer erneuerten Welt, in der gleichen Vorläufigkeit, aber auch in der gleichen Hoffnung. Hier fällt auch die Nähe zu 2Kor 5,17 auf: »Wenn also jemand in Christus ist, dann ist er eine neue Schöpfung: Das Alte ist vergangen, Neues ist geworden.« Überall da, wo der Mensch zu dieser neuen Schöpfung wird, wirkt sich das als Erneuerung der Schöpfung aus. Dies bezieht sich auf die Schöpfung im umfassenden Sinn, auf die Erde und den Kosmos ebenso wie auf Pflanzen- und Tierwelt, und natürlich auch auf den Menschen und seinen Lebensstil. Dies ist die umfassende, das ganze Leben einbeziehende Nachfolge, die Jesus in seiner Verkündigung vom anbrechenden Reich Gottes als einen radikal neuen Lebensstil begründet und die Paulus auf die Realität des neuen Lebens im Geist bezieht.

Unser Text faßt in unnachahmlicher Weise die Spannung zusammen, die in unserem Leben und in der ganzen Schöpfung steckt, die Spannung zwischen Tod und Leben, zwischen dem Vorläufigen und dem Vollkommenen, zwischen dem verlorenen Paradies und der Verheißung, die persönliche Beziehung zu Gott in Christus wiederzugewinnen. Paulus bleibt in dieser immer wieder gefährdeten Balance: Wir können das Paradies nicht zurückgewinnen, aber wir können trotzdem auf das Leben »in der Freiheit und Herrlichkeit der Kinder Gottes« zugehen, wir seufzen immer noch zusammen mit der Schöpfung, aber trotzdem tragen wir in uns den Geist, der uns »Hoffnung gewinnen« läßt, daß der Geist als Atem Gottes immer wieder uns und die Erde erneuert. Zusammengefaßt kann dies nur heißen: Das Paradies ist kein zurückgewinnbarer Zustand, aber es ist ein Ziel – wie der Polarstern, den wir zwar nicht erreichen können, aber an dem wir uns orientieren. Wir sündigen, wenn wir in Resignation verfallen, wenn wir die Erde mit ihrer Ungerechtigkeit, ihrem Unfrieden und ihrer Zerstörung sich selbst überlassen. Unser Ziel ist das Paradies, und wenn wir im Geist leben, wenn wir den Atem Gottes in uns tragen, dann werden wir alle *möglichen* Schritte auf das Paradies zugehen, dann werden wir an der Spitze des Pilgerzuges der Menschen stehen, die unsere Erde als Gottes Schöpfung nicht aufgeben, sondern berufen sind zu einer Hoffnung, die sich auf alles bezieht, was Gott geschaffen hat.

Zusammengefaßt wird diese ganzheitliche Schau auf die Erneuerung der Schöpfung im »Christushymnus«, diesem urchristlichen Lied aus Kol 1,15–20:

> Er ist das Ebenbild des unsichtbaren Gottes,
> der Erstgeborene der ganzen Schöpfung.
> Denn in ihm wurde alles erschaffen
> im Himmel und auf Erden,
> das Sichtbare und das Unsichtbare,
> Throne und Herrschaften, Mächte und Gewalten;
> alles ist durch ihn und auf ihn hin geschaffen.
> Er ist vor aller Schöpfung,
> in ihm hat alles Bestand.
> Er ist das Haupt des Leibes,
> der Leib aber ist die Gemeinde.
> Er ist der Ursprung,

der Erstgeborene der Toten;
so hat er in allem den Vorrang.
Denn Gott wollte mit seiner ganzen Fülle
in ihm wohnen,
um durch ihn alles zu versöhnen.
Alles im Himmel und auf Erden
wollte er zu Christus führen,
der Friede gestiftet hat am Kreuz durch sein Blut.

Christus ist nicht nur das »Haupt der Gemeinde«, sondern offensichtlich auch das »Haupt der ganzen Schöpfung«. Weil er das »Ebenbild des unsichtbaren Gottes« ist, können wir in erster Linie von ihm lernen, wie wir schöpfungsgemäß leben sollen, wie ich dies im Teil »Wer mir nachfolgt . . .« auszudrücken versucht habe. Wenn aber auch alles »zu ihm hin« geschaffen worden ist, dann trifft ihn das Leid der Schöpfung ebenso wie das Leid der Menschen. So soll »durch ihn alles versöhnt« werden: Christus ist also am Kreuz nicht nur für die gesamte Menschheit gestorben, sondern auch für die gesamte Schöpfung. Wenn wir das, was wir »einem der Geringsten« getan haben, ihm getan haben, dann gilt dies im umfassenden Sinn für alles, was wir der Schöpfung getan haben, um Leben zu erhalten und zu entfalten, denn die Schöpfung ist dem herrschenden Menschen ebenso ausgeliefert wie die Armen, die Hungernden, die Gefangenen. Die Schöpfung ist ein Ganzes; wer versucht, Menschen mit der Versöhnung durch Christus bekanntzumachen, wird unglaubwürdig, wenn er nicht auch versucht, versöhnt mit der Schöpfung Gottes zu leben. Wenn wir durch ein »schöpfungsgemäßes« Leben Christus als den Befreier der »seufzenden Kreatur« verkündigen, werden wir vielen Menschen eher ein anschauliches Bild von der Realität Gottes geben können als durch große Worte.

Wenn Christus der »Erstgeborene der ganzen Schöpfung« ist, dann sind nicht nur wir Menschen die »Nachgeborenen«, sondern die ganze Schöpfung. Franziskus von Assisi hat nicht nur ein Zeichen aufgerichtet, sondern er hat in einer tiefen und prophetischen Weise Christus gelebt, wenn er die Sonne seine Schwester nannte und mit Pflanzen und Tieren wie mit seinen Brüdern und Schwestern zusammenlebte. So lebenserhaltend dies auch gerade heute ist: Zunächst ist das auslösende Motiv für dieses »gemeinsame Leben mit der ganzen Schöpfung« nicht die

Angst vor den verheerenden Folgen unseres Krieges mit der Natur, sondern Gottes Bestimmung für unser Leben, Teil der Schöpfung und Segensträger für sie zu sein.

Christus ist darüber hinaus auch noch der »Erstgeborene der Toten«, er hat für den Menschen und die Schöpfung zwar nicht den Tod aufgehoben, aber Ewiges Leben verheißen und unser Leben vor dem Tod bereits unter die Verheißung des Lebens nach dem Tod gestellt. Deshalb sind wir berufen, zu leben, und zu dieser Berufung gehört eine »Leidenschaft für das Leben«. Gott, der das Leben mit all seiner Fülle, Schönheit und Kraft geschaffen hat, liebt seine Schöpfung – so »Leiden-schaftlich«, daß er sich dem Leid ausgesetzt hat, seinen Sohn ans Kreuz gehen zu lassen. Wie können wir dann das Leben gering achten, vernachlässigen, hassen? Oder wie können wir behaupten, das Leben zu lieben, wenn dies nur für unser eigenes gilt; wenn es uns »kalt« läßt, daß wir das Leben in der uns anvertrauten Schöpfung vernichten, oder wenn wir mit der Zerstörung des gesamten Lebens durch unsere Massenvernichtungsmittel drohen?

Es scheint fast ein Stilbruch zu sein, daß mitten in diesem Christuslied die Gemeinde genannt wird. Christus als die Zusammenfassung der ganzen Schöpfung hat einen Körper, wird erdgebunden, konkret, real durch die Gemeinde. Sie soll in seinem Auftrag auch heute Ebenbild des unsichtbaren Gottes sein, im Namen Gottes sein schöpferisches Handeln unterstützen, ausführen, vorbereiten; sie soll eine schöpfungsgemäße Gemeinschaft sein, Nachgeborene des Erstgeborenen, Christus, Nachfolger seiner Überwindung des Todes, also auch Nachfolger seiner Liebe zum Leben, in seiner spontanen Direktheit, das Leben zu verteidigen und sich mit allen Mächten der Welt anzulegen, die Leben zerstören.

Entspricht es nicht eher einer Utopie, die Gemeinde und die ganze Christenheit in dieser Rolle zu sehen? Hat Gott keine bessere Konzeption? Nein, er hat keine, denn er hat sich dazu entschlossen, Christus in der Gemeinde verkörpern zu lassen. Dafür hat er uns die große Verheißung gegeben, daß wir in seinem Namen »leben« können und mithelfen dürfen, Leben zu schaffen. Daran wird allerdings auch deutlich, daß die »Gemeinde als Körper Christi« kaum identisch werden kann mit den Institutionen der Kirchen und Gemeinden. Zur »unsichtbaren Gemeinde« als »unsichtbarer Leib Christi« werden viele nicht gehören, die heute »Herr, Herr« sagen – und manche werden dazu gehören, die überhaupt nichts sagen, die vielleicht nur in Angst und Schlichtheit das tun, was dem Leben dient. Vielleicht wird aber auch hier die Jahrtausendkrise zur Jahrtausendchance, daß viele Menschen, die an Gott glauben, lernen, im Sinn der Schöpfungsverantwortung erneuert zu leben, und daß viele Menschen, die in Verantwortung vor der Schöpfung leben, lernen, wieder an Gott zu glauben.

Dann kann das Wirklichkeit werden, was Jörg Zink schreibt: »Für uns kann es keinen Christusglauben mehr geben, der nicht bekennt, dieser Christus sei in allen Dingen . . . Wir verstehen, was Gott in der Schöpfung ist und tut, erst im Gegenüber zu Christus. Wenn Gott nicht das Gesicht Christi trägt, erkennen wir Gott nicht in seiner Welt. Denn wir erkennen Gott nur dort, wo er sich uns zuwendet, und also nur in der liebenden Zuwendung Christi. Die Welt verstehen wir als eine sinnvolle Einrichtung nur vom liebenden Willen und Plan Gottes her. Und so wird uns Christus zum Sinnzeichen überhaupt, zu der Gestalt, in der das Dasein seinen Zusammenhang offenbart.«[165]

Vierzehntes Kapitel

Der Weg in die Zukunft: Schöpferische Nachfolge

Die Unsicherheit in einer Umbruchsituation verführt uns leicht dazu, ihr mit Gesetzlichkeit zu begegnen – wir rufen nach dem starken Mann, der uns genau sagt, was wir zu tun haben, der auf alle Fragen eine Antwort weiß. Gerade dies geschieht heute in vermehrtem Maße, vor allem bei der jungen Generation. Im Grunde ist es aber die schlechteste aller Möglichkeiten. Es ist, als ob wir mit einem Panzer durch das Moor fahren wollen – wir werden unweigerlich versinken. Eher kommen wir auf Stelzen oder auch leichten Brettern durch den morastigen Boden. Die eindeutigen Antworten und das in allen Einzelheiten festgefügte Weltbild täuschen die Sicherheit nur vor, denn in unsicheren Zeiten müssen wir spontan, immer wieder bezogen auf die augenblickliche Situation, also *schöpferisch,* reagieren. Je unsicherer die Zeiten, desto leichter bringen uns die »todsicheren« Antworten den Tod.

Jesus, der ebenfalls in einer Umbruchsituation lebte, also in unsicheren Zeiten, hat uns einen Lebensstil gezeigt, den ich »schöpferische Nachfolge« nennen möchte. Seine größten Schwierigkeiten hatte er mit den Menschen, die auf alles eine genaue Antwort hatten, die das Gesetz Gottes durch ihre vielen zusätzlichen Vorschriften starr und reglementierend gemacht hatten. Demgegenüber fordert er seine Jünger immer wieder heraus, sich einer ungeschützten, aber vertrauensvollen Nachfolge auszusetzen. Deshalb möchte ich den Lebensstil, welcher der Jahrtausendkrise angemessen ist, *Nachfolge* nennen.

Wenn es nicht um ein neues, festgelegtes Weltbild für die Zukunft geht, dann kann auch das Schlußkapitel dieses Buches keine Sammlung von Regeln und Forderungen sein, kein Programm zur Bewältigung der Jahrtausendkrise. Deshalb will ich bei der Form des Mosaiks bleiben, damit jeder Leser die Möglichkeit hat, sich die Ansätze herauszusuchen, die sich bei seiner persönlichen Situation dafür eignen, die nächsten Schritte zu finden, die mit vielen Millionen Schritten anderer Menschen in der Lage sind, aus der Jahrtausendkrise eine Jahrtausendchance zu gestalten.

Schöpferische Nachfolge in der Jahrtausendkrise

Seit zweitausend Jahren steht die Geschichte unter der Verheißung der Wiederkunft Christi. Wir haben bereits darüber gesprochen, daß das Kommen Christi, die »Parusie«, sowohl »Ankunft« als auch »Anwesenheit« heißen kann. In Zeiten der Krise neigen die Menschen mehr dazu, das Ende herbeizusehnen, und im Kommen Jesu einseitig die »Ankunft« und das Ende der Zeit zu erwarten. Gerade dann aber ist es besonders wichtig, die »Anwesenheit« Christi wahrzunehmen. Denn sie ist unsere einzige Chance, in dieser Zeit der Unsicherheit gangbare Wege zu finden, die schöpferische Nachfolge möglich machen. So sind Zeiten des Umbruchs und der Krise für den Heiligen Geist sicher die besten Zeiten – und so sehnen wir uns nach einem Christsein, das nicht in einem starren Regelwerk verankert ist, sondern in der engen, persönlichen Partnerschaft mit Gott offen ist für das kreative Wirken des Heiligen Geistes.

Schöpferische Nachfolge braucht einen mündigen Glauben – keinen, der alles weiß, sondern einen, der alles erwartet. Jesus hat seine Jünger schon sehr früh in eine große Freiheit hineingestellt, in der sie vieles selbst entscheiden mußten, in der sie nicht immer uniformer, sondern immer individueller werden konnten, um zu ihrer persönlichen Bestimmung und zu einem mündigen Glauben zu gelangen. Es ist erschreckend, wie viele Menschen, die durchaus »mit Ernst Christen sein wollen«, nie über einen geborgten Glauben hinausgekommen sind. Sie werden kaum zu einer schöpferischen Nachfolge durchdringen. Um im Glauben zu wachsen, brauchen wir die Freiheit ebenso wie die verbindliche Gemeinschaft, die Basis eines guten biblischen Fundamentes ebenso wie Mut, den eigenen Glauben zu entdecken und persönlich zu entfalten. Schöpferische Nachfolge braucht einen starken Glauben, aber nicht stark in seiner Sicherheit und in seinem Durchsetzungsvermögen, sondern stark in seinem Vertrauen zu Gott und in seiner Kommunikationsfähigkeit mit Menschen, die anders geprägt sind als ich und mich damit ergänzen und bereichern können.

In Zeiten des Umbruchs werden auf einmal die biblischen Aussagen wichtig, die uns in Frage stellen, denn nur derjenige, der sich neuen Fragen aussetzt, kann neue Wege finden. Wir haben diese biblischen Herausforderungen im vorangehenden Kapitel gesammelt. Sie betreffen unser Gottesbild, unser Menschenbild, die Verantwortung für Gerechtigkeit, Frieden und Bewahrung der Schöpfung und die Kunst, die Liebe zur christlichen Gemeinde mit der Offenheit für neue Lebensformen in der Gemeinde zu verbinden.

Wir brauchen Mut, uns in der Krise neu auf den Weg zu machen. Es bringt wenig, wenn wir in Zeiten des Umbruchs unsere Anstrengungen erhöhen, Irrlehrer zu suchen und zu finden. Wer sich in solchen Zeiten aufmacht, mit ganzer Konsequenz Jesus nachzufolgen, kann leicht irren. Trotzdem kann er eher zum Ziel kommen als der Vorsichtige, der sich nicht irren kann, weil er immer auf dem gleichen Fleck stehenbleibt. Wer Gott die Treue hält und in der Verbindlichkeit mit Menschen lebt, die sich auch auf den Weg gemacht haben, kann die sicheren, aber überlebten Positionen des Alten verlassen, weil er weiß, daß er mit Gott im Neuen ankommen wird.

Jeder Mensch, der bewußt versucht, zu leben, gerät damit in

Kontakt mit den vielen, verwirrend komplizierten und fast uferlosen Problemen unserer heutigen Gesellschaft, die ich in diesem Buch angesprochen habe. Diese Fülle und Überforderung, die in der Situation der Jahrtausendkrise steckt, treibt viele zur Resignation. Wir können die überfordernde Vielfalt der Notwendigkeiten und der Möglichkeiten nicht einschränken, aber wir können versuchen, zu lernen, damit sinnvoll umzugehen, eine lebbare Reihenfolge der notwendigen Schritte zu finden, Grenzen zu respektieren, ohne die Hoffnung auf Grenzüberschreitung aufzugeben.

So möchte ich am Ende meines Buches kein übergreifendes Programm für ein verändertes Leben verkündigen, sondern in Anlehnung an Erhard Epplers Begriff der »Trampelpfade« verschiedene Pfade in die Zukunft beschreiben, wobei der einzelne entsprechend seiner Situation zunächst den einen, dann den anderen und vielleicht in einem längeren Zeitraum alle Pfade gehen kann. Eppler schreibt: »Die breiten und glatten Straßen in die Zukunft ... gibt es offensichtlich nicht. Daß wir dies im Laufe der siebziger Jahre erkannt haben, hat viele entmutigt, andere aber auch angespornt, nach Pfaden in die Zukunft zu fahnden, nach Trampelpfaden, beschwerlich, steinig, oft durch dorniges Gestrüpp. Vielleicht tun wir gut daran, nicht gleich nach der Planierraupe zu rufen, sondern uns für besonders dichtes Gebüsch mit Messer und Rebschere zu wappnen. Wenn einmal einige hundert Menschen denselben Trampelpfad vorangestapft sind, wird er wegsamer, bequemer, und wenn sie berichten können, daß man sich da nicht verirrt, läßt sich später über einen – bescheidenen – Ausbau reden.«[166]

Schmale Pfade kann man nicht in Massenverkehrsmitteln oder im bequemen Auto durchfahren, hier kann nur jeder persönlich gehen und sich durchschlagen – und wenn es mehrere sind, dann gehen sie hintereinander, einer geht voraus und bahnt den Weg, die anderen folgen ihm, wobei sie sich an der Spitze regelmäßig abwechseln. So stelle ich mir kleine Gruppen vor, die in Verbindung zu christlichen Gemeinden stehen, Lebensstilgruppen, Hausgemeinden, Wohngemeinschaften, kleine alternative Arbeitsgemeinschaften, die so ihren Weg in die Zukunft finden. Die »Pfade in die Zukunft«, die ich beschreibe, handeln von sehr persönlichen Schritten, sie geben kein Programm, sondern vermitteln Anregungen, die jeder selbst in seinen persönlichen Weg umsetzen muß, begnügen sich mit Ansätzen und Skizzen, die jeder selbst weiter ausführen muß. Die Pfade wollen herausfordern, damit es zu einer persönlich motivierten, an der Situation unserer Gesellschaft orientierten und durch den Lebensstil Jesu inspirierten schöpferischen Nachfolge kommt.

Der erste Pfad: Hoffnung gewinnen

Bei diesem Pfad geht es um eine Veränderung meines Bewußtseins von der Zukunft, also um die Änderung von Grundeinstellungen. Die meisten Menschen sehen die Zukunft als etwas an, was auf sie *zukommt,* oft erschreckend, verunsichernd, ängstigend, unbeeinflußbar. Ich möchte jeden ermuntern, zunächst einmal die Zukunft als etwas zu sehen, auf das ich *zugehe.* Verunsicherungen und Ängste werden dabei nicht einfach zum Verschwinden gebracht, aber die überdimensionalen Schatten des Unbekannten reduziern sich dabei auf ihre realistische Größe – die Zukunft wird etwas, das ich mitgestalten kann, und je bedrohlicher das Tempo erscheint, in dem unbekannte Dinge auf mich zustürzen, desto konsequenter kann ich auf die Zukunft zugehen, im Bewußtsein meiner bescheidenen, aber durchaus nicht wirkungslosen Kräfte, die sogar die Zukunft verändern können, wenn ich mich mit den Menschen zusammentue, die ähnlich empfinden wie ich.

Ich habe an verschiedenen Stellen meines Buches versucht, deutlich zu machen, daß es *noch nicht zu spät ist.* Ohne jeden Zweifel sind die Probleme, die auf uns zukommen, bedrohlich, vermutlich auch schon lebensbedrohend; aber ihnen stehen viele Kräfte gegenüber, die lebenserhaltend wirken, die nicht die Jahrtausendkrise verstärken, sondern zum Aufbau einer Jahrtausendchance beitragen. Weil ich davon ausgehe, daß der Kampf zwischen Leben und Tod auf unserem Planeten Erde noch nicht entschieden ist, höre ich auf, zu reflektieren, an welchem Punkt dieser Kampf wohl angekommen sein wird, und beginne, alles mir Mögliche zu tun, damit das Leben den Sieg davonträgt. Realistische Information ist wichtig, aber Resignation ist der *einzig sichere* Weg in den Abgrund. Ich finde es weniger schlimm, wenn ich – sollte es zum Untergang kommen – auf diesem Weg alles Lebensfördernde tun konnte, was mir möglich war. Wenn ich nichts oder nicht alles mir Mögliche getan hätte, müßte ich mir immer vorwerfen, ich hätte zusammen mit anderen den Untergang vielleicht nicht verhindert, obwohl es möglich gewesen wäre. So entscheide ich mich ganz bewußt im Zweifelsfall für die Hoffnung – und dafür, daß die Jahrtausendkrise keine Krankheit zum Tode ist.

Für mich als Christen gibt es nicht nur diese etwas trotzige Hoffnung, die ich eben beschrieben habe, sondern eine umfassendere und tiefer reichende. Ich bin zutiefst davon überzeugt, daß Gott mit der Verzögerung der Parusie etwas *Gutes* tut. Einmal können viele Menschen auch in Zukunft das Angebot Gottes zur Umkehr annehmen und mithelfen, daß in der Welt das geschieht, was Gott will. Zum anderen scheint uns Gott mit der Verzögerung der Parusie zu sagen, daß er es immer noch als sinnvoll ansieht, daß es menschliches Leben auf der Erde gibt, auch unter den heutigen Bedingungen und Bedrohungen. Der Wunsch nach dem Ende ist damit, sofern er nicht aus einer ganz persönlichen Erfahrung der Ausweglosigkeit kommt, mangelndes Vertrauen zur Führungskunst Gottes.

Weiterhin bin ich ebenso eindeutig davon überzeugt, daß Gott nicht will, daß der Mensch das Ende der Erde herbeiführt, obwohl er dazu in der Lage ist, weder durch einen globalen Atomkrieg oder durch eine schleichende Umweltzerstörung noch durch eine derartige Veränderung der menschlichen Lebensbedingungen, daß der Mensch in einer Art kollektivem seelischen Selbstmord zugrundegeht – denn alle diese Entwicklungen würden die bisher bekannten Schrecken des Lebens derart überbieten, daß der barmherzige Gott dies nicht wollen kann. Weil er uns aber die Freiheit läßt, das Leben auf der Erde zu zerstören, wenn wir allen seinen Umkehrangeboten widerstehen, kann er seine Barmherzigkeit nur dann konkret werden lassen, wenn er alle Menschen unterstützt, die seine Schöpfung retten helfen. Alles, was ich zur Entfaltung schöpfungsgemäßen Lebens beitragen kann, wird Gott unterstützen. Alles, was ich tun kann, um die Zerstörung der Erde zu verhindern, wird Gott segnen. Diese Unterstützung Gottes gibt mir viel Hoffnung, diese Partnerschaft mit ihm gibt meinem Leben in all seinen Begrenzungen und meinem verantwortlichen Handeln einen neuen Sinn.

Der Pfad »Hoffnung gewinnen« ist ein Weg der Bewußtwerdung. Damit ist er aber nicht weniger wichtig als andere Pfade, die stärker zum Handeln führen. Denn fast immer geht die Bewußtwerdung dem sinnvollen Handeln voraus. Dieser Bewußtseinswandel macht uns folgendes deutlich:

1. Die Zukunft verliert viel von ihrem Schrecken, wenn ich nicht passiv darauf warte, daß sie mir entgegenkommt, sondern wenn ich ihr bewußt entgegengehe.

2. Die Realität unserer augenblicklichen Situation ist die einer starken Gefährdung, aber die Fakten beweisen bis heute nicht, daß es für eine Rettung der Menschheit und der Erde schon zu spät sei – also lasse ich mir dies auch von niemandem einreden.

3. Gott ist mit jedem, der seine Schöpfung erhalten will, denn solange er das Ende der Erde noch nicht gewirkt hat, möchte er, daß wir an ihrer Erhaltung arbeiten. Auf den Trampelpfaden zu einer neuen Zukunft wird uns deshalb Gott besonders nahe sein.

4. Die Hoffnung gewinnen, die Gott mir gibt, bedeutet neben der Bewußtmachung ihrer Realität, daß ich diejenigen praktischen Schritte, die aus der Grundhoffnung kommen und die ich persönlich gehen kann, auch gehe.

5. Ich muß mir dazu einen Ruck geben, die tief in mir sitzenden Gefühle der Resignation bewußt zu überwinden, Mut zu fassen, über ein Hindernis zu springen. Das wird in einem Bild, das Springreiter verwenden, besonders deutlich: Du mußt zuerst dein Herz über das Hindernis werfen, ehe du mit deinem Pferd hinterherspringen kannst.

Der zweite Pfad: Partner Gottes werden

Gott ist nach übereinstimmender Auffassung des Neuen Testaments der Vater, der Barmherzige, der Liebende, der dem Menschen das Angebot der Versöhnung macht und der wie der Vater im Gleichnis vom Verlorenen Sohn dem Menschen jede Möglichkeit der Rückkehr anbietet. Er ist, wie dies besonders das Alte Testament zeigt, am konkreten Leben interessiert; er hat in seiner Schöpfung den dazu notwendigen Lebensraum geschaffen und will, daß ihn der Mensch im Sinn seines Schöpfungswerkes nutzt. So hat Gott ein großgeschriebenes JA zum Menschen gesprochen – welch besseren Unterbau für dieses Ja gäbe es als den Tod seines eigenen Sohnes Jesus, der damit der Retter, der Christus, geworden ist. Partnerschaft mit Gott im Sinne einer schöpferischen Nachfolge setzt das Urvertrauen zu Gott als dem Vater und dem Schöpfer voraus, orientiert sich am konkreten, »revolutionären« Lebensstil Jesu und spielt sich auf der Ebene der wahrnehmbaren Kommunikation mit dem Heiligen Geist ab. Dies lebbar und anschaulich zu machen, gerade im Zustand der Ratlosigkeit in einer großen Krise, ist die entscheidende Basis für schöpferische Nachfolge. Ansätze und Möglichkeiten dazu möchte ich im folgenden skizzieren.

Für Christen steht im Zentrum jeder Art von Nachfolge ihr konkreter Umgang mit der Bibel. Damit meine ich das Alte wie das Neue Testament, denn das Alte Testament wurde durch die Entstehung des Christentums nicht außer Kraft gesetzt, sondern durch die Person Jesu mit einer ganz neuen Dimension des Gottesverhältnisses weitergeführt. Nun ist die Bibel kein Gesetzbuch, das ein für allemal genaue Regeln für das Leben enthält. Gottes Offenbarung will uns klarmachen, wie Gott ist und wie er sich das Leben gedacht hat. Diese Grundtendenz ist dann im Alten wie im Neuen Testament je für ihre Zeit konkretisiert worden. Gleichzeitig dürfen wir die Bibel aber auch nicht wie einen Steinbruch benützen, aus dem wir immer gerade das herausholen, was wir brauchen. Es geht darum, daß wir jenseits aller Enge, aber in der Demut des von Gott abhängigen Partners, Gottes Offenbarung über sich selbst, seine Heilsgeschichte mit der Menschheit und seine Vorstellung vom Leben verbindlich annehmen, damit wir auch für unsere Zeit herausfinden können, was dies für unser Leben heute bedeutet. So ist die Bibel eine verläßliche Offenbarung Gottes, aber offen für ihre Entfaltung in das Leben hinein und damit für jede Zeit neu auslegbar – je nach den Herausforderungen und Bedingungen, die uns prägen und motivieren, nach der verbindlichen Offenbarung Gottes zu fragen.

Aus der Fülle der Möglichkeiten, persönlich mit der Bibel zu leben, möchte ich drei Anregungen herausgreifen. Die eine ist die »Stille Zeit«, eine aus der Oxford-Gruppe der dreißiger Jahre stammende Form der persönlichen Bibellese. Dabei wird, meist am Morgen, ein Bibeltext gelesen und persönlich meditiert – alle Gedanken, die dem einzelnen dabei wichtig werden, sowohl solche, die sich speziell mit den Aussagen des Textes beschäftigen, als auch solche, die sich persönlich-assoziativ entwickeln, also ganz konkret-aktuell sind, aber vom Text angeregt werden, schreibt man auf. Die Stille Zeit ist sehr wertvoll, weil sie spontane Gedanken im Zusammenhang mit Bibeltexten fördert, in der Art eines »geistlichen Brainstormings«, wenn wir solchen Gedanken nicht den Wert von absoluten Inspirationen beimessen. Die Stille Zeit ist nicht das Vehikel einer direkten »geistlichen Führung«, sondern eine kreative Phase am Tag, in der Worte der Bibel eine sehr persönliche Verbindung mit meinen eigenen Assoziationen, Gedanken, Gefühlen, Fragen und Inspirationen eingehen.

Ähnlich, aber auf der Basis einer Gruppe und damit sehr wertvoll für die Gemeindearbeit, sind Bibelgespräche, die stark die persönliche Situation der Beteiligten und des gesellschaftlichen Umfeldes widerspiegeln, wie sie etwa Ernesto Cardenal im »Evangelium der Bauern von Solentiname« beschreibt. In solchen lateinamerikanischen Basisgemeinden liest man zusammen das Evangelium, die Teilnehmer beschreiben, was sie dabei empfinden, überlegen gemeinsam, wie sie den Inhalt des Bibeltextes in ihr Leben übertragen können, sie schweigen, beten, singen und handeln – indem sie einander ganz praktisch helfen oder Lebensgemeinschaften bilden, Menschen bei sich aufnehmen, denen es noch schlechter geht, oder gesellschaftsbezogen arbeiten. Dieses Prinzip des praktischen Lebens mit der Bibel läßt sich auch in unserem Lebensbereich anwenden – und manches geschieht auch schon in dieser Richtung, allerdings sehr einseitig je nach den theologischen Grundströmungen, denen die verschiedenen Gruppen verbunden sind. Etwas vergröbert dargestellt kann dies etwa bedeuten, daß evangelikal geprägte Hauskreise nur den persönlichen Bereich, charismatische Gruppen nur Anbetung und Lobpreis, beratend-therapeutisch arbeitende Gruppen nur die Selbsterfahrung und Basisgemeinden nur den gesellschaftlichen Bereich mit einbeziehen, während doch im Grunde alles zusammengehört.

Damit die Wirkung von Bibeltexten nicht auf den intellektuellen Bereich beschränkt bleibt, entstanden in den letzten Jahren viele Formen, Bibeltexte ganzheitlich zu erfahren. Im Vordergrund steht dabei die Aneignung von Bibeltexten, indem man sie spielt oder in Bewegung umsetzt, dazu malt oder sie anderweitig gestaltet. Es gibt auch eine Vielzahl von speziellen Übungen, verschiedene Formen der Meditation, der Nacherzählung oder des Übersetzens in unsere Umgangssprache. Dieser ganzheitlichere Umgang mit der Bibel ergänzt die Reflektion und die lehrmäßige

Aneignung durch Selbsterfahrung und persönliche Gotteserfahrung. Auf die Dauer wird es nicht zu umgehen sein, wenn wir persönlich mit der Bibel leben wollen, persönliche Reflektion zu Texten, gedankliche Verarbeitung in Exegese, Predigt und Bibelarbeit mit der Selbsterfahrung durch die Bibel zu verbinden, damit aus der Beschäftigung mit Bibeltexten schöpferische Nachfolge wird.

Das Gebet ist ein ebenso unverzichtbarer Teil der Nachfolge wie das Bibellesen. Ohne viel darüber nachzudenken, beten die meisten Christen, weil sie meinen, sie müßten Gott eine Nachricht übermitteln, ihm also sagen, was sie brauchen, wie sie sich fühlen oder wie sie sich Gott vorstellen. Gott weiß dies im Grunde schon alles – und so hat das Beten viel eher den Sinn, daß *uns* eine Nachricht übermittelt wird. Wenn wir um etwas bitten, dann deshalb, daß wir uns durch die Tatsache, daß wir uns mit unserer Bitte an Gott wenden, bewußt machen, daß wir etwas von ihm erwarten. Denn dann öffnen wir uns für das Handeln Gottes oder für seine Sicht der Dinge, und oft genug erkennen wir, daß uns Gott Wege zeigt, wie wir selbst handeln können. Hörendes Beten, dessen wichtigstes Element die Stille ist, das eigene und göttliche Impulse zuläßt, ist ein schöpferisches Beten, weil es eine besondere Chance bietet, mein Bewußtsein wie mein Handeln zu ändern – und weil es gleichzeitig die persönliche Beziehung zu Gott als eines zu mir redenden Partners entfaltet. Ich nenne diese Art des Gebets »Beten aus dem Hören« und halte es für einen unverzichtbaren Teil der schöpferischen Nachfolge.

»Beten aus dem Hören« möchte ich an einem konkreten Beispiel beschreiben. Während einer Tagung sitzen wir mit den 20 Teilnehmern im Kreis. In der Mitte liegt ein Kreuz auf dem Boden – einige Kerzen brennen. Am Anfang schweigen wir ganz bewußt, vielleicht 5 Minuten lang. Dann stimmt jemand ein Loblied an – er hatte während der Stille plötzlich dieses Lied in seiner Erinnerung, so deutlich, daß er es nicht abschütteln konnte. Andere schließen sich mit ihrem persönlichen Gotteslob an – so entsteht ein Thema für das gemeinsame Gebet. Nach jedem Gebetsbeitrag gibt es wieder einige Augenblicke der Stille, damit jeder das Gehörte persönlich bewegen und Impulse wahrnehmen kann, die im Anschluß daran bei ihm entstehen. Nachdem das Thema »Lob Gottes« das Gebet einige Zeit bestimmt hat, entsteht spontan eine längere Zeit der Stille. Dann liest jemand einen Bibeltext, der in der Bitte gipfelt: Weise mir, Herr, deinen Weg! Eine Teilnehmerin sagt: »Ich glaube, dieser Vers gilt mir. Ich habe ein Problem und weiß nicht, wie ich mich entscheiden soll.« Dann erzählt sie, daß es um die Frage gehe, ob sie ihre kranke Mutter in ihre Familie aufnehmen soll. Jetzt gibt es wieder eine längere Stille. Wird jemand einen Impuls haben, den wir gemeinsam als Gruppe als geistgewirkt und hilfreich anerkennen können? Eine Teilnehmerin antwortet auf diese Frage: »Ich habe den Eindruck, daß Gott dir sagen will: Ich habe einen guten Weg, den du jetzt noch nicht sehen kannst. Nimm deine Mutter nicht auf, sondern halte Ausschau nach einer Lösung, die ich dir zeigen will.« Ein anderer Teilnehmer bestätigt dies durch ein Bild, das er während der vorausgegangenen Stille innerlich geschaut hatte: »Ich sah dich vor einem dunklen Tunnel stehen. Da sagte eine Stimme: Geh nicht hinein, schau, dort rechts ist ein schmaler Pfad, der den Berg hinaufführt.« Der Leiter der Gebetsgruppe fragt: »Können wir diese Antworten als Impulse des Heiligen Geistes anerkennen?« Einige bestätigen dies, niemand sonst hat ein ungutes Gefühl dabei. Jemand legt der Frau, die sich mit ihrer Frage an die Gebetsgruppe gewandt hatte, die Hände auf und segnet sie. Es kommt zu einigen Anbetungsgebeten, viel Stille, einigen Liedern. Damit klingt die Gebetszeit aus.

Die Erfahrungen der weltweiten und konfessionsübergreifenden charismatischen Bewegung können für schöpferische Nachfolge sehr bedeutsam sein, wenn fundamentalistische Enge und Machtausübung durch »prophetisch-charismatische Weisungen« vermieden werden. Denn mit dem »Beten aus dem Hören« wird ein Stück die Gesprächspartnerschaft mit Gott wiederhergestellt, die ein wesentliches Merkmal des schöpfungsgemäßen Menschenbildes darstellt. Allerdings scheint der größte Teil der charismatischen Bewegung inzwischen ein immer engeres, die Anliegen der Gesellschaft ausschließendes Frömmigkeitsideal anzustreben. Um so wichtiger ist es, daß wir die Spontaneität des geistlichen Lebens in den Charismen für ein der Erde und dem Leben verantwortliches Christsein zurückgewinnen.

Schöpferische Nachfolge hängt stark damit zusammen, daß mir das Bewußtsein der Gegenwart und Nähe Gottes in meinem Alltag nicht verlorengeht. Wer darauf achtet, findet in seinem »normalen« Tagesablauf viele Gelegenheiten, einfach für kurze Zeit in die Stille einzutauchen, beim Warten vor einer Ampel, in einer kurzen Pause zwischen zwei Schulstunden oder vor einer Mahlzeit. In der Stille können mich Impulse des Heiligen Geistes erreichen, die das Wort Jesu vom Geist als dem »Parakleten«, dem Berater, dem Helfer, konkretisieren. Aber die Nähe Gottes zeigt sich nicht nur, wenn ich sie suche, sie kommt mir oft auch in den Ereignissen des Alltags entgegen. Wenn ich etwas Gutes erlebe, kann ich mich daran erinnern, daß Gott der »Geber aller guten Gaben« ist, und ich kann sagen: »Danke, Herr!« Wenn mir etwas Leidvolles geschieht, kann ich mich daran erinnern, daß Jesus die intensivsten Erfahrungen im Leiden gemacht hat, und ich kann sagen: »Ja, Herr, das verstehst du gut, weil du es selbst erlebt hast!« Offene Situationen können mir bewußt machen, daß Gott mein Partner und der Heilige Geist mein Berater ist, und ich kann sagen: »Herr, ich möchte von dir Zeichen bekommen oder innere Klarheit oder eindeutige Ereignisse, die mir deutlich machen, was ich tun soll.«

Diese christliche »Alltags-Spiritualität« gehört angesichts der Jahrtausendkrise zu einem der wichtigsten Nachhol-Anliegen der Entwicklung in den Kirchen. Sie darf dem Alltag nicht so nachgeben, daß sie banal wird, sie darf das »Normale« des Lebens, das, was sich immerzu wiederholt, aber auch nicht verdrängen und das eigentlich Christliche dann nur in den besonderen Erfahrungen, in der »Überflieger-Mentalität« suchen. Vielen kann es dabei helfen, die Spontaneität der Alltags-Spiritualität mit festen Gebetszeiten zu verbinden, wie sie die Kirche etwa in den Tageszeitengebeten entwickelt hat. Viele brauchen dafür persönliche, einfachere Formen, liturgisch im Sinn der sich wiederholenden Verläßlichkeit, kreativ-spontan in der Art der Worte und der Alltagsnähe der Formen.

Eine dritte wesentliche Grundlage der Nachfolge neben Bibellesen und Gebet ist die Partnerschaft zu Menschen – denn Gott redet oft durch andere Menschen zu mir. Es gibt dafür viele Möglichkeiten. Manche treffen sich täglich mit einem Gebetspartner, andere besprechen regelmäßig ihre Probleme mit einem seelsorgerlich begabten Menschen. Wohngemeinschaften oder intensive Freundschaftsgruppen, die sich oft treffen, können das Gespräch mit Partnern durch Formen des gemeinsamen Lebens ergänzen. Hauskreise oder Hausgemeinden können die Partnerschaft als Teil des Gemeindelebens entdecken. Partnerschaft kann praktische Arbeit umfassen, ehrenamtliche oder hauptberufliche Zusammenarbeit bei einem Dritte-Welt-Laden, diakonische oder gesellschaftspolitisch orientierte Gruppen, Hobbies und anderes. Wichtig dabei ist es, daß ich den oder die Partner als Menschen ansehe, durch die Gott zu mir sprechen oder handeln kann, und mich entsprechend als Partner für die anderen.

Gesund sind solche Beziehungen, wenn jeder der Beteiligten auf alle Formen der Herrschaft und der Abhängigkeit verzichtet. Wie schon beim Bild der Gemeinde als Körper (Leib Christi) entwickelt, kann wirkliche Partnerschaft nur entstehen, wenn jeder Beteiligte seine schöpfungsgegebene Originalität entwickelt, wenn niemand den anderen so haben möchte, wie er selbst ist, und wenn die Chance der Ergänzung und der »schöpferischen Spannung« zwischen unterschiedlichen Individuen über der menschlichen Sucht nach Anpassung und Einheitlichkeit steht. Diese Partnerschaftsfähigkeit ist nicht selbstverständlich – wir müssen sie immer wieder neu lernen. Alles, was einer offenen, unabhängigen Partnerschaft dient, sollten wir hier miteinbeziehen, die Bewußtseinsbildung der biblischen, schöpfungsgemäßen Grundgegebenheit, der »Körperstruktur« also, einerseits, und andererseits alle pädagogischen und psychologischen Hilfen, die diesem schöpfungsgemäßen Menschenbild nicht widersprechen.

Der dritte Pfad: Informiert sein

Es gibt so viele Informationen, die einander oft auch noch stark widersprechen, daß kaum jemand die Übersicht behalten kann. Trotzdem ist »Hoffnung gewinnen« und »alternativ leben« ohne intensive Information nicht möglich. Viele, die eigentlich informiert sein möchten, resignieren und entscheiden sich einfach für eine Richtung und damit für eine einseitige Information – die eigentlich eine nachrichtliche »Deformation« ist. Solche einseitigen Informationen führen ganz schnell zur Ausprägung von Ideologien – die wir heute auf allen Seiten finden.

Zunächst einmal kann jeder Anteil haben an der leicht zugänglichen öffentlichen Information durch Radio und Fernsehen, durch Zeitungen, Zeitschriften und Bücher. Diese Quelle darf man nicht unangezapft lassen, trotz der Risiken, die damit verbunden sind, daß die meisten öffentlichen Informationen nach den Belangen ihrer Urheber oder Finanziers ausgewählt sind. Deshalb sollte man seine Informationsträger breit streuen, vielleicht den SPIEGEL ebenso lesen wie die FRANKFURTER ALLGEMEINE, die TAGESZEITUNG ebenso den RHEINISCHEN MERKUR. Vielleicht könnte man an einem monatlichen Bibliothekstag ebenso in die kernenergiefeindliche NATUR schauen wie in die ATOMWIRTSCHAFT, das Zentralorgan der Kernenergiebetreiber. Viele tun dies nicht, weil sie sich nicht von widersprechenden Informationen verwirren lassen möchten. Solche gegensätzlichen Behauptungen können uns aber auf Bereiche aufmerksam machen, in denen es sich lohnt, gründlicher zu arbeiten oder auch der Frage nachzugehen, welche Interessen, die hinter den Informationen stehen, dafür verantwortlich sind, daß diese so unterschiedlich ausfallen.

Informiert sein kann man nur, wenn man persönliche Arbeit in dieses Ziel investiert. Am besten ist es, wenn man wenige, aber persönlich ausgewählte Zeitungen und Zeitschriften abonniert hat – und den weiten Bereich der übrigen Information mit Hilfe von Bibliotheken oder Freunden abdeckt, die andere Informationsquellen auswerten und miteinander austauschen. Wer viele Informationen zur Kenntnis bekommt, kann nicht alle von Anfang bis Ende lesen, sonst müßte er sich mit einem sehr bescheidenen Informationsradius zufriedengeben. Ich habe mir angewöhnt, nur ganz wichtige Artikel und Bücher vollständig zu lesen und mir dafür viele Informationen zu archivieren. Damit sie zugriffsbereit sind, braucht man nicht unbedingt aufwendige Systeme – ich lege Zeitschriftenartikel und eigene Entwürfe in Ordnern ab und sortiere nach einem einfachen Dezimalschlüssel. Damit die Informationsmenge nicht uferlos wird, nehme ich mir einmal im Jahr zwei bis drei Tage Zeit, um das ganze Archiv durchzuschauen und alles Überflüssige wegzuwerfen. Bei ausgeliehenen Zeitschriften spare ich nicht mit Kopien – Bücher kaufe ich mir, wenn es irgend geht, selbst. Ich habe sie nach demselben Dezimalsystem geordnet wie die Zeitschriftenartikel im Archiv, so daß ich viel mit dem Gedächtnis arbeiten kann. Informatorische Arbeit sollte realistisch strukturiert sein, denn zumeist stirbt das Sammeln von Informationen bei Privatleuten daran, daß es so aufwendig geschieht, daß man es nicht durchhalten kann.

Fast alle Informationen erreichen mich über Medien, das

Fernsehen, den Rundfunk, Zeitungen, Zeitschriften und Bücher. Selten bin ich bei einem »Medien-Ereignis« selbst dabei. Dies kann kaum geändert werden, allerdings sollte jeder versuchen, wenigstens ab und zu, meist konkret geplant, Basis-Informationen, gewonnen durch eigene Anschauung, zu erhalten. Wer sich z.B. mit Fragen der Kernenergie beschäftigt, könnte einmal ein Kernkraftwerk besuchen und sich mit den Informationen der Kernkraftbetreiber auseinandersetzen, und zum anderen an einer Antikernkraft-Demonstration teilnehmen, damit er die Situation auch von dieser Seite kennenlernt. Wer an den Fragen von Frieden und Abrüstung interessiert ist, kann in einer Friedensgruppe mitarbeiten, wer vor allem gegen die Zerstörung der Natur »anleben« will, kann bei einem Ökobauern aushelfen oder selbst ökologischen Gartenbau betreiben. Es ist wichtig, irgendwo direkt und persönlich beteiligt zu sein. Denn wie wollen wir sonst Maßstäbe entwickeln, die Medien mit ihren Informationen zu beurteilen – und auf längere Sicht ist auch unsere persönliche Motivation zu einem alternativen Leben zu schwach, wenn wir nur von Informationen aus zweiter Hand leben.

Es ist zu wenig, wenn ich als Einzelperson alleiniges Gegenüber für die vielen Informationen bin, die auf mich einstürmen. Besser aufgehoben bin ich in einem Kreis von Menschen, die mit mir den gleichen Weg gehen wollen. Sehr gut ist es, wenn sich Gruppen bilden, die nicht nur einem Bereich der umfassenden »Überlebensfragen« unserer Gesellschaft verpflichtet sind, denn Friedensarbeit, Dritte-Welt-Arbeit, Widerstand gegen die Naturzerstörung, Arbeitsloseninitiativen, alternative Formen der Arbeit und das Leben in einer geistlichen Basisgruppe sind Bereiche, die zusammengehören. In der praktischen Verantwortung muß ich einen oder wenige Schwerpunkte bilden, in der Information aber brauche ich einen möglichst weiten Horizont. Es gibt verschiedene Gruppen, wie z.B. die »Aktion HOFFNUNG GEWINNEN« (s. Anhang) oder die »Ökumenische Initiative Eine Welt«, die sich dem Ganzen verpflichtet fühlen und in deren Rundbriefen und Regionalgruppen ein regelmäßiger Austausch über Informationen, Erfahrungen und Aktionen in den verschiedenen Bereichen möglich ist.

Am Ort sollte ich alles versuchen, um in einer christlichen Gemeinde die geistliche Basis als Rückhalt für ein alternatives Leben zu finden. Von diesem Ausgangspunkt können sich Schwerpunkte in der Aktion und in der gegenseitigen Hilfe entwickeln, mit allen engagierten Christen am Ort und mit allen Menschen, denen die »Überlebensfragen« unserer Gesellschaft wichtig sind.

Der vierte Pfad: Alternativ leben

Dieser Bereich ist uferlos. Die Resignation, in den vielfältigen Problemen zu versinken, vermeiden wir nur, wenn wir einen (kleinen) Schritt nach dem anderen gehen, ohne Druck und Hektik, aber mit Konsequenz.

Zunächst ergeben sich Grundsatzfragen, die auch ein praxisbezogenes Nachdenken nicht übergehen darf. Wir wissen alle, daß Gerechtigkeit und Umweltverträglichkeit unseres Lebens nur möglich ist, wenn wir Konsumverzicht üben und unseren Lebensstandard deutlich senken. Aber wie konsequent müssen wir angesichts der Situation der armen Länder sein? Was verträgt unsere Wirtschaft? Sollen wir zeichenhaft so weit gehen, wie es von der Sache her äußerstenfalls möglich ist? Oder sollen wir Wege suchen, die nicht so weit gehen, die aber eher eine Chance haben, von vielen mitgegangen zu werden? Wie weit müßte eine konsequente Nachfolge Jesu gehen? Gibt es nur Verzicht mit »zusammengebissenen Zähnen« – oder können wir auch »schöpferischen Verzicht« üben?

In bestimmten Bereichen fallen die Schritte relativ leicht, z.B. beim Wasserverbrauch, dem Urlaubsradius, der Präsenz der Technik in meinem Haushalt, dem Niveau meiner Bekleidung, Ernährung, Unterhaltung etc., denn hier können zumutbare Änderungen, die Einzelheiten meiner Lebensgewohnheiten betreffen, aber noch nicht meinen Lebensstil insgesamt, schon relativ viel bewirken. Solche Schritte kann ich mir vielleicht innerhalb eines Jahres zumuten. Andere Veränderungen machen viel Mühe, brauchen Zeit und fordern große Konsequenz, etwa die Frage, ob ich ein Auto haben soll oder nicht, ob mein Arbeitsplatz und mein Wohnort einem alternativen Lebensstil entsprechen, ob es meine Aufgabe ist, auszusteigen oder angepaßt so alternativ zu sein, wie es geht. Hier brauche ich Jahre des Prüfens, des Experimentierens, des vertrauensvollen Gesprächs mit meinen Angehörigen, mit Freunden; wenn es geht, mit meiner Gemeinde. Nach vielleicht drei Jahren könnte ich auch in diesem Bereich ein vorläufiges Fazit ziehen: Welche Schritte konnte ich wirklich gehen, was fiel mir leicht, was schwer, was zeigte sich als zu schwer, was ist vermutlich völlig unmöglich?

Die verschiedenen Bereiche des alternativen Lebens möchte ich hier in Form eines Fragenkatalogs ansprechen. Die Reihenfolge der Fragen bedeutet nicht eine vorgeschlagene Reihenfolge der Schritte, denn solche Gewichtungen werden bei jedem verschieden sein. Am besten fängt man irgendwo da an, wo man einen schnellen Erfolg vermutet – damit erst einmal irgend etwas in Gang kommt. Fragen stellen bedeutet auch nicht, Druck machen zu wollen. Denn nicht *ich* stelle die Fragen, sondern die *Situation unserer Umwelt* stellt sie – auch dann, wenn ich sie nicht höre. Deshalb geht es hier einfach darum, sich ohne Druck, zwar mit Mut, aber auch in Gelassenheit den Fragen auszusetzen, die durch die Jahrtausendkrise gestellt werden.

1. Wohnen wir am richtigen Ort, in der richtigen Wohnung, in der richtigen Art und Weise? Kommen einzelne Familienmitglieder durch unser Wohnen zu kurz? Sind wir festgelegt, oder könnten wir um wichtigerer Ziele willen kurzfristig/längerfristig die Wohnung, den Ort, die Gegend wechseln?

2. Können wir einen eigenen Nutzgarten gestalten – oder irgendwo ein Stückchen Land pachten? Können wir uns mit anderen zum Gartenbau zusammentun? Wie können wir ein Stück Ziergarten zu einem für den Umweltschutz wertvollen Ökosystem umgestalten?

3. Verfahren wir beim Waschen, Spülen, Putzen und Kochen umweltschonend?

4. Können wir unseren Energieverbrauch sinnvoll umstellen? Kann unser Haus/unsere Wohnung besser isoliert werden? Wo kann ich allgemein Energie sparen? Tut es ein Pullover statt zwei Grad Celsius mehr?

5. Kann ich anstatt gefährlicher oder noch nicht untersuchter synthetischer Baustoffe und Materialien zur Renovierung baubiologisch unbedenkliche Stoffe verwenden? Kenne ich den nächsten Bioladen, der Farben und Baustoffe führt?

6. Wieviel Mobiliar brauche ich? Hebe ich zu viele Sachen auf?

7. Was kann ich von Hand tun, um damit teure und umweltbelastende technische Hilfsmittel zu vermeiden (z.B. Brot schneiden, Büchsen öffnen, Spülen, Wäsche trocknen)?

8. Kaufe ich gesundheitlich bedenkliche Lebensmittel? Wo

kann ich Nahrung bekommen, die weniger oder fast keine Zusatzstoffe enthält? Wo gibt es Lebensmittel, die im biologischen Landbau erzeugt werden? Kann ich das Rauchen, den Alkoholgenuß und übermäßiges Essen einschränken bzw. aufgeben? Kaufe ich so, daß es der Dritten Welt nützt?

9. Welche Läden in meinem Einzugsbereich könnte ich boykottieren, weil sie keine Rücksicht auf die Umwelt nehmen, keine Pfandflaschen führen, keine Batterien zurücknehmen, ihre Mitarbeiter unsozial behandeln?

10. Vermeide ich den Kauf von Waren, die viel Abfall hervorbringen? Trenne ich meine Abfälle? Führe ich alle brauchbaren Stoffe dem Recycling zu?

11. Ernähre ich mich gesund? Bin ich in diesen Fragen ausreichend informiert? Treibe ich Sport, Gymnastik oder Wandern oder leide ich unter Bewegungsmangel?

12. Nehme ich wahllos Medizin, vor allem Schmerz- und Aufputschmittel, oder suche ich, soweit möglich, die Alternative von Naturheilmitteln?

13. Arbeite ich unter Arbeitsbedingungen, die nicht nur meine Arbeitskraft nutzen, sondern mich ausbeuten? Kann ich die Arbeitsstelle wechseln, einzelne Bedingungen ändern oder mit anderen um Veränderungen kämpfen? Beute ich mich selbst aus durch zu hohe Leistungsansprüche oder finanzielle Habsucht? Kann ich irgendwo im alternativen Bereich menschlichere und sinnvollere Arbeit finden?

14. Brauche ich ein eigenes Auto? Wenn ja, könnte es umweltfreundlicher sein? Fahre ich zu schnell, zu viel, zu riskant, zu unüberlegt? Benutze ich überall, wo es irgend geht, öffentliche Verkehrsmittel?

15. Habe ich genügend Freizeit und gehe ich sinnvoll mit ihr um? Ist meine Freizeitbeschäftigung nur eine verkappte »zweite Arbeitsstelle«? Habe ich zu viele oder zu umweltschädliche Hobbys? Entziehe ich durch meine Freizeitbeschäftigung meiner Familie zuviel Zeit und Zuwendung? Gestalte ich meine Freizeit zu aktiv oder zu passiv?

16. Wie kommunikativ lebe ich? Stehen Kontakte mit Freunden und gegenseitige Besuche in einem gesunden Verhältnis zu meiner passiven Freizeitbeschäftigung, wie z.B. Fernsehen? Gibt es eine lockere Gruppe von Menschen, mit denen ich gemeinsame Zeit verbringe, in Urlaub fahre, wo wir uns gegenseitig hel-

fen, auch in praktischen Arbeiten und vielleicht gemeinsam gesellschaftliche Probleme angehen?

17. Welche Beziehungen pflege ich zu meinen Nachbarn? Gibt es Kontakte und Nachbarschaftshilfe? Sehe ich irgendwelche Ansätze für das Leben in einem »Kleinen Netz«?

18. Wie konzentriert lebe ich? Pflege ich Hobbys, die zur Konzentration führen, wie z.B. Lesen, Musizieren, Briefe schreiben, künstlerisch arbeiten? Führt mich mein Urlaub zur Konzentration, oder setze ich dabei mein streßbetontes Leben fort, nur mit anderen Mitteln?

19. Faste ich in bestimmten Abständen – nicht nur vom Essen, sondern z.B. auch vom Autofahren, von Informationen, vom Fernsehen oder von anderen Formen der Unterhaltung? Könnte ich meinem Leben durch einen regelmäßigen Fastentag Konturen der Stille und Konzentration verleihen? Wie sähe für mich ein Sabbatjahr aus? Vielleicht ein Jahr lang Verzicht auf Überstunden, hektischen Urlaub, größere Anschaffungen, besondere Leistungen?

20. Habe ich irgendwelche Kontakte zu alternativen Gruppen, am Ort und überregional? Gibt es in meiner Gemeinde Möglichkeiten, Austausch zu Fragen des alternativen Lebens zu pflegen?

21. Auf welchen Bereich möchte ich mich neben meinem persönlichen Weg zum alternativen Leben konzentrieren, z.B. Friedensarbeit, Dritte-Welt-Arbeit, ökologische Verantwortung oder Mitarbeit in einer Arbeitsloseninitiative, bei der Asylantenbetreuung oder anderen sozialdiakonischen Aktivitäten?

Dies sind viele Fragen – zu viele? Das Leben stellt sie uns, deshalb können wir sie nicht gut verdrängen. Aber wir sollten bei aller Konsequenz mit uns selbst barmherzig sein, und deshalb mit einzelnen Schritten beginnen – da, wo es uns am leichtesten fällt. Denn auch dieser vierte Pfad »Alternativ leben« soll etwas mit »Hoffnung gewinnen« zu tun haben.

Der fünfte Pfad: Öffentliche Verantwortung übernehmen

In der Jahrtausendkrise kann niemand, der verantwortlich leben will, unpolitisch bleiben. Dies gilt für Christen in gleichem Maße wie für jeden anderen. Denn das private Leben ist heute in einem hohen Maß vom öffentlichen Leben abhängig – und gleichzeitig gibt es für jeden Bürger, der will, viele Möglichkeiten der politischen Einflußnahme.

Basisfunktionen politischer Verantwortung sind entsprechende Information und die Ausübung des Wahlrechts. Dies ist eigentlich für jeden, der verantwortlich leben will, selbstverständlich. Wer damit zufrieden ist, kann bei den Wahlen allerdings nur zwischen fertigen politischen Angeboten wählen. Wer an der inhaltlichen Diskussion in den Parteien teilnehmen will, muß selbst in eine Partei eintreten. Auf den ersten Blick könnte es so scheinen, als ob Alternative nur in eine alternative Partei gehen könnten. Ich finde es wichtig, daß alternativ denkende Bürger in allen demokratischen Parteien zu finden sind. Alternativ denken heißt ja nicht automatisch, politisch links zu stehen, auch wenn dies heute von vielen angenommen wird. Es gibt auch unter alternativ denkenden Bürgern viele politische Unterschiede. So wäre es ideal, wenn alle Parteien auf interne alternative Gruppen Rücksicht nehmen müßten. Wenn sich allerdings in der inhaltlichen Fixierung der vorhandenen Parteien nichts Wesentliches ändert, dann wird sich die Gleichung »alternativ = links« automatisch so verfestigen, daß andere politische Entscheidungen undenkbar werden. So oder so: Alternative gehören auch aktiv in die Politik. So sollten in allen Parteien Menschen, die sowohl bewußte Christen wie verantwortliche Alternative sein wollen, das Profil mitbestimmen. Daraus ergibt sich dann auch für den einen oder andern, daß er politischer Mandatsträger wird und damit in besonderer Weise politisch in die Öffentlichkeit wirkt.

Eine zweite Ebene ist der gesellschaftsdiakonische Bereich, in dem es viel zu tun gibt, z.B. bei der Betreuung von Arbeitslosen, Strafgefangenen, Asylanten oder Drogenabhängigen, aber auch bei den klassischen Aktivitäten der Kinder-, Jugend- und Seniorenarbeit. Es reicht heute nicht mehr, einen Menschen aus einer dieser Gruppen »nur« zu betreuen, denn die Probleme, die gebündelt in einem Einzelschicksal deutlich werden, haben weithin ihre Begründung in den sozialen Verhältnissen, die durch die politischen Entscheidungen mitgestaltet oder sogar ausgelöst werden. Wenn die Durchlöcherung des »sozialen Netzes« weiter anhält oder sich gar verstärkt, wird soziale Arbeit immer stärker politische Arbeit werden. Niemand sollte sich scheuen, die Grenze zwischen sozialer Betreuung und bewußter politischer Arbeit zu überschreiten.

Die Bürgerinitiativen sind ein neues, immer wichtiger werdendes Feld der politischen Arbeit. Ihre Stärke ist das Engagement zumeist persönlich betroffener Bürger, die Weite der Herkunft der Beteiligten, also alle Generationen, viele politische und weltanschauliche Richtungen – also ortsgebundene politisch-spontane Bewegung betroffener Bürger. Der Widerstand zählt hier am meisten, bei dem der Kern aus einer Schicht von Bürgern kommt, die zunächst unpolitisch war, aber durch Betroffenheit politisch geworden ist, wie z.B. beim Widerstand gegen die atomare Wiederaufarbeitungsanlage in Wackersdorf oder gegen die Stationierung von Cruise-Missiles im Hunsrück. Berufspolitiker oder bereits erfahrene Mitstreiter der alternativen Bewegung können dann dazukommen, »Berufs-Gewalttäter« können leichter zurückgedrängt werden. Es zeigt sich, daß solche echten Basis-Bürgerinitiativen dann auch zum Mittelpunkt des gemeinsamen Kampfes vieler Gruppen werden, etwa auch der Kirchen, der Bauern oder der bodenständigen Vereine, wie es z.B. in Gorleben geschehen ist. Solche Bürgerinitiativen sind nicht nur eine vom Grundgesetz gedeckte, sondern auch eine in ihrer Wirksamkeit kaum zu überschätzende Kraft.

Irgendwo sollte jeder verantwortliche Bürger auf der politischen Ebene mitgestalten, bei Demonstrationen ebenso wie in der Beratungsarbeit, bei der politischen Öffentlichkeitsarbeit wie beim »Marsch durch die Institutionen«, etwa beim Engagement in politischen Parteien. Denn die gefährdete Zukunft unseres Planeten Erde braucht keine »modisch-alternativen Überflieger«, sondern Menschen, die bereit sind, sowohl gedanklich weit in die Zukunft zu denken wie praktisch kontinuierlich vor Ort zu arbeiten, damit aus der Jahrtausendkrise eine Jahrtausendchance wird.

Der sechste Pfad: Einbindung in das Netzwerk alternativer Gruppen

Alternative Gruppen sprechen seit vielen Jahren vom »Netz« – das sind zunächst einmal die Beziehungen zwischen den Menschen und Gruppen, die sich dem Anliegen des alternativen Lebens verpflichtet fühlen. Auf der einen Seite haben diese Gruppen und Strömungen so unterschiedliche Prägungen, daß jeder die Gruppe finden kann, mit der er sich leicht identifiziert. Auf der anderen Seite ist die Zusammenarbeit solcher verschiedenartiger Gruppen nur möglich, wenn der »Netz-Charakter« erhalten bleibt, wenn niemand gezwungen wird, für die anderen Gruppen Verantwortung zu übernehmen. Dann ist es auch möglich, mit Gruppen »verknüpft« zu sein, die auf bestimmten Gebieten etwas tun oder lehren, was ich selbst auf keinen Fall akzeptieren kann. Es gibt hier durchaus noch ungeklärte Grenzen, z.B. bei der Zusammenarbeit mit kommunistischen Gruppen. Evangelikalen Christen könnte es schwerfallen, mit Anthroposophen zusammenzuarbeiten, konservativen, CDU-geprägten Gruppen, gemeinsame Aktionen mit Anhängern der »Grünen« zu unternehmen, usw. Ich halte es für richtig, die Grenzen der Zusammenarbeit möglichst weit zu stecken, solange es möglich ist, meine eigene Überzeugung offen zu vertreten. In einer festgefügten alternativen Bewegung wäre dies nicht möglich, in einem locker geknüpften Netz kann man in bestimmten Bereichen zusammenarbeiten, obwohl es in anderen Fragen unüberbrückbare Gegensätze gibt.

Das Haus, das Wohnen, die Straße, in der ich wohne, die Nachbarschaft – das sind Bereiche, die sich trotz unserer arbeitsteiligen Welt für neue alternative Wege öffnen. Hier kann ich nach Menschen suchen, die Beziehungen wünschen, die bereit sind zum Erfahrungsaustausch und zum Aufbau von lockeren Formen gemeinsamen Lebens. Für Christen ist es dabei wichtig, daß sie ihren Glauben ebenso selbstverständlich vertreten wie es die anderen mit ihren Überzeugungen tun, ohne aufdringlich zu sein. Wenn das Leben im Wohnblock oder in der Straße Netzcharakter bekommen soll, dann bringt jeder etwas ein. Ein aktiver Christ ist vielleicht Spezialist in Fragen der Bibelauslegung oder des Gebets, aber unter Umständen ein ganz »blutiger Laie« in Fragen des biologischen Gartenbaus oder der Abrüstung. Wenn es nun um Fragen des Friedens geht, können beide etwas Wesentliches beitragen: der langjährige Mitstreiter in der Friedensbewegung etwa zu den Sachfragen von Rüstung und Abrüstung, der aktive Christ, der erst beginnt, sich mit den politischen Fragen dieses Themas zu beschäftigen, z.B. mit seiner persönlichen Erfahrung von Vergebung im Miteinander der Menschen. Der neue Trend nach Häuslichkeit, nach heimatlichem Lebensraum, kommt dem biblischen Denken z.B. sehr entgegen, denn das Haus ist sowohl im Alten wie im Neuen Testament ungleich stärker als heute eine Zelle des konkreten Lebens gewesen. Vielleicht können uns säkular denkende Menschen helfen, diesen Lebensraum geistlich zurückzugewinnen, vielleicht beteiligen sie sich sogar daran, weil sie – aus anderen Erfahrungen gewonnen – ganz ähnliche Sehnsüchte nach einem überschaubaren Lebensraum haben wie wir.

Die »Vernetzung« am Wohnort kann weiter gehen, vielleicht in der Konzeption der »Kleinen Netze«, die ich schon vorgestellt habe. Oder es gibt entsprechende Beziehungen durch eine Bürgerinitiative, die wir mit unseren Nachbarn gemeinsam gründen, vielleicht wegen einer überflüssigen Straße, die man bauen will, oder wegen eines fehlenden Kindergartens, oder wegen Atommülltransporten, die an unserem Haus vorbeigehen, oder wegen auffälliger Verwahrlosungserscheinungen von Jugendlichen in unserer Wohngegend. Man kann gegenseitig Kinder hüten, oder die angrenzenden Gärten zusammenlegen, oder . . . Hier sind unendlich viele Begegnungsmöglichkeiten zu entdekken, bei denen wir uns gegenseitig helfen können, zu einem anderen, schöpfungsgemäßeren Lebensstil zu finden.

In Zukunft werden Selbstversorgergruppen, die aufs Land ziehen und ihre Nahrung selbst anbauen, damit sie nur noch so weit abhängig arbeiten müssen, wie es von ihrem Geldbedarf her nötig ist, zunehmen. Gerade langfristig Arbeitslose oder junge Leute, die Berufe gelernt haben, bei denen es keine Arbeitsstellen gibt, können hier ganz neue Lebensmöglichkeiten finden. Christliche Gruppen sind es gewohnt, diakonisch zu denken, also etwa für Arbeitslose Initiativen zu entwickeln. Wir sollten lernen, daraus gemeinsame Möglichkeiten für die Zukunft zu gestalten – vielleicht schafft eine Arbeitsloseninitiative auch für mich eine neue Arbeitsmöglichkeit, die menschenwürdiger und umweltschonender ist als meine jetzige Arbeit. Christen sollten im Experiment neuer Lebensformen an der Spitze stehen und nicht am Ende – nicht in erster Linie, weil sie anderen Menschen bei ihren Problemen helfen wollen, sondern weil der Geist Gottes zu jeder Zeit mit lebensmutigen und experimentierfreudigen Menschen zusammen neue Lebensmöglichkeiten entwickelt hat, die eines Tages der ganzen Gesellschaft zugutegekommen sind.

Das alternative »Netz« zeigt ein sehr buntes und für bürgerlich geprägte Christen fremdes Bild. Ungewohntes steht neben religiösen und pseudoreligiösen Strömungen, die sich mit dem christlichen Glauben nicht verbinden lassen. Christen mit einem stabilen Glauben, die dabei aber nicht kommunikationsunfähig geworden sind, sollten sich mitten in dieses alternative »Netz« begeben, damit der Heilige Geist an den Stellen, an denen sich langsam ein neuer, bei allen Eigenarten trotzdem zukunftsträchtiger, Lebensstil entwickelt, nicht ausgeschlossen ist. Christen, die selbst »auf dem Wege« sind, einen schöpfungsgemäßen Lebensstil zu finden, können viel lernen von Menschen, die ähnliche Ziele haben, auch wenn sie auf einem anderen weltanschaulichen Boden stehen. Und die Menschen, die mit großem persönlichen Risiko nach einem Lebensstil suchen, der die Gesellschaft aus der Jahrtausendkrise führt, sind im allgemeinen sehr offen für den christlichen Glauben, wenn er sich nicht mit der schöpfungswidrigen historischen Entwicklung vieler christlicher Strömungen verbindet, sondern in überzeugender Weise durch die Suche nach einem schöpfungsgemäßen Leben den lebendigen Schöpfer-Gott offenbart.

Der siebente Pfad: Gemeinde als Lebensraum entdecken

Gemeinde ist Gemeinschaft – diese biblische Erkenntnis muß in den Ortsgemeinden aller Konfessionen ganz neu bewußt gemacht und eingeübt werden. Wenn christliche Gemeinden zum konkreten Lebensraum werden, dann kann ihre Bedeutung für die Menschen in der Jahrtausendkrise kaum überschätzt werden. Dann brauchen sich christliche Gemeinden auch keine Sorgen über ihre missionarische Kraft zu machen, denn dann paßt das Angebot christlicher Gemeinschaft zur Nachfrage nach überzeugenden Formen gemeinsamen Lebens zusammen wie der Schlüssel zum Schloß.

Die eine Kette von Schritten bezieht sich auf die sich am Sonntag versammelnde Gottesdienstgemeinde, also die volkskirchliche »Kerngemeinde« oder die freikirchliche »Versammlungsgemeinde«. Welche Möglichkeiten zu mehr Gemeinschaft gibt es da?

Ab und zu kann ein Sonntagsgottesdienst mit einem gemeinsamen Mittagessen abgeschlossen werden – die Zeit vor und nach dem Essen kann zu einem lockeren Zusammensein der verschiedenen Generationen genützt werden, zu Sport und Spiel,

Gespräch, neuen Kontakten, vielleicht zum Abschluß am frühen Nachmittag auch noch mit einer kurzen thematischen Vertiefung.

Es gibt heute viele Anlässe, die ins gesellschaftliche Umfeld hineinreichen, wie der »Tag für Afrika«, der »Tag der Umwelt«, der »Weltgebetstag der Frauen« oder andere Akzente. Hier können auch volkskirchliche städtische Gemeinden Ansätze für einen Gemeinschaftstag der Gemeinde finden. Dorfgemeinden haben es sehr schwer, die festgelegten Lebensformen zu verändern, dafür verfügen sie über aktivierbare Gemeinschaftsstrukturen. Hier gibt es auch Anlässe für die ökumenische Zusammenarbeit am Ort, gerade auch von Volks- und Freikirchen.

Ein weites Feld sind Gemeindeausflüge, Gemeindefreizeiten, Klausuren für Gemeindevorstände und Kirchengemeinderäte, Gemeindeseminare, auch auf ökumenischer Basis, und vieles mehr.

Gemeinden können eine Teestube einrichten oder einen Dritte-Welt-Laden beginnen, bestimmte gesellschaftsdiakonische Aufgaben übernehmen. Auch hier entstehen, zumindest für einen Teil der Gemeinde, intensivere Gemeinschaftsstrukturen.

Schwieriger ist es, die Gemeinde im traditionellen Sonntagsgottesdienst zu konkreter Gemeinschaft werden zu lassen. Aber mit Mut und Phantasie lassen sich auch hier viele Möglichkeiten realisieren.

Gute Schritte sind Kleingruppen, die für eine kurze Zeit während des Gottesdienstes persönliches Gespräch möglich machen, als »Bienenkörbe«, die ein kurzes Predigtnachgespräch vollziehen, oder als Gesprächsgruppen vor der Predigt, die zu einem bestimmten Text Fragen formulieren oder Beispiele aus dem Alltag bekannt werden lassen. Eine schöne Möglichkeit sind Gebets-Bienenkörbe, in denen statt oder zusätzlich zum öffentlichen (oder liturgischen) Gebet viele Gottesdienstteilnehmer persönlich beten können.

Bewährt hat sich – wo man den Mut dazu gefunden hat – eine Viertelstunde der Kommunikation. Hier können Zeugnisse gegeben werden, andere nennen ein persönliches Anliegen, Krankheiten, Prüfungen oder bestimmte Aktionen in der Gemeinde. Man betet für diese Anliegen, hier gibt es auch die Möglichkeit der Segnung.

Besonders freikirchlich geprägte Gemeinden kennen viele Alters- und Interessengruppen, die durchaus Gemeinschaftserlebnisse bieten können, aber eben in der Einseitigkeit bestimmter Generationen und Interessen. Bei Gemeindewochen, die wir von der Ruferarbeit aus anbieten, wird versucht, ein neues, ganzheitliches Gemeinschaftsbewußtsein in der Gemeinde zu wecken und zu fördern. Die Gemeinde wird für einige Tage lang eingeladen, gleich nach dem Ende des Berufsalltags zusammenzukommen. Ab dem Spätnachmittag kann man zusammensein, Gespräche beim Tee führen, die Kinder spielen in einer Ecke, man kann Zeitung lesen und über Zeitungsnachrichten beten, zu einer bestimmten Zeit werden »Gespräche über den Alltag« angeboten, in denen man einander Einblick in seine Alltagssituation gibt (oft entwickeln sich daraus Fürbitten), es gibt ein gemeinsames Abendessen, oft einen gemeinsamen Abschluß mit den Kindern, die dann nach Hause gehen – und am Abend ein Thema, das reflektiert, was auf der Gemeinschaftsebene der Gemeinde geschieht oder fehlt und vielleicht geschehen könnte ...

Alle diese Ansätze befinden sich sehr am Anfang, sind eher eine Anregung zu eigener Kreativität und zur Offenheit, Impulse des Heiligen Geistes auf diesem Weg aufzunehmen, als ein nachvollziehbares Programm. Was wir in der Jahrtausendkrise in Europa brauchen, sind europäische Formen, die das Anliegen der lateinamerikanischen Basisgemeindebewegung aufnehmen. Andere Strömungen, wie die charismatische Erneuerungsbewegung, wie die kirchliche Friedensarbeit, wie die Gemeindewachstumsbewegung, könnten hier zusätzliche Akzente setzen.

Alle diese neuen Wege machen aber die Hausgemeinde nicht überflüssig, denn neben der Großgruppe Gesamtgemeinde brauchen wir die alltagsnahen Strukturen, Gemeinde aus der Nähe, der Nachbarschaft, des persönlichen Lebensraumes, der »Alltags-Spiritualität«, die in der Gesamtgemeinde nur annäherungsweise, mehr oder weniger »simuliert«, angeboten werden können. Ich habe Lebensformen von Hausgemeinden, wie sie heute aussehen könnten, bereits beschrieben – hier soll es um Ansätze gehen.

Viele Gemeinden kennen Hauskreise, in denen in regelmäßigen Abständen Bibelgespräche und Gebetsgemeinschaften stattfinden. Solche Hauskreise könnten sich stärker dem ganzheitlichen Leben öffnen, indem sie sich schon am Spätnachmittag treffen, Kindern und Senioren die Teilnahme ermöglichen, gemeinsame Freizeitbeschäftigung, Hausaufgabenhilfe, informelle Gespräche, gemeinsames Essen und Feiern mit einbeziehen.

Gemeinden können bewußt machen, wer in der Nähe von wem wohnt, um zu ermuntern, daß die Gemeindemitglieder die »Nähe-Struktur« als Hilfe zur Gemeinschaft entdecken und entwickeln. So könnten sich neue Hausgemeinden bilden.

Es gibt Gemeinden, die statt einer wöchentlichen Bibelstunde nur noch ein Treffen dieser Art im Monat haben, während es in den übrigen Wochen das Angebot von Hauskreisen und Hausgemeinden gibt – oder abwechselnd, in einer Woche Hauskreise, in der nächsten die Gesamtzusammenkunft in der Gemeinde.

Ein großes Problem dieser »Vernetzung« von Kontakten der Christen auf der Nachbarschaftsebene ist die Trennung der Christenheit in die verschiedenen Konfessionen. Hier gibt es den sicher noch recht utopisch anmutenden Versuch, in den Wohnbereichen ökumenische Hausgemeinden zu bilden, zu denen alle praktizierenden Christen in einer Straße oder einem größeren Wohnblock eingeladen sind, während sich die Teilnehmer dieser ökumenischen Hausgemeinden sonst in der gewohnten Weise an ihrem konfessionellen Gemeindeleben beteiligen.

Wenn das Leben in den christlichen Gemeinden überzeugend ist, wird es auch von mehr Menschen als Angebot verstanden werden können, zum Glauben zu finden, um zum Leben zu finden. Die missionarischen Möglichkeiten der Christen werden damit wachsen – und auch die Offenheit der Gesellschaft, neu auf die christliche Verkündigung zu hören, auch da, wo sie das aktuelle Leben der Gesellschaft und ihre ethische Basis in Frage stellt. Dies scheint mir das Geheimnis der Basisgemeinden zu sein, daß sie sich neu der Welt zuwenden, bis zur Konsequenz der lebensmäßigen Solidarität mit den Armen und Leidenden, ohne die Schärfe und Eindeutigkeit des Evangeliums zu verlieren. Im Gegenteil: Das konkrete Leben der Gemeinden ergibt eine Basis, auf der die Verkündigung wieder viel klarer und verständlicher und wirkungsvoller geschehen kann.

Die Gemeinde als Lebensraum zu entdecken und zu entwikkeln wird mir als einzelnem helfen, besser mit meinem Leben und den sich zuspitzenden Problemen der Jahrtausendkrise fertigzuwerden, und wird der Gesellschaft helfen, die christliche Gemeinde als Angebot des begonnenen Reiches Gottes zu akzeptieren und in Anspruch zu nehmen. Dies fordert aber von den bestehenden Gemeinden aller Konfessionen, daß sie ihre Angst vor geistlicher Erneuerung und strukturellen Reformen über Bord werfen, daß sie sich neu dem existentiell fordernden Wirken des Heiligen Geistes aussetzen, daß sie lieber Irrwege und »Verlorene-Sohn-Situationen« in Kauf nehmen als das ungefährliche, im Grunde aber »Lebens-gefährliche« Beharren auf den traditionellen Positionen und das »Sich-zurückziehen« auf die gewohnten Lebens- und Glaubensformen.

Wird die Bewegung in der Christenheit ausreichen, um zu einem wirklichen alternativen Lebensstil zu finden, der sich vom persönlichen Glauben nicht entfernt, sondern gerade wieder in viel intensiverer Weise zum »Vaterhaus« zurückfindet, zum Glauben an den Erlöser Jesus Christus wie zur befreienden Partnerschaft mit dem Heiligen Geist? Sicher steht die Christenheit an einem kirchengeschichtlichen Wendepunkt. Gehen wir doch voller Mut nach vorn, denn wir haben gerade in dieser Situation die Verheißung, daß der »Paraklet«, der Beistand, der Heilige Geist mit uns geht! Mitgehen kann er aber nur, wenn wir gehen.

Schritte zur Hoffnung

Die Erde ist in einem schlechten Zustand, sie und das Leben sind lebensgefährlich bedroht. Unrealistische Hoffnungen zerbrechen schnell. Deshalb brauchen wir immer wieder das Bewußtsein für die Hoffnung, die Gott uns gibt.

Solange Gott die Erde und den Kosmos bestehen läßt, fordert er uns auf, uns dem Leben, seiner Erhaltung und seiner Gestaltung, zu stellen. Und er gibt uns dazu die Verheißung, daß er uns auf diesem Weg begleiten will. Schöpfungsgemäßes Leben zu wagen ist daher ein Weg, der nicht ohne göttliche Verheißung bleibt.

Hoffnung entsteht, wo wir den Weg Jesu gehen, der »ganz unten« gelebt hat und von dort aus zum Erlöser geworden ist. Dies kann bedeuten, daß wir »die Wunden Christi an uns tragen«. Denn die Welt, wie sie ist, kann nicht durch »Überfliegertypen« und »blinde Aktivisten« verändert werden, sondern nur durch geduldige Schritte, die das Leiden nicht umgehen.

Der Geist Gottes ist ein Künstler, aus Zerbruch Neues zu gestalten. Zeiten der Krise als Neubeginn zu nutzen ist eine seiner Fähigkeiten. Deshalb berechtigt schon die Krise an sich zu neuer

Hoffnung, allerdings nur dann, wenn wir alle unsere Kräfte mit den erneuernden Kräften des Heiligen Geistes zusammenwerfen.

Die Basis der Hoffnung entsteht aus dem Gegenüber mit Gott, der um die Existenz seiner Schöpfung ringt und barmherzig genug ist, um jeder Generation neu trotz aller menschlichen Zerstörungen und trotz aller Sünde den Lebenraum schaffen zu helfen. Der persönliche Umgang mit ihm, in Gebet, Stille und Meditation, dem Bibellesen wie der stärkenden und heilenden christlichen Gemeinschaft hat dabei die Verheißung des Lebens, des Lebens vor dem Tod in der Realität einer bedrohten Welt wie des Lebens über den Tod hinaus. Dann kann immer wieder Wirklichkeit werden, was der Prophet Jeremia sagt: »Denn mein Plan steht fest: Ich will euer Glück und nicht euer Unglück, spricht der Herr. Denn ich will euch eine Zukunft und eine Hoffnung geben« (Jer 29,11).

FÜNFTER TEIL

ANHANG

Den Anhang habe ich für diejenigen Leser zusammengestellt, die gern an bestimmten Stellen weiterarbeiten möchten. Ein Gesamtüberblick würde allerdings bei dem weitgesteckten Thema viel zu weit führen. Ich gebe stattdessen lieber einen Einblick in meine persönliche Werkstatt bei der Arbeit an diesem Buch.

Wer eine Gruppe sucht, die sich in bestimmten Bereichen unseres Themas engagiert, kann Adressen in einigen Büchern, wie z.B. dem »Öko-Almanach« finden. Solche Fundstellen habe ich im »Verzeichnis der weiterführenden Literatur« angegeben. Wer Kontakte zu einer Bewegung sucht, die den ganzen Bereich des schöpfungsgemäßen Lebens zu integrieren versucht und sich mit der gesamten Bandbreite der in diesem Buch erörterten Fragen beschäftigt, dem empfehle ich die »Aktion HOFFNUNG GEWINNEN«, die mit der Ruferbewegung in Verbindung steht und in der ich selbst mitarbeite. Ein Auszug aus dem Grundlagenpapier der »Aktion HOFFNUNG GEWINNEN« *bildet den ersten Teil des Anhangs.*

Im zweiten Teil stelle ich weiterführende Literatur *zusammen, denn das gesamte Literaturverzeichnis ist für den Leser, der an einzelnen Themen weiterarbeiten möchte, zu umfangreich und unübersichtlich.*

Der dritte Teil bringt die Anmerkungen, *die im wesentlichen die Zitate belegen und in einzelnen Fällen auch kurze weiterführende Hinweise enthalten.*

Schließlich wird im vierten Teil des Anhangs ein Verzeichnis der gesamten verarbeiteten Literatur *geboten.*

Anhang 1

Auszug aus dem Grundlagenpapier der »Aktion Hoffnung gewinnen«

Wir leben in einer Zeit, in der die Hoffnungslosigkeit überhandnimmt. Denn wenn die Entwicklung zur Vergiftung der Umwelt, zu Hunger, Krieg und Ungerechtigkeit nicht aufgehalten wird, droht der Menschheit eine Katastrophe, die mit der Zerstörung des Lebens enden wird. Als Christen sind wir aufgerufen zu einer »lebendigen Hoffnung«. Von Hoffnung reden wir aber oft nur in unserem kirchlichen Getto – und in unserer Gesellschaft teilen wir mit den anderen unsere Hoffnungslosigkeit. Um aus diesem Zwiespalt herauszukommen, wollen wir lernen, konkrete Schritte der Hoffnung zu gehen . . .

Wir wollen Hoffnung gewinnen

für die Versöhnung des Menschen mit der Natur, obwohl ihre Ausbeutung und Zerstörung ein Ausmaß erreicht hat, das alles Leben aufs äußerste gefährdet,

für die Gesundung der alltäglichen Lebensbedingungen, obwohl die Entwicklung unserer Zivilisation den Menschen psychisch und physisch überfordert,

für eine lebensfördernde Wirtschaftsordnung, obwohl das quantitative Wirtschaftswachstum unsere Lebensbedingungen zunehmend zerstört,

für Gerechtigkeit zwischen den reichen und armen Ländern, obwohl unser Lebensstandard und unsere Wirtschaftskraft auf Kosten der armen Länder entstanden ist,

für den Frieden zwischen den Völkern, obwohl das Niveau der Rüstung in West und Ost den Krieg wahrscheinlicher macht, das Leben der Menschheit bedroht und soviel Kapazität bindet, daß die notwendige Hilfe für die hungernden Menschen und die bedrohte Natur unterbleibt,

für die Versöhnung des Menschen mit Gott, obwohl durch die Zerrissenheit der Christen, ihre Weltflucht und die mangelnde Eindeutigkeit ihres konkret gelebten Glaubens das Bild Gottes verdunkelt wird.

Es folgt eine Zusammenstellung von möglichen konkreten Schritten, die dem Leser dieses Buches weitgehend bekannt sind.)

Die »Aktion HOFFNUNG GEWINNEN« möchte die persönlichen Schritte des einzelnen unterstützen. Für alle, welche die folgende Selbstverpflichtung unterschreiben, bietet sie die Möglichkeit der Begegnung, der Information und der Zusammenarbeit am Ort an, z.B. durch

- einen Info-Dienst, der Hintergrundinformationen bietet, praktische Schritte zeigt und den Erfahrungsaustausch möglich macht,
- eine Adreßliste aller Teilnehmer der Aktion,
- die Förderung regionaler Kontakte und Gruppen,
- eine jährliche offene Arbeitstagung für Mitarbeiter,
- regionale Aktionstage für einen breiteren Freundeskreis.

Die »Aktion HOFFNUNG GEWINNEN« ist ein Arbeitskreis der Ruferarbeit, der sich an jeden wendet, der seine Ziele unterstützt, gleichgültig welcher Konfession, politischen Überzeugung oder Alters. Die Aktion erhebt keine festen Teilnehmergebühren, bittet aber um finanzielle Mithilfe zur Deckung der eigenen Kosten.

Selbstverpflichtung
Im Sinn des Grundlagenpapiers der »Aktion HOFFNUNG GEWINNEN« will ich das mir Mögliche tun, um durch Begegnung mit Gott, durch Arbeit an meiner eigenen Person, im Austausch mit Freunden und durch Überzeugungsarbeit in der Öffentlichkeit Schritte auf dem Weg zu schöpfungsgemäßem und zukunftsfördernden Leben zu gehen.
(Name, Anschrift, Telefon, Datum und Unterschrift)

AKTION HOFFNUNG GEWINNEN, Rufer e.V.
Stauffenburg, 3370 Seesen 16

Weitere Adressen:

Initiative Schalom
Constantinstraße 43, 3000 Hannover 1

Ökumenische Initiative Eine Welt
Mittelstraße 4, 3549 Wethen

Anhang 2

Weiterführende Literatur

Ich habe solche Bücher angeführt, deren Lektüre in ein spezielles Fachgebiet einführt oder für die Meinungsbildung eine große Bedeutung hat. Es sind hier nur die Titel angegeben, die bibliographischen Angaben finden sich im Literaturverzeichnis.

2 Jahrtausendkrise und Jahrtausendchance

Eine aktuelle Übersicht der »Daten, Fakten, Trends der Umweltdiskussion« findet sich im alle 2 Jahre erscheinenden *Fischer-Öko-Almanach,* herausgegeben von Gerd Michelsen – hier auch Adressen alternativer Gruppen. Grundsätzlich bedeutsam sind *G. Liedke, Im Bauch des Fisches,* mit theologischer Diskussion, *E. Eppler, Wege aus der Gefahr,* vor allem mit politischer Reflektion und *F. Vester, Neuland des Denkens,* der die naturwissenschaftlichen Fragestellungen ausbreitet, vor allem der Kybernetik.

5 Aus der Vergangenheit für die Zukunft lernen

Die Verantwortung des Christentums für die Umweltkrise verarbeitet *U. Krolzik, Umweltkrise – Folge des Christentums.* Das aktuelle Zahlenmaterial bringt am ausführlichsten und zuverlässigsten *Global 2000.*

6 Ökologie – die Haushaltslehre der Natur

Als Einführung in die Ökologie empfehle ich *K. H. Kreeb, Ökologie und menschliche Umwelt* und *F. Kurt, Das Management von Mutter Natur.*

7 Die Zukunft der Welt und das Kommen Christi

Standardlektüre ist auch heute noch *J. Moltmann, Theologie der Hoffnung.* Eine evangelikale Gegenposition vermittelt *G. Maier (Hg.), Zukunftserwartung in biblischer Sicht.*

8 Waldsterben – Menetekel der Jahrtausendkrise

Trotz der rasch wechselnden Erkenntnisse empfehle ich als Basisinformation *P. Schütt u.a., So stirbt der Wald* und *G. Meister u.a., Die Lage des Waldes.* Aktuelle Informationen finden sich u.a. in der Zeitschrift *Natur.*

9 Das schleichende Gift

In Lexikonform, nicht nur für Jugendliche *B. Marquardt u.a., Jugendlexikon Umwelt,* und – als beste Gesamtübersicht und nicht nur für die Schweiz gültig *R. Biedermann u.a., Biozid-Report Schweiz.* Zum Einzelthema Wasser *H. Bossel u.a., Wasser,* zum Bereich Boden *J. Bölsche (Hg.), Was die Erde befällt . . .*

10 Eine künstliche Welt

Es gibt inzwischen eine schon unübersichtliche Fülle von Ratgebern zum umweltschonenden Verhalten. Eine Auswahl:
Einführung: *R. Grießhammer, Der Öko-Knigge*
Garten: *E. Schramm, Pflanzenschutz im Ökogarten* und *B. Mollison u.a., Permakultur,* sowie *U. Schwarz, Der Naturgarten*
Nahrung: *Katalyse-Umweltgruppe Köln, Chemie in Lebensmitteln,* und vom gleichen Autor, *Was wir alles schlucken,* sowie *G. Billen u.a., Alternative Ernährung*
Haus und Wohnen: *W.-D. Rose, Wohngifte* (über Baumaterialien), umfassend *E. R. Koch, Umweltschutz zu Hause* und *R. Grießhammer, Chemie im Haushalt,* sowie auch bis in Richtung Technik *K. Renken (Hg.), Umweltfreundliche Produkte*
Verkehr: *F. Vahrenholt (Hg.), Tempo 100*
Energie: *H. Rohde, Das Energie-Sparbuch,* mit Adressen
Zum Thema Kernenergie werden, bedingt durch Tschernobyl, sicher neue aktuelle Bücher erscheinen.

11 Auf der Suche nach Gerechtigkeit und Frieden

Zum Thema Wirtschaft empfehle ich den Klassiker *E. F. Schumacher, Die Rückkehr zum menschlichen Maß* und *F. Hirsch, Die sozialen Grenzen des Wachstums.* Zum Thema Dritte Welt *R. Sider, Der Weg durchs Nadelöhr* (Reiche Christen und Welthunger), *R. H. Strahm, Warum sie so arm sind* (Arbeitsbuch zur Entwicklung der Unterentwicklung) und *M. Kidron u.a., Die Armen und die Reichen* (ein entwicklungspolitischer Atlas). Zum Thema Frieden als Standardwerk *C. F. von Weizsäcker, Wege in die Gefahr,* als Darstellung der Friedensbewegung *H. A. Pestalozzi (Hg.), Frieden in Deutschland* und als Beschreibung eines Atomkrieges *A.-A. Guha, Ende.*

12 Werkstatt Zukunft

Bücher, die bemerkenswerte positive Anstöße liefern, liste ich hier einfach auf. Titel oder Untertitel erklären ausreichend, worüber es jeweils geht: *R. Jungk, Der Jahrtausendmensch.* Bericht aus den Werkstätten der neuen Gesellschaft; *R. Jungk, Menschenbeben.* Der Aufstand gegen das Unerträgliche; *H. C. Binswanger u.a., Wege aus der Wohlstandsfalle.* Strategien gegen Arbeitslosigkeit und Umweltzerstörung; *R. Brun, Die tägliche Revolution.* Möglichkeiten des alternativen Lebens in unserem Alltag; *H. von Gizycki u.a., Oasen der Freiheit.* Berichte, Erfahrungen, Modelle; *M. und R. Gronemeyer, Frieden vor Ort; W. Schmidbauer, Weniger ist manchmal mehr.* Zur Psychologie des Konsumverzichts; *J. Wallis, Bekehrung zum Leben.* Nachfolge im Atomzeitalter; *R. Foster, Leben mit leichtem Gepäck.* Grundlagen und Praxis des einfachen Lebens und *J. Moltmann, Neuer Lebensstil.* Schritte zur Gemeinde.

13 Ich will euch Zukunft und Hoffnung geben

Zum Grundsätzlichen empfehle ich *C. Westermann, Schöpfung* und *J. Moltmann, Gott in der Schöpfung,* zu den Jesusworten *K. Herbst, Was wollte Jesus selbst* und *G. Theißen, Soziologie der Jesusbewegung,* zum Thema Charismen *S. Großmann, Haushalter der Gnade Gottes,* zur Hausgemeinde *H.-J. Klauck, Hausgemeinde und Hauskirche im frühen Christentum* und zum Thema Basisgemeinde *G. Hasenhüttl, Freiheit in Fesseln* und *L. Boff, Kirche: Charisma und Macht.*

Anhang 3

Anmerkungen

Die bibliographischen Daten der hier erwähnten Titel finden sich im Literaturverzeichnis.

1 Die Amish-Leute, aus der Bewegung der Hutterer und Mennoniten stammende radikale Christen, leben heute noch (vor allem in Kanada und USA) nach den Lebensumständen des 17. Jahrhunderts in Gütergemeinschaft
2 z.B. Hoimar von Ditfurth: So laßt uns denn ein Apfelbäumchen pflanzen
3 Robert Jungk: Gegen die Mode der Verzweiflung, »Natur« 1/86
4 Wolfgang Lienemann, Ilse Tödt (Hg.): Fortschrittsglaube und Wirklichkeit, S. 177
5 Dennis Meadows: Die Grenzen des Wachstums, S. 11
6 Jürgen Moltmann: Gott in der Schöpfung, S. 11
7 in der Fassung von Wolfgang Dietrich
8 Claus Westermann: Schöpfung, S. 76f
9 Pierre Bertaux: Mutation der Menschheit, S. 61
10 Udo Krolzik: Umweltkrise – Folge des Christentums? S. 84
11 Alvin Toffler: Der Zukunftsschock, S. 47
12 Robert Jungk: Die Zukunft hat schon begonnen
13 vgl. Robert Jungk: Heller als tausend Sonnen
14 Olaf Helmer: 50 Jahre Zukunft
15 Dennis Meadows: Die Grenzen des Wachstums
16 Herman Kahn: Vor uns die guten Jahre
17 Global 2000. Der Bericht an den Präsidenten
18 Global 2000, S. 93
19 Pierre Bertaux: Mutation der Menschheit, S. 73
20 Hoimar von Ditfurth: So laßt uns denn ein Apfelbäumchen pflanzen
21 Frederic Vester: Das Überlebensprogramm, S. 182f
22 Herbert Gruhl: Glücklich werden die sein . . ., S. 179
23 Karl Heinz Kreeb: Ökologie und menschliche Umwelt, S. 71
24 Kreeb, S. 74f
25 Fred Kurt: Das Management von Mutter Natur, S. 71
26 Karl Heinz Kreeb: Ökologie und menschliche Umwelt, S. 91ff
27 Kreeb, S. 101
28 Paul Schütz: Parusie – Hoffnung und Prophetie, 1960, S. 78
29 Martin Schloemann: Wachstumstod und Eschatologie, S. 52
30 Lothar Coenen u.a.: Theologisches Begriffslexikon zum Neuen Testament, S. 473
31 Coenen, S. 475
32 Pierre Teilhard de Chardin: Die Zukunft des Menschen, S. 353
33 Jürgen Moltmann: Theologie der Hoffnung, S. 12
34 Jürgen Moltmann: Kirche in der Kraft des Geistes, S. 214f
35 Moltmann, S. 215
36 Der Bundesminister für Ernährung, Landwirtschaft und Forsten: Waldschadensbericht 1984

[37] Roger Biedermann u.a.: Biozid-Report Schweiz, S. 102
[38] Günther Reichelt, Roland Kollert: Waldschäden durch Radioaktivität? Karlsruhe 1985
[39] Den Qualm in die Wälder leiten? SPIEGEL 50/85
[40] Global 2000, S. 61f
[41] BRAUNSCHWEIGER ZEITUNG vom 22. 4. 1985
[42] Georg Meister u.a.: Die Lage des Waldes, S. 187
[43] »Wenn der Wald stirbt, stirbt der Mensch«, DER SPIEGEL 2/84 und »Krebs: Ein Leichenberg, weil nichts geschieht?« DER SPIEGEL 35/84
[44] DER SPIEGEL 27/84, S. 250
[45] Biedermann: Biozid-Report Schweiz, S. 234
[46] Umweltbundesamt (Hg.): Daten zur Umwelt 1984, S. 161
[47] Umweltbundesamt, S. 167
[48] Fritz Vahrenholt (Hg.): Tempo 100, S. 47
[49] Vahrenholt, S. 43
[50] Biedermann: Biozid-Report Schweiz, S. 102
[51] DER SPIEGEL 27/84, S. 12
[52] Biedermann: Biozid-Report Schweiz, S. 125
[53] Global 2000, S. 381ff
[54] Biedermann: Biozid-Report Schweiz, S. 138
[55] Brunhilde Marquardt u.a.: Jugendlexikon Umwelt, S. 311ff
[56] Gerd Michelsen: Der Fischer Öko-Almanach 84/85, S. 222ff
[57] Jochen Bölsche (Hg.): Was die Erde befällt, Klappentext
[58] Wulf-Dietrich Rose: Wohngifte, S. 43f
[59] Biedermann: Biozid-Report Schweiz, S. 257ff
[60] SÜDDEUTSCHE ZEITUNG vom 24. 10. 1984
[61] Biedermann: Biozid-Report Schweiz, S. 245
[62] Katalyse Umweltgruppe (Hg.): Was wir alles schlucken
[63] Katalyse Umweltgruppe: Was wir alles schlucken, S. 12ff
[64] Ökumenische Initiative Eine Welt: Info 3
[65] Marshall McLuhan: Die magischen Kanäle, S. 13
[66] Umweltbundesamt: Daten zur Umwelt 1984, S. 251
[67] Wulf-Dietrich Rose: Wohngifte
[68] Frederic Vester: Neuland des Denkens, S. 119
[69] Vester, S. 329
[70] PUNKT 1/86, S. 13
[71] EPD-DOKUMENTATION 30/85, S. 1ff
[72] EPD-DOKUMENTATION 30/85, S. 41f
[73] Frederic Vester: Neuland des Denkens, S. 329
[74] Enquete-Kommission des Deutschen Bundestages: Zukünftige Kernenergie-Politik, S. 76
[75] DER SPIEGEL 51/80, S. 171
[76] SÜDDEUTSCHE ZEITUNG vom 23. 7. 84
[77] FRANKFURTER RUNDSCHAU vom 5. 12. 85
[78] Global 2000, S. 652f
[79] E. F. Schumacher: Die Rückkehr zum menschlichen Maß, S. 132
[80] Das neue Fischer-Lexikon in Farbe, 1981, S. 6534
[81] Bruno S. Frey: Umweltökonomie, S. 15
[82] DER SPIEGEL 16/78, S. 113

[83] E. F. Schumacher: Die Rückkehr zum menschlichen Maß, S. 33
[84] Diese und die folgenden Zahlen nach Rudolf H. Strahm: Warum sie so arm sind
[85] z.B. DER SPIEGEL 36/85, S. 47 und 12/85, S. 117
[86] DIE GEMEINDE 4/81, S. 4
[87] Günther Anders: Thesen zum Atomzeitalter, in »Barbara Eiteneier u.a. (Hg.): Frieden«
[88] Jonathan Schell: Das Schicksal der Erde, S. 7
[89] DIE ZEIT vom 11. 1. 85
[90] Carl Friedrich von Weizsäcker: Wege in der Gefahr, S. 110
[91] Anton-Andreas Guha: Ende / Gudrun Pausewang: Die letzten Kinder von Schewenborn / Jonathan Schell: Das Schicksal der Erde / Whitley Strieber und James Kunetka: War Day
[92] Anton-Andreas Guha: Ende, S. 6
[93] Hans A. Pestalozzi u.a. (Hg.): Frieden in Deutschland
[94] FRANKFURTER RUNDSCHAU vom 19. 11. 85
[95] DER SPIEGEL 45/85, S. 119f
[96] Robert Jungk: Menschenbeben, Klappentext
[97] Erhard Eppler: Wege aus der Gefahr, S. 147ff
[98] Teilhard de Chardin: Werke, Band V, S. 174ff
[99] Umweltbundesamt (Hg.): Daten zur Umwelt 1984, S. 61
[100] Magazin Brennpunkte 11: Die tägliche Revolution, S. 9
[101] Horst-Eberhard Richter: Zur Psychologie des Friedens, S. 127
[102] Horst Afheldt: Modell für eine neue Sicherheitspolitik, FRANKFURTER HEFTE 4/78
[103] Jonathan Schell: Die Abschaffung
[104] Franz Alt, DER SPIEGEL 41/84
[105] Hans A. Pestalozzi u.a. (Hg.): Frieden in Deutschland, S. 240f
[106] Pestalozzi, S. 240
[107] Vorschläge der »Gradualisten«, EPD-DOKUMENTATION 25a/85
[108] Bericht von Ulrich Duchrow (Ms.)
[109] EPD-DOKUMENATION 32/85
[110] Ökumenische Initiative Eine Welt: Info 11
[111] Ronald J. Sider: Der Weg durchs Nadelöhr, S. 162ff
[112] Quellenstraße 25, CH-8005 Zürich
[113] DIE GEMEINDE 40/81
[114] Albrecht Nagel, in: ANALYSEN UND PROGNOSEN, März 1977
[115] Joseph Huber: Die verlorene Unschuld der Ökologie, S. 163
[116] vgl. Margrit Kennedy: Öko-Stadt, Bd. 1 und 2
[117] Öko-Institut: Energieversorgung der Bundesrepublik ohne Kernenergie und Erdöl, Freiburg i.Br. 1982
[118] Erhard Eppler: Wege aus der Gefahr, S. 168f
[119] DER SPIEGEL 1/85
[120] nach Thomas Rotarius: Dauerhafte Energiequellen
[121] DER SPIEGEL 14/84
[122] Joseph Huber: Die zwei Gesichter der Arbeit
[123] Huber, S. 220f
[124] Hans Christoph Binswanger u.a.: Wege aus der Wohlstandsfalle, S. 232ff
[125] Wanda Krauth u.a.: Öko-Landbau und Welthunger, S. 99
[126] DIE ZEIT 13/80

[127] Bill Mollison und Dave Holmgren: Permakultur, S. 16ff
[128] Peter C. Dienel: Die Planungszelle, S. 52ff
[129] Dienel, S. 74 und 93
[130] Shigeto Tsuru und Helmut Weidner: Ein Modell für uns
[131] Wolfgang Schmidbauer: Weniger ist manchmal mehr, S. 137
[132] ANALYSEN UND PROGNOSEN 1/73
[133] Herbert A. Gornik (Hg.): Anders leben, S. 11ff
[134] Gornik, S. 50
[135] Gornik, S. 119f
[136] Dieter Korczak: Rückkehr in die Gemeinschaft, S. 9ff
[137] Walter Smet: Ich schaffe mir ein neues Volk, S. 155
[138] Ökumenische Initiative Eine Welt: Info 8
[139] Margrit Kennedy (Hg.): Öko-Stadt, Bd. 2, S. 65f
[140] Biedermann: Biozid-Report Schweiz, S. 39
[141] BRUDERHILFE JOURNAL 2/85
[142] Einzelheiten mit Produktangaben zu den Vorschlägen dieser Checkliste finden Sie in der im Anhang genannten »Weiterführenden Literatur«
[143] Ökumenische Initiative Eine Welt: Info 3
[144] Rainer Grießhammer: Der Öko-Knigge, S. 174
[145] Urs Schwarz: Der Naturgarten
[146] Rat der Evangelischen Kirche in Deutschland und Deutsche Bischofskonferenz: Verantwortung wahrnehmen für die Schöpfung, S. 9
[147] IDEA-DOKUMENTATION 4/80
[148] DIE GEMEINDE 3/85
[149] Rundbrief der »Ökumenischen Initiative Eine Welt«, 1984
[150] ÖKUMENISCHER INFORMATIONSDIENST 2/85
[151] Yona Friedman: Machbare Utopien, S. 38
[152] Friedman, S. 36
[153] Friedman, S. 37
[154] Friedman, S. 199f
[155] Jürgen Moltmann: Theologie der Hoffnung, S.15
[156] Claus Westermann: Schöpfung, S. 72
[157] Westermann, S. 76
[158] Dorothee Sölle, Luise Schottroff: Die Erde gehört Gott, S. 58
[159] vgl. John H. Yoder: Die Politik Jesu – der Weg des Kreuzes
[160] Pinchas Lapide: Wie liebt man seine Feinde? S. 21f
[161] Jürgen Moltmann: Kirche in der Kraft des Geistes, S. 49
[162] Ernst Käsemann: Kirchliche Konflikte, Band 1, S. 95
[163] Hans-Josef Klauck: Hausgemeinde und Hauskirche im frühen Christentum, S. 101f
[164] Walter Schmithals: Die theologische Anthropologie des Paulus, S. 142f
[165] Jörg Zink: Wie die Farben im Regenbogen, S. 80
[166] Erhard Eppler: Wege aus der Gefahr, S. 147ff

Anhang 4

Literaturverzeichnis

Albrecht, Ulrich u.a.: Mit Rüstung gegen Arbeitslosigkeit? Reinbek 1983

Alt, Franz: Frieden ist möglich. Die Politik der Bergpredigt, München 1983

Altner, Günter: Atomenergie – Herausforderung an die Kirchen. Texte, Kommentare, Analysen, Neukirchen-Vluyn 1977

Altner, Günter: Leidenschaft für das Ganze. Zwischen Weltflucht und Machbarkeitswahn, Stuttgart 1980

Altner, Günter u.a.: Manifest zur Versöhnung mit der Natur. Die Pflicht der Kirchen in der Umweltkrise, Neukirchen-Vluyn 1984

Anders, Günther: Die Antiquiertheit des Menschen, 1. Band: Über die Seele im Zeitalter der zweiten industriellen Revolution, München 1983, 6. Auflage

Anders, Günther: Die Antiquiertheit des Menschen, 2. Band: Über die Zerstörung des Lebens im Zeitalter der dritten industriellen Revolution, München 1981, 2. Auflage

Anderson, Bruce L.: Laßt uns Menschen machen. Was man über die Genforschung und Genmanipulation wissen sollte, Wiesbaden 1985

Arbeitsgruppe für angepaßte Technologie (Hg.): Technik für Menschen. Neue Perspektiven für sozial- und umweltverträgliche Technologie, Frankfurt 1982

Assisi, Franz von: Geliebte Armut. Texte vom und über den Poverello, Freiburg 1977

Baadte, Günter u.a. (Hg.): Frieden stiften. Die Christen zur Abrüstung, München 1984

Baden, Hans Jürgen: Das einfache Leben aus dem Geist des Christentums, Freiburg 1981

Balon, Karl-Heinz u.a.: Arbeitslosigkeit. Wider die Gewöhnung an das Elend, Frankfurt 1986

Bäumler, Christoph: Kommunikative Gemeindepraxis. Eine Untersuchung ihrer Bedingungen und Möglichkeiten, München 1984

Baur, Jörg: Zum Thema Menschenrechte. Theologische Versuche und Entwürfe, Stuttgart 1977

Bechmann, Arnim: Umwelt braucht Frieden. Umweltzerstörung durch Rüstung, Frankfurt 1983

Becker, Frank und Knöpfel, Eckehardt: Die Botschaft des Regenbogens. Impulse für eine ökologische Gemeindearbeit, Neukirchen-Vluyn 1985

Becker, Nikolaus u.a.: Krebsatlas der Bundesrepublik Deutschland, Berlin 1984

Becker, Wilhard und Schaffer, Ulrich: Ganz anders könnte man leben. Perspektiven der Hoffnung, Stuttgart 1984, 2. Auflage

Bell, Daniel: Die Zukunft der westlichen Welt. Kultur und Technologie im Widerstreit, Frankfurt 1976

Bertaux, Pierre: Mutation der Menschheit. Diagnosen und Prognosen, Frankfurt 1963

Biedermann, Roger u.a.: Biozid-Report Schweiz. Schadstoffe in unserer Umwelt: Situation und Lösungsansätze, Zürich 1984

Bienert, Walther: Besinnung zum Friedenstiften. Was können Christen und Kirchen Besonderes für den Frieden tun? Neuhausen 1984

Billen, Gerd und Schmitz, Otmar: Alternative Ernährung. Handbuch für eine gesunde Kost und autonome Verbraucher, Frankfurt 1982

Billen, Gerd und Schmitz, Otmar: Der alternative Verbraucher. Rund ums Waschen – Chemie im Haushalt, Frankfurt 1984

Bindemann, Walther: Die Hoffnung der Schöpfung. Röm. 8,18–27 und die Frage einer Theologie der Befreiung von Mensch und Natur, Neukirchen-Vluyn 1983

Binswanger, Hans Christoph u.a.: Wege aus der Wohlstandsfalle. Der NAWU-Report: Strategien gegen Arbeitslosigkeit und Umweltkrise, Frankfurt 1979

Blasig, Winfried: Christ im Jahr 2000, München 1984

Blich, Maurice: Die veruntreute Erde. Der Mensch zwischen Technik und Mystik, Freiburg 1977

Bloch, Ernst: Das Prinzip Hoffnung. Band 5 der Gesamtausgabe (Werkausgabe Edition Suhrkamp), Frankfurt 1977

Boeckler, Richard und Wenke, Karl Ernst (Hg.): Die Lebensstilbewegung. Eine Zwischenbilanz, Göttingen 1980 (Sonderheft Wissenschaft und Praxis in Kirche und Gesellschaft 4/80)

Bölsche, Jochen (Hg.): Die deutsche Landschaft stirbt. Zerschnitten – zersiedelt – zerstört, Reinbek 1983

Bölsche, Jochen (Hg.): Natur ohne Schutz. Neue Öko-Strategien gegen die Umweltzerstörung, Reinbek 1982

Bölsche, Jochen (Hg.): Was die Erde befällt. Nach den Wäldern sterben die Böden, Reinbek 1984

Boff, Leonardo: Kirche: Charisma und Macht. Studien zu einer streitbaren Ekklesiologie, Düsseldorf 1985

Bonhoeffer, Dietrich: Gemeinsames Leben. Mit einem Nachwort von Eberhard Bethge, München 1983, 19. Auflage

Bookchin, Murray: Die Ökologie der Freiheit. Wir brauchen keine Hierarchien, Weinheim und Basel 1985

Bossel, Hartmut: Bürgerinitiativen entwerfen die Zukunft. Neue Leitbilder – neue Werte – 30 Szenarien, Frankfurt 1978

Bossel, Hartmut u.a. (Hg.): Wasser. Wie ein Element verschmutzt und verschwendet wird, Frankfurt 1982

Brand, Karl-Werner u.a.: Aufbruch in eine andere Gesellschaft. Neue soziale Bewegungen in der Bundesrepublik, Frankfurt und New York 1984, 2. Auflage

Brandenburger, Egon: Markus 13 und die Apokalyptik, Göttingen 1984

BRENNPUNKTE 2/74: Recycling: Lösung der Umweltkrise?

BRENNPUNKTE 6/74: Leistung zwischen Streß und Spiel

BRENNPUNKTE 3/75: Medizin statt Gesundheit

BRENNPUNKTE 6/75: Was brauchen wir zum Überleben?

BRENNPUNKTE 1/76: Krise ist nicht Schicksal

BRENNPUNKTE 3/76: Multinationale im Nord-Süd-Konflikt

BRENNPUNKTE 4/76: Kernenergie – offen bilanziert

BRENNPUNKTE 5/76: Kleintechnologie kontra Wirtschaft

Brügge, Peter: Die Anthroposophen. Waldorfschulen, Biodynamischer Landbau, Ganzheitsmedizin, kosmische Heilslehre, Reinbek 1984

Brun, Jean: Auf der Suche nach dem verlorenen Paradies. Eine Anfrage an die Werte und Ziele unserer Zeit, Wuppertal 1982

Brun, Rudolf (Hg.): Erwerb und Eigenarbeit. Dualwirtschaft in der Diskussion, Frankfurt 1985

Brunowsky, Ralf-Dieter und Wicke, Lutz: Der Öko-Plan. Durch Umweltschutz zum neuen Wirtschaftswunder, München 1984, 2. Auflage
Bundesministerium des Innern: Was Sie schon immer über Umweltschutz wissen wollten, Bonn 1980
Busch, Dietrich und Großmann, Siegfried (Hg.): Die Wiederentdeckung des Menschen. Biologie, Psychologie, Pädagogik und Theologie in der Auseinandersetzung um das Menschenbild, Wuppertal 1976
Capra, Fritjof: Wendezeit. Bausteine für ein neues Weltbild, Bern 1982
Cochlovius, Joachim: Strategien für eine bessere Welt. Kritische Kurzdarstellung moderner Befreiungskonzepte, Neuhausen 1984
Coenen, Lothar u.a. (Hg.): Theologisches Begriffslexikon zum Neuen Testament, Wuppertal 1977
Commoner, Barry: Wachstumswahn und Umweltkrise, München 1973
CONCILIUM 2/84: Ethik vor dem Anspruch auf Befreiung
CONCILIUM 6/84: Volk Gottes inmitten der Armen
Copray, Norbert u.a. (Hg.): Die andere Kirche. Basisgemeinden in Europa, Wuppertal 1982
Crüsemann, Frank und Thyen, Hartwig: Als Mann und Frau geschaffen. Exegetische Studien zur Rolle der Frau, Gelnhausen 1978
Crüsemann, Frank: Bewahrung der Freiheit. Das Thema des Dekalogs in sozialgeschichtlicher Perspektive, München 1983
Dienel, Peter C.: Die Planungszelle. Der Bürger plant seine Umwelt: Eine Alternative zur Establishment-Demokratie, Opladen 1978
Ditfurth, Hoimar von: So laßt uns denn ein Apfelbäumchen pflanzen, Hamburg und Zürich 1985
Dittmann, Wilhelm u.a.: Utopien in der Bibel, Stuttgart 1982
Drewermann, Eugen: Der tödliche Fortschritt. Von der Zerstörung der Erde und des Menschen im Erbe des Christentums, Regensburg 1983, 3., erweiterte Auflage
Duhm, Dieter: Aufbruch zur neuen Kultur. Umrisse einer ökologischen und menschlichen Alternative, München 1982
Ehrlich, Paul und Anne: Der lautlose Tod. Das Aussterben der Pflanzen und Tiere, Frankfurt 1983
Eidgenössisches Departement des Innern: Waldsterben und Luftverschmutzung, Bern 1984
Eitemeier, Barbara u.a. (Hg.): Frieden. Almanach 15 für Literatur und Theologie, Wuppertal 1981
Enquete-Kommission des Deutschen Bundestags: Zukünftige Kernenergiepolitik. Kriterien – Möglichkeiten – Empfehlungen, Bonn 1980 (2 Bände)
Ensel, Franz-Josef: Richtige Angst und falsche Furcht. Psychologische Friedensvorbereitung und der Beitrag der Pädagogik, Frankfurt 1984
Eppler, Erhard: Ende oder Wende. Von der Machbarkeit des Notwendigen, Stuttgart 1975
Eppler, Erhard; Ende, Michael und Tächl, Hanne: Phantasie, Kultur, Politik. Protokoll eines Gesprächs, Stuttgart 1982
Eppler, Erhard: Wege aus der Gefahr, Reinbek 1981
Fassmann, Kurt (Hg.): Gedichte gegen den Krieg, Frankfurt 1984, 41. Auflage
Ferguson, Marilyn: Die sanfte Verschwörung. Persönliche und gesellschaftliche Transformation im Zeitalter des Wassermanns, Basel 1982

Foster, Richard: Nachfolge feiern. Geistliche Übungen neu entdeckt, Wuppertal 1986
Foster, Richard: Leben mit leichtem Gepäck, Wuppertal 1985
Frankl, Viktor E.: Der Mensch auf der Suche nach Sinn. Zur Rehumanisierung der Psychotherapie, Freiburg 1975
Frey, Bruno S.: Umweltökonomie, Göttingen 1972
Friedman, Yona: Machbare Utopien. Absage an geläufige Zukunftsmodelle, Frankfurt 1977
Friedrich, Gerhard: Utopie und Reich Gottes. Zur Motivation politischen Verhaltens, Göttingen o.J.
Frieling, Reinhard: Befreiungstheologien. Studien zur Theologie in Lateinamerika. Bensheimer Hefte 63, Göttingen 1984
Fritsche, Uwe u.a.: Rettung für den Wald. Strategien und Aktionen, Frankfurt 1984
Fromm, Erich: Anatomie der menschlichen Destruktivität, Stuttgart 1974
Fromm, Erich: Die Revolution der Hoffnung. Für eine humanisierte Technik, Reinbek 1974
Fromm, Erich: Haben oder Sein. Die seelischen Grundlagen einer neuen Gesellschaft, Stuttgart 1976
Fuchs, Wolfgang und Schwarze, Klaus von: Graffiti. Was an deutschen Wänden steht, München 1984, 5. Auflage
Fütterer, Klaus: Streit um die Arbeit. Industriegesellschaft am Scheideweg, Stuttgart 1984
Gaspari, Christof und Millendorfer, Hans: Konturen einer Wende – Strategien für die Zukunft, Graz 1978
Gehmacher, Ernst: Methoden der Prognostik. Eine Einführung in die Probleme der Zukunftsforschung und Langfristplanung, Freiburg 1971
Gérardin, Lucien: Natur als Vorbild. Die Entdeckung der Bionik, Frankfurt 1972
Gerwig, Irina und Wilhelm und Zwickel, Wolfgang (Hg.): Auf der Suche nach Shalom. Entwürfe zur baptistischen Gemeindearbeit, 1986
Gizycki, Horst von und Habicht, Hubert (Hg.): Oasen der Freiheit. Von der Schwierigkeit der Selbstbestimmung, Frankfurt 1978
Global 2000. Der Bericht an den Präsidenten, Frankfurt 1980
Gollwitzer, Helmut: Frieden 2000. Fragen nach Sicherheit und Glauben, München 1982
Gornik, Herbert A. (Hg.): Anders leben. Christliche Gruppen in Selbstdarstellungen, Gütersloh 1979
Gornik, Herbert A. (Hg.): Ich lebe anders. Persönliche Versuche eines alternativen Lebensstils, Gütersloh 1980
Gräff, Pitter und Rauch, Alexander: Unabhängig mit Sonnenenergie. Was heute schon möglich ist – eine Anleitung zur Selbsthilfe, München 1980
Grießhammer, Rainer (Hg.): Chemie im Haushalt, Reinbek 1984
Grießhammer, Rainer: Der Öko-Knigge, Reinbek 1984
Grießhammer, Rainer u.a.: Formaldehyd. Eine Nation wird geleimt, Reinbek 1984
Gronemeyer, Marianne und Reiner (Hg.): Frieden vor Ort, Frankfurt 1982
Großmann, Siegfried: Christen in der Welt von morgen, Schloß Craheim 1969
Großmann, Siegfried: Die Zukunft des Straßenverkehrs, in: Schulze, Hans: Straßen für das Jahr 2000, Neukirchen-Vluyn 1971
Großmann, Siegfried: Haushalter der Gnade Gottes. Von der charismatischen Bewegung zur charismatischen Erneuerung der Gemeinde, Wuppertal und Kassel 1977

Großmann, Siegfried: Mitteilung des Lebens. Evangelium als Nachricht in der modernen Welt, Schloß Craheim 1972
Gruhl, Herbert: Ein Planet wird geplündert. Die Schreckensbilanz unserer Politik, Frankfurt 1975
Gruhl, Herbert (Hg.): Glücklich werden die sein ... Zeugnisse ökologischer Weltsicht aus vier Jahrtausenden, Düsseldorf 1984
Guha, Anton Andreas: Ende. Tagebuch aus dem 3. Weltkrieg, Königstein/Ts. 1983
Hainz, Josef: Koinonia. »Kirche« als Gemeinschaft bei Paulus, Regensburg 1982
Haller, Michael (Hg.): Aussteigen oder rebellieren. Jugendliche gegen Staat und Gesellschaft, Reinbek 1981
Hallesby, Ole: Die Endzeit. Von der christlichen Hoffnung, Wuppertal 1983
Hanselmann, Johannes u.a. (Hg.): Was wird aus der Kirche? Ergebnisse der zweiten EKD-Umfrage über Kirchenmitgliedschaft, Gütersloh 1984
Hasenhüttl, Gotthold: Freiheit in Fesseln. Die Chance der Befreiungstheologie – ein Erfahrungsbericht, Olten 1985
Helmer, Olaf: 50 Jahre Zukunft. Bericht über eine Langfrist-Vorhersage für die Welt der nächsten fünf Jahrzehnte, Gütersloh 1967
Hengel, Martin: Eigentum und Reichtum in der frühen Kirche. Aspekte einer frühchristlichen Sozialgeschichte, Stuttgart 1973
Herbig, Jost: Die Gen-Ingenieure. Durch Revolutionierung der Natur zum neuen Menschen? München 1978
Herbst, Karl: Was wollte Jesus selbst? Die vorkirchlichen Jesusworte in den Evangelien, Band 1, Düsseldorf 1981, 2. Auflage
Herbst, Karl: Was wollte Jesus selbst? Die vorkirchlichen Jesusworte in den Evangelien, Band 2, Düsseldorf 1981
Herrera, Amilcar O. u.a.: Grenzen des Elends. Das BARILOCHE-Modell. So kann die Menschheit überleben, Frankfurt 1977
Hill, Werner: Widerstand und Staatsgewalt. Recht im Streit mit dem Gesetz, Gütersloh 1984
Hirsch, Fred: Die sozialen Grenzen des Wachstums. Eine ökonomische Analyse der Wachstumskrise, Reinbek 1980
Hochgrebe, Volker und Pitters, Michaela: Geteilter Schmerz der Unterdrückung. Frauenbefreiung im Christentum, Stuttgart 1984
Hohlfeld, Winfried: Umweltkrise – Herausforderung der Kirche, Stuttgart 1974
Hohn, Hans-Willy: Die Zerstörung der Zeit. Wie aus einem göttlichen Gut eine Handelsware wurde, Frankfurt 1984
Huber, Joseph: Die Regenbogen-Gesellschaft. Ökologie und Sozialpolitik, Frankfurt 1985
Huber, Joseph: Die verlorene Unschuld der Ökologie. Neue Technologien und superindustrielle Entwicklung, Frankfurt 1982
Huber, Joseph: Die zwei Gesichter der Arbeit. Ungenutzte Möglichkeiten der Dualwirtschaft, Frankfurt 1984
Huber, Wolfgang und Tödt, Heinz Eduard: Menschenrechte. Perspektiven einer menschlichen Welt, Stuttgart 1977
Hübner, Jürgen: Die Welt als Gottes Schöpfung ehren. Zum Verhältnis von Theologie und Naturwissenschaft heute, München 1982
Illich, Ivan: Fortschrittsmythen. Schöpferische Arbeitslosigkeit – Energie und Gerechtigkeit – Wider die Verschulung, Reinbek 1978
Illich, Ivan: Selbstbegrenzung. Eine politische Kritik der Technik, Reinbek 1980

Jensen, Ole: Unter dem Zwang des Wachstums. Ökologie und Religion, München 1977
Jeziorowski, Jürgen: Stadt ohne Kinder. Beobachtungen in kinderfeindlicher Umwelt, Gütersloh 1980
Jouvenel, Bertrand: Die Kunst der Vorausschau, Neuwied 1967
Jüchen, Aurel von: Jesus Christus und die Tabus der Zeit, Stuttgart 1981
Jüngel, Eberhard: Zum Wesen des Friedens. Frieden als Kategorie theologischer Anthropologie, München 1983
Jungk, Robert: Der Jahrtausendmensch. Bericht aus den Werkstätten der neuen Gesellschaft, München 1973
Jungk, Robert: Der Atomstaat. Vom Fortschritt in die Unmenschlichkeit, München 1977
Jungk, Robert: Die Zukunft hat schon begonnen. Amerikas Allmacht und Ohnmacht, Stuttgart 1952
Jungk, Robert: Heller als tausend Sonnen. Das Schicksal der Atomforscher, Bern und Stuttgart 1963
Jungk, Robert: Menschenbeben. Der Aufstand gegen das Unerträgliche, München 1984
Käsemann, Ernst: Kirchliche Konflikte. Band I, Göttingen 1982
Kahn, Herman: Vor uns die guten Jahre. Ein realistisches Modell unserer Zukunft, Wien 1977
Katalyse-Umweltgruppe Köln: Chemie in Lebensmitteln, Frankfurt 1984, 28. Auflage
Katalyse-Umweltgruppe Köln: Was wir alles schlucken. Zusatzstoffe in Lebensmitteln, Reinbek 1985
Kennedy, Margrit (Hg.): Öko-Stadt (I). Prinzipien einer Stadtökologie, Frankfurt 1984
Kennedy, Margrit (Hg.): Öko-Stadt (II). Mit der Natur die Stadt planen, Frankfurt 1984
Kidron, Michael und Segal, Ronald: Die Armen und die Reichen. Der politische Atlas zu einer Welt im Umbruch, Reinbek 1985
Kirchhoff, Hans-Ulrich (Hg.): Kirche und Kernbewaffnung. Materialien für ein neues Gespräch über die christliche Friedensverantwortung. Als Handreichung vorgelegt von der Generalsynode der Nederlandse Hervormde Kerk, Neukirchen-Vluyn 1981
Klappert, Bertold und Weidner, Ulrich (Hg.): Schritte zum Frieden. Theologische Texte zu Frieden und Abrüstung, Neukirchen-Vluyn 1983
Klauck, Hans-Josef: Hausgemeinde und Hauskirche im frühen Christentum, Stuttgart 1981
Kluge, Brigitte u.a.: Vergiftete Umwelt, gefährdete Kinder, Reinbek 1984
Knizia, Klaus: Energie, Ordnung, Menschlichkeit, Düsseldorf 1981
Knöpfel, Eckehardt: Werkbuch Frieden. Christliche Stellungnahmen zum Thema Frieden – eine Dokumentation, Wuppertal 1983
Knöpfel, Eckehardt: Werkbuch Umwelt. Beiträge zur Ökologie aus Kirche und Politik, Wuppertal 1984
Koch, Egmont R. und Vahrenholt, Fritz: Die Lage der Nation. Umweltatlas der Bundesrepublik, Hamburg 1983
Koch, Egmont R. und Vahrenholt, Fritz: Seveso ist überall. Die tödlichen Risiken der Chemie, Köln 1978

Koch, Egmont R.: Umweltschutz zu Hause, München 1984
Korczak, Dieter: Rückkehr in die Gemeinschaft. Kleine Netze: Berichte über Wohnsiedlungen, Frankfurt 1981
Kraus, Meinold (Hg.): Ich habe einen Traum. Visionen und Wirklichkeiten, Stuttgart 1978
Krauth, Wanda und Lünzer, Immo: Öko-Landbau und Welthunger. Mit dem Report an den US-Landwirtschaftsminister, Reinbek 1982
Kreeb, Karl Heinz: Ökologie und menschliche Umwelt. Geschichte – Bedeutung – Zukunftsaspekte, Stuttgart 1979
Kreuter, Marie-Luise: Biologischer Pflanzenschutz. Naturgemäße Abwehr von Schädlingen und Krankheiten, München 1984, 2. Auflage
Kroeger, Matthias: Theologische Klärung unseres Friedensverhaltens, Stuttgart 1984
Krolzik, Udo: Umweltkrise – Folge des Christentums? Stuttgart 1979
Küng, Hans: Die Kirche, München 1977
Kürschner, Frank (Hg.): Armut und Reichtum. Der lange Marsch durchs Nadelöhr, Hamburg und Göttingen 1981
Kunz, Günter: Die ökologische Wende. Industrie und Ökologie – Feinde für immer? München 1983
Kurt, Fred: Das Management von Mutter Natur. Eine Einführung in die Ökologie, München 1985
Lachmann, Werner: Ausweg aus der Krise. Fragen eines Christen an Marktwirtschaft und Sozialstaat, Wuppertal 1984
Lachmann, Werner u.a.: Die Krise der Arbeitsgesellschaft. Chancen und Grenzen christlicher Verantwortung, Wuppertal 1984
Lafontaine, Oskar: Der andere Fortschritt. Verantwortung statt Verweigerung, Hamburg 1985
Lambrecht, Jan: Ich aber sage euch. Die Bergpredigt als programmatische Rede Jesu, Stuttgart 1984
Lapide, Pinchas: Wie liebt man seine Feinde? Mainz 1984
Lehmann, Reinhold: Öko-Signale, Freiburg 1985
Leinemann, Jürgen: Die Angst der Deutschen. Beobachtungen zur Bewußtseinslage der Nation, Reinbek 1982
Liebich, Hartwig (Hg.): Die Mülltonnen der Reichen und der arme Lazarus. Predigten über Arme und Reiche in der Mission, Stuttgart 1982
Liedke, Gerhard: Im Bauch des Fisches. Ökologische Theologie, Stuttgart 1979
Lienemann, Wolfgang und Tödt, Ilse (Hg.): Fortschrittsglaube und Wirklichkeit. Arbeiten zu einer Frage unserer Zeit, München 1983
Lohff, Wenzel und Knuth, Hans Christian (Hg.): Schöpfungsglaube und Umweltverantwortung. Eine Studie des Theologischen Ausschusses der VELKD, Hannover 1985
Lohfink, Gerhard: Wie hat Jesus Gemeinde gewollt? Zur gesellschaftlichen Dimension des christlichen Glaubens, Freiburg 1982
Lohse, Eduard u.a. (Hg.): Gottes Friede den Völkern. Dokumentation des wissenschaftlichen Kongresses der Evangelischen Kirche in Deutschland und der Nordelbischen Evangelisch-Lutherischen Kirche vom 17. bis 19. Juni 1984 in Kiel, Hannover 1984
Lorenz, Konrad und Wuketits, Franz M.: Die Evolution des Denkens, München 1983

Lovins, Amory B.: Sanfte Energie. Das Programm für die energie- und industriepolitische Umrüstung unserer Gesellschaft, Reinbek 1978
Lüthi, Kurt: Gottes neue Eva. Wandlungen des Weiblichen, Stuttgart 1978
Luz, Ulrich u.a.: Eschatologie und Friedenshandeln. Exegetische Beiträge zur Frage christlicher Friedensverantwortung, Stuttgart 1981
MAGAZIN BRENNPUNKTE 11: Die tägliche Revolution. Möglichkeiten des alternativen Lebens in unserem Alltag, Frankfurt 1978
Maier, Gerhard (Hg.): Zukunftserwartung in biblischer Sicht. Beiträge zur Eschatologie, Wuppertal 1984
Marquardt, Brunhilde u.a.: Jugendlexikon Umwelt, Reinbek 1984
Marsch, Wolf-Dieter: Die Folgen der Freiheit. Christliche Ethik in der technischen Welt, Gütersloh 1974
Marsch, Wolf-Dieter: Zukunft, Stuttgart 1969
Marti, Kurt: Schöpfungsglaube. Die Ökologie Gottes, Stuttgart 1983
Martin, Gerhard Marcel: Weltuntergang. Gefahr und Sinn apokalyptischer Visionen, Stuttgart 1984
Mayer-Tasch, Peter Cornelius: Aus dem Wörterbuch der Politischen Ökologie, München 1985
McLuhan, Marshall: Die magischen Kanäle, Düsseldorf 1968
Meadows, Dennis: Die Grenzen des Wachstums. Bericht des Club of Rome zur Lage der Menschheit, Stuttgart 1972
Meister, Georg u.a.: Die Lage des Waldes. Ein Atlas der Bundesrepublik, Hamburg 1984
Mesarović, Mihailo und Pestel, Eduard: Menschheit am Wendepunkt. 2. Bericht an den Club of Rome zur Weltlage, Stuttgart 1974
Meyer-Abich, Klaus M. u.a.: Energie-Sparen: Die neue Energiequelle. Wirtschaftspolitische Möglichkeiten und alternative Technologien, Frankfurt 1983
Meyer-Larsen, Werner (Hg.): Der Orwell-Staat 1984. Vision und Wirklichkeit, Reinbek 1983
Michelsen, Gerd und Siebert, Horst: Ökologie lernen. Anleitungen zu einem verantwortlichen Umgang mit Natur, Frankfurt 1985
Michelsen, Gerd und Öko-Institut (Hg.): Der Fischer Öko-Almanach 84/85. Daten, Fakten, Trends der Umweltdiskussion, Frankfurt 1984
Mieth, Dietmar: Gotteserfahrung und Weltverantwortung. Über die christliche Spiritualität des Handelns, München 1982
Mildenberger, Michael: Die religiöse Revolte. Jugend zwischen Flucht und Aufbruch, Frankfurt 1981, 3. Auflage
Mollison, Bill und Holmgren, Dave: Permakultur. Leben und Arbeiten im Einklang mit der Natur, Reinbek 1985
Moltmann, Jürgen: Gott in der Schöpfung. Ökologische Schöpfungslehre, München 1985
Moltmann, Jürgen: Kirche in der Kraft des Geistes. Ein Beitrag zur messianischen Ekklesiologie, München 1975
Moltmann, Jürgen: Neuer Lebensstil. Schritte zur Gemeinde, München 1977
Moltmann, Jürgen: Theologie der Hoffnung. Untersuchungen zur Begründung und zu den Konsequenzen einer christlichen Eschatologie, München 1966
Moltmann-Wendel, Elisabeth: Freiheit, Gleichheit, Schwesterlichkeit. Zur Emanzipation der Frau in Kirche und Gesellschaft, München 1977
Motschmann, Klaus: Angst als Waffe – zur Systemveränderung mit anderen Mitteln, Neuhausen 1984

Müller, A. M. Klaus: Die präparierte Zeit. Der Mensch in der Krise seiner eigenen Zielsetzungen, Stuttgart 1972
Müller, A. M. Klaus: Erfahrungen an der Grenze. Von den Herausforderungen gegen Ende der Neuzeit, München 1985
Müller, A. M. Klaus u.a.: Schöpfungsglaube heute, Neukirchen-Vluyn 1985
Müller, A. M. Klaus: Wende der Wahrnehmung. Erwägungen zur Grundlagenkrise in Physik, Medizin, Pädagogik und Theologie, München 1978
Myers, Norman (Hg.): GAIA. Der Öko-Atlas unserer Erde, Frankfurt 1985
Neun, Manfred (Hg.): Problem Angst. Wie können wir sie überwinden? Stuttgart 1975
Nolting, Hans-Peter: Lernschritte zur Gewaltlosigkeit. Ergebnisse psychologischer Friedensforschung: Wie kollektive Gewalt entsteht und was man dagegen tun kann, Reinbek 1981
Orwell, George: 1984, Frankfurt 1976
Pausewang, Gudrun: Die letzten Kinder von Schewenborn, Ravensburg 1983
Pestalozzi, Hans A. u.a. (Hg.): Frieden in Deutschland. Die Friedensbewegung: was sie wurde, was sie ist und was sie werden kann, München 1982
Pestel, Eduard (Hg.): Das Deutschland-Modell. Herausforderungen auf dem Weg ins 21. Jahrhundert, Stuttgart 1978
Picht, Georg: Mut zur Utopie. Die großen Zukunftsaufgaben, München 1969
Popkes, Wiard: Gemeinde – Raum des Vertrauens. Neutestamentliche Beobachtungen und freikirchliche Perspektiven, Wuppertal und Kassel 1984
Postman, Neil: Wir amüsieren uns zu Tode. Urteilsbildung im Zeitalter der Unterhaltungsindustrie, Frankfurt 1985
RADIUS 1/84: Recht durch Rechtsbruch?
Rahner, Karl: Zur Theologie der Zukunft, München 1971
Rat der Evangelischen Kirche in Deutschland und Deutsche Bischofskonferenz: Verantwortung wahrnehmen für die Schöpfung, Gütersloh 1985
Reinisch, Leonhard (Hg.): Das Spiel mit der Apokalypse. Über die letzten Tage der Menschheit, Freiburg 1984
Reiser, Antonio und Schoenborn, Paul Gerhard: Basisgemeinden und Befreiung. Lesebuch zur Theologie und christlichen Praxis in Lateinamerika, Wuppertal 1981
Renken, Klaus (Hg.): Umweltfreundliche Produkte. Ein Handbuch für den öko-bewußten Verbraucher, Frankfurt 1981
Richter, Horst-Eberhard: Zur Psychologie des Friedens, Reinbek 1984
Riesman, David u.a.: Die einsame Masse. Eine Untersuchung der Wandlungen des amerikanischen Charakters, Reinbek 1958
Riesner, Rainer: Apostolischer Gemeindebau. Die Herausforderung der paulinischen Gemeinden, Gießen 1978
Riesner, Rainer: Formen gemeinsamen Lebens im Neuen Testament und heute, Gießen 1977
Rohde, Heinz: Das Energie-Sparbuch, Reinbek 1984
Rose, Wulf-Dietrich: Wohngifte. Handbuch zur kritischen Auswahl der Materialien für gesundes Bauen und Einrichten, Oldenburg 1984
Rosenberg, Alfons: Das Experiment Christentum. Umrisse einer künftigen Christenheit, München 1969
Rotarius, Thomas: Dauerhafte Energiequellen, Cölbe 1983, 13. Auflage
Ruppert, Hans-Jürgen: New Age. Endzeit oder Wendezeit? Wiesbaden 1985

Sautter, Herman: Armut und Reichtum auf Weltebene und die Grenzen politischer Lösungsversuche, Wuppertal 1983

Schatz, Oskar (Hg.): Die Lust am Untergang. Zwischen Kulturpessimismus und Hoffnung, Wien 1985

Scheffczyk, Leo: Einführung in die Schöpfungslehre, Darmstadt 1982

Scheidt, Jürgen vom: Innenwelt-Verschmutzung. Die verborgene Aggression: Symptome, Ursachen, Therapie, München 1973

Schell, Jonathan: Das Schicksal der Erde. Gefahr und Folgen eines Atomkriegs, München 1984

Schell, Jonathan: Die Abschaffung. Wege aus der atomaren Bedrohung, München 1984

Schierholz, Henning (Hg.): Frieden – Abrüstung – Sicherheit. Didaktisches Sachbuch für Schule, Jugendarbeit und Erwachsenenbildung, Reinbek 1981

Schirmer, Dietrich (Hg.): Die Bibel als politisches Buch. Beiträge zu einer befreienden Christologie, Stuttgart 1982

Schiwy, Günther: Teilhard de Chardin. Eine Biographie, München 1984

Schloemann, Martin: Wachstumstod und Eschatologie. Die Herausforderung christlicher Theologie durch die Umweltkrise, Stuttgart 1973

Schmidbauer, Wolfgang: Weniger ist manchmal mehr. Zur Psychologie des Konsumverzichts, Reinbek 1984

Schmidhäuser, Ulrich: Entfeindung. Entwurf eines Denkens jenseits der Feindbilder, Stuttgart 1983

Schmithals, Walter: Die theologische Anthropologie des Paulus. Auslegung von Röm. 7,17–8,39, Stuttgart 1980

Schmitz, Philipp (Hg.): Macht euch die Erde untertan. Schöpfungsglaube und Umweltkrise, Würzburg 1981

Schottroff, Luise und Willy: Die Parteilichkeit Gottes. Biblische Orientierungen auf der Suche nach Frieden und Gerechtigkeit, München 1984

Schottroff, Willy und Stegemann, Wolfgang (Hg.): Der Gott der kleinen Leute. Sozialgeschichtliche Bibelauslegungen, Band 2, München und Gelnhausen 1979

Schramm, Engelbert: Pflanzenschutz im Öko-Garten. Hinweise für einen Integrierten Anbau, Frankfurt 1985

Schütt, Peter u.a.: So stirbt der Wald. Schadbilder und Krankheitsverlauf, München 1983

Schulze, Hans (Hg.): Straßen für das Jahr 2000. Plädoyers für ein neues Verkehrssystem, Neukirchen-Vluyn 1971

Schulze, Hans und Thea: Zwischen Technik und Gott. Lebensführung in den Krisen der Gegenwart, Stuttgart 1982

Schumacher, E. F.: Die Rückkehr zum menschlichen Maß. Alternativen für Wirtschaft und Technik – »Small is Beautiful«, Hamburg 1977

Schwarz, Urs: Der Naturgarten. Mehr Platz für einheimische Pflanzen und Tiere, Frankfurt 1980

Schweitzer, Albert: Die Ehrfurcht vor dem Leben. Grundtexte aus fünf Jahrzehnten, herausgegeben von Hans Walter Bähr, München 1984, 4. Auflage

Schweizer, Eduard: Heiliger Geist, Stuttgart 1978

Seymour, John: Und dächten, sie wären die Herren. Der Mensch und die Einheit der Natur, München 1984

Sheppard, David: Solidarische Kirche für eine menschliche Stadt, München 1978

Sider, Ronald J. und Taylor, Richard K.: Abkehr vom Götzen. Biblische Hoffnung als Wegweiser aus dem atomaren Wahnsinn, Neukirchen-Vluyn 1984

Sider, Ronald J.: Der Weg durchs Nadelöhr. Reiche Christen und Welthunger, Wuppertal 1978
Sider, Ronald J.: Jesus und die Gewalt, Witten 1982
Smet, Walter: Ich schaffe mir ein neues Volk. Zeugnisse charismatischen Gemeinschaftslebens, Regensburg 1979
Sölle, Dorothee und Schottroff, Luise: Die Erde gehört Gott. Texte zur Bibelarbeit von Frauen, Reinbek 1985
Sölle, Dorothee: Lieben und arbeiten. Eine Theologie der Schöpfung, Stuttgart 1985
Strieber, Whitley und Kunetka, James: War Day. Kriegstag und die Reise danach, München 1984
Strahm, Rudolf H.: Warum sie so arm sind. Arbeitsbuch zur Entwicklung der Unterentwicklung in der Dritten Welt mit Schaubildern und Kommentaren, Wuppertal 1985
Strohm, Holger: Friedlich in die Katastrophe. Eine Dokumentation über Atomkraftwerke, Frankfurt 1981
Strunk, Reiner: Vertrauen. Grundzüge einer Theologie des Gemeindeaufbaus, Stuttgart 1985
Sugden, Christopher: Radikale Nachfolge. Impulse zu einem zeichenhaften Leben, Witten 1983
Teilhard de Chardin, Pierre: Der Mensch im Kosmos, München 1981
Teilhard de Chardin, Pierre: Die Entstehung des Menschen, München 1982
Teilhard de Chardin, Pierre: Die Zukunft des Menschen, Olten 1963
Theissen, Gerd: Soziologie der Jesusbewegung. Ein Beitrag zur Entstehungsgeschichte des Urchristentums, München 1977
Thielicke, Helmut: Wie die Welt begann. Der Mensch in der Urgeschichte der Bibel, Stuttgart 1960
Timm, Hermann: Zwischenfälle. Die religiöse Grundierung des All-Tags, Gütersloh 1983
Tödt, Heinz Eduard: Das Angebot des Lebens. Theologische Orientierung in den Umstellungskrisen der modernen Welt, Gütersloh 1978
Toffler, Alvin: Der Zukunftsschock, Bern 1970
Traube, Klaus: Müssen wir umschalten? Von den politischen Grenzen der Technik, Reinbek 1978
Traube, Klaus u.a.: Nach dem Super-Gau. Tschernobyl und die Konsequenzen, Reinbek 1986
Tsuru, Shigeto und Weidner, Helmut: Ein Modell für uns: Die Erfolge der japanischen Umweltpolitik, Köln 1985
TUTZINGER STUDIEN 2/81: Der Lobpreis des Dreieinigen Gottes im Heiligen Geist. 1600 Jahre Bekenntnis von Nicäa-Konstantinopel
Umkehr zum Frieden. Münchner Erklärung des Arbeitskreises Evangelische Erneuerung, Neuendettelsau 1984
Umweltbundesamt (Hg.): Daten zur Umwelt 1984, Berlin 1984
Umweltbundesamt (Hg.): Was Sie schon immer über Umweltchemikalien wissen wollten, Stuttgart 1982
Vahrenholt, Fritz (Hg.): Tempo 100. Soforthilfe für den Wald, Reinbek 1984
Vester, Frederic: Ballungsgebiete in der Krise. Vom Verstehen und Planen menschlicher Lebensräume, München 1983
Vester, Frederic: Neuland des Denkens. Vom technokratischen zum kybernetischen Zeitalter, Stuttgart 1980

Vitzthum, Wolfgang Graf (Hg.): Die Plünderung der Meere. Ein gemeinsames Erbe wird zerstückelt, Frankfurt 1981
Volkmann, Bodo: Frieden – Wirklichkeit oder Illusion? Neuhausen 1983
Vollmer, Günter und Franz, Manfred: Chemische Produkte im Alltag, Stuttgart 1985
Wallis, Jim: Bekehrung zum Leben. Nachfolge im Atomzeitalter, Moers 1983
Waschke, Ernst-Joachim: Untersuchungen zum Menschenbild der Urgeschichte, Berlin 1984
Weber, Hans Ruedi: Jesus und die Kinder, Hamburg 1980
Weidner, Barbara und Ulrich: Alternativer Lebensstil. Christsein mit politischem Horizont, Wuppertal 1979
Weidner, Ulrich: Noch Zeit zum Frieden stiften. Orientierung im Labyrinth christlicher Friedensdiskussion, Neukirchen-Vluyn 1985
Weizsäcker, Carl Friedrich von: Deutlichkeit. Beiträge zu politischen und religiösen Gegenwartsfragen, München 1981
Weizsäcker, Carl Friedrich von: Wege in der Gefahr. Eine Studie über Wirtschaft, Gesellschaft und Kriegsverhütung, München 1979
Westermann, Claus: Am Anfang – 1. Mose. Teil 1: Die Urgeschichte, Abraham, Neukirchen-Vluyn 1986
Westermann, Claus: Am Anfang – 1. Mose. Teil 2: Jakob und Esau, Die Josepherzählung, Neukirchen-Vluyn 1986
Westermann, Claus: Schöpfung. Erweiterte Studienausgabe, Stuttgart 1983
Wilson, Andrew: Das Abrüstungshandbuch. Analysen, Zusammenhänge, Hintergründe, Hamburg 1984
Wissmann, Matthias und Hauck, Rudolf (Hg.): Jugendprotest im demokratischen Staat. Enquete-Kommission des Deutschen Bundestags, Stuttgart 1983
Yoder, John H.: Die Politik Jesu – der Weg des Kreuzes, Maxdorf 1981
Zimmermann, Lothar (Hg.): Gesundheitsgefahren bei der Arbeit. Lärm, Klima, Schadstoffe, Reinbek 1982
Zink, Jörg und Birch, Charles: Ich habe meinen Bogen in die Wolken gesetzt. Eschbacher Epistel zum Um(Welt)Denken, Eschbach 1980
Zink, Jörg: Vielleicht ist es noch nicht zu spät. Biblische Reden, Stuttgart 1983
Zink, Jörg: Wie die Farben im Regenbogen. Sieben Bilder vom Reich Gottes, Stuttgart 1986

Richard Foster

Leben mit leichtem Gepäck

176 Seiten, ABCteam-Paperback, Bestell-Nr. 12353

Richard Foster ist davon überzeugt, daß zum Christsein die Einübung in ein einfaches Leben gehört. Er behandelt in diesem Buch die biblischen Wurzeln einfacher Lebensgestaltung und führt zahlreiche plastische Beispiele aus der Geschichte der Frömmigkeit vor Augen. In einem zweiten, praktischen Teil zeigt er zunächst, daß die Frage nach dem Wie eines einfachen Lebensstils vor allem eine Frage der inneren Grundlagen ist. Wichtige Stichworte hierzu: Leben im Zentrum, Zufriedenheit, Demut, Gehorsam. Im Blick auf den äußeren Vollzug nennt er kleinere und größere Schritte und gibt konkrete Hinweise, sowohl für den einzelnen als auch für die christliche Gemeinschaft. Sein Aufruf, unsere Prioritäten neu zu überdenken und zu ordnen, wirkt nicht einengend, sondern verpflichtend und befreiend zugleich. Fosters Überlegungen helfen, die rechte Balance zwischen wichtigen und weniger wichtigen Anforderungen zu finden und – eben einfach zu leben.